赤子孤独了，会创造一个世界

父亲·1953年

母亲・1953 年

傅聪·1953 年

傅敏・1953 年

纪念《傅雷家书》出版四十周年

傅雷家书

纪念本

傅雷 朱梅馥 傅聪·著

傅敏·编

译林出版社

图书在版编目（CIP）数据

傅雷家书 / 傅雷，朱梅馥，傅聪著 ；傅敏编．
—南京：译林出版社，2021.12（2022.4 重印）
ISBN 978-7-5447-8842-7

I.①傅… II.①傅… ②朱… ③傅… ④傅… III.
①傅雷（1908-1966）—书信集IV.①K825.6

中国版本图书馆CIP 数据核字（2021）第183132号

傅雷家书　傅雷，朱梅馥，傅聪／著　傅敏／编

责任编辑　王　珏
装帧设计　朱赢椿　小　羊
校　　对　蒋　燕
责任印制　董　虎

出版发行　译林出版社
地　　址　南京市湖南路 1 号 A 楼
邮　　箱　yilin@yilin.com
网　　址　www.yilin.com
市场热线　025-86633278
印　　刷　安徽新华印刷股份有限公司
开　　本　880 毫米 ×1230 毫米　1/32
印　　张　17
插　　页　8
版　　次　2021 年 12 月第 1 版
印　　次　2022 年 4 月第 2 次印刷
书　　号　ISBN 978-7-5447-8842-7
定　　价　78.00 元

《傅雷家书》缘起傅聪

纪念《傅雷家书》出版四十周年

《傅雷家书》已经在几代人的阅读中走过了四十年，从坊间到校园，读者越来越年轻，傅敏先生功不可没。

二〇一七年，全国统一使用的“部编本”中学语文教材启用，《傅雷家书》入选八年级下册的名著导读课。导读简介中明确写道：“傅雷还是一位特殊的教育家，一位严厉、尽责同时不乏爱心的父亲，这主要体现在他对儿子的教育中。在他去世十几年后，他的家人将他与儿子的来往书信辑录为《傅雷家书》”，其中“收录了一九五四年到一九六六年间傅雷及其夫人写给两个儿子（主要是长子傅聪）的家信”。显然，傅雷作为“特殊的教育家”，傅聪作为“特殊的教育对象”，父子二人同为《傅雷家书》中的双主角：傅聪家信犹如正在雕琢尚未成形的璞玉，傅雷家信则为我们展现出雕琢璞玉的全过程。——父子之间的精神接触和思想交流才是本书精髓，其默契尤其需要读者在字里行间领会。导读为了检验阅读效果，列了三个专题供学生思考：一、傅雷的教子之道；二、父子情深；三、我给傅雷写回信。学生要完成教材留下的作业，就不能只看傅雷给儿子的家信，其子傅聪的家信也至关重要。以难度最大的专题三为例，“我给傅雷写回信”怎么写呢？无论是家书谈论的主题，还是特殊时代背景下的感情流露，当代中学生都很难理解，孩子们既不可能达到傅雷的高度，也不会乖乖地聆听说教，唯一可能引起共鸣的只有傅聪，也就是站在晚辈的角度与傅雷平等交流，因此必需的也是最佳的参考，就是傅聪家信。《傅雷家书》四十年出版历程证明了这一点。

一九八一年八月，傅敏选编的《傅雷家书》由北京三联书店初版发行。这一年，我作为安徽人民出版社《傅雷译文集》的责任编辑，有幸与傅家相识，至今已四十年。《傅雷家书》出版后，傅敏签名赠送一册。十四万字的小册子，给我的震撼却是巨大的。这样纯洁、正直、真诚、高尚的灵魂，竟然毁灭于一旦。杜鹃啼血，发人深省。《傅雷家书》一时洛阳纸贵，成为畅销书，小册子也几经增补再版，变成二十七万余字的大书，其热销度持续至二十世纪末，并于一九九九年入选二十世纪“百年百种优秀中国文学图书”。截至二〇〇二年底的二十三年间，三联书店销售了一百多万册《傅雷家书》，但热度渐退，尤其在步入新世纪后，三联版依然局限于反思“文革”的知识分子读者群，走入了小众传播。如果想让这本书蕴含的巨大亲和力与启发性传递下去，必须寻找成长中的新读者。

二〇〇三年，傅敏先生委托我接手《傅雷家书》的新版，也就是辽教版的策划。我与傅敏先生商定，以学生及其家长为核心读者群，着力营造家书的家庭氛围：增加母亲家信，补齐当年谓之小资产阶级情调而删减的父亲家信片段，并收录多幅家庭照片还原当年场景。第一版近三十万字，首印五万册，当年销售一空。二〇一六年，傅雷逝世五十周年，也是傅雷著作财产权保护期最后一年。为保护凝聚了傅家多年心血的《傅雷家书》版权，相关著作权人主动转让了《傅雷家书》中没有进入公版领域的著作财产权，其中包括楼适夷初版代序，傅聪家信，金圣华英法文信中译。（这次傅聪先生能够签约转让家信版权，与他的晚年心境通达转变有关。）这一年，我们开始了与译林出版社的合作，约定二〇一七年也就是傅雷夫妇著作权进入公版后由译林出版社独家享有完整内容的《傅雷家书》出版权。由此，我们选择了《傅雷家书》的安身立命之地，并期待它再获新生。

傅敏先生重新审阅了父母家信和傅聪家信，体味父子往来书信中的微妙。关于父母家信，傅雷早在一九六一年的一封信里谈过："我虽未老先衰，身心俱惫，当年每日工作十一小时尚有余力，今则五六小时已感不支；但是'得英才而育之'的痴心仍然未改。为了聪与弥拉，不知写了多少字的中文、英文、法文信，总觉得在世一日，对儿女的教导不容旁贷。"而傅聪家信，大部分在"文革"中散佚，仅有六封完整保留，另有四十余封保存在父母编辑的《聪儿家信摘录》中，当年三联书店曾想将这部分收入《傅雷家书》，傅聪没有同意。他曾在接受记者采访时表示："《傅雷家书》里看不到我的回信，因为我不愿意发表出来，我觉得那些东西太幼稚了！那个时候的我跟现在的我，虽然本质上没有什么区别，但是在深度和广度上有距离。"这是实话，也是先生的谦词。实际上，傅雷在家书中曾经对傅聪直言："你的信好像满纸都是 sparkling［光芒四射，耀眼生辉］。当然你满身都是青春的火花，青春的鲜艳，青春的生命和青春的才华，自然写出来的有那么大的吸引力了。"正是傅雷的"痴心"和傅聪的"吸引力"，才有了维系十三年之久的傅雷、傅聪父子两地书。然而这毕竟不是寻常父子的闲话家常，而是两位特殊艺术家的心灵对话。父子间的对话，再现了傅雷由严父变朋友、傅聪由青春而成熟的过程，共同呈现的乃是奔放的热情、激越焕发的生命力。当年的“幼稚”正是演绎这种转换的珍贵素材。基于这样的认识，傅敏先生在获取哥哥授权后，即以全家人往来家信为基础，删繁就简，精心选编出一部背景清晰、感情真挚、人物鲜明、情节生动的书信体自传作品。

二〇一六年五月，译林版《傅雷家书》以全新的面貌呈现给读者。与旧版相比，译林版收录了傅聪近五十封家信，多了八万余字。因为内容过多，译林版一次推出了两个版本，每本二十余万字。一本沿袭初版以来厚重的选编风格，内容侧重文学艺术的交流，强调“知其不可为而为之”的精神；一本以轻松风格反映家书精神，内容侧重人伦日用的交流，突出“真诚待人，认真做事”的做人准则。两本家书均贯穿了一九五四年至一九六六年间傅雷夫妇最后的生命历程，记录了傅聪由年轻学子成长为世界级钢琴家的传奇历程，是为傅雷教子篇，傅聪成长书。本次选编的出版四十周年纪念版《傅雷家书》，集以上两个选本为一册，综合为全本精选；其中一九五四年至一九五八年波兰留学期间的父子两地书，更适合中学生阅读。

收入傅聪家信后的《傅雷家书》，不再是傅雷一个人的独白，形成了双向交流的父子对谈。二〇二〇年底，中国版权协会发布了“二〇二〇年度最具版权价值排行榜”，译林版《傅雷家书》入选“二〇二〇年度最具版权价值图书（传记类）”榜单，而傅家这部亲情之书必将陪伴更多人走过青春岁月，引发绵延不绝的回响。

江奇勇二〇二一年八月于悉尼

目录

父亲（一九六一年秋）

母亲（一九六一年秋）

父母为庆祝傅聪出生合影（一九三四年）

父母为庆祝傅敏出生合影（一九三七年）

母亲与傅聪（5岁）和傅敏（2岁）

父母与傅聪在书房（一九五六年夏）

母亲与傅聪（一九五三年）

母亲与傅敏（一九五三年）

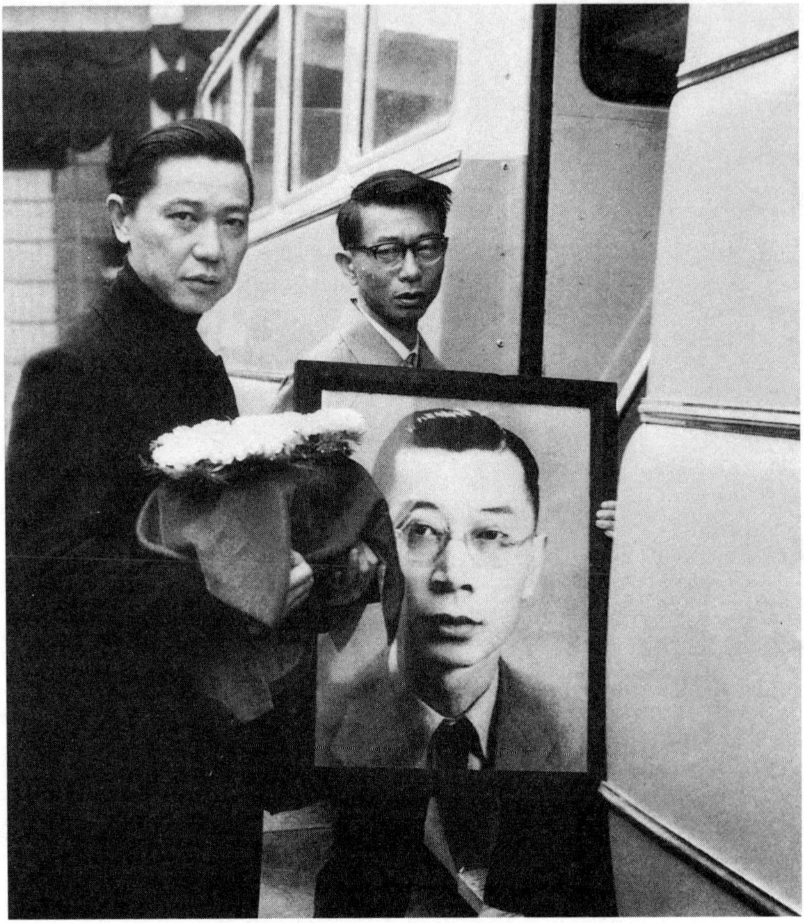

一九七九年四月二十六日傅雷夫妇平反昭雪追悼会后，
傅聪手抱骨灰盒，傅敏手捧遗像，前往龙华革命公墓

二〇一三年十月二十七日，傅雷夫妇骨灰安葬家乡上海浦东，墓碑正面镌刻傅雷家书名言“赤子孤独了，会创造一个世界”。

墓碑背面镌刻墓主人的生平简介，全文如下：

傅雷，字怒安，号怒庵，上海浦东人氏。早年留学法国，归国后投身文学翻译，卓然成家。赤子之心，刚正不阿，“文革”中与夫人朱梅馥双双悲怆离世。

朱梅馥，上海浦东人氏。早年毕业于晏摩氏教会女校。一九三二年与傅雷结为伉俪，相濡以沫三十四载。宽厚仁义，贤良淑德，与傅雷生则相伴，死亦相随。

代序　读家书，想傅雷

楼适夷

《傅雷家书》的出版，是一桩值得欣慰的好事。它告诉我们：一颗纯洁、正直、真诚、高尚的灵魂，尽管有时会遭受到意想不到的磨难、污辱、迫害，陷入到似乎不齿于人群的绝境，而最后真实的光不能永远湮灭，还是要为大家所认识，使它的光焰照彻人间，得到它应该得到的尊敬和爱。

读着这部新书，我想起傅雷父子的一些往事。

一九七九年四月下旬，我从北京专程去沪，参加由上海市文联主办为傅雷和他夫人朱梅馥同志平反昭雪的骨灰安葬仪式。我到达几小时后，他们的儿子，去国二十余年的傅聪，也从遥远的海外，只身归来，到达生身的父母之乡。五十年代中他去国的时候，还带着满脸天真的稚气，是一个刚过二十岁锦绣年华的小青年，现在却已经到老成持重，身心成熟的壮岁了。握手相见，心头无限激动，一下子想起音容宛在，而此生永远不能再见的亡友傅雷和他的夫人，想起傅聪、傅敏兄弟童年调皮淘气玩乐的景象。在我眼前的这位长身玉立、气度昂藏的壮汉，使我好像见到了傅雷；而他的雍容静肃、端庄厚憨的姿影，又像见到了他的母亲梅馥。特别使我高兴的，我没有从他的身上看到常常能看到的，从海外来的那种世纪末的长发蓄须、艳装怪服的颓唐的所谓艺术家的俗不可耐的形象；他的态度非常沉着，服装整齐、朴素，好像二十多年海外岁月，和往来周游大半个地球的行旅生涯，并没有使他在身上受到多少感染。从形象的朴实，见到他精神世界的健壮。时移世迁，过去的岁月是一去而不可复返了，人生的正道，是在于不断地前进，而现实的一切，也确实在大踏步地向前迈进。我们回想过去，也正是要为今天和未来的前进，增添一分力量。

想念他万里归来，已再也见不到生命中最亲爱的父母，迎接他的不是双亲惊喜欢乐的笑容，而是萧然的两撮寒灰。在亲友们热烈的包围中，他心头的热浪奔腾，是可以想象的。直到在龙华革命公墓，举行了隆重的仪式之后，匆匆数日，恰巧同乘一班航机转道去京，途中，我才和他有相对叙旧的机会。他简单地谈了二十多年来在海外个人哀乐的经历，和今天重回祖国心头无限的激荡。他问我："那样的灾祸，以后是不是还会再来呢?"我不敢对他作任何保证，但我认为我们应该有勇气和信心，相信经过了这一场惨烈的教训，人们一定会有力量阻止它的重来。谈到他的父母，大家都不胜伤感，但逝者已矣，他们的精神、遗爱和一生劳作所留下来的业绩，则将是永远不朽的。傅雷不仅仅是一位优秀的文学翻译家，他的成就不只是留下了大量世界文学名著的译本，我知道他还写过不少文艺和社会的评论著作，以及优美的散文作品，数量可能不多，但在思想、理论、艺术上都是卓有特色，生前从未收集成册，今后不应任其散失，要设法收集、整理、编订起来，印行出版，也是一份献给人民的宝贵的财富。谈话中便谈到了他多少年来，给傅聪所写的万里而且往往是万言的家书。傅聪告诉我，那些信现在都好好地保存在海外的寓居里。

我想起那书信，因为在一九五七年的春末，我得到假期去南方旅行，路经上海，依然同解放前一样，留宿在傅雷家里，联床夜话，他给我谈到正在海外学习的儿子傅聪，并找出他寄来的家信给我看，同时也把自己已经写好，还未发出的一封长篇复书，叫我一读。在此不久之前，傅雷刚被邀去过北京，参加了中共中央宣传工作会议。他是第一次听到毛主席亲口所做的讲话，领会到党在当前形势下宣传工作上的全面的政策精神。显然这使他受到很大的激动，他全心倾注在会议的日程中，做了详尽的长篇记录，写下了自己的心得。他这次给傅聪的那封长信，就是传达了这一次会议的精神。傅雷一向不大习惯参加集体活动和政治生活，但近年来目睹党的社会主义建设成就的实际，切身体会到党全心全力为人民服务的基本精神，他显然已在思想上起了重大的变化。

他指着傅聪报告自己艺术活动的来信对我说："你看，这孩子在艺术修养上确实已经成熟起来了，对这一点我是比较放心的。我担心的是他身居异国，对祖国实况有所隔阂，埋头艺术生活，最容易脱离实际，脱离政治，不要在政治上产生任何失误，受到任何挫折才好。"

我所见的只是这两封信，但他给我的印象是非常深刻的，当时我不禁为傅雷爱子教子的精神所感动，然而在此后不久，全国掀起了狂风大浪的"反右派运动"，竟把这位在政治上正在力求上进，在他平素热爱祖国的基础上，对党、对社会主义的感情正在日益浓厚的傅雷，大笔一挥，错误地划成了"反党反社会主义的右派分子"。接着不久，消息传来，在波兰留学的傅聪，又突然自由出走，去了英国。由于对他父子的为人略有所知，这两件事可把我闹得昏头转向，不知人间何世了。

但应该感谢当时的某位领导同志，在傅雷错划为"右派"之后，仍能得到一些关顾，允许他和身在海外并同样身蒙恶名的儿子，保持经常的通讯关系。悠悠岁月，茫茫大海，这些长时期，在遥遥数万里的两地之间，把父子的心紧紧地联系在一起的，就是现在这部经过整理、编选、辑集起来的《傅雷家书》。

感谢三联书店的范用同志，当他知道傅雷有这样一批宝贵的遗书之后，便一口承诺，负起出版的任务，并一再加以催促，使它经过傅氏兄弟二人慎重编选之后，终于公开问世了。（我相信他们由于多方面慎重的考虑，这选编是非常严格的，它没有收入琐碎的家人生活琐事和当时的一些政治谈论，我上面提到的那封信，就没有收入在内。）

这是一部最好的艺术学徒修养读物，这也是一部充满着父爱的苦心孤诣、呕心沥血的教子篇。傅雷艺术造诣极为深厚，对无论古今中外的文学、绘画、音乐的各个领域，都有极渊博的知识。他青年时代在法国学习的专科是艺术理论，回国以来曾从事过美术考古和美术教学的工作，但时间都非常短促，总是与流俗的气氛格格不能相入，无法与人共事，每次都在半途中绝裾而去，不能展其所长，于是最后给自己选择了闭门译述的事业。在他的文学翻译工作中，大家虽都能处处见到他的才智与学养的光彩，但他曾经有志于美学及艺术史论的著述，却终于遗憾地不能实现。在他给傅聪的家书中，我们可以看出他在音乐方面的学养与深入的探索。他自己没有从事过音乐实践，但他对于一位音乐家在艺术生活中所遭到的心灵的历程，体会得多么细致，多么深刻。儿子在数万里之外，正准备一场重要的演奏，爸爸却好似对即将赴考的身边的孩子一般，殷切地注视着他的每一次心脏的律动，设身处地预想他在要走去的道路上会遇到的各种可能的情景，并替他设计应该如何对待。因此，在这儿所透露的，不仅仅是傅雷的对艺术的高深的造诣，还有一颗更崇高的父亲的心，和一位有所成就的艺术家，在走向成才的道路上，所受过的陶冶与教养，在他才智技艺中所积累的成因。

对于傅雷给孩子的施教，我是有许多记忆可以搜索的。四十年代初我在上海初识傅雷并很快成为他家常客的时候，他的两个孩子都还幼小，大孩子傅聪刚及学龄。在四周被日本侵略军包围的上海孤岛，连大气中都弥漫着一种罪恶的毒氛。他不让儿子去上外间的小学，甚至也反对孩子去街头游玩。他把孩子关在家里，而且很早发现在幼小的身心中，有培养成为音乐工作者的素质，便首先在家中由父母亲自担当起教育的责任，并在最基础的文化教育中，环绕着音乐教育这个中心。正如他在对己对人、对工作、对生活的各方面都要求认真、严肃、一丝不苟的精神一样，他对待幼小的孩子也是十分严格的。我很少看到他同孩子嬉戏逗乐，也不见他对孩子的调皮淘气行为表示过欣赏。他亲自编制教材，给孩子制定日课，一一以身作则，亲自督促，严格执行。孩子在父亲的面前，总是小心翼翼，不敢有所任性，只有当父亲出门的时候，才敢大声笑闹，恣情玩乐。他规定孩子应该怎样说话，怎样行动，做什么，吃什么，不能有所逾越。比方每天同桌进餐，他就注意孩子坐得是否端正，手肘靠在桌边的姿势是否妨碍了同席的人，饭菜咀嚼是否发出丧失礼貌的咀嚼声。甚至因傅聪不爱吃青菜，专拣肉食，又不听父亲的警告，就罚他只吃白饭，不许吃菜。孩子学习语文，父亲却只准他使用铅笔、蘸水钢笔和毛笔，不许用当时在小学生中已经流行的自来水金笔。我不知道傅雷有这样的禁例，有一次带了傅聪到豫园去玩，给他买了一支较好的儿童金笔，不料一回家被父亲发现没收，说小孩子怎么能用那样的好笔，害得孩子伤心地哭了一场。我事后才知道这场风波，心里觉得非常抱歉，对傅雷那样管束孩子的方法，却是很不以为然的。

同时傅聪也正是一个有特异气质的孩子，他对爱好的事物常常会把全神都贯注进去，忘却周围的一切。有一次他独自偷偷出门，在马路边溜达，观望熙熙攘攘的市景，快乐得忘了神，走着走着，竟和路边的电线杆子撞了一头，额角上鼓起了一个包，闹了一场小小的笑话。他按照父亲的规定，每天上午下午，几小时几小时地练习弹琴，有时弹得十分困倦，手指酸痛，也不敢松弛一下，只好勉勉强强地弹下去。但有时却弹出了神，心头不知到来了什么灵感，忽然离开琴谱，奏出自己的调子来。在楼上工作的父亲，从琴声中觉察异样，从楼梯上轻轻下来。傅聪见父亲来了，吓得什么似的，连忙又回到琴谱上去。但这一次傅雷并不是来制止的，他叫孩子重复弹奏原来的自度曲，听了一遍，又听一遍，并亲自用空白五线谱，把曲调记录下来。说这是一曲很好的创作，还特地给起了一个题目，叫作《春天》。这件事我记得很清楚，一直到那回傅聪首次回国时，还问过他多少年来除了演奏之外，是不是还自己作曲。

傅聪少年时代在国内就闹过一次流浪历险记。一九四九年上海解放后，傅雷全家从昆明迁回上海，把傅聪单独留在昆明继续学习。但傅聪非常想家，一心回沪继续学习音乐，竟然对父亲所委托的朋友不告而别，没有旅费，临行前一些同学友人主动帮他开了一个演奏会，募了一些钱。这件事使上海家中和昆明两地闹了一场虚惊。傅雷后来告诉我说："你看，在家靠父母，出外靠朋友，把帽子脱下翻过来，大家帮帮忙，这孩子就是这样回上海来了。"

有的人对幼童的教育，主张任其自然而因势利导，像傅雷那样的严格施教，我总觉得是有些"残酷"。但是大器之成，有待雕琢，在傅聪的长大成才的道路上，我看到作为父亲的傅雷所灌注的心血。在身边的幼稚时代是这样，在身处两地，形同隔世的情势下，也还是这样。在这些书信中，我们不是看到傅雷为儿子呕心沥血所留下的斑斑血痕吗？

人的自爱其子，也是一种自然的规律。人的生命总是有局限的，而人的事业却永远无尽，通过亲生的儿女，延续自己的生命，也延续与发展一个人为社会、为祖国、为人类所能尽的力量。因此培育儿女也正是对社会、对祖国、对人类世界所应该尽的一项神圣的义务与责任。我们看傅雷怎样培育他的孩子，也正和傅雷的对待其他一切一般，可看出傅雷是怎样以高度负责的精神与心力，在对社会、祖国与人类世界尽自己的责任的。傅聪在异国漂流的生活中，从父亲的这些书信中吸取了多么丰富的精神养料，使他在海外孤儿似的处境里，好像父母仍在他的身边，时时给他指导、鼓励与鞭策，使他有勇气与力量，去战胜各式各样的魔障与阻力，踏上自己正当成长的道路。通过这些书信，不仅仅使傅聪与亲人之间建立了牢固的纽带，也通过这一条纽带，使傅聪与远离的祖国牢牢地建立了心的结合。不管国内家庭所受到的残酷遭遇，不管他自己所蒙受的恶名，他始终没有背弃他的祖国，他不受祖国敌对者多方的威胁利诱，没有说过或做过有损祖国尊严的言行。甚至在他的艺术巡礼中，也始终一贯，对与祖国采取敌对态度的国家的邀请，一律拒绝接受。直到一九七九年初次回国，到了香港，还有人替他担心可能产生麻烦，劝他暂时不要回来，但他相信祖国，也相信祖国会原谅他青年时代的行动，而给他以信任。这种信赖祖国、热爱祖国的精神，与傅雷在数万里外给他殷切的爱国主义的教育，是不能分开的。

再看看这些书信的背景，傅雷是在怎样的政治处境中写出来的，更使人不能不去想那一次令人痛心的政治运动，二十多年来给数以万计的祖国优秀儿女所造成的惨运，是多么的惊人，而今天终于普遍得到改正、昭雪，又是一个多么得人心的政治措施。有许多人在那场灾祸中伤残了，但有许多人却由此受到特殊的、像钢铁受到烈火一样的锻炼，而更加显露出他刚毅锐利的英精。在我最熟悉的战友与好友中，有许多人是这样的，在党外的傅雷也是这样，虽然我今天已再也见不到他们了，但在他们的后代中，以及更广大的在十年浩劫中受过锻炼的坚强奋发的青年中，我看见了他们。

我叙述这些回忆和感想，谨郑重地向广大读者推荐这部好书。

一九八一年七月五日北京东郊

傅聪、傅敏合影于北京寓所（二〇〇五年）

傅雷家人往来书信

二百一十五通

1954~1966

父子俩在琴旁切蹉音乐（一九五六年）

一九五四年

四十五通

1954

一月十八日晚—十九日晚

聪：车一开动，大家都变了泪人儿，呆呆地直立在月台上，等到冗长的列车全部出了站方始回身。[①] 出站时沈伯伯再三劝慰我。但回家的三轮车上，个个人都止不住流泪。敏一直抽抽噎噎。昨天一夜我们都没睡好，时时刻刻惊醒。今天睡午觉，刚刚蒙眬阖眼，又是心惊肉跳地醒了。昨夜月台上的滋味，多少年来没尝到了，胸口抽痛，胃里难过，只有从前失恋的时候有过这经验。今儿一天好像大病之后，一点劲都没得。妈妈随时随地都想哭——眼睛已经肿得不像样了，干得发痛了，还是忍不住要哭。只说了句“一天到晚堆着笑脸”，她又呜咽不成声了。真的，孩子，你这一次真是“一天到晚堆着笑脸”，教人怎么舍得！老想到五三年正月的事[②]，我良心上的责备简直消释不了。孩子，我虐待了你，我永远对不起你，我永远补赎不了这种罪

---

① 傅聪应波兰政府邀请，参加第五届肖邦国际钢琴比赛并留学波兰。一九五四年一月十七日全家到上海火车站送傅聪去北京准备出国。

② 一九五三年正月，就贝多芬小提琴奏鸣曲哪一首最重要的问题，傅聪与父亲争论激烈。傅聪根据自己的音乐感受，不同意父亲认为第九首《“克勒策”奏鸣曲》最为重要的观点，认为《第十小提琴奏鸣曲》最重要。双方争执不下。父亲认为傅聪太狂妄：“才看过多少书！”而当时国外音乐界一般都认同第九首最为重要。所以父亲坚持己见，导致双方严重冲突。在父亲勃然大怒的情况下，倔强的傅聪毅然离家出走，住在父亲好友毛楚恩家一月余。后因傅雷姑夫去世，父亲觉得人生在世何其短促，父子何必如此认真，感慨万千，遂让傅敏陪同母亲接傅聪回家，双方才和解。

过！这些念头整整一天没离开过我的头脑，只是不敢向妈妈说。人生做错了一件事，良心就永久不得安宁！真的，巴尔扎克说得好：有些罪过只能补赎，不能洗刷！

十八日晚

昨夜一上床，又把你的童年温了一遍。可怜的孩子，怎么你的童年会跟我的那么相似呢？我也知道你从小受的挫折对于你今日的成就并非没有帮助；但我做爸爸的总是犯了很多很重大的错误。自问一生对朋友对社会没有做什么对不起的事，就是在家里，对你和你妈妈做了不少有亏良心的事①，这些都是近一年中常常想到的，不过这几天特别在脑海中盘旋不去，像噩梦一般。可怜过了四十五岁，父性才真正觉醒！

今儿一天精神仍未恢复。人生的关是过不完的，等到过得差不多的时候，又要离开世界了。分析这两天来精神的波动，大半是因为：我从来没爱你像现在这样爱得深切，而正在这爱的最深切的关头，偏偏来了离别！这一关对我，对你妈妈都是从未有过的考验。别忘了妈妈之于你不仅仅是一般的母爱，而尤其因为她为了你花的心血最多，为你受的委屈——当然是我的过失——最多而且最深最痛苦。园丁以血泪灌溉出来的花果迟早得送到人间去让别人享受，可是在离别的关头怎么免得了割舍不得的情绪呢？

跟着你痛苦的童年一起过去的，是我不懂做爸爸的艺术的壮年。

---

① 父亲教子极严，有时几乎不近人情，母亲也往往因此在精神上受折磨。

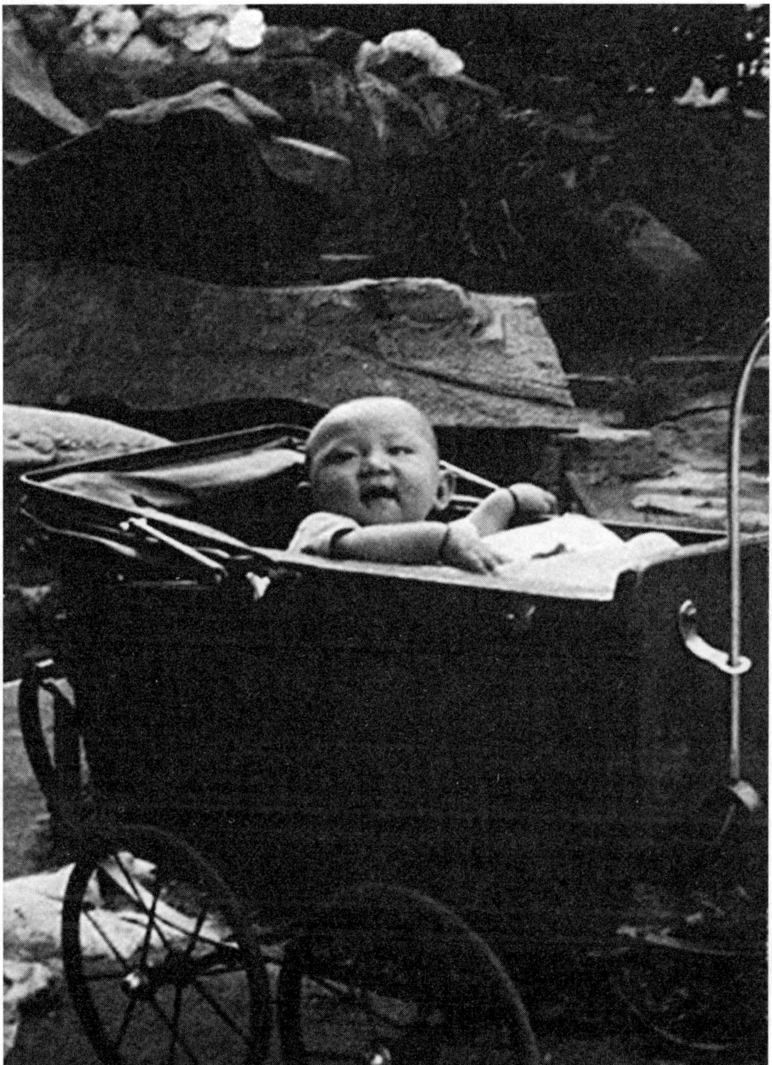

傅聪半岁

幸亏你得天独厚，任凭如何打击都摧毁不了你，因而减少了我一部分罪过。可是结果是一回事，当年的事实又是一回事：尽管我埋葬了自己的过去，却始终埋葬不了自己的错误。孩子，孩子，孩子，我要怎样地拥抱你才能表示我的悔恨与热爱呢！

十九日晚

一月三十日晚

亲爱的孩子：你走后第二天，就想写信，怕你嫌烦，也就罢了。可是没一天不想着你，每天清早六七点就醒，翻来覆去睡不着，也说不出为什么。好像克利斯朵夫①的母亲独自守在家里，想起孩子童年一幕幕的形象一样；我和你妈妈老是想着你二三岁到六七岁间的小故事——这一类的话我们不知有多少可以和你说，可是不敢说，你这个年纪是一切向前的，不愿意回顾的；我们啰里啰唆的抖出你尿布时代与一把鼻涕一把眼泪时代的往事，会引起你的憎厌。孩子，这些我都很懂得，妈妈也懂得。只是你的一切终身会印在我们脑海中，随时随地会浮起来，像一幅幅的小品图画，使我们又快乐又惆怅。

真的，你这次在家一个半月②，是我们一生最愉快的时期；这幸

---

① 傅雷译罗曼·罗兰长篇小说《约翰·克利斯朵夫》中的主人翁。

② 傅聪于一九五三年八月初赴罗马尼亚参加“第四届世界青年联欢节”钢琴比赛后，随中国艺术代表团赴波兰和东德访问演出，十月底返京，十二月初回上海，在家待了一个半月，又离家赴京学习，准备赴波留学。

福不知应当向谁感谢，即使我没宗教信仰，至此也不由得要谢谢上帝了！我高兴的是我又多了一个朋友；儿子变了朋友，世界上有什么事可以和这种幸福相比的！尽管将来你我之间离多别少，但我精神上至少是温暖的，不孤独的。我相信我一定会做到不太落伍，不太冬烘，不至于惹你厌烦。也希望你不要以为我在高峰的顶尖上所想的、所见到的，比你们的不真实。年纪大的人终是往更远的前途看，许多事你们一时觉得我看得不对，日子久了，现实却给你证明我并没大错。

孩子，我从你身上得到的教训，恐怕不比你从我得到的少。尤其是近三年来，你不知使我对人生多增了几许深刻的体验，我从与你相处的过程中学到了忍耐，学到了说话的技巧，学到了把感情升华！

你走后第二天，妈妈哭了，眼睛肿了两天：这叫作悲喜交集的眼泪。我们可以不用怕羞地这样告诉你，也可以不担心你憎厌而这样告诉你。人毕竟是感情的动物，偶然流露也不是可耻的事。何况母亲的眼泪永远是圣洁的，慈爱的！

一月三十日晚 *

此信系母亲所写。以下标有“*”号的，均母亲信，不一一注明。

亲爱的聪儿：自昨天起我们开始等你的信了，算起日子来，也该有信来了。你真不知道为娘的牵肠挂肚，放怀不开。你走后，忙着为你搬运钢琴的事，今天中午已由旅行社车去，等车皮有空就可装运。接着阴历年底快要到了，我又忙着家务，整天都是些琐碎事儿，可是等到空下来，或是深夜，就老是想着你，同爸爸两人谈你，过去的、现在的，抱着快乐而带点惆怅的心情，忍不住要流下泪来，不能自已。你这次回来的一个半月，真是值得纪念的，因为是我一生中最愉快、最兴奋、最幸福的一个时期。看到你们父子之间的融洽，互相倾诉，毫无顾忌，以前我常常要为之担心的恐惧扫除一空，我只有抱着欢乐静听你们的谈论，我觉得多幸福、多安慰，由痛苦换来的欢乐才是永恒的。虽是我们将来在一起的时候不会多，但是凭了回忆，宝贵的回忆，我也会破涕而笑了。我们之间，除了“爱”之外，没有可说的了。我对你的希望和前途是乐观的，就是有这么一点母子之情割舍不得。只要常常写信来，只要看见你写着“亲爱的爸爸妈妈”，我已满足了。

二月二日大除夕

昨晚七时一刻至八时五十分电台广播你在“市三”弹的四曲 Chopin［肖邦］，外加 encore［加奏］的一支 *Polonaise*［《波洛奈兹》］，效果甚好，就是低音部分模糊得很；琴声太扬，像我第一天晚上到小礼堂空屋子里去听的情形。以演奏而论，我觉得大体很好，一气呵成，精神饱满，细腻的地方非常细腻，tone colour［音色］变化的确很多。我们听了都很高兴，很感动。好孩子，我真该夸奖你几句才好。回想五一年四月刚从昆明回沪的时期，你真是从低洼中到了半山腰了。希望你从此注意整个的修养，将来一定能攀登峰顶。从你的录音中清清楚楚感觉到你一切都成熟多了，尤其是我盼望了多少年的——你的意志，终于抬头了。我真高兴，这一点我看得比什么都重。你能掌握整个的乐曲，就是对艺术加增深度，也就是你的艺术灵魂更坚强更广阔，也就是你整个的人格和心胸扩大了。孩子，我要重复 Bronstein［勃隆斯丹］[①] 信中的一句话，就是我为了你而感到骄傲！

今天是除夕了，想到你在远方用功，努力，我心里说不尽的欢喜。别了，孩子，我在心里拥抱你！

二月十日

上海这两天忽然奇暖，东南风加沙土，很像昆明的春天。阿敏和恩德[②]一起跟我念诗，敏说你常常背“朝回日日典春衣，每日江头尽醉归”二句，现在他也背得了。我正在预备一样小小的礼物，将来给你带出国的，预料你一定很喜欢。再过一星期是你妈妈的生日，再过一个月是你生日，想到此不由得悲喜交集。

二月十日

这几日开始看服尔德[③]的作品，他的故事性不强，全靠文章内若有若无的讽喻。我看了真是栗栗危惧，觉得没能力表达出来。那种风格最好要必姨、钱伯母[④]那一套。我的文字太死板，太“实”，不够俏皮，不够轻灵。

---

① 上海音乐学院钢琴系苏联籍教师，曾正式教过傅聪一年。

② 牛恩德，傅聪青年时期的琴友，后被傅雷夫妇认作干女儿。

③ Voltaire 傅雷译为服尔德，现通译伏尔泰。

④ 必姨即杨必，英国萨克雷名著《名利场》的译者。钱伯母即钱锺书夫人杨绛，杨必之姐。

二月二十四日 *

亲爱的聪：你的信今天终于收到了，很快慰。你走后，我们心里的矛盾真是无法形容，当然为你的前途，我们应该庆幸，你有那么好的机会，再幸运也没有了；可是一想到那么长的别离，总有些不舒服，但愿你努力学习，保重身体，我相信你绝不会辜负国家对你的期望，我们的一番苦心。你在国外，千万多些家信，把什么都告诉我们，不论琐碎的重大的，我们都乐意知道，有机会拍了照片，也不时寄来。你的信我们看得多宝贵，我们虽然分离了，可是心永久在一起，这是你给我们的唯一的安慰。

三月十九日

亲爱的孩子：上回刚想写信给你，不料病倒了。病好了不及两天，又发烧，前后八九天，至今还没恢复。今天初到阳台上一望，柳枝上一星星的已经有了绿意，想起"蕉草如碧丝，秦桑低绿枝"两句，不知北地春光是否已有消息。

我病的时候，恩德差不多每天来陪我。初期是热度高，昏沉得厉害；后来是眼睛昏花（到现在还没好），看校样每二三行就像一片云雾在眼前飘过，书也不能看，只能躺躺坐坐，整日呆着；幸亏恩德来给我说说笑笑，还拿我打趣，逗我上当，解了不少寂寞。

你近来忙得如何？乐理开始没有？希望你把练琴时间抽一部分出

来研究理论。琴的问题一时急不来，而且技巧根本要改。乐理却是可以趁早赶一赶，无论如何要有个初步概念。否则到国外去，加上文字的困难，念乐理比较更慢了。此点务要注意。

三月十九日

川戏中的《秋江》，艄公是做得好，可惜戏本身没有把陈妙常急于追赶的心理同时并重。其余则以《五台会兄》中的杨五郎为最妙，有声有色，有感情，唱做俱好。因为川戏中的“生”这次角色都差，唱正派的尤其不行，既无嗓子，又乏训练；倒是反派角色的“生”好些。大抵川戏与中国一切的戏都相同，长处是做功特别细腻，短处是音乐太幼稚，且编剧也不够好；全靠艺人自己凭天才去咂摸出来，没有经作家仔细安排。而且 tempo［节奏］松弛，不必要的闲戏总嫌太多。

三月二十四日上午

在公共团体中，赶任务而妨碍正常学习是免不了的，这一点我早料到。一切只有你自己用坚定的意志和立场，向领导婉转而有力地去争取。否则出国的准备又能做到多少呢？特别是乐理方面，我一直放心不下。从今以后，处处都要靠你个人的毅力、信念与意志——实践的意志。我不再和你说教条式的话，去年那三封长信把我所想的话都说尽了；你也已经长大成人，用不着我一再叮嘱。但若你缺少勇气的时候，尽管来信告诉我，我可以替你打气。倘若你心绪不好，也老老实实和我谈谈，我可以安慰安慰你，代你解决一些或大或小的烦恼。关于××的事，你早已跟我表明态度，相信你一定会实际做到。你年事尚少，出国在即；眼光、嗜好、趣味，都还要经过许多变化；即使一切条件都极美满，也不能担保你最近三四年中，双方的观点不会改变，从而也没法保证双方的感情不变。最好能让时间来考验。我二十岁出国，出国前后和你妈妈已经订婚，但出国四年中间，对她的看法三番四次地改变，动摇得很厉害。这个实在的例子很可以作你的参考，使你做事可以比我谨慎，少些痛苦——尤其为了你的学习，你的艺术前途！

另外一点我可以告诉你：就是我一生任何时期，闹恋爱最热烈的时候，也没有忘却对学问的忠诚。学问第一，艺术第一，真理第一，爱情第二，这是我至此为止没有变过的原则。你的情形与我不同：少年得志，更要想到“盛名之下，其实难副”，更要战战兢兢，不负国人对你的期望。你对政府的感激，只有用行动来表现才算是真正的感激！我想你心目中的上帝一定也是 Bach［巴赫］、Beethoven［贝多芬］、Chopin［肖邦］等等第一，爱人第二。既然如此，你目前所能支配的精力与时间，只能贡献给你第一个偶像，还轮不到第二个神明。你说是不是？可惜你没有早学好写作的技术，否则过剩的感情就可用写作（乐曲）来发泄，一个艺术家必须能把自己的感情“升华”，才能于人有益。我绝不是看了来信，夸张你的苦闷，因而着急；但我知道你多少是有苦闷的，我随便和你谈谈，也许能帮助你廓清一些心情。

三月二十九日

感情问题能自己想通，我们听了都很安慰。你还该想到，目前你一切都已“如愿以偿”，全中国学音乐的青年，没有一个人有你那么好的条件。你冬天回沪前所担心的事都迎刃而解，顺利出乎你的意料之外。你也该满足了。满足以后更当在别方面多多克制。人生没有一桩幸福是不要付代价的。东边占了便宜，西边就得吃亏些。何况如我前信所云，这也不是吃亏的事，而是“明哲”的举动。好孩子，安心用功吧，保重身体，医生非“常看”不可，吃药不能有一顿没一顿。再见了，孩子！

四月七日

聪儿：记得我从十三岁到十五岁，念过三年法文；老师教的方法既有问题，我也念得很不用功，成绩很糟（十分之九已忘了）。从十六岁到二十岁在大同改念英文，也没念好，只是比法文成绩好一些。二十岁出国时，对法文的知识只会比你现在的俄文程度差。到了法国，半年之间，请私人教师与房东太太双管齐下补习法文，教师管读本与文法，房东太太管会话与发音，整天的改正，不用上课方式，而是随时在谈话中纠正。半年以后，我在法国的知识分子家庭中过生活，已经一切无问题。十个月以后开始能听几门不太难的功课。可见国外学语文，以随时随地应用的关系，比国内的进度不啻一与五六倍之比。这一点你在莫斯科遇到李德伦时也听他谈过。我特意跟你提，为的是要你别把俄文学习弄成“突击式”。一个半月之间念完文法，这是强记，绝不能消化，而且过了一晌大半会忘了的。我认为目前主要是抓住俄文的要点，学得慢一些，但所学的必须牢记，这样才能基础扎实。贪多务得是没用的，反而影响钢琴业务，甚至使你身心困顿，一空下来即昏昏欲睡。这问题希望你自己细细想一想，想通了，就得下决心更改方法，与俄文老师细细商量。一切学问没有速成的，尤其是语言。倘若你目前停止上新课，把已学的从头温一遍，我敢断言，你会发觉有许多已经完全忘了。

你出国去所遭遇的最大困难，大概和我二十六年前的情形差不多，就是对所在国的语言程度太浅。过去我再三再四强调你在京赶学理论，便是为了这个缘故。倘若你对理论有了一个基本概念，那么日后在国外念的时候，不至于语言的困难加上乐理的困难，使你对乐理格外觉得难学。换句话说：理论上先略有门径之后，在国外念起来可以比较方便些。可是你自始至终没有和我提过在京学习理论的情形，连是否已开始亦未提过。我只知道你初到时因罗君患病而搁置，以后如何，虽经我屡次在信中问你，你也没复过一个字。——现在我再和你说一遍：我的意思最好把俄文学习的时间分出一部分，移作学习乐理之用。

提早出国，我很赞成。你以前觉得俄文程度太差，应多多准备后再走。其实像你这样学俄文，即使用最大的努力，再学一年也未必能说准备充分——除非你在北京不与中国人来往，而整天生活在俄国人堆里。—— 但领导方面究竟如何决定，最好请周广仁或别的比较能参与机密的朋友时时探听，让我们早些知道，早些准备。

恩德那里无论如何忙也得写封信去。自己责备自己而没有行动表现，我是最不赞成的。这是做人的基本作风，不仅对某人某事而已，我以前常和你说的，只有事实才能证明你的心意，只有行动才能表明你的心迹。待朋友不能如此马虎。生性并非“薄情”的人，在行动上做得跟“薄情”一样，是最冤枉的，犯不着的。正如一个并不调皮的人要调皮而结果反吃亏，一个道理。

一切做人的道理，你心里无不明白，吃亏的是没有事实表现；希望你从今以后，一辈子记住这一点。大小事都要对人家有交代！

四月二十一日

孩子：接十七日信，很高兴你又过了一关。人生的苦难，theme［主题］不过是这几个，其余只是 variations［变奏曲］而已。爱情的苦汁早尝，壮年中年时代可以比较冷静。古语说得好，塞翁失马，未始非福。你比一般青年经历人事都更早，所以成熟也早。这一回痛苦的经验，大概又使你灵智的长成进了一步。你对艺术的领会又可深入一步。我祝贺你有跟自己斗争的勇气。一个又一个的筋斗栽过去，只要爬得起来，一定会逐渐攀上高峰，超脱在小我之上。辛酸的眼泪是培养你心灵的酒浆。不经历尖锐的痛苦的人，不会有深厚博大的同情心。所以孩子，我很高兴你这种蜕变的过程，但愿你将来比我对人生有更深切的了解，对人类有更热烈的爱，对艺术有更诚挚的信心！孩子，我相信你一定不会辜负我的期望。

五月五日

看了《夏倍上校》没有？你喜欢哪一篇？对我的译文有意见吗？我自己愈来愈觉得肠子枯索已极，文句都有些公式化，色彩不够变化，用字也不够广。人民文学社要我译服尔德，看来看去，觉得风格难以传达，畏缩得很。

六月二十四日下午

亲爱的孩子：终于你的信到了！联络局没早告诉你出国的时间，固然可惜，但你迟早要离开我们，大家感情上也迟早要受一番考验；送君千里终须一别，人生不是都要靠隐忍来撑过去吗？孩子，你此去前程远大，这几天更应当仔仔细细把过去种种做一个总结，未来种种作一个安排；在心理上精神上多做准备，多多锻炼意志，预备忍受四五年中的寂寞和感情的波动。这才是你目前应做的事。孩子，别烦恼。我前信把心里的话和你说了，精神上如释重负。一个人发泄是要求心理健康，不是使自己越来越苦闷。多听听贝多芬的第五①，多念念克利斯朵夫里几段艰苦的事迹（第一册末了，第四册第九卷末了），可以增加你的勇气，使你更镇静。好孩子，安安静静地准备出国罢。

近来你很多地方像你妈妈，使我很高兴。但是办事认真一点，却望你像我。最要紧，不能怕烦！

七月四日晨

也许这是你出国以前接到的最后一信了，也许连这封信也来不及

---

① 系指《第五“命运”交响曲》。

收到，思之怆然。要嘱咐你的话是说不完的，只怕你听得起腻了。可是关于感情问题，我还是要郑重告诫：无论如何要克制，以前途为重，以健康为重。在外好好利用时间，不但要利用时间来工作，还要利用时间来休息、写信。别忘了杜甫那句诗："家书抵万金！"

孩子，别了，我们没一天不想念你，没一天不祝福你，在精神上拥抱你！

七月十五日 *

亲爱的聪儿：你临走前七日发的信，到十日下午才收到，那几天我们左等右等老不见你来信，焦急万分，究竟怎么回事？走了没有？终于信来了，一块石头落了地。原来你是一个人走的，旅途的寂寞，这种滋味我也想象得出来。到了苏联、波兰，是否都有人来接你，我们只有等你的消息了。

关于你感情的事，我看了后感到无限惶惑不安。对这个问题我总觉得你太冲动，不够沉着。这次发生的，有些出乎人情之常，虽然这也是对你多一次教训，但是你应该深深地自己检讨一番，对自己应该加以严厉的责备。我也不愿对你多所埋怨，不过我觉得你有些滥用感情，太不自爱了，这是不必要的痛苦。得到这次教训后，千万要提高警惕，不能重蹈覆辙。你的感情太多了，对你终身是个累。所以你要大彻大悟，交朋友的时候，一定要事先考虑周详，而且也不能五分钟热度，凭一时冲动，冒冒失失地做了。我有句话，久已在心里嘀咕：我觉得你的爱情不专，一个接着一个，在你现在的年龄上，不算少了。我是一个女子，对这方面很了解女人的心理，要是碰到你这样善变，见了真有些寒心。你这次出国数年，除了努力学习以外，再也不要出乱子，这事出入重大，除了你，对爸爸的前途也有影响的。望你把全部精力放在研究学问上，多用理智，少用感情，当然，那是要靠你坚强的信心，克制一切的烦恼，不是件容易的事，但是非克服不可。对于你的感情问题，我向来不参加任何意见，觉得你各方面都在进步，你是聪明人，自会觉悟的。我既是你妈妈，我们是休戚相关的骨肉，不得不要唠叨几句，加以规劝。

回想我跟你爸爸结婚以来，二十余年感情始终如一，我十四岁上，你爸爸就爱上了我（他跟你一样早熟），十五岁就订婚，当年冬天爸爸就出国了。在他出国的四年中，虽然不免也有波动，可是他主意老，觉悟得快，所以回国后就结婚。婚后因为他脾气急躁，大大小小的折磨总是难免的，不过我们感情还是那么融洽，那么牢固，到现在年龄大了，火气也退了，爸爸对我更体贴了，更爱护我了。我虽不智，天性懦弱，可是靠了我的耐性，对他无形中或大或小多少有些帮助，这是我觉得可以骄傲的，可以安慰的。我们现在真是终身伴侣，缺一不可的。现在你也长大成人，父母对儿女的终身问题，也常在心中牵挂，不过你年纪还轻，不要操之过急。以你这些才具，将来不难找到一个满意的对象。好了，唠唠叨叨写得太多，你要头痛了。

七月二十七日深夜—二十八日午夜

聪：莫斯科的信昨天收到。你车上的信写得很有趣，可见只要有实情、实事，不会写不好信。你说到李、杜的分别，的确如此。写实正如其他的宗派一样，有长处也有短处。短处就是雕琢太甚，缺少天然和灵动的韵致。但杜也有极浑成的诗，例如“风急天高猿啸哀，渚清沙白鸟飞回。无边落木萧萧下，不尽长江滚滚来……”那首胸襟意境都与李白相仿佛。还有《梦李白》《天末怀李白》几首，也是缠绵悱恻，至情至性，非常动人的。但比起苏、李的离别诗来，似乎还缺少一些浑厚古朴。这是时代使然，无法可想的。汉魏人的胸怀比较更近原始，味道浓，苍茫一片，千古之下，犹令人缅想不已。杜甫有许多田园诗，虽然受渊明影响，但比较之下，似乎也“隔”（王国维语）了一层。回过来说：写实可学，浪漫底克不可学；故杜可学，李不可学；国人谈诗的尊杜的多于尊李的，也是这个缘故。而且究竟像太白那样的天纵之才不多，共鸣的人也少。所谓曲高和寡也。同时，积雪的高峰也令人有“琼楼玉宇，高处不胜寒”之感，平常人也不敢随便瞻仰。

词人中苏、辛确是宋代两大家，也是我最喜欢的。苏的词颇有些咏田园的，那就比杜的田园诗洒脱自然了。此外，欧阳永叔的温厚蕴藉也极可喜，五代的冯延巳也极多佳句，但因人品关系，我不免对他有些成见。

我第一信中所提的事，希望和我详细谈。在外倘有任何精神苦闷，也切勿隐瞒，别怕受埋怨。一个人有个大二十几岁的人代出主意，绝不会坏事。你务必信任我，也不要怕我说话太严，我平时对老朋友讲话也无顾忌，那是你素知的。并且有些心理波动或是郁闷，写了出来等于有了发泄，自己可痛快些，或许还可免做许多傻事。孩子，我真恨不得天天在你旁边，做个监护的好天使，随时勉励你，

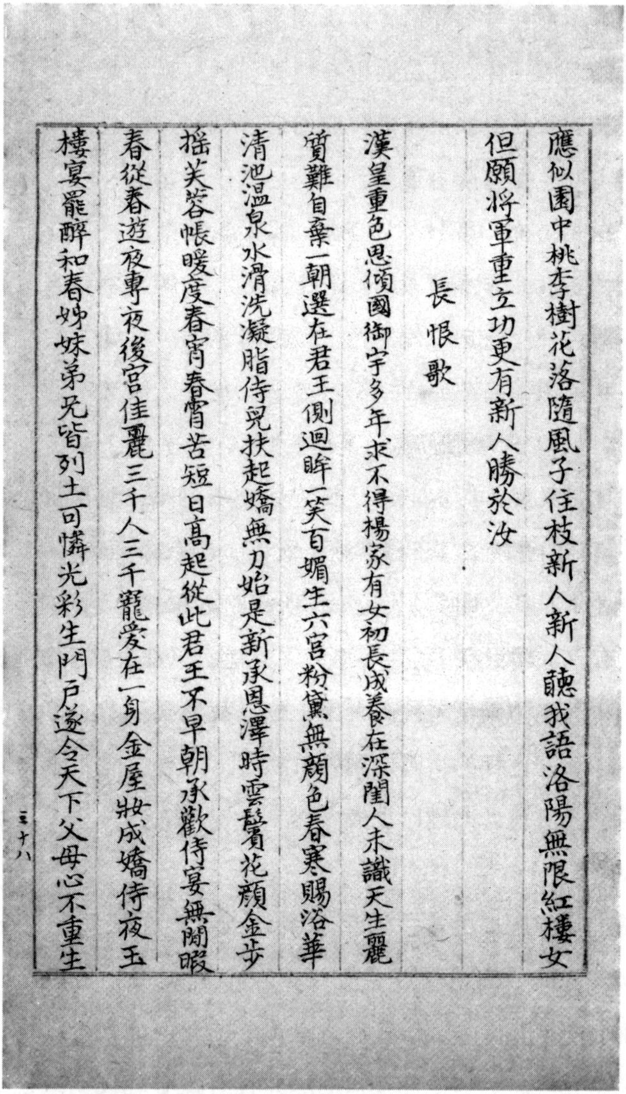

應似園中桃李樹花落隨風子在枝新人新人聽我語洛陽無限紅樓女
但願将軍重立功更有新人勝於汝

長恨歌

漢皇重色思傾國御宇多年求不得楊家有女初長成養在深閨人未識天生麗
質難自棄一朝選在君王側迴眸一笑百媚生六宮粉黛無顏色春寒賜浴華
清池温泉水滑洗凝脂侍兒扶起嬌無力始是新承恩澤時雲鬢花顏金步
搖芙蓉帳暖度春宵春宵苦短日高起從此君王不早朝承歡侍宴無閑暇
春從春遊夜專夜後宮佳麗三千人三千寵愛在一身金屋妝成嬌侍夜玉
樓宴罷醉和春姊妹弟兄皆列土可憐光彩生門戶遂令天下父母心不重生

三十八

父亲为傅聪编辑并手抄的古诗词读本书影之一

安慰你，劝告你，帮你铺平将来的路，准备将来的学业和人格。

七月二十七日深夜

上星期我替恩德讲《长恨歌》与《琵琶行》，觉得大有妙处。白居易对音节与情绪的关系悟得很深。凡是转到伤感的地方，必定改用仄声韵。《琵琶行》中“大弦嘈嘈”“小弦切切”一段，好比 staccato［断音］，像琵琶的声音急切；而“此时无声胜有声”的几句，等于一个长的 pause［休止］；“银瓶……水浆迸”两句，又是突然的 attack［明确起音］，声势雄壮。至于《长恨歌》，那气息的超脱，写情的不落凡俗，处处不脱帝皇的 nobleness［雍容气派］，更是千古奇笔。看的时候可以有几种不同的方法：一是分出段落看叙事的起伏转折；二是看情绪的忽悲忽喜，忽而沉潜，忽而飘逸；三是体会全诗音节与韵的变化。再从总的方面看，把悲剧送到仙界上去，更显得那段罗曼史的奇丽清新，而仍富于人间味（如太真对道士说的一番话）。还有白居易写动作的手腕也是了不起：“侍儿扶起娇无力”，“君王掩面救不得”，“九华帐里梦魂惊”几段，都是何等生动！“九重城阙烟尘生，千乘万骑西南行”，写帝王逃难自有帝王气概。“翠华摇摇行复止”，又是多鲜明的图画！最后还有一点妙处：全诗写得如此婉转细腻，却仍不失其雍容华贵，没有半点纤巧之病（细腻与纤巧大不同）！明明是悲剧，而写得不过分的哭哭啼啼，多么中庸有度，这是浪漫底克兼有古典美的绝妙典型。

二十八日午夜

八月七日夜

二十日的信，邮戳是二十三日的，到上海是三十一日，真是快得很。大概代寄的人耽误了二天。现在想必在海滨了。我查地图，翻字典，大概 Gdansk［格但斯克］就是从前的但泽［Danzig］，但你又加了一个 Sopot［索波德］不知何意。是否在大城近边的一个小地名？

第一件我要郑重嘱咐你的事，就是你千万不要下海游泳。除非有正式的职业的游泳教师教，自己不能跟着青年朋友去。这一点是我们最放心不下的。海边不比内河，潮水涨落，非可逆料，而且来势的迅速出人意外。我会游泳的也有戒心，何况你！为了免得我们提心吊胆，此事切切牢记！

你到了海滨以后，定有许多新鲜消息，大概这封信已经在路上了。我预计三四日内必有你的信到。在华沙与蒋天佐等谈些什么？大使馆对你每月用度事又如何说法？前二信说的理财之道，务望注意！

海滨是否先来一个测验式的手续？派给你的教授 Hoffman［霍夫曼］见了没有？是怎样的人？多少年纪了？不妨描写一番。大家对你有何意见？好的坏的，我都希望听到，就像你出去了一天，晚上在书房里和我一灯相对那样的畅谈。

你写信直式横式本无所谓，倘夹的西文多，似乎横式较便。我觉得写行书，是上下相连的，故直式较快。

你在外面快活，当然我们也快活；但愿分一些快活给我们，多多报告消息。你的材料，叫我写来一定每星期都可写上好几千字。写信要训练把字写得小，信纸用薄的航空纸：字小纸薄，才可以多写而不多花邮费。

八月一日聪信摘录（波2）①

我来这里以后，很奇怪我的技巧进步很大，我自己简直认不得了。昨天弹了二个《练习曲》，一个《玛祖卡》，一个《即兴曲》，一个《叙事曲》，和那个人人必弹的《前奏曲》（作品四十五号），成绩相当不错，比我从前的成绩好多了。这儿从教授到学生，全都很赏识我，教授说我弹的《前奏曲》是全体中最好的：除了一些技巧上不够放松，以及音质太硬，和一些小小的风格上的问题需要纠正外，没有什么大毛病。他们都非常惊异于我对肖邦的理解。我很奇怪，来到这里以后，跟我在国内弹的肖邦完全不同，改变得快极了。这儿一切气氛都是肖邦味的，我很快就感染了这气氛。我的《玛祖卡》也受到很多称赞。我真有点厌烦于给你们报告这些，老是自吹自擂的，真麻烦。的确我来此以后，很用功了一番。

来到波兰以前，他们原定把我派给霍夫曼教授；到波兰后，七月三十一日，第一次在海滨弹给肖邦委员会的教授们听，审定我参加肖

---

① 傅聪自一九五四年七月下旬赴波兰学习到一九五八年底离开波兰期间，曾给父母写了家信约四十余封，但经过“文革”的野蛮抄家，这批信函几乎荡然无存。值得庆幸的是，一九五四年八月至一九五七年五月期间，由父母就傅聪家信摘编的《聪儿家信摘录》得以保留，内分“学习经过”和“音乐讨论”两部分。现征得傅聪的同意，发表部分家信摘录，与父母同时期家信排列在一起。为方便读者对照阅读，傅聪家信一般排到父母回信前，回答具体问题的傅聪家信排在父母信后。

邦比赛的资格，并决定由肖邦委员会主席杰维茨基[1]教授教我。

星期二我将上第一课了。我现在还不知道究竟以后将如何学习，看样子，我的技巧并不需要完全改过；原因是我的手现在比从前放松多了。

这里（奥尔托沃－格丁尼亚）集中了九个经过几次选拔出来的波兰最好的年轻钢琴家。技巧没问题，都非常好，对肖邦的理解也没问题，是道地的肖邦。有几个特别好，比我上次听到过的 Chopinist[2] 高明多了。他们并不冷冰冰，也不很热情，却没有一个有特殊的个性气质。

八月十一日午前

好孩子：八月一日的信收到了，今天是十一日，就是说一共只有十天工夫。

你的生活我想象得出，好比一九二九年我在瑞士。但你更幸运，有良师益友为伴，有你的音乐做你崇拜的对象。我二十一岁在瑞士正患着青春期的、浪漫底克的忧郁病：悲观、厌世、彷徨、烦闷、无聊：我在《贝多芬传》译序中说的就是指那个时期。孩子，你比我成熟多了，所有青春期的苦闷，都提前几年，早在国内度过；所以你现

---

① 杰维茨基，波兰著名钢琴教授，傅聪留学时的钢琴业师。

② 此词极难译成中文，意思是不仅是演奏肖邦作品的能手，而且演奏家具有肖邦的个性及诗人的气质。

在更能够定下心神，发愤为学；不至于像我当年蹉跎岁月，到如今后悔无及。

你的弹琴成绩，叫我们非常高兴。对自己父母，不用怕“自吹自捧”的嫌疑，只要同时分析一下弱点，把别人没说出而自己感觉到的短处也一起告诉我们。把人家的赞美报告我们，是你对我们最大的安慰；但同时必须深深地检讨自己的缺陷。这样，你写的信就不会显得过火；而且这种自我批判的功夫也好比一面镜子，对你有很大帮助。把自己的思想写下来（不管在信中或是用别的方式），比着光在脑中空想是大不同的。写下来需要正确精密的思想，所以写在纸上的自我检讨，格外深刻，对自己也印象深刻。你觉得我这段话对不对？

我对你这次来信还有一个很深的感想，便是你的感觉性极强、极快。这是你的特长，也是你的缺点。你去年一到波兰，弹 Chopin［肖邦］的 style［风格］立刻变了；回国后却保持不住；这一回一到波兰又变了。这证明你的感受力极快。但是天下事有利必有弊，有长必有短，往往感受快的，不能沉浸得深，不能保持得久。去年时期短促，固然不足为定论。但你至少得承认，你的不容易“牢固执着”是事实。我现在特别提醒你，希望你时时警惕，对于你新感受的东西不要让它浮在感受的表面；而要仔细分析，究竟新感受的东西和你原来的观念、情绪、表达方式有何不同。这是需要冷静而强有力的智力，才能分析清楚的。希望你常常用这个步骤来“巩固”你很快得来的新东西（不管是技术是表达）。长此做去，不但你的演奏风格可以趋于稳定、成熟（当然所谓稳定不是刻板化、公式化）；而且你一般的智力也可大大提高，受到锻炼。孩子，记住这些！深深地记住！还要实地做去！这些话我相信只有我能告诉你。

还要补充几句：弹琴不能徒恃 sensation［感觉］，sensibility［情感］。那些心理作用太容易变。从这两方面得来的，必要经过理性的整理、归纳，才能深深地化入自己的心灵，成为你个性的一部分，人格的一部分。当然，你在波兰几年住下来，熏陶的结果，多少也（自然而然的）会把握住精华。但倘若你事前有了思想准备，特别在智力方面多下功夫，那么你将来的收获一定更大更丰富，基础也更稳固。再说得明白些：艺术家天生敏感，换一个地方，换一批群众，换一种精神气氛，不知不觉会改变自己的气质与表达方式。但主要的是你心灵中最优秀最特出的部分，从人家那儿学来的精华，都要紧紧抓住，深深地种在自己性格里，无论何时何地这一部分始终不变。这样你才能把独有的特点培养得厚实。

关于这个问题，我想你听了必有所感。不妨跟我多谈谈。

其次，我不得不再提醒你一句：尽量控制你的感情，把它移到艺术中去。你周围美好的天使太多了，我怕你又要把持不住。你别忘了，你自誓要做几年清教徒的，在男女之爱方面要过几年僧侣生活，禁欲生活的！这一点千万要提醒自己！时时刻刻提防自己！一切都要醒悟得早，收篷收得早；不要让自己的热情升高之后再去压制，那时痛苦更多，而且收效也少。亲爱的孩子，无论如何你要在这方面听从我的忠告！爸爸妈妈最不放心的不过是这些。

你上课以后，老师如何批评？那时他一定有更切实更具体的指摘，不会光是夸奖了。我们都急于要知道。你对 Chopin［肖邦］的了解，他们认为的长处短处，都望详细报告。technic［技巧］问题也是我最关心的。老师的意见怎样？是否需要从头来起？还是目前只改些小地方，待比赛以后再彻底修改？这些你也不妨请问老师。

罗忠镕和李凌都有回信来，你的行李因大水为灾，货车停开，故耽误了。你不必再去信向他们提。我认为你也应该写信给李凌，报告一些情形，当然口气要缓和。人家说你好的时候，你不妨先写上“承蒙他们谬许”“承他们夸奖”一类的套语。李是团体的负责人，你每隔一个月或一个半月都应该写信；信末还应该附一笔，“请代向周团长致敬”。这是你的责任，切不能马虎。信不妨写得简略，但要多报告一些事实。切不可二三月不写信给李凌——你不能忘了团体对你的好意与帮助，要表示你不忘记，除了不时写信没有第二个办法。

你记住一句话：青年人最容易给人一个“忘恩负义”的印象。其实他是眼睛望着前面，饥渴一般的忙着吸收新东西，并不一定是“忘恩负义”；但懂得这心理的人很少；你千万不要让人误会。

八月十六日晚

孩子：我忙得很，只能和你谈几桩重要的事。

你素来有两个习惯：一是到别人家里，进了屋子，脱了大衣，却留着丝围巾；二是常常把手插在上衣口袋里，或是裤袋里。这两件都不合西洋的礼貌。围巾必须和大衣一同脱在衣帽间，不穿大衣时，也要除去围巾。手插在上衣袋里比插在裤袋里更无礼貌，切忌切忌！何况还要使衣服走样，你所来往的圈子特别是有教养的圈子，一举一动务须特别留意。对客气的人，或是师长，或是老年人，说话时手要垂直，人要立直。你这种规矩成了习惯，一辈子都有好处。

在饭桌上，两手不拿刀叉时，也要平放在桌面上，不能放在桌下，搁在自己腿上或膝盖上。你只要留心别的有教养的青年就可知道。刀叉尤其不要掉在盘下，叮叮当当的！

出台行礼或谢幕，面部表情要温和，切勿像过去那样太严肃。这与群众情绪大有关系，应及时注意。只要不急，心里放平静些，表情自然会和缓。

你的老师有多少年纪了？是哪个音乐学院的教授？过去经历如何？面貌怎样的？不妨告诉我们听听。别忘了爸爸有时也像你们一样，喜欢听故事呢。

总而言之，你要学习的不仅仅在音乐，还要在举动、态度、礼貌各方面吸收别人的长处。这些，我在留学的时代是极注意的；否则，我对你们也不会从小就管这管那，在各种 manners［礼节，仪态］方面跟你们烦了。但望你不要嫌我烦琐，而要想到一切都是要使你更完满、更受人欢喜！

八月十三日聪信摘录（波3）

杰维茨基教授是波兰最好的教授，年轻的最好的波兰钢琴家差不多全出于他的门下。他的音乐修养真令人折服。经他一说，好像每一个作品都有无穷尽的内容似的。他今年七十四岁，精神还很好，上课时喜欢站着，有时走来走去，有时靠在琴上，激动得不得了，遇到音乐慷慨激昂的时候，会大声地吼叫起来、唱着。他有那么强的感染力，上课的时候，我会不自觉地整个投入音乐中去。

《革命练习曲》要弹得热情澎湃，弹得庄严雄伟，不能火爆；节奏要非常稳，像海浪一般汹涌，但是有股威武的意志的力量控制着。

《玛祖卡》若不到波兰，真是学不好。那种微妙的节奏，只可以心领神会，无法用任何规律来把它肯定的。既要完全弹得像一首诗一般，又要处处显出节奏来，真是难！而这个难在它不是靠苦练练出来的，只有心中有了那境界才行。这不但是音乐的问题，而是跟波兰的气候、风土、人情，整个波兰的气息有关。

我也知道了什么叫音质的好坏，那完全在于技巧的方法。所谓放松，是一切力量都是自然的，不用外加的力。弹最强音的时候，用全身的力量加上去，而不是拿手腕来用力压；这样出来的音质才是丰满的；手臂要完全放松。演奏时，手臂要放松到可以随意摆动，而不妨碍手指的活动。我的老师说：在一切情况下，只有做到完全自然而舒服就对，并没有死板的方法，各人的感觉可能不同。还有处处要懂得节省精力，凡是不需要浪费精力的地方，一定不要浪费。我从前的练琴真是浪费太多了，但这一切非得好教授指导才行，空口说是不成的。

教授谈到肖邦时，说他的作品跟波兰的气候一样，变幻不定，忽而阴忽而晴，忽而风风雨雨，忽而又阳光灿烂，肖邦的音乐是极其细致微妙的，譬如《我们的时代》这首《玛祖卡》，在一个小节中间，有时即有悲有喜，从明亮到阴暗，或是从阴暗到明亮，变化无穷。理解肖邦，一定要真正体会到这些。

我一直在紧张地练琴，每两天就上一次课。教授的脾气可不小，我上课真有些害怕，但学到的东西真多。这回我才知道天高地厚了，才知道好教授是怎么回事了。现在练的是《幻想曲》《诙谐曲》《夜曲》《练习曲》《玛祖卡》，自以为已经练得很仔细，但经老师一说，总有很多很多新东西发现：像《幻想曲》，他分析它的结构，前后布局，如何显出对比，还有节奏上的毛病。当然有一部分和我的理解不同，但大部分都是我所折服的。《诙谐曲》的节奏，我从前完全没有把握；他说了之后，我才发现为什么我老弹不好的原因。《革命练习曲》我现在才弹得真像样了。

我每天练一些很简单的放松练习，进步很大，练任何乐曲都随时注意放松。音质加大了，我所费的精力却反而减少。《波洛奈兹》自从知道了练的方法以后，那段原来使我觉得很困难的八度，显然有了进步，还有双全音符。当然不能马上练到和他们的钢琴家那么好，但我相信不会很慢。我每天练八小时以上，他们每人不过五小时。我来得太晚，准备得太晚，技巧根基又差，不拼命是绝对不行的。

他们对我期望非常高，我绝不能辜负他们，而且也是自己和国家的体面，因此我得加倍用功。

八月三十一日

孩子：八月十三日自波发的第三信已经于二十三日收到。我们十六日发的（波5）一信，想你亦可收到。这时期全家都特别忙，故半个月不能给你写信。

我译的服尔德到昨夜终算完成，寄到北京去。从初译以后，至寄出为止，已改过六道，仍嫌不够古雅，十八世纪风格传达不出。

妈妈忙着杂务，搬书房、书橱，打扫，理衣服，零碎事儿简直做不完。阿敏今天已去缴费，明儿就上课了。整个暑假我没有休息，星期日上午要教恩德、阿敏国文等等，下午又有许多客人。

我今夏身心极感疲劳，腰酸得很，从椅上站起来，一下子伛着背，挺不直。比往年差多了。精神也不及从前那么不知疲倦。除了十小时半以外的经常工作，再要看书，不但时间不够，头脑也吃不消了。

你的学习情形令人大为兴奋。两天上一课，就是每周三课。别的学生是否也是如此？我猜你是因为技巧落后，他们对你特别加紧，不知是否？来信说又要表演给委员会听，别人也是的；结果如何？别人的进步与你比起来又如何？

八月二十四日聪信摘录（波4）

二十日下午我参加了演奏会，那天共有三人。我的节目很大，二个《前奏曲》，以及《练习曲》《夜曲》《诙谐曲》《玛祖卡》《摇篮曲》和《幻想曲》。除了《波洛奈兹》以外，差不多比赛的初复赛节目都全了。我的成绩，自己非常不满意，但我得到了轰动全场的成功。这种音乐会，本来是不鼓掌的；但我弹完以后，所有的听众，连教授在内，全都鼓掌。许多人要我签名，许多人吻我，一个老头儿的胡子刮得我怪疼的。“好啊！真棒！了不起的艺术家！……”霍夫曼教授和我说：“在你心里有肖邦的灵魂，而波兰的钢琴家们却没有。

音乐第一重要，技巧是其次的。你不是波兰人，而你的《玛祖卡》却是最好的。”我自己很不满意，因为那天我很紧张，原因是一方面好久没有上台了，尤其在这种严肃得可怕的场合；另一方面，事先我没有试一下钢琴，那是一个九尺的斯丹威，音质很好，琴键的触摸却很不平稳，踏板也很难控制。我平时练的是布吕特讷①，音质非常轻，而且总是关着琴盖练的；那天一上台，我就吓了一跳，声音大得不得了，我以为自己的触键太硬了，踏板也糊涂；我越来越慌，脚也发抖，手也发麻，感觉到血管里的血流得特别快，弹了很多夹音，许多地方也没有把我平时了解的表现出来。我的教授事后和我谈了些。他是个非常严厉的老师，总是注意到每一小节的毛病，我那天所有的毛病都未能逃过他的耳朵。他当然是鼓励我的，说我最重要的问题是踏板，还要克服紧张，要多多上台。那天虽然紧张，我的音乐还很好，《玛祖卡》最好，我自己的结论是弹得很动人，但不完整。

还有一点我要告诉你们，就是全体都认为我有迷人的音质，最轻的时候还是很结实而富于歌唱性，最响的时候连房子都震动而一点不硬，这都是使我惊异的。

现在我觉得，肖邦在我与其说需要学，不如说需要把我心中所有的肖邦尽量发掘，尽量加以人工的琢磨。所以风格问题，我在波兰不必说四五年，就是一年，我相信可以把握得很牢固了。最主要的原因是我心中的肖邦是真的肖邦，不需要改变本质，只是加工的问题。现

---

① 与斯丹威均为钢琴品牌名称。

在我对于肖邦或一切浪漫派音乐都不担心，倒想在比赛以后，好好地学学贝多芬、巴赫、莫扎特和现代音乐。

我的教授其实是一个非常冷漠的人，并不热心，但却是最好的教授，绝无艺术家气质。他的耳朵和眼睛，有锐敏的观察力，对于学生演奏的一点一滴，都注意得清清楚楚。他对于我所以特别适合，因为他很少有热情的时候，很少欣赏到别人演奏中的气质、精神，总是注意小地方和曲子的结构、比例等等。他是完完全全的理智，而不是热情。我有足够的热情，不需要一个太热情的教授来把我捧得忘乎所以，却需要一个教授时时刻刻来加强我的理智。

我现在整个的心、灵魂都在音乐里。他们（同学）有时竟把我从琴上拖下来。真是，只有音乐使我感到无上的幸福，一种创造的幸福。我一个人清静地工作时，才是最愉快的时候。我怕任何人来扰乱我。我需要清静，需要静静地想。音乐的环境培养了我的内心生活，而内心生活又培养了我的音乐。

九月四日

聪，亲爱的孩子：多高兴，收到你波兰第四信和许多照片，邮程只有九日，比以前更快了一天。看照片，你并不胖，是否太用功，睡眠不足？还是室内拍的照，光暗对比之下显得瘦？又是谁替你拍的？在什么地方拍的，怎么室内有两架琴？又有些背后有竞赛会的广告，是怎么回事呢？通常总该在照片反面写印日期、地方，以便他日查考。

你的“鬆”字始终写别字，记住：上面是“髟”，下面是“松”，“松”便是“鬆”字的读音，记了这点就不会写错了。要写行书，可以如此写：。高字的草书是。

还有一件要紧的小事情：信封上的字别太大，把整个封面都占满了；两次来信，一封是路名被邮票掩去一部分，一封是我的姓名被贴去一只角。因为信封上实在没有地方可贴邮票了。你看看我给你的信封上的字，就可知道怎样才合适。

你的批评精神越来越强，没有被人捧得“忘其所以”，我真快活！你说的脑与心的话，尤其使我安慰。你有这样的了解，才显出你真正的进步。一到波兰，遇到一个如此严格、冷静、着重小节和分析曲体的老师，真是太幸运了。经过他的锻炼，你除了热情澎湃以外，更有个钢铁般的骨骼，使人觉得又热烈又庄严，又有感情又有理智，给人家的力量更深更强！我祝贺你，孩子，我相信你早晚会走到这条路上：过了几年，你的修养一定能够使你的 brain［理智］与 heart［感情］保持平衡。你的性灵越发掘越深厚、越丰富，你的技巧越磨越细，两样凑在一处，必有更广大的听众与批评家会欣赏你。孩子，我真替你快活。

你此次上台紧张，据我分析，还不在于场面太严肃——去年在罗京比赛不是一样严肃得可怕吗？主要是没先试琴，一上去听见 tone［声音］大，已自吓了一跳；touch［触键］不平均，又吓了一跳；pedal［踏板］不好，再吓了一跳。这三个刺激是你二十日上台紧张的最大原因。你说是不是？所以今后你切须牢记，除非是上台比赛，谁也不能先去摸琴，否则无论在私人家或在同学演奏会中，都得先试试 touch［触键］与 pedal［踏板］。我相信下一回你绝不会再 nervous［紧张］的。

大家对你的欣赏，妈妈一边念信一边直淌眼泪。你瞧，孩子，你的成功给我们多大的欢乐！而你的自我批评更使我们喜悦得无可形容。

要是你看我的信，总觉得有教训意味，仿佛父亲老做牧师似的；或者我的一套言论，你从小听得太熟，耳朵起了茧；那么希望你从感情出发，体会我的苦心；同时更要想到：只要是真理，是真切的教训，不管出之于父母或朋友之口，出之于熟人生人，都得接受。别因为是听腻了的，无动于衷，当作耳边风！你别忘了：你从小到现在的家庭背景，不但在中国独一无二，便是在世界上也很少很少。哪个人教育一个年轻的艺术学生，除了艺术以外，再加上这么多的道德的？我完全信任你，我多少年来播的种子，必有一日在你身上开花结果——我指的是一个德艺俱备、人格卓越的艺术家！

你的随和脾气多少得改掉一些。对外国人比较容易，有时不妨直说：我有事，或者：我要写家信。艺术家特别需要冥思默想。老在人堆里（你自己已经心烦了），会缺少反省的机会；思想、感觉、感情也不能好好地整理、归纳。

Krakow［克拉可夫］是一个古城，古色古香的街道、教堂、桥，都是耐人寻味的。清早，黄昏，深夜，在这种地方徘徊必另有一番感触，足以做你诗情画意的材料。我从前住在法国内地一个古城里，叫做 Peitier［博济哀］，十三世纪的古城，那种古文化的气息至今不忘，而且常常梦见在那儿踯躅。北欧哥特式（Gothique）建筑，Krakow［克拉可夫］一定不少，也是有特殊风格的。我恨不得飞到你身畔，和你一同赏玩呢！倘有什么风景片（那到处都有卖，很便宜的），不妨写上地名，作明信片寄来。

还有，你现在练新曲子，是否开始仍旧很慢地练？如 *Fantansy*［《幻想曲》］，是否仍每天慢练几遍？这是为了恩德作参考，同时也为了要知道手放松后，technic［技巧］的保持是否仍须常常慢练才行？这次的 *Scherzo*［《诙谐曲》］你写的是 Op. 36［作品三十六号］，大概是作品三十九号之误吧？应该是第二支 *Scherzo* 吧？*Polonaise*［《波洛奈兹》］是否尚未练熟？以后的 *Concerto*［《协奏曲》］预备练那一支早先练过的，还是另外一支？

以后听到别的同学弹奏，希望能来信告诉你的意见和感想。我对音乐上的事太感兴趣了。

这几日因为译完了服尔德，休息几天，身心都很疲倦。夏天工作不比平时，格外容易累人。煦良①平日谈翻译极有见解，前天送来万余字精心苦练过的译稿要我看看，哪知一塌糊涂。可见理论与实践距离之大！北京那位苏联戏剧专家老是责备导演们："为什么你们都是理论家，为什么不提提具体问题？"我真有同感。三年前北京《翻译通报》几次要我写文章，我都拒绝了，原因即是空谈理论是没用的，主要是自己动手。

---

① 周煦良，傅雷挚友，著名作家、翻译家。

九月十二日聪信摘录（波5）

来信问的慢练问题，其实也很难说，因为钢琴家的学派太多了。我现在仍旧是慢练的，但要注意慢而放松。事实上要求得精确的技巧，非慢练是不行的。我感触最深的，是每一个难题都要有特殊的方法去练习；许多技巧问题无法解决，是由于不知如何练习，所以好教授实在太重要了。谈到音乐，更不用说了，不碰到大教授，是不知道天高地厚的。国内的水准，真是从何谈起。

最近我主要是在练协奏曲，真不容易。肖邦的协奏曲看看容易，越练越难，最难的是难在精确，尤其是某些极快的段落，技巧的放松不过是解决了基本问题，照样得下功夫苦练。

我在咖啡馆里认识了一对年轻夫妇，非常有修养，也非常诚恳。他是一个化学工程师，她是他的助手，两人都讲得一口好英文。我们常常在一起聊天；他看过不少关于中国的书：中国的诗、庄子、老子、孔子等；当然是通过翻译看的，但还是比一般波兰人（关于中国文化）懂得多了。

九月二十一日晨

十二日信上所写的是你在国外的第一个低潮。这些味道我都尝过。孩子，耐着性子，消沉的时间，无论谁都不时要遇到，但很快会过去的。游子思乡的味道你以后常常会有呢。

黄宾虹题赠傅雷的山水画之一

你说起讲英文的人少，不知你跟教授 Drzewiecki［杰维茨基］是讲什么话的？还有这 DRZ 三个开头的字母念成什么音？整个字应如何读，望告知。来信只说学校没开学，却没说起什么时候开学？住在音乐院，吃得如何？病了有人来问没有？看医生没有？平时饮食寒暖务必小心，我们不在你身边，你得多管管自己才好！加衣进食等等，切不能偷懒马虎！我们的心老挂在你身上，每隔十天总等着信了。这一回就是天天等来信，唯恐我们的信才寄就收到来信，错过了头；所以直耽到今日才提笔。其实从十日起就想写了。

昨天还有一件事，使我去开了一次会：华东美协为黄宾虹办了一个个人展览会，昨日下午举行开幕式，兼带座谈。我去了，画是非常好。一百多件近作，虽然色调浓黑，但是浑厚深沉得很，而且好些作品远看很细致，近看则笔头仍很粗。这种技术才是上品！我被赖少其（美协主席）逼得没法，座谈会上也讲了话。大概是：（1）西画与中画，近代已发展到同一条路上；（2）中画家的技术根基应向西画家学，如写生、写石膏等等；（3）中西画家应互相观摩、学习；（4）任何部门的艺术家都应对旁的艺术感到兴趣。发言的人一大半是颂扬作者，我觉得这不是座谈的意义。颂扬话太多了，听来真讨厌。

开会之前，昨天上午八点半，黄老先生就来我家。昨天在会场中遇见许多国画界的老朋友，如贺天健、刘海粟等，他们都说：黄先生常常向他们提到我，认为我是他平生一大知己。

因为你好久没接到我们的信，所以先把此信急急收场，寄出去。

这几日我又重伤风，不舒服得很。新开始的“巴尔扎克”，一天只能译二三页，真是蜗牛爬山！你别把“比赛”太放在心上。得失成败尽量置之度外，只求竭尽所能，无愧于心；效果反而好，精神上平日也可减少负担，上台也不至紧张。千万千万！

另外一点，你的手，特别是左手常常有“塌”下去的倾向，教授纠正没有？他是否特别注意手的姿势好看不好看？你 tone［音质］的问题是否十之八九业已解决？这是恩德打听的。因夏先生极重视手的好看问题，以为弹琴的手应如跳舞的姿势一样。我个人是不赞成此说。所以要得到一些你的学校经验作参考。

另外，夏先生一定要学生的大拇指不用时屈在掌心下，要用到时再伸出来。我觉得这也极不自然。你以为如何？

十月十二日聪信摘录

关于来信述及某先生极注意手的好看问题。我在这儿还从来没听说过。大拇指必须屈在掌心下，我也觉得甚为荒谬。据我到目前为止的经验，技巧没有什么必定的规则，只要是自然的、放松的都行。技巧不是为技巧，技巧是服从音乐内容的，内容对了，就对了，每一个人都有他不同的心理、心理状态，怎么可能千篇一律地死定出任何规律呢？每个人都该寻找对于他最自然、最放松、最舒服的方法。先生只是帮助他寻找而已。至少我现在的先生是这样的。

九月二十八日夜

近来又翻出老舍的《四世同堂》看看，发觉文字的毛病很多，不但修辞不好，上下文语气不接的地方也很多。还有是硬拉硬扯，啰里啰唆，装腔作势，前几年我很佩服他的文章，现在竟发现他毛病百出。可见我不但对自己的译文不满，对别人的创作也不满了。翻老舍的小说出来，原意是想学习，结果找不到什么可学的东西。

九月二十二日聪信摘录（波6）

前一星期听到一个音乐会，是苏联来的指挥拉什利纳及小提琴家瓦尔曼，演奏巴赫《帕萨利亚》、李斯特《塔索的悲伤和胜利》和柴可夫斯基的《小提琴协奏曲》。演奏得真是令人心醉。乐队是克拉可夫的交响乐队。最精彩的是指挥拉什利纳；在我听到的指挥中，他是最使我感动的：那么细致，那么沉着，气魄那么雄伟。巴赫的演奏尤其精彩，是真正高贵的巴赫。小提琴家瓦尔曼是继科冈以后的一次布鲁塞尔比赛的第一名，音质、技巧、音乐不消说都是第一流的。

教授已从山上回来，我已经上过一课了。他们的上课都是不定期的，每次在隔天用电话通知，每三天四天二天不等。我每两天上一次课，倒也不是特殊情况，他们都是这样的，其实我也不是固定的，也是随时变动的。

十月二日

聪，亲爱的孩子：收到九月二十二日晚发的第六信，很高兴。我们并没为你前信感到什么烦恼或是不安。我在第八信中还对你预告，这种精神消沉的情形，以后还是会有的。我是过来人，绝不至于大惊小怪。你也不必为此担心，更不必硬压在肚里不告诉我们。心中的苦闷不在家信中发泄，又哪里去发泄呢？孩子不向父母诉苦向谁诉呢？我们不来安慰你，又该谁来安慰你呢？人一辈子都在高潮低潮中浮沉，唯有庸碌的人，生活才如死水一般；或者要有极高的修养，方能廓然无累，真正地解脱。只要高潮不过分使你紧张，低潮不过分使你颓废，就好了。太阳太强烈，会把五谷晒焦；雨水太猛，也会淹死庄稼。我们只求心理相当平衡，不至于受伤而已。你也不是栽了筋斗爬不起来的人。我预料国外这几年，对你整个的人也有很大的帮助。这次来信所说的痛苦，我都理会得；我很同情，我愿意尽量安慰你、鼓励你。克利斯朵夫不是经过多少回这种情形吗？他不是一切艺术家的缩影与结晶吗？慢慢地你会养成另外一种心情对付过去的事：就是能够想到而不再惊心动魄，能够从客观的立场分析前因后果，做将来的借鉴，以免重蹈覆辙。一个人唯有敢于正视现实，正视错误，用理智分析，彻底感悟，终不至于被回忆侵蚀。我相信你逐渐会学会这一套，越来越坚强的。我以前在信中和你提过感情的 ruin［创伤，覆灭］，就是要你把这些事当作心灵的灰烬看，看的时候当然不免感触万端，但不要刻骨铭心地伤害自己，而要像对着古战场一般的存着凭吊的心怀。倘若你认为这些话是对的，对你有些启发作用，那么将来在遇到因回忆而痛苦的时候（那一定免不了会再来的），拿出这封信来重读几遍。

说到音乐的内容，非大家指导见不到高天厚地的话，我也有另外的感触，就是学生本人先要具备条件：心中没有的人，再经名师指点也是枉然的。

十月十二日聪信摘录（波7）

每天的工作是那么累，零零碎碎的事又那么多，音乐会啊，朋友来找我啊，常常耽误我练习的时间，我一定得补回来。这样便常常牺牲了写信的时间。

最近工作紧张，我疲惫不堪而有不能支持的感觉。虽说我只要做到“竭尽所能”，但是想到国家交给我的责任是如何重大，而我又是好强的，还有最使我寒心的，是大家对我的期望太高了，不单是国内，就是在波兰，现在他们音乐界到处盛传我如何的了不起。只有我自己明白自己的根底、自己的才能。若是他们不那样重视我，也许就会轻松得多。

最近我主要是练协奏曲，我的音质大有进步，特别是很重的和弦。这月的二十二、二十三日间又要到华沙去，是波兰最后一次预选，我只去参加和乐队合练协奏曲。

我九月三十日在华沙的庆祝中国国庆纪念会上的演奏，成绩很好，是自己最满意的一次，节目是《牧童短笛》，罗忠镕的《前奏曲》和肖邦的《幻想曲》。会址是华沙的爱乐乐团所在地，钢琴是斯丹威，妙得令人心醉。《牧童短笛》其实是很难弹的，我这回也算弹好了。《幻想曲》尤其成功。十月二日在华沙大学，也是纪念中国国庆的，我也演奏了一次，成绩也还好。九月二十八日在克拉可夫的国际书店俱乐部，也弹了一次（也是纪念中国国庆），节目是两支中国曲子，九支斯克里亚宾的《前奏曲》及肖邦的《夜曲》（作品四十八号之二），三支《玛祖卡》和《摇篮曲》《幻想曲》；加奏弹了德彪西的《金发女郎》《吟游诗人》《小牧童》以及肖邦的《革命练习曲》，那天的成绩以斯克里亚宾、德彪西及中国曲子为最佳，肖邦却不够令人满意。

事先我上了一课，斯克里亚宾丝毫未动，德彪西则学到很多，我非常高兴。我真急于希望比赛快快过去，让我好好地在各方面尽量的学。杰维茨基教授的古典是有名的，我听到他的几个学生弹巴赫、莫扎特和贝多芬，真是使人佩服。又，这几次上台我都完全不紧张。

我近来心情平静，就是总有点急，技巧究竟赶不上音乐。目前我的技巧，在国内也许不算差了，但在这儿，周围全是第一流的技巧，怎么不使我自惭形秽呢！

二十日下午我参加了演奏会，一共三人。第一个安杰伊·恰伊科夫斯基，是一个犹太人，一个天才作曲家兼钢琴家，今年只有十八岁，是拉扎尔·莱维的学生。（听说莱维是法国最好的教授，霍洛维茨、迪努·列巴蒂——罗马尼亚最好的钢琴家，很年轻就死了——都是他的学生。）他是一个天生的现代音乐演奏家，弹普罗科菲耶夫和拉威尔真是绝妙。但他是属于冷漠、理智一型的钢琴家，他弹的肖邦并不好，气质太沉闷。他是波兰钢琴家中的最大天才。

第二个是利迪娅·格蕾赫托芙娜（她是去年来中国的），也算是这儿比较好的，有极好的技巧，属于大天才而无大艺术家心灵的一型。

这儿有比杰维茨基教授艺术家得多的教授，但好钢琴家却不是好教授，如什皮纳尔斯基（帕德雷夫斯基的学生，第一次肖邦竞赛的第二名；第一名是奥勃林）、查索罗夫人（埃贡·彼得里的学生）等，都是很好的钢琴家，但以教授而论，却不如杰维茨基多了。就是有一点，和杰维茨基在一起，很少感到人情味；而他们却是那么可爱，另有一种鼓舞学生的力量。

我上课大半是上音乐的课，只是碰到技巧难题时，才教我练习的方法，并没有专门练练习曲。但音乐的课，绝非一个一个小节地教，那简直是荒谬，除非学生真是废料；若是需要一个一个小节教的学生，还是趁早停学的好。音乐永远是个整体，而非一个一个的音符。这个轻些，那个响些，这样教出来的音乐，是数学，是死的公式，真正所谓“形式主义”。当然仔细是应该非常仔细的。

我每一次上课总学到很多东西，但都不是死东西。另一方面，说句老实话，冤枉气有时难免得受一些；有时两次课他会教你两种截然不同的弹法，弄得你莫名其妙。其实这也很容易想通，因为教授也是人，不免有时过分一些（尤其是为了纠正过去的错误），到下回又发现学生跑得太过了，又要拉你回来。他常常记不起上次的事，你要辩也无从辩起。说到脾气，我不得不说，杰维茨基教授的脾气实在算是大的了，但是我们做学生的却从来没有因此而抱怨。做学生的，应该尽量了解先生。谦虚是很重要的，要学习非谦虚不可，谦虚才是聪明人。

真正的艺术家必须是有创造性的艺术家，真正的演奏家也必须是有创造性的演奏家。

十月十九日夜—十月二十二日晨

星期日（十七日）出去玩了一天。上午到博物馆去看古画，看商周战国的铜器等；下午到文化俱乐部（即从前的法国总会，兰心斜对面）参观华东参加全国美展的作品预展。结果看得连阿敏都频频摇头，连喊吃不消。大半是月份牌式，其幼稚还不如好的广告画。漫画木刻之幼稚，不在话下。其余的几个老辈画家，也是轧时髦，涂抹一些光光滑滑的，大幅的着色明信片，长至丈余，远看也像舞台布景，近看毫无笔墨。伦伦的爸爸①在黄宾虹画展中见到我，大为亲热。这次在华东出品全国的展览中，他有二张油画，二张国画。国画仍是野狐禅，徒有其貌，毫无精神，一味取巧，骗人眼目；画的黄山峭壁，千千万万的线条，不过二三寸长的，也是败笔，而且是琐琐碎碎连接起来的，毫无生命可言。艺术品是用无数“有生命力”的部分，构成一个一个有生命的总体。倘若拿描头画角的匠人功夫而欲求全体有生命，岂非南辕北辙？那天看了他的作品，我就断定他这一辈子的艺术前途完全没有希望了。我几十年不见他的作品，原希望他多少有些进步，不料仍是老调。而且他的油画比以前还退步，笔触谈不到，色彩

---

① 即刘海粟。

也俗不可耐，而且俗到出乎意外。可见一个人弄艺术非真实、忠诚不可。他一生就缺少这两点，可以嘴里说得天花乱坠，实际上从无虚怀若谷的谦德，更不肯下苦功研究。今春他到黄山去住了两个多月，一切都有公家招待，也算画了几十件东西回来；可是内容如此，大大辜负了政府的好意了。

十月十九日夜

柯子岐送来奥伊斯特拉赫与奥勃林的 Franck［弗兰克］，借给我们听。第一个印象是太火爆，不够 Franck 味。volume［音量］太大，而 melody［旋律］应付得太粗糙。第三章不够神秘味儿；第四章 violin［小提琴］转弯处显然出了角，不圆润，连我都听得很清楚。piano［钢琴］也有一个地方，tone［声音，音质］的变化与上面不调和。后来又拿出 Thibaud－Cortot［狄博与柯尔托］来一比，更显出这两人的修养与了解。有许多句子结尾很轻（指小提琴部分）很短，但有一种特别的气韵，我认为便是弗兰克的“隐忍”与“舍弃”精神的表现。这一点在俄国演奏家中就完全没有。我又回想起你和韦①前年弄的时候，大家听过好几遍 Thibaud—Cortot 的唱片，都觉得没有什么可学的；现在才知道那是我们的程度不够，体会不出那种深湛、含蓄、内在的美。而回忆之下，你的 piano part［钢琴演奏部分］也弹得大大的过于 romantic［浪漫底克］。T.—C.②的演奏还有一妙，是两样乐器很平衡。苏联的是 violin［小提琴］压倒 piano［钢琴］，不但 volume［音

---

① 即傅聪青年时代音乐朋友韦贤彰。

② 即狄博与柯尔托两人的简称。

量］如此，连 music［音乐］也是被小提琴独占了。我从这一回听的感觉来说，似乎奥伊斯特拉赫的 tone［声音，音质］太粗豪，不宜于拉十分细腻的曲子。下次信来希望你报告我们，在这方面努力的结果如何。

十九日夜又书

昨天尚宗[①]打电话来，约我们到他家去看作品，给他提些意见。话说得相当那个，不好意思拒绝。下午三时便同你妈妈一起去了。他最近参加华东美展落选的油画《洛神》，和以前画佛像、观音等等是一类东西。面部既没有庄严沉静的表情（《观音》），也没有出尘绝俗的世外之态（《洛神》），而色彩又是既不强烈鲜明，也不深沉含蓄。显得作者的思想只是一些莫名其妙的烟雾，作者的情绪只是混混沌沌的一片无名东西。我问："你是否有宗教情绪，有佛教思想？"他说："我只喜欢富丽的色彩，至于宗教的精神，我也曾从佛教画中追寻他们的天堂等等的观念。"我说："他们是先有了佛教思想，佛教情绪，然后求那种色彩来表达他们那种思想与情绪的。你现在却是倒过来。而且你追求的只是色彩，而你的色彩又没有感情的根源。受外来美术的影响是免不了的，但必须与一个人的思想感情结合。否则徒袭形貌，只是做别人的奴隶。佛教画不是不可画，而是要先有强烈、真诚的佛教感情，有佛教人生观与宇宙观。或者是自己有一套人生观宇宙观，觉得佛教美术的构图与色彩恰好表达出自己的观念情绪，借用人

① 胡尚宗，系傅雷三十年代在上海美专任教时的学生。

家的外形，这当然可以。倘若单从形与色方面去追求，未免舍本逐末，犯了形式主义的大毛病。何况即以现代欧洲画派而论，纯粹感官派的作品是有极强烈的刺激感官的力量的。自己没有强烈的感情，如何教看的人被你的作品引起强烈的感情？自己胸中的境界倘若不美，人家看了你作品怎么会觉得美？你自以为追求富丽，结果画面上根本没有富丽，只有俗气乡气；岂不说明你的情绪就是俗气乡气？（当时我措辞没有如此露骨。）惟其如此，你虽犯了形式主义的毛病，连形式主义的效果也丝毫产生不出来。”

我又说：“神话题材并非不能画，但第一，跟现在的环境距离太远；第二，跟现在的年龄与学习阶段也距离太远。没有认清现实而先钻到神话中去，等于少年人醇酒妇人的自我麻醉，对前途是很危险的。学西洋画的人第一步要训练技巧，要多看外国作品，其次要把外国作品忘得干干净净——这是一件很艰苦的工作——同时再追求自己的民族精神与自己的个性。”

以尚宗的根基来说，至少再要在人体花五年十年功夫才能画理想的题材，而那时是否能成功，还要看他才具而定。后来又谈了许多整个中国绘画的将来问题，不再细述了。总之，我很感慨，学艺术的人完全没有准确的指导。解放以前，上海、杭州、北京三个美术学校的教学各有特殊缺点，一个都没有把艺术教育用心想过、研究过。解放以后，成天闹思想改造，而没有击中思想问题的要害。许多有关根本的技术训练与思想启发，政治以外的思想启发，不要说没人提过，恐怕脑中连影子也没有人有过。

学画的人事实上比你们学音乐的人，在此时此地的环境中更苦闷。先是你们有唱片可听，他们只有些印刷品可看；印刷品与原作的差别，和唱片与原演奏的差别，相去不可以道里计。其次你们是讲解西洋人的著作（以演奏家论），他们是创造中国民族的艺术。你们即使弄作曲，因为音乐在中国是处女地，故可以自由发展；不比绘画有一千多年的传统压在青年们精神上，缚手缚脚。你们不管怎样无好先生指导，至少从小起有科学方法的训练，每天数小时的指法练习给你们打根基；他们画素描先在时间上远不如你们的长，顶用功的学生也不过画一二年基本素描，其次也没有科学方法帮助。出了美术院就得"创作"，不创作就谈不到有表现；而创作是解放以来整个文艺界，连中欧各国在内，都没法找出路（心理状态与情绪尚未成熟，还没到瓜熟蒂落，能自然而然找到适当的形象表现）。

从胡尚宗家回来，就看到你的信与照片，今晨又收到大照片二张。

你的比赛问题固然是重负，但无论如何要做一番思想准备。只要尽量以得失置之度外，就能心平气和，精神肉体完全放松，只有如此才能希望有好成绩。这种修养趁现在做起还来得及，倘若能常常想到"文章千古事，得失寸心知"的名句，你一定会精神上放松得多。惟如此才能避免过度的劳顿与疲乏的感觉。最磨折人的不是脑力劳动，也不是体力劳动（那种疲乏很容易消除，休息一下就能恢复精力），而是操心（worry）！孩子，千万听我的话。

下功夫叫自己心理上松动，包管你有好成绩。紧张对什么事都有弊无利。从现在起，到比赛，还有三个多月，只要凭"愚公移山"的意志，存着"我尽我心"的观念；一紧张就马上叫自己宽弛，对付你的精神要像对付你的手与指一样，时时刻刻注意放松，我保证你明年会成功。这个心理卫生的功夫对你比练琴更重要，因为练琴的成绩以心理的状态为基础，为主要条件！你要我们少为你操心，也只有尽量叫你放松。这些话你听了一定赞成，也一定早想到的，但要紧的是实地做去，而且也要跟自己斗争；斗争的方式当然不是紧张，而是冲淡，而是多想想人生问题，宇宙问题，把个人看得渺小一些，那么自然会减少患得患失之心，结果身心反而舒泰，工作反而顺利！下次信来，希望你报告我们，在这方面努力的结果如何。

平日你不能太忙。人家拉你出去，你事后要补足功课，这个对你精力是有妨碍的。还是以练琴的理由，多推辞几次吧。要不紧张，就不宜于太忙；宁可空下来自己静静地想想，念一两首诗玩味一下。切勿一味重情，不好意思。工作时间不跟人出去，做成了习惯，也不会得罪人的。人生精力有限，谁都只有二十四小时；不是安排得严密，像你这样要弄坏身体的，人家技巧不需苦练，比你闲，你得向他们婉转说明。这一点上，你不妨常常想起我的榜样，朋友们也并不怪怨我呀。

我跟妈妈常梦见你回来，清清楚楚知道你只回来一两天，有一次我梦中还问你，能不能把肖邦的 *Fantasy*［《幻想曲》］弹一遍给我听，“一定大不相同，”我说。

十月二十二日晨

你来信鼓励敏立即停学。我的意思是问题不简单。第一，在家不能单学小提琴，他的语文根底太差。我自己太忙，不能兼顾；要请好教员，大家又忙得要命，再无时间精力出来教课。其他如文史常识也缺乏适当的人教。第二，他自此为止在提琴方面的表现只能说中等；在家专学二三年后是否有发展可能毫无把握。第三，倘要为将来学乐理做准备，则更需要学钢琴，而照我们的学理论的标准，此方面的程度也要和顾圣婴、李名强差不多。此事更难，他年龄已大，目前又有新旧方法两派，既知道了新的，再从旧方法开场，心里有些不乐意。学新方法只有一个夏国琼能教，而这样一个初学的人是否值得去麻烦她呢？敏的看谱能力不强，夜长梦多，对钢琴，更渺茫。第四，截至目前为止，敏根底最好的还是自然科学与数学，至少这是在学校里有系统的训练的；不比语文、文史的教学毫无方法。倘等高中毕业以后再酌量情形决定，则进退自如。倘目前即辍学，假如过了两年，提琴无甚希望，再要回头重读正规学校，困难就多了。我对现在的学校教育当然有很多地方不满，但别无更好的方案可以代替学校教育。你学了二三个月琴，就有显著的特点，所以雷伯伯①，李阿姨②也热心。而且你的时代还能请到好教员补英文国文。敏本身的资质不及你，环境也不及你的好，而且年龄也大了，我不能对他如法炮制。不知你看了我这些分析觉得怎样？

即使我们的目的并不在于训练一个演奏人才，但到乐队去当一个普通的小提琴手，也不是容易的事。

又及

---

① 雷垣，傅雷上海大同附中的同学，傅聪钢琴启蒙老师。

② 李惠芳，傅聪的第二位钢琴老师。傅聪忆及自己儿时学琴的老师，称李惠芳自由开放的教学方式对他影响最大。

十一月一日夜

亲爱的孩子：刚听了波兰 Regina Smangianka［雷吉娜·斯曼齐安卡］音乐会回来；上半场由上海乐队奏德伏夏克第九（"*New World*"［"新世界"］），下半场是 *Egmond Overture*［《哀格蒙特序曲》］和 Smangianka 弹的贝多芬《第一钢琴协奏曲》。

Concerto［《协奏曲》］弹得很好；乐队伴奏居然也很像样，出乎意外，因为照上半场的德伏夏克听来，教人替他们捏一把汗的。Scarlatti［斯卡拉蒂］光芒灿烂，意大利风格的 brio［活力，生气］都弹出来了。Chopin［肖邦］的 *Etude*［《练习曲》］，又有火气，又是干净。这是近年来听到的最好的音乐会。

我们今晚送了一只花篮，附了一封信（法文）给她，说你早在九月中报告过，我借此机会表示欢迎和祝贺之意。不知她能否收到，因为门上的干事也许会奇怪，从来没有"个人"送礼给外宾的。

前两天听了捷克代表团的音乐会：一个男中音，一个钢琴家，一个提琴家。后两人都是头发花白的教授，大提琴的 tone［声质］很贫乏，技巧也不高明，感情更谈不到；钢琴家则是极呆极木，弹 Liszt［李斯特］的 *Hungarian Rhapsody* No. 12［《匈牙利狂想曲》第十二号］，各段不连贯，也没有 brilliancy［光彩，出色之处］；弹 Smetana［斯麦特纳］的 *Concerto Fantasy*［《幻想协奏曲》］，也是散散率率，毫无味道，也没有特殊的捷克民族风格。三人之中还是唱的比较好，但音质不够漂亮，有些"空"；唱莫扎特的 *Marriage of Figaro*［《费加罗的婚礼》］，没有那种柔婉妩媚的气息。唱 *Carman*［《卡门》］中的《斗牛士歌》，还算不差，但火气不够，野性不够。Encore［返场曲］唱穆索尔斯基的《跳蚤之歌》，倒很幽默，但钢琴伴奏（就是弹独奏的教授）呆得很，没有 humorist［幽默，诙谐］味道。呆的人当然无往而不呆。唱的那位是本年度"Prague［布拉格］之春"的一等奖，由此可见，国际上唱歌真好的也少，这样的人也可得一等奖，人才也就寥落可怜得很了！

斯曼齐安卡从前是谁的学生？你知道吗？她倒是极有个性，极有前途的。上届肖邦竞赛中她得了第几奖？望来信告知。台上的 manners［仪表］和谢幕的风度也够迷人，以品貌而论，也是近年来第一。

九月十二日聪信摘录

这次到中国去的钢琴家叫雷吉娜·斯曼齐安卡，也是杰维茨基教授的学生，非常好的钢琴家。我听过她的巴赫、勃拉姆斯、肖邦，都非常精彩。她有很好的技巧，同时很有个性。她在上一届肖邦竞赛中，预选是第一，比赛的时候，因紧张的缘故，表演失常，只得了第九奖。

十二月十五日聪信摘录

斯曼齐安卡我已见过，带来的东西已都收到。上星期六在克拉可夫听了她的贝多芬第一，很精彩，她是属于吉泽金一类型的，冷漠，理智，严谨，完善。我却是更喜欢施纳贝尔。

十一月十七日午

聪：从十月二十一日接到你波兰第七信到现在，已有二十七天，算是隔得最长久的一次得不到你消息。所担心的是你身体怎样，无论如何忙，总不至于四星期不写信吧？你到波以后常常提到精神极度疲乏，除了工作的“时间”以外，更重要的恐怕还是工作时“消耗精力”的问题。倘使练琴时能多抑制情感，多着重于技巧，多用理智，我相信一定可以减少疲劳。比赛距今尚有三个多月，长时期的心理紧张与感情高昂，足以影响你的成绩；千万小心，自己警惕，尽量冷静为要！我十几年前译书，有时也一边译一边感情冲动得很，后来慢慢改好了。

因为天气太好了，忍不住到杭州去了三天，在黄宾翁家看了一整天他收藏的画，元、明、清都有。回沪后便格外忙碌，上星期日全天“加班”。除了自己工作以外，尚有朋友们托的事。例如最近西禾[①]译了一篇罗曼·罗兰写的童年回忆，拿来要我校阅，从头至尾花了大半日工夫，把五千字的译文用红笔画出问题，又花了三小时和他当面说明。他原来文字修养很好，但译的经验太少，根本体会不到原作的风格、节奏。原文中的短句子，和一个一个的形容词，都译成长句，拼

---

① 陈西禾，傅雷挚友，著名电影编导、评论家。

在一起，那就走了样，失了原文的神韵。而且用字不恰当的地方，几乎每行都有。毛病就是他功夫用得不够，没吃足苦头绝不能有好成绩！

星期一（十五日）晚上到音乐院去听苏联钢琴专家（目前在上海教课）的个人演奏，从头至尾呆板，诗意极少，没有细腻柔婉之美，没有光芒四射的华彩，也没有大刀阔斧的豪气。他年纪不过三十岁，人看来温文尔雅，颇有学者风度。大概教书不会坏的。但他上课，不但第一次就要学生把曲子背出（比如今天他指定你弹三个曲子，三天后上课，就要把那三支全部背；否则他根本不给你上课），而且改正时不许看谱（当场把谱从琴上拿掉的），只许你一边背，一边改正。这种教授法，你认为怎样？我觉得不合理。（一）背谱的快慢，人各不同，与音乐才具的高低无关；背不出即不上第一课，太机械化；（二）改正不许看谱，也大可商榷；因为这种改法不够发挥 intellectual［理智的］的力量，学生必须在理智上认识错的原因与改正的道理，才谈得上“消化”“吸收”。我很想听听你的意见。

练琴一定要节制感情，你既然自知责任重大，就应当竭力爱惜精神。好比一个参加世运的选手，比赛以前的几个月，一定要把身心的健康保护得非常好，才能有充沛的精力出场竞赛。俗语说“养兵千日”，“养”这个字极有道理。

你收发家信也要记账，平日可以查查，有多少天不写信了。最近你是十月十二日写的信，你自己可记得吗？多少对你的爱，对你的友谊，不知如何在笔底下传达给你！孩子，我精神上永远和你在一起！

十二月十五日聪信摘录

关于苏联专家要学生第一次上课就背的问题，我问杰维茨基教授，他说吉泽金也是这样的，因为这一学派，强调训练头脑。吉泽金自己经过常年的训练，把任何复杂的怪音乐（勋伯格，斯特拉文斯基）看一遍，即能全部背出。他们认为头脑训练到极快之后，技巧的难题往往就消失了。教授告诉我说苏联极多的钢琴家都从来不练手指练习的（练习曲还是练的），都有第一流的技巧。我不敢说这究竟对不对，但我自己最近很久没有练任何练习了，而技巧却一天比一天进步。可能这种说法还是有点道理的，但重要的一定得有好先生教，随时看着，更重要的是放松！我想那位苏联专家虽然自己弹得不怎么样，教一定不会坏，苏联的学派总是很好的，弹和教本是两回事，杰维茨基教授弹起来才可怕呢！

你们要能听到我现在的音质就好了，真是太不相同了，现在的最强音和最弱音的极端也大大加强了。说肖邦不可以太强，完全是错的，说肖邦绝不可以硬是对的，但强音必须圆润、洪亮。

十一月十四日聪信摘录（波8）

昨天我听到了苏联最好的钢琴家李赫特的演奏，我无法形容我心中的激动。他是一个真正的巨人，他的最强音是十二分的最强音，最弱音则是十二分的最弱音；而音质是那么的美，乐句是那么的深刻，使人感到一种不可名状的力量。而技巧，了不起的技巧！简直是鬼神的技巧！每一个音符像珍珠一般，八度音的段落像海潮一般。总而言之，我终生至此为止，包括所有的唱片和实在的人在内，从没听过这样出神入化的演奏。他弹的是柴可夫斯基的《协奏曲》。我一向不喜欢柴可夫斯基，但昨天我认识了一个新的柴可夫斯基：所有的慢奏部分是那么安详，没有一点肤浅的感伤，柴可夫斯基的《协奏曲》成了一支如此光辉灿烂的协奏曲，而那种戏剧化的力量，那开头的和弦和华彩段，真像天要垮下来一般。尤其重要的是他的音质，只使人感到巨大的力量，从无粗暴的感觉。加奏弹了一个肖邦的《第二诙谐曲》和一个李斯特的《练习曲》，也是妙极。还有一个特点，就是他的演奏有那种个性。他所有的演奏都是真正的创造，一个伟大灵魂的创造，演奏的表情也真像鬼神一般：激情的时候，他浑身都给人以激情的感觉；温柔的时候，也是浑身温柔。

今天埃娃来找我和李赫特一起去散步、喝咖啡、午餐等。我认为他不但是一个伟大的艺术家，也是一个伟大的人。

他和我谈了许多关于技巧、音乐的问题。我也开始了解为什么他能够到这种地步。他说音乐是最主要的，技巧必须从音乐里去练。他自己从开始学琴起，从没练过手指练习、音阶练习等。他说所有的困难是在于脑子：一旦你心中有了那种你所需要的效果，技巧就来了。技巧绝对不能孤立起来的，也绝对没有一定的方法，每个人都应该寻找自己的方法；你所感觉的困难，都是因为没有找到正确的方法。一切都要用脑子想，而且要非常自然、放松，切忌练习时有任何紧张和不愉快。而且练习时随时随地要浸在音乐里面，切忌单纯地练习技巧。弹最强音时，浑身都要有力量，不光是手，坐也要坐得更重，脚也要踩得更重，心里更充满了火一般的感情：这就是他的最强音显得那么雄壮宏伟的原因。最弱音也是如此，必须从头到脚都是最弱音的感觉，切忌小心翼翼，眼睛盯着手指去求最弱音。这些都是最主要的，还有许多我一时简直理不清。我回来后和波兰同学一起研究，发现他说的一切都是真理，我真快乐得疯了。

关于对音乐的诠释，他竭力主张每个人都必须弹出他真挚的感受。关于肖邦，他的见解尤其妙，说肖邦是一个特殊的作曲家，和任何作曲家不同；弹肖邦必须每次不同；每次演奏必须让灵感告诉你如何演奏。肖邦的作品是以一颗深邃的心即兴写就的。

另一方面，我也是被他的个性、人格所感动。他那么朴实、纯洁、和蔼，笑得像孩子一般，像莫扎特的音乐，对于世界、人生，有一种热望。我感到他这种内在的热望，他对什么都有兴趣，仔细地欣赏那些古建筑，看得那么出神。他爱花，他明朗得像最澄清的天空。和他在一起，我真的把什么都忘了。他有一股热力，感化周围的人。噢，一股热情，来自一颗最真挚心的热情，来自一个宁静的灵魂的热情。我真是从来没有遇见这样感动我的人。我好久没有这样激动过了。我觉得自己今天又变了，变了一个新人，认识了一个新的世界。昨天我一夜不能睡，今天大概也要如此。人的心灵竟有如此神秘莫测的力量。

最近每天从早上十点到晚上十二点，除了中间的午饭晚饭以外，全部都在钢琴上，每天练协奏曲（全部）及《幻想曲》《诙谐曲》《波洛奈兹－幻想曲》《练习曲》《夜曲》《摇篮曲》《前奏曲》，还有十几个《玛祖卡》。只有抓紧每一分钟，还勉强对付得了这么重的节目。最近大有进步，精神也好，因此大有效果。协奏曲的技巧现在很好了，比从前精确得多了，老师也非常高兴，尤其喜欢我的《玛祖卡》。我自己也最满意《玛祖卡》，已能掌握它那种千变万化的特殊节奏。从前我自以为节奏感不好，照现在的情形看来，似乎相反。

我最近将有一大串的音乐会，二十、二十一日，在华沙弹肖邦的《e小调第一钢琴协奏曲》和独奏会——包括《前奏曲》《夜曲》《幻想曲》《诙谐曲》《玛祖卡》《摇篮曲》《波洛奈兹-幻想曲》《练习曲》等。二十六、二十七日去洛兹，弹一个协奏曲。然后是克拉可夫、波兹南等地，太多了，我实在忙得不可开交。

十一月二十三日夜

聪，亲爱的孩子：多少天的不安，好几夜三四点醒来睡不着觉，到今日才告一段落。你的第八信和第七信相隔整整一个月零三天。我常对你妈说："只要是孩子工作忙而没写信或者是信在路上丢了，倒也罢了。我只怕他用功过度，身体不舒服，或是病倒了。"谢天谢地！你果然是为了太忙而少写信。别笑我们，尤其别笑你爸爸这么容易着急。这不是我能够克制的。天性所在，有什么办法？以后若是太忙，只要寥寥几行也可以，让我们知道你平安就好了。等到稍空时，再写长信，谈谈一切音乐和艺术的问题。

你为了俄国钢琴家兴奋得一晚睡不着觉；我们也常常为了些特殊的事而睡不着觉。神经锐敏的血统，都是一样的；所以我常常劝你尽量节制。那钢琴家是和你同一种气质的，有些话只能加增你的偏向。比如说每次练琴都要让整个人的感情激动。我承认在某些 romantic［浪漫底克］性格，这是无可避免的；但“无可避免”并不一定就是艺术方面的理想；相反，有时反而是一个大累！为了艺术的修养，在 heart［感情］过多的人还需要尽量自制。中国哲学的理想，佛教的理想，都是要能控制感情，而不是让感情控制。假如你能掀动听众的感情，使他们如醉如狂，哭笑无常，而你自己屹如泰山，像调度千军万马的大将军一样不动声色，那才是你最大的成功，才是到了艺术与人生的最高境界。你该记得贝多芬的故事，有一回他弹完了琴，看见听的人都流着泪，他哈哈大笑道：“嘿！你们都是傻子。”艺术是火，艺术家是不哭的。这当然不能一蹴即成，尤其是你，但不能不把这境界作为你终生努力的目标。罗曼·罗兰心目中的大艺术家，也是这一派。

关于这一点，最近几信我常与你提到，你认为怎样？

我前晌对恩德说：“音乐主要是用你的脑子，把你蒙蒙眬眬的感情（对每一个乐曲，每一章，每一段的感情）分辨清楚，弄明白你的感觉究竟是怎么一回事；等到你弄明白了，你的境界十分明确了，然后你的 technic［技巧］自会跟踪而来的。”你听听，这话不是和 Richter［李赫特］说的一模一样吗？我很高兴，我从一般艺术上了解的音乐问题，居然与专门音乐家的了解并无分别。

技巧与音乐的宾主关系，你我都是早已肯定了的；本无须逢人请教，再在你我之间讨论不完，只因为你的技巧落后，存了一个自卑感，我连带也为你操心；再加近两年来国内为什么 school［学派］，什么派别，闹得惶惶然无所适从，所以不知不觉对这个问题特别重视起来。现在我深信这是一个魔障，凡是一天到晚闹技巧的，就是艺术工匠而不是艺术家。一个人跳不出这一关，一辈子也休想梦见艺术！艺术是目的，技巧是手段：老是只注意手段的人，必然会忘了他的目的。甚至一些有名的 virtuoso［演奏家，演奏能手］也犯的这个毛病，不过程度高一些而已。

爸爸 十一月二十三日夜

孩子，接到你的信，兴奋非凡，那种激动，是无法形容的，我甚至滚下泪来，你的进步，就是我们的光荣！我在这里默祷你的身心康健，但愿你多写信来，让我们同乐！

妈妈 附笔

十二月四日夜

刚才去看了李先生①，问她专家开过演奏会以后，校内评论如何。她说上上下下毫无评论。我说这就是一种评论了。大概师生对他都不佩服。李先生听他上课，说他教果然教得不错，但也没有什么大了不起的地方，没有什么出人意外的音乐的发掘。她对于他第一次上课就要学生背谱也不赞成。专家说莫斯科音乐院有四个教研组，每组派别不同。其中一派是不主张练 studies［练习曲］，只在乐曲中练技巧的。

---

① 李翠贞，时任上海音乐学院钢琴系主任，父亲挚友，“文革”中遭迫害致死。

李先生对此也不赞成。我便告诉她 Richter［李赫特］的说法，也告诉她，我也不赞成。凡是天才的学习都不能作为常规的。从小不练 scale［音阶］与 studies［练习曲］这一套，假如用来对付一般学生，一定要出大毛病。除非教的先生都是第一流的教授。

十二月九日聪寄节目单上的批注

十一月二十日、二十一日在华沙的音乐会：成绩俱佳，二十一日更佳，独奏部分较协奏曲尤胜。

二十一日李赫特及杰维茨基教授均在场。李赫特最喜欢《摇篮曲》，其次《诙谐曲》《幻想曲》《玛祖卡》《夜曲》《波洛奈兹》及《前奏曲》；《协奏曲》他没有听到，来晚了。

教授最喜欢《玛祖卡》，他简直兴奋极了，说："《玛祖卡》好极了，太动人了，弹得最好。"其余独奏会全部都好。协奏曲的第二、三乐章好，第一乐章略微太慢，太抒情而松散。钢琴极妙，全新的音乐会用的斯丹威。加奏五次。

十二月十五日聪信摘录（波 9）

最近我真是用功，但着实有成绩，你们现在要能听到我的话，一定会高兴。我的《玛祖卡》，波兰人简直认为不可置信，说我的肖邦比所有波兰钢琴家（准备比赛的）更波兰。真的，我有了极大的进步，技巧方面也是如此，最强音和最弱音的极端大大加强了。

我现在能弹许多从前不敢碰的东西，这几天正在练贝多芬的《第四钢琴协奏曲》，只练了一天就上课，而且是三个乐章，连同华彩段，技巧从头到尾已经很像样了。杰维茨基教授大为惊异，他说我一定可以把这个协奏曲弹得极好。以目前我的技巧，这一支协奏曲已经比从前弹的《第五“皇帝”钢琴协奏曲》好得多了。

肖邦大部分都已没有问题了，现在我正大量地练《玛祖卡》，准备比赛时弹最难的。已经弹了几支最难的，如作品五十九号之一、之二、之三，作品五十六号之二、之三，作品五十号之三等。

我的踩踏板技巧好多了，甚至有几次音乐会后，某些钢琴家特别称赞我的踩踏板技巧以及我的音色变化。

我练习的东西都是很难的，《波洛奈兹－幻想曲》《练习曲》《夜曲》（作品四十八号，这是《夜曲》中音乐上最难的一支）。《练习曲》正练作品十号之二、之三、之十、之十一。其中许多技巧，都是我从前不敢想的，现在却能驾驭自如，譬如作品十号之二、之十和之十一，技巧都是非常别扭的，而我现在却能弹急板的速度。

近来我非常快乐，虽然工作是那么忙累，因为自己眼看到一天比一天进步。开音乐会的日子，我总是从九点到下午三点练琴，然后中饭，睡两小时，七点或七点半音乐会，大概十点结束，再练琴两小时，到十二点回旅馆吃晚饭，然后睡觉。我上台绝对不紧张了，越是盛大的音乐会，情绪越好，没有听众我是不能演奏的（正和大部分的钢琴家相反），他们说我是天生的音乐会演奏家。

这几天正在练许多贝多芬、斯卡拉蒂等，这对于肖邦有很好的影响，在风格、技巧各方面都有帮助。我身体甚佳，精神也好，原因很简单，我越弹越好。

我每次音乐会平均收入九百兹罗提[①]（等于波兰一个中学教师的一月收入），旅馆饮食花去三百元左右（最好的房间，最好的饭），我现在是富翁了，他们说将来比赛以后，我将成为一个大资本家。我把大使馆给我的钱都还了。我现在能讲一点波兰话了。开音乐会时常飞来飞去的，又便宜，又舒适。

每天我吃饭时总带一本书看，王国维的《人间词话》太好了，文艺欣赏能写得如此动人，许多话真使人豁然开朗，好像认识了一个新的世界，而每次重读，仍然是新鲜而动人心魄的，它给了我多少启发和灵感。

诗词常在手边，我越读越爱它们，也越爱自己的祖国，自己的民族，中国的文明。那种境界，我没法在其他欧洲的艺术里面找到。中国人的浪漫，如李白、苏东坡、辛弃疾那种洒脱、飘逸，后主、纳兰那种真诚、沉痛，秦观、欧阳的柔媚、含蓄、婉转等等。

我说应该让学艺术的人都熟读《人间词话》，那里面深刻的教训、高超的见解太多了。读这样一本文艺批评，就像是受了一次深刻的艺术家的修养和人格的教育。

我看到很多欧洲的大建筑，总觉得它们是神秘而可怕的，或者是美丽的，但从来没有像我回想到北京的伟大、美丽的时候那种感情，

---

① 当时的波兰货币名称。

那种“大”的感觉，使我以作为一个中国人而骄傲。

很多波兰人说我非常爱国，当然有些实际的事情无形中使他们有了深刻的印象。他们说：假如中国人都像你一样爱国的话，那中国这民族太伟大了，真是不可战胜的了。

波兰文化部长听了我的音乐会，对我们的大使说：“你们中国人将来在任何一方面都要占先的。”

十二月九日在华沙与德沃拉科夫斯卡联合演奏。德沃拉科夫斯卡才华出众，热情洋溢，但太神经紧张，在音乐会上永远无法弹得既干净又完美；而且她的演奏远不够成熟。分析能力尚欠缺，因此不完整。但她是波兰选手中最肖邦的一个，至少她的情感，一般说来丰富而不过火。

杰维茨基教授说，这次的比赛将比以前的几次规模要大得多，从前只有初决赛，这次有初赛、复赛、决赛，节目也重。到现在为止，报名参加的已达一百三十人，包括苏联六人（是从三百人里面经过无数次淘汰选出来的），波兰七人，英国九人，意大利三十三人，德国（东德四、西德十八）二十二人，法国十四人，美国二人，等等。

评判员有三十至四十人左右。钢琴有六架：二个斯丹威，二个伯森多费尔，一个布吕特讷，一个普莱耶尔，都是全新的。

十二月二十七日

亲爱的孩子：十八日收到节目单、招贴、照片及杰老师的信，昨天（二十六日）又收到你的长信（这是你第九封），好消息太多了，简直来不及，不知欢喜了哪一样好！妈妈老说："想起了小团，心里就快活！"好孩子，你太使人兴奋了。

一天练出一个concerto［协奏曲］的三个乐章带cadenza［华彩段］，你的technic［技巧］和了解，真可以说是惊人。你上台的日子还要练足八小时以上的琴，也叫人佩服你的毅力。孩子，你真有这个劲儿，大家说还是像我，我听了好不flattered［受宠若惊］！不过身体还得保重，别为了多争半小时一小时，而弄得筋疲力尽。从现在起，你尤其要保养得好，不能太累，休息要充分，常常保持fresh［饱满］的精神。好比参加世运的选手，离上场的日期愈近，身心愈要调养得健康，精神饱满比什么都重要。所谓The first prize is always "luck"［第一名总是"碰运气的"］这句话，一部分也是这个道理。目前你的比赛节目既然差不多了，technic，pedal［踏板］也解决了，那更不必过分拖累身子！再加一个半月的琢磨，自然还会百尺竿头，更进一步；你不用急，不但你有信心，老师也有信心，我们大家都有信心：主要仍在于心理修养，精神修养，存了"得失置之度外""胜败兵家之常"那样无挂无碍的心，包你没有问题的。第一，饮食寒暖要极小心，一点儿差池不得。比赛以前，连小伤风都不让它有，那就行了。

到波兰五个月，有这样的进步，恐怕你自己也有些出乎意外吧。李先生今年一月初说你：gains come with maturity［因日渐成熟而有所进步］，真对。勃隆斯丹过去那样赏识你，也大有先见之明。还是我做父亲的比谁都保留，其实我也是expect the worst，hope for the best［作最坏的打算，抱最高的希望］。我是你的舵工，责任最重大；从你小时候起，我都怕好话把你宠坏了。现在你到了这地步，样样自己都把握得住，我当然不再顾忌，要跟你说：我真高兴，真骄傲！中国人气质，中国人灵魂，在你身上和我一样强，我也大为高兴。

还要打听你一件事：上次匈牙利小提琴家（音乐院院长）演奏，从头至尾都是拿出谱来拉的；我从前在欧洲从未见过，便是学生登台也没有这样的事；不知你在波兰见过这等例子吗？不妨问问人家。我个人总觉得“差些劲”。周伯伯前晌谈到朗读诗歌，说有人看了原文念，那是念不好的；一定要背，感情才浑成。我觉得这话很有见地。诗歌朗诵尚且如此，何况弹琴、拉琴！我自己教恩德念诗，也有这经验。凡是空口背而念的，比看着原作念的，精神更一贯，情绪更丰富。

你现在手头没有散文的书（指古文），《世说新语》大可一读。日本人几百年来都把它当作枕中秘宝。我常常缅怀两晋六朝的文采风流，认为是中国文化的一个高峰。

《人间词话》，青年们读得懂的太少了；肚里要不是先有上百首诗，几十首词，读此书也就无用。再说，目前的看法，王国维是“唯心”的；在此俞平伯“大吃生活”① 之际，王国维也是受批判的对象。其实，唯心唯物不过是一物之两面，何必这样死拘！我个人认为中国有史以来，《人间词话》是最好的文学批评。开发性灵，此书等于一把金钥匙。一个人没有性灵，光谈理论，其不成为现代学究、当世腐儒、八股专家也鲜矣！为学最重要的是“通”，通才能不拘泥，

---

① 吃生活，上海方言，挨打的意思。

不迂腐，不酸，不八股；“通”才能培养气节、胸襟、目光；“通”才能成为“大”，不大不博，便有坐井观天的危险。我始终认为弄学问也好，弄艺术也好，顶要紧是humain①，要把一个“人”尽量发展，没成为某某家某某家以前，先要学做人；否则那种某某家无论如何高明也不会对人类有多大贡献。这套话你从小听腻了，再听一遍恐怕更觉得烦了。

妈妈说你的信好像满纸都是sparkling［光芒四射，耀眼生辉］。当然你浑身都是青春的火花，青春的鲜艳，青春的生命和青春的才华，自然写出来的有那么大的吸引力了。我和妈妈常说，这是你一生之中的黄金时代，希望你好好地享受、体验，给你一辈子做个最精彩的回忆的底子！眼看自己一天天地长大成熟，进步，了解的东西一天天地加多，精神领域一天天地加阔，胸襟一天天地宽大，感情一天天地丰满深刻：这不是人生最美满的幸福是什么！这不是最隽永最迷人的诗歌是什么！孩子，你好福气！

一九五五年一月十六日聪信摘录

演奏室内乐，据我所见所知，是看谱的，因为钢琴和小提琴并重。但若是钢琴伴奏，小提琴独奏，那么，拉提琴的是不看谱的。我还听说室内乐不看谱是不对的呢。我想，要就是钢琴和小提琴都背

---

① 法文字，即英文的human，意为“人”。

谱，否则还是双方都看谱；不应该让人感到一个是独奏，一个是伴奏，而应该让人感到是两人合奏。

十二月三十一日晚

寄你的书里，《古诗源选》《唐五代宋词选》《元明散曲选》前面都有序文，写得不坏；你可仔细看，而且要多看几遍；隔些日子温温，无形中可以增加文学史及文学体裁的学识，和外国朋友谈天，也多些材料。谈词、谈曲的序文中都提到中国固有音乐在隋唐时已衰敝，宫廷盛行外来音乐；故真正古乐府（指魏晋两汉的）如何唱法在唐时已不可知。这一点不但是历史知识，而且与我们将来创作音乐也有关系。换句话说，非但现时不知唐宋人如何唱诗、唱词，即使知道了也不能说那便是中国本土的唱法。至于龙沐勋氏在序中说“唐宋人唱诗唱词，中间常加‘泛音’，这是不应该的”（大意如此）；我认为正是相反；加泛音的唱才有音乐可言。后人把泛音填上实字，反而是音乐的大阻碍。昆曲之所以如此费力、做作，中国音乐被文字束缚到如此地步，都是因为古人太重文字，不大懂音乐；懂音乐的人又不是士大夫，士大夫视音乐为工匠之事，所以弄来弄去，发展不出。汉魏之时有《相和歌》，明明是 duet［二重唱］的雏形，倘能照此路演进，必然早有 polyphonic［复调］的音乐。不料《相和歌》辞不久即失传，故非但无 polyphony［复调音乐］，连 harmony［和声］也产生不出。真是太可惜了。

傅聪在波兰为比赛做准备（一九五四年）

一九五五年

三十三通

1955

一月九日深夜

开音乐会的日子，你仍维持八小时工作；你的毅力、精神、意志，固然是惊人，值得佩服，但我们毕竟为你操心。孩子，听我们的话，不要在已经觉得疲倦的时候再 force［勉强］自己。多留一分元气，在长里看还是占便宜的。尤其在比赛以前半个月，工作时间要减少一些，最要紧的是保养身心的新鲜，元气充沛，那么你的演奏也一定会更丰满，更 fresh［清新］！

一月十六日聪信摘录（波 10）

从十二月十九日克拉可夫的第一次音乐会以后，我已经又开了三次音乐会——一月八日、九日、十三日。明天到另一个城市琴斯托霍瓦去，有两个交响音乐会，我弹肖邦的协奏曲；十九日再往比斯措举行独奏会。二十日去华沙，逗留两星期，那是波兰方面最后一次集体学习，所有的波兰选手与教授都在那里，我也参加。

克拉可夫的第一次音乐会非常成功，听众热烈得如醉若狂。雷吉娜·斯曼齐安卡说："肖邦这个协奏曲在波兰是听得烂熟的了，已经引不起人们的兴趣；但是在你的演奏中，差不多每一个小节都显露出新的面貌，那么有个性而又那么肖邦。总而言之，我重新认识了一个新的肖邦《协奏曲》。"

克拉可夫音乐院院长鲁特科夫斯基说我的演奏和李赫特极相似，

音乐像水，像江河之水，只觉得滔滔不绝地流出来，完全是自然的，而且像是没有终结的。

一位八十岁的老太太，曾经是肖邦的学生的学生，帕德雷夫斯基的好朋友，激动地跑来和我说，她多少年来以为真正的肖邦已经不为人所了解了，已经没有像她的老师和帕德雷夫斯基所表现的那种肖邦了，现在却从一个中国人身上重新感到了真正的肖邦。她说我的音质就像帕德雷夫斯基，那是不可解释的，因为每一个音符的音质里面都包含着一颗伟大的心。

真的，那么多而那么过分的称赞，使我脸红；但你们听了会高兴，所以我才写。还有很多呢，等我慢慢地想，慢慢地写。

从十二月十九日那次音乐会以后，就是圣诞节，在波兰是大节日，到处放假，我却反而郁闷。因为今天这儿，明天那儿，到处请我做客，对我真是一种磨难，又是推辞不了的。差不多两星期没有练琴，心里却着急，你们的来信使我更着急。因为其实我并没有真正进步到那个地步。我还是常有矛盾，今天发现技巧好多了，明天又是失望；当然音乐大致不会有很大的下落，但技巧，我现在真弄不明白，前些时候弹好了的，最近又不行了。

一月八日、九日两场音乐会，在克拉可夫的“文化宫”举行，节目单没有印，都是独奏会。八日成绩不甚佳，钢琴是贝希斯泰因，又小又旧。第二天换了一架斯丹威，虽不甚好，比第一次的强多了。两次音乐会，听众都非常热烈。从音乐来讲，九日成绩颇佳。

十三日的音乐会在音乐学院的音乐厅举行。那是一系列的音乐会。十日、十一日、十二日、十三日，由杰维茨基的四个学生演出。

钢琴是彼德罗夫，又紧又重，音质也不好，加柔音踏板与不加柔音踏板距离极远，音乐控制极难。我对这次演出并不完全满意，但那天真是巨大的成功，因为当时的听众几乎都是“音乐家”，而且他们一连听了四天的演奏。我每一曲完了，大家都喊“再来一个”；而那种寂静也是我从来没有经历过的。音乐会完了以后，听众真是疯狂了，像潮水一般涌进来，拥抱我，吻我，让他们的泪水沾满了我的脸；许多人声音都哑了、变了，说他们一生从来没有如此感动过，甚至说：“为什么你不是一个波兰人呢?”

什托姆卡教授[①]说：“所有的波兰钢琴家都不懂肖邦，唯有你这个中国人感受到了肖邦。”

上届肖邦竞赛的第一奖斯坦番斯卡说，若是上回比赛有我参加，她就根本不参加了。她说《诙谐曲》《摇篮曲》《玛祖卡》从来没听到这样动人的演奏：“对我来讲，你是一个远比李赫特更为了不起的钢琴家。”又说：“你比所有参赛的波兰钢琴家在音乐上要年长三十岁……你的技巧并非了不起，但是你坚强的意志使得所有超越你技巧的部分照样顺利而过。”她说我的音色变化是一种不可学的天赋，肖邦所特有的，那种忽明忽暗，那种细腻到极点的心理变化。她觉得我的《夜曲》的结尾真像一个最纯洁最温柔的笑容；而a小调《玛祖卡》（作品五十九号）却又是多么凄凉的笑容。这些话使我非常感动，表示她多么真切的了解我；至少没有一个人曾经像她这样，对我用言语

① 波兰著名钢琴教授。

来说出我心中最微妙的感受。她说："这种天赋很难说来自何方，多半是来自心灵的纯洁；唯有这样纯洁到像明镜般的心灵才会给艺术家这种情感，这种激情。"

这儿，她的话不正是王国维的话吗："词人者，不失其赤子之心者也。"

关于成功，我不愿再写了，真是太多了，若是一个自己不了解自己的人，那是够危险的；但我很明白自己，总感到悲哀，因为没有做到十全十美的地步；也许我永远不可能十全十美。李赫特曾经和我说，真正的艺术家永远不会完美，完美永远不是艺术；这话有些道理。

对于比赛，我只抱着竭尽所能的心。我的确有非常特殊的长处，但可能并不适宜于比赛。比赛要求的是完美，比赛往往造就的是钢琴家，而不是艺术家。

不管这些罢，我是又矛盾又快乐的。最近的音乐会格外使我感动，看到自己竟有那么大的力量使人们如醉如痴，而且都是"音乐家"，都是波兰人！我感到的是一种真正的欢乐，也许一个作曲家创作的时候，感到的也是这种欢乐吧！

我现在还看到听众的泪水、发亮的眼睛、涨红的脸，听到他们的喘息、急促的心跳、嘶哽的声音，感觉到他们滚烫的手和脸颊；在他们拥抱我的一刹那，我的心顿时和他们的心交融了！

从波兹南寄来一个女孩子写的信，说："以前我从来不大想起中国的，中国是太远太远了，跟我有什么关系呢？但听到了你的独奏会以后，你和中国成了我整天思念的题目了。从你的对肖邦深刻而非凡的理解，我感到有一个伟大的，有着古老文明的民族在你的心灵里。”能够使人家对我最爱的祖国产生这种景仰之情，我真觉得幸福。

一月二十六日

亲爱的孩子：元旦一手扶杖，一手搭在妈妈肩上，试了半步，勉强可走，这两日也就半坐半卧。但和残废一样，事事要人服侍，单独还是一步行不得。大概再要养息一星期方能照常。

早预算新年中必可接到你的信，我们都当作等待什么礼物一般地等着。果然昨天早上收到你（波10）来信，而且是多少可喜的消息。孩子！要是我们在会场上，一定会禁不住涕泗横流的。世界上最高的、最纯洁的欢乐，莫过于欣赏艺术，更莫过于欣赏自己的孩子的手和心传达出来的艺术！其次，我们也因为你替祖国增光而快乐！更因为你能借音乐而使多少人欢笑而快乐！想到你将来一定有更大的成就，没有止境的进步，为更多的人更广大的群众服务，鼓舞他们的心情，抚慰他们的创痛，我们真是心都要跳出来了！能够把不朽的大师的不朽的作品发扬光大，传布到地球上每一个角落去，真是多神圣、多光荣的使命！孩子，你太幸福了，天待你太厚了。我更高兴的、更安慰的是：多少过分的谀词与夸奖，都没有使你丧失自知之明，众人的掌声、拥抱，名流的赞美，都没有减少你对艺术的谦卑！总算我的教育没有白费，你二十年的折磨没有白受！你能坚强（不为胜利冲昏了头脑是坚强的最好的证据），只要你能坚强，我就一辈子放了心！成就的大小、高低，是不在我们掌握之内的，一半靠人力，一半靠天赋，但只要坚强，就不怕失败，不怕挫折，不怕打击——不管是人事上的、生活上的、技术上的、学习上的——打击；从此以后你可以孤军奋斗了。何况事实上有多少良师益友在周围帮助你，扶掖你。还加上古今的名著，时时刻刻给你精神上的养料！孩子，从今以后，你永远不会孤独的了，即使孤独也不怕的了！

赤子之心这句话，我也一直记住的。赤子便是不知道孤独的。赤子孤独了，会创造一个世界，创造许多心灵的朋友！永远保持赤子之心，到老也不会落伍，永远能够与普天下的赤子之心相接相契相抱！你那位朋友说得不错，艺术表现得动人，一定是从心灵的纯洁来的！不是纯洁到像明镜一般，怎能体会到前人的心灵？怎能打动听众的心灵？

斯曼齐安卡说的肖邦协奏曲的话，使我想起前二信你说 Richter［李赫特］弹柴可夫斯基的协奏曲的话。一切真实的成就，必有人真正的赏识。

音乐院院长说你的演奏像流水、像河，更令我想到克利斯朵夫的象征。天舅舅说你小时候常以克利斯朵夫自命；而你的个性居然和罗曼·罗兰的理想有些相像了。河，莱茵，江声浩荡……钟声复起，天已黎明……中国正到了“复旦”的黎明时期，但愿你做中国的——新中国的——钟声，响遍世界，响遍每个人的心！滔滔不竭的流水，流到每个人的心坎里去，把大家都带着，跟你一块儿到无边无岸的音响的海洋中去吧！名闻世界的扬子江与黄河，比莱茵的气势还要大呢！……黄河之水天上来，奔流到海不复回！……无边落木萧萧下，不尽长江滚滚来！……有这种诗人灵魂的传统的民族，应该有气吞牛斗的表现才对。

你说常在矛盾与快乐之中，但我相信艺术家没有矛盾不会进步，不会演变，不会深入。有矛盾正是生机蓬勃的明证。眼前你感到的还不过是技巧与理想的矛盾，将来你还有反复不已更大的矛盾呢：形式与内容的枘凿，自己内心的许许多多不可预料的矛盾，都在前途等着你。别担心，解决一个矛盾，便是前进一步！矛盾是解决不完的，所以艺术没有止境，没有 perfect［完美，十全十美］的一天，人生也没有 perfect 的一天！惟其如此，才需要我们日以继夜，终生地追求、苦练；要不然大家做了羲皇上人，垂手而天下治，做人也太腻了！

三月二十日上午

聪，亲爱的孩子：期待了一个月的结果终于揭晓了，多少夜没有好睡，十九日晚更是神思恍惚，昨（二十日）夜为了喜讯过于兴奋，我们仍没睡着。先是昨晚五点多钟，马太太从北京来长途电话；接着八时许无线电报告（仅至第五名为止），今晨报上又披露了十名的名单。难为你，亲爱的孩子！你没有辜负大家的期望，没有辜负祖国的寄托，没有辜负老师的苦心指导，同时也没辜负波兰师友及广大群众这几个月来对你的鼓励！

也许你觉得应该名次再前一些才好，告诉我，你是不是有“美中不足”之感？可是别忘了，孩子，以你离国前的根基而论，你七个月中已经做了最大的努力，这次比赛也已经 do your best［尽力而为］。不但如此，这七个月的成绩已经近乎奇迹。想不到你有这么些才华，想不到你的春天来得这么快，花开得这么美，开到世界的乐坛上放出你的异香。东方升起了一颗星，这么光明，这么纯净，这么深邃；替新中国创造了一个辉煌的世界纪录！我做父亲的一向低估了你，你把我的错误用你的才具与苦功给点破了，我真高兴，我真骄傲，能够有这么一个儿子把我错误的估计全部推翻！妈妈是对的，母性的伟大不在于理智，而在于那种直觉的感情；多少年来，她嘴上不说，心里是一向认为我低估你的能力的；如今她统统向我说明了。我承认自己的错误，但是用多么愉快的心情承认错误：这也算是一个奇迹吧？

回想到一九五三年十二月你从北京回来，我同意你去波学习，但不鼓励你参加比赛，还写信给周巍峙①要求不让你参加。虽说我一向低估你，但以你那个时期的学力，我的看法也并不全错。你自己也觉得即使参加，未必有什么把握。想你初到海滨时，也不见得有多大信心吧？可见这七个月的学习，上台的经验，对你的帮助简直无法形容，非但出于我们意料之外，便是你以目前和七个月以前的成绩相比，你自己也要觉得出乎意料之外，是不是？

今天清早柯子岐打电话来，代表他父亲母亲向我们道贺。子岐说：与其你光得第二，宁可你得第三，加上一个玛祖卡奖。这句话把我们心里的意思完全说中了。你自己有没有这个感想呢？

再想到一九四九年第四届比赛的时期，你流浪在昆明，那时你的生活，你的苦闷，你的渺茫的前途，跟今日之下相比，不像是做梦

---

① 周巍峙，时任文化部艺术局局长。

吧？谁想得到，一九五一年回上海时只弹“*Pathetique*” *Sonata*［《“悲怆”奏鸣曲》］还没弹好的人，五年以后会在国际乐坛的竞赛中名列第三？多少迂回的路，多少痛苦，多少失意，多少挫折，换来你今日的成功！可见为了获得更大的成功，只有加倍努力，同时也得期待别的迂回，别的挫折。我时时刻刻要提醒你，想着过去的艰难，让你以后遇到困难的时候更有勇气去克服，不至于失掉信心！人生本是没穷尽没终点的马拉松赛跑，你的路程还长得很呢：这不过是一个光辉的开场。

回过来说：我过去对你的低估，在某些方面对你也许有不良的影响，但有一点至少是对你有极大的帮助的。惟其我对你要求严格，终不至于骄纵你——你该记得罗马尼亚三奖初宣布时你的愤懑心理，可见年轻人往往容易估高自己的力量。我多少年来把你紧紧拉着，至少养成了你对艺术的严肃的观念，即使偶尔忘形，也极易拉回来。我提这些话，不是要为我过去的做法辩护，而是要趁你成功的时候特别让你提高警惕，绝对不让自满和骄傲的情绪抬头。我知道这也用不着多嘱咐，今日之下，你已经过了这一道骄傲自满的关，但我始终是中国儒家的门徒，遇到极盛的事，必定要有“如临深渊，如履薄冰”的格外郑重、危惧、戒备的感觉。

现在再谈谈实际问题：

据我们猜测，你这一回还是吃亏在 technic［技巧］，而不在于 music［音乐］；根据你技巧的根底，根据马先生到波兰后的家信，大概你在这方面还不能达到极有把握的程度。当然难怪你，过去你受的什么训练呢？七个月能有这成绩已是奇迹，如何再能苛求？你几次来信，和在节目单上的批语，常常提到“佳，但不完整”。从这句话里，我们能看出你没有列入第一、二名的最大关键。大概马先生到波以后的几天，你在技巧方面又进了一步，要不然，眼前这个名次恐怕还不易保持。在你以后的法、苏、波几位竞争者，他们的技巧也许还胜过你呢？假若比赛是一九五四年夏季举行，可能你是会名落孙山的；假若你过去二三年中就受着杰维茨基教授指导，大概这一回稳是第一；即使再跟他多学半年吧，第二也该不成问题了。

告诉我，孩子，你自己有没有这种感想？

说到“不完整”，我对自己的翻译也有这样的自我批评。无论译哪一本书，总觉得不能从头至尾都好；可见任何艺术最难的是“完整”！你提到 perfection［完美］，其实 perfection 根本不存在的，整个人生、世界、宇宙，都谈不上 perfection。要就是存在于哲学家的理想和政治家的理想之中。我们一辈子的追求，有史以来多少世代的人的追求，无非是 perfection，但永远是追求不到的，因为人的理想、幻想，永无止境，所以 perfection 像水中月、镜中花，始终可望而不可即。但能在某一个阶段求得总体的“完整”或是比较的“完整”，已经很不差了。

三月二十七日夜

聪：为你参考起见，我特意从一本专论莫扎特的书里译出一段给你。另外还有罗曼·罗兰论莫扎特的文字，来不及译。不知你什么时候学莫扎特？肖邦在写作的 taste［品味，鉴赏力］方面，极注意而且极感染莫扎特的风格。刚弹完肖邦，接着研究莫扎特，我觉得精神血缘上比较相近。不妨和杰老师商量一下，你是否可在贝多芬第四弹好以后，接着上手莫扎特？等你快要动手时，先期来信，我再寄罗曼·罗兰的文字给你。

从我这次给你的译文中，我特别体会到，莫扎特的那种温柔妩媚，所以与浪漫派的温柔妩媚不同，就是在于他像天使一样的纯洁，毫无世俗的感伤或是靡靡的 sweetness［甜腻］。神明的温柔，当然与凡人的不同，就是达·芬奇与拉斐尔的圣母，那种妩媚的笑容绝非尘世间所有的。能够把握到什么叫作脱尽人间烟火的温馨甘美，什么叫作天真无邪的爱娇，没有一点儿拽心，没有一点儿情欲的骚乱，那么我想表达莫扎特可以“虽不中，不远矣”。你觉得如何？往往十四五岁到十六七岁的少年，特别适应莫扎特，也是因为他们童心没有受过沾染。

将来你预备弹什么近代作家，望早些安排，早些来信；我也可以供给材料。在精神气氛方面，我还有些地方能帮你忙。

我再要和你说一遍：平日来信多谈谈音乐问题。你必有许多感想和心得，还有老师和别的教授们的意见。这儿的小朋友们一个一个都在觉醒，苦于没材料。他们常来看我，和我谈天；我当然要尽量帮助他们。你身在国外，见闻既广，自己不断地在那里进步，定有不少东西可以告诉我们。同时一个人的思想是一边写一边谈出来的，借此可以刺激头脑的敏捷性，也可以训练写作的能力与速度。此外，也有一个道义的责任，使你要尽量的把国外的思潮向我们报道。一个人对人民的服务不一定要站在大会上演讲或是做什么惊天动地的大事业，随时随地，点点滴滴的把自己知道的、想到的告诉人家，无形中就是替国家播种、施肥、垦植！孩子，你千万记住这些话，多多提笔！

四月一日晚—三日

我们天天计算，假定二十二日你发信，昨天就该收到；假定二十三日发，今天也应到了。奇怪，怎么二十日给奖，你二十三日还没寄家信呢？迟迟无消息，我又要担心你不要紧张过度，身体不舒服吧？自从一月二十五日收到你第十信（你是一月十六日发的）以后，两个月零一星期，没有你只字片纸，我们却给了你七封信。

我知道你忙，可是你也知道我未尝不忙，至少也和你一样忙。我近七八个月身体大衰，跌跤后已有两个半月，腿力尚未恢复，腰部酸痛更是厉害。但我仍硬撑着工作、写信，替你译莫扎特等都是拿休息时间，忍着腰痛来做的。孩子，你为什么老叫人牵肠挂肚呢？预算你的信该到的时期，一天不到，我们精神上就一天不得安定。

我们又猜想，也许马思聪先生回来，可能带信来，但他究竟何时离开华沙？假定二十五日以后离波，难道你也要到那时才给我们写信吗？照片及其他文件剪报等等，因为厚重，交马先生带当然很好，省却许多航空邮费。但报告比赛详情的信总不会那么迟才动笔吧？要说音乐会，至早也得与比赛相隔一个星期，那你也不至于比赛完了，又忙得无暇写信。那又究竟是什么道理呢？难道两个多月不写家信这件事，对你不是一件精神负担吗？难道你真的身子不舒服吗？

我们历来问你讨家信，就像讨情一般。你该了解你爸爸的脾气，别为了写信的事叫他多受屈辱，好不好？

四月一日晚

今日接马先生（三十日）来信，说你要转往苏联学习，又说已与文化部谈妥，让你先回国演奏几场；最后又提到预备叫你参加明年二月德国的 Schumann［舒曼］比赛。

我认为回国一行，连同演奏，至少要花两个月；而你还要等波兰的零星音乐会结束以后方能动身。这样，前前后后要费掉三个多月。这在你学习上是极大的浪费。尤其你技巧方面还要加工，倘若再想参加明年的 Schumann 比赛，他的技巧比肖邦的更麻烦，你更需要急起直追。与其让政府花了一笔来回旅费而耽误你几个月学习，不如叫你在波兰灌好唱片（像我前信所说）寄回国内，大家都可以听到，而且是永久性的；同时也不妨碍你的学业。我们做父母的，在感情上极希望见见你，听到你这样成功的演奏，但为了你的学业，我们宁可牺牲这个福气。我已将此意写信告诉马先生，请他与文化部从长考虑。我想你对这个问题也不会不同意吧？

其次，转往苏联学习一节，你从来没和我们谈过。你去波以后我给你二十九封信，信中表现我的态度难道还使你不敢相信，什么事都可以和我细谈、细商吗？你对我一字不提，而托马先生直接向中央提出，老实说，我是很有自卑感的，因为这反映你对我还是不放心。大概我对你从小的不得当、不合理的教育，后果还没有完全消灭。你比赛以后一直没信来，大概心里又有什么疙瘩吧！马先生回来，你也没托带什么信，因此我精神上的确非常难过，觉得自己功不补过。现在谁都认为（连马先生在内）你今日的成功是我在你小时候打的基础，但事实上，谁都不再对你当前的问题来征求我一分半分意见；是的，我承认老朽了，不能再帮助你了。

可是我还有几分自大的毛病，自以为看事情还能比你们青年看得远一些，清楚一些。同时我还有过分强的责任感，这个责任感使我忘记了自己的老朽，忘记了自己帮不了你忙而硬要帮你忙。

所以倘使下面的话使你听了不愉快，使你觉得我不了解你，不了解你学习的需要，那么请你想到上面两个理由而原谅我，请你原谅我是人，原谅我抛不开天下父母对子女的心。

一个人要做一件事，事前必须考虑周详。尤其是想改弦易辙，丢开老路，换走新路的时候，一定要把自己的理智做一个天平，把老路与新路放在两个盘里很精密地称过。现在让我来替你做一件工作，帮你把一项项的理由，放在秤盘里：

〔甲盘〕	〔乙盘〕
（一）杰老师过去对你的帮助是否不够？假如他指导得更好，你的技术是否还可以进步？	（一）苏联的教授法是否一定比杰老师的高明？技术上对你可以有更大的帮助？
（二）六个月在波兰的学习，使你得到这次比赛的成绩，你是否还不满意？	（二）假定过去六个月在苏联学，你是否觉得这次的成绩可以更好？名次更前？
（三）波兰得第一名的，也是杰老师的学生，他得第一的原因何在？	（三）苏联得第二名的，为什么只得一个第二？

（四）技术训练的方法，波兰派是否有毛病，或者不完全？	（四）技术训练的方法，在苏联是否一定胜过任何国家？
（五）技术是否要靠时间慢慢地提高？	（五）苏联是否有比较快的方法提高？
（六）除了肖邦以外，对别的作家的了解，波兰的教师是否不大使你佩服？	（六）对别的作家的了解，是否苏联比别国也高明得多？
（七）去年八月周小燕在波兰知道杰老师为了要教你，特意训练他的英语，这点你知道吗？	（七）苏联教授是否比杰老师还要热烈？

〔一般性的〕

（八）以你个人而论，是否换一个技术训练的方法，一定还能有更大的进步？所以对第（二）项要特别注意，你是否觉得以你六个月的努力，倘有更好的方法教你，你是否技术上可以和别人并驾齐驱，或是更接近？

（九）以学习 Schumann［舒曼］而论，是否苏联也有特殊优越的条件？

（十）过去你盛称杰老师教古典与近代作品教得特别好，你现在是否改变了意见？

（十一）波兰居住七个月来的总结，是不是你的学习环境不大理想？苏联是否在这方面更好？

（十二）波兰各方面对你的关心、指点，是否在苏联同样可以得到？

（十三）波兰方面一般带着西欧气味，你是否觉得对你的学习不大好？

这些问题希望你平心静气，非常客观的逐条衡量，用“民主表决”的方法，自己来一个总结，到那时再作决定。总之，听不听由你，说不说由我。你过去承认我“在高山上看事情”，也许我是近视眼，看出来的形势都不准确。但至少你得用你不近视的眼睛，来检查我看到的是否不准确。果然不准确的话，你当然不用，也不该听我的。

假如你还不以为我顽固落伍，而愿意把我的意见加以考虑的话，那对我真是莫大的“荣幸”了！等到有一天，我发觉你处处比我看得清楚，我第一个会佩服你，非但不来和你“缠夹二”乱提意见，而且还要遇事来请教你呢！目前，第一不要给我们一个闷葫芦！磨难人最厉害的莫如 unknown［不知］和 uncertain［不定］！对别人同情之前，对父母先同情一下吧！

四月三日

四月三十日聪信摘录

这回我托马先生回国商量，主要是因为他了解具体情况，他当面和人谈起来，容易使人明白。我绝不是不想和爸爸商量，但这半年来我有些苦闷，又非常矛盾，一直不敢和你们谈，尤其因为比赛以前，要有所更改，事实上也不可能。我曾经向大使馆提出，要求不参加比赛；他们说已报了名，不能改了。因此我爽性不对你们提，等过了比赛再说。为了比赛，我不得不硬着头皮干，不让别的问题影响情绪。比赛后急于想回国，主要也就是怕你们不了解具体情况，只想能当面和你们谈。

现在就爸爸提出的问题逐条答复，昨天信里大部分已写了，现在只是补充：

（一）杰老师对我的帮助，主要是在最初几个月，在肖邦的总的风格方面。技巧，他在波兰是有名的不会教的。但我从来没有遇到过好教授，所以他即使不会教，他会的那一些已经使我当时觉得很多。但我现在知道得多了，对他的认识就清楚了。这绝不是我忘恩负义。波兰方面的人都认为，这半年我若是和别的教授或是在苏联学习，技巧一定不同。但可能会因了技巧而影响比赛，技巧要改不是一两天的事，也不可能同时练很大的节目；这也是我把这问题搁到比赛以后再提的主要原因。

（二）六个月在波兰，我和杰老师上课的次数绝不超过二十次，原因是他老是忙（音乐会、会议等），我也忙（也是为了音乐会）。后期我常常故意减少上课的次数，因为事实上所需要的，是我自己练。他的学生没有一个在风格和对音乐的感受方面和我相像，我弹的主要是“我自己”。哈拉谢维兹弹得有些像我，因为我给他上课。波兰音乐界，甚至还有许多人认为杰老师对我的肖邦反而有害处，说他太拘束。他们常常和我说：“照你自己感觉的弹，不要听杰老师的；你懂肖邦，他不懂；他是个‘学究’。”我完全承认杰老师是第一流的教授，知道的东西非常广博，但不是 Chopinist，也非艺术家。事实上，Chopinist 是不可能教出来的。谁能感觉到，谁就有。

（三）技术训练的方法，波兰远不如苏联。杰老师除了头上几课略微讲了一些（主要仍是我自己摸索出来的），后来从未上过技巧的课。什托姆卡的方法在波兰是比较好的。斯坦番斯卡和斯曼齐安卡，原来都是他的学生，技巧的根基是由他打定的。

（四）技术是靠时间慢慢提高的，但若没有好方法，一辈子也不会真有进步。我这半年真要说技巧有进步是谈不上的；若说好一些，只因为我苦练；但几天不苦练，就完全不行了。

（五）过去我盛称杰老师教古典及现代作品教得特别好，我现在也没有改变意见。他知道的东西是广的，对于原作的认识非常保险，但就是有些“学究”。他是个学者，不是个艺术家。我不能鱼与熊掌兼而有之，对我最迫切的是技巧。

（六）有一点是肯定的：苏联的学习环境更严肃，更刻苦。波兰的西欧风味甚浓，的确对我的散漫作风有影响。

（七）假如过去六个月在苏联学，我不敢说比赛的名次可以更高，但我敢说成绩一定可以更好——不一定在《玛祖卡》上，因为《玛祖卡》需要对波兰的人情、风味有特殊的体会。对比赛可能有影响，但对我的将来一定可以打下稳固而正确的基础。

顺便希望你们了解：比赛的结果往往不是比赛的情况。拿名次来衡量是要上当的，尤其是这一次的比赛，更不能以名次来衡量一个钢琴家。更有个性的艺术家，常常名次反而靠后。历次比赛的情况也可证明，我现在是知道一些了。

（八）技术训练，苏联比任何国家都高明。在技巧上，没有人能比得过苏联的选手。

希望你们千万不要误会上面所有的回答有什么个人意气用事的地方，我完全是以客观的眼光来看的。尤其对杰老师，我绝不是忘恩负义。但过去我一字不提，现在突然把全部事实摊开来，会使你们觉得不可置信；那的确是我的大错。

我急于想回国，还有一个原因，是想隔离一个时期，和杰老师疏远，当时还不知道他将改去华沙任教。我是不愿意使他伤心的。我也并非一定要去苏联，但技巧的方法一定得改，那是我终身事业的关键。所以，我想即使不去苏联，回国一次而再来波兰到什托姆卡班上去，也许容易解决问题。杰老师和任何教授都是死对头，那里的乌烟瘴气、明争暗斗，你们是不能想象的。

现在既然杰老师将去华沙，我想也许就借口我要留在克拉可夫而换教授。

总而言之，我不是坚持要去苏联。最重要的原因是我和波兰的感情是很深的了，在情理上，在政治上，都不大妥当。

四月二十一日夜

孩子：能够起床了，就想到给你写信。

邮局把你比赛后的长信遗失，真是害人不浅。我们心神不安半个多月，都是邮局害的。三月三十日是我的生日，本来预算可以接到你的信了。到四月初，心越来越焦急，越来越迷糊，无论如何也想不通你始终不来信的原因。到四月十日前后，已经根本抛弃希望，似乎永远也接不到你的家信了。

四月十日上午九时半至十一时，听北京电台广播你弹的 *Berceuse* [《摇篮曲》] 和一支 *Mazurka* [《玛祖卡》]，一边听，一边说不出有多少感触。耳朵里听的是你弹的音乐，可是心里已经没有把握孩子对我们的感情怎样——否则怎么会没有信呢？——真的，孩子，你万万想不到我跟你妈妈这一个月来的精神上的波动，除非你将来也有了孩子，而且也是一个像你这样的孩子！马先生三月三十日就从北京寄信来，说起你的情形，可见你那时身体是好的，那么迟迟不写家信更叫我们惶惑"不知所措"了。何况你对文化部提了要求，对我连一个字也没有：难道又不信任爸爸了吗？这个疑问给了我最大的痛苦，又使我想到舒曼痛惜他父亲早死的事，又想到莫扎特写给他父亲的那些亲切的信：其中有一封信，是莫扎特离开了 Salzburg［萨尔茨堡］大主教，受到父亲责难，莫扎特回信说：

"是的，这是一封父亲的信，可不是我的父亲的信！"

聪，你想，我这些联想对我是怎样的一种滋味！四月三日（第 30 号）的信，我写的时候不知怀着怎样痛苦、绝望的心情，我是永远忘不了的。妈妈说的："大概我们一切都太顺利了，太幸福了，天也嫉妒我们，所以要给我们受这些挫折！"要不这样说，怎么能解释邮局会丢失这么一封要紧的信呢？

你那封信在我们是有历史意义的，在我替你编录的"学习经过"和"国外音乐报道"（这是我把你的信分成的类别，用两本簿子抄下来的），是极重要的材料。我早已决定，我和你见了面，每次长谈过后，我一定要把你谈话的要点记下来。为了青年朋友们的学习，为了中国这么一个处在音乐萌芽时代的国家，我做这些笔记是有很大的意义的。所以这次你长信的失落，逼得我留下一大段空白，怎么办呢？

可是事情不是没有挽回的。我们为了丢失那封信，二十多天的精神痛苦，不能不算是付了很大的代价；现在可不可以要求你也付些代价呢？只要你每天花一小时的工夫，连续三四天，补写一封长信给我们，事情就给补救了。而且你离开比赛时间久一些，也许你一切的观感倒反客观一些。我们极需要知道你对自己的演出的评价，对别人的评价——尤其是对于前四五名的。我一向希望你多发表些艺术感想，甚至对你弹的 Chopin［肖邦］某几个曲子的感想。我每次信里都谈些艺术问题，或是报告你国内乐坛消息，无非想引起你的回响，同时也使你经常了解国内的情形。

你每次要东西，我们无不立刻商量，上哪儿买，找哪种货；然后妈妈立刻出动，有时她出去看了回来，再和我一同去买。但是你收到以后从来不提，连是否收到我们都没有把握。我早告诉你，收到东西，光是寄一张航空明信片也行。

你说要回来，马先生信中说文化部同意（三月三十日信）你回来一次表演几场；但你这次（四月九日）的信和马先生的信，都叫人看不出究竟是你要求的呢，还是文化部主动的？我认为以你的学习而论，回来是大大的浪费。但若你需要休息，同时你绝对有把握耽搁三四个月不会影响你的学习，那么你可以相信，我和你妈妈未有不欢迎的！在感情的自私上，我们最好每年能见你一面呢！

至于学习问题，我并非根本不赞成你去苏联；只是觉得你在波兰还可以多耽二三年，从波兰转苏联，极方便；再要从苏联转波兰，就不容易了！这是你应当考虑的。但若你认为在波兰学习环境不好，或者杰老师对你不相宜，那么我没有话说，你自己决定就是了。但决定以前，必须极郑重、极冷静，从多方面、从远处大处想周到。

你去年十一月中还说："希望比赛快快过去，好专攻古典和近代作品。杰老师教出来的古典真叫人佩服。"难道这几个月内你这方面的意见完全改变了吗？

倘说技巧问题，我敢担保，以你的根基而论，从去年八月到今年二月的成就，无论你跟世界上哪一位大师哪一个学派学习，都不可能超出这次比赛的成绩！你的才具，你的苦功，这一次都已发挥到最高度，老师教你也施展出他所有的本领和耐性！你可曾研究过 program［节目单］上人家的学历吗？我是都仔细看过了的；我敢说所有参加比赛的人，除了非洲来的以外，没有一个人的学历像你这样可怜的——换句话说，跟到名师只有六七个月的竞选人，你是独一无二的例外！所以我在三月二十一日（第28号）信上就说拿你的根基来说，你的第三名实际是远超过了第三名。说得再明白些，你想：Harasiewicz［哈拉谢维兹］①，Askenasi［阿什肯纳奇］②，Ringeissen［林格森］③，这几位，假如过去学琴的情形和你一样，只有十至十二岁半的时候，跟到一个 Paci［百器］，十七至十八岁跟到一个 Bronstein［勃隆斯丹］，再到比赛前七个月跟到一个杰维茨基，你敢说：他们能获得第三名和 *Mazurka*［《玛祖卡》］奖吗？

我说这样的话，绝对不是鼓励你自高自大，而是提醒你过去六七个月，你已经尽了最大的努力，杰老师也尽了最大的努力。假如你以

---

① 参赛的波兰选手，获第一名。

② 参赛的苏联选手，获第二名。

③ 参赛的法国选手。

为换一个 school［学派］，你六七个月的成就可以更好，那你就太不自量，以为自己有超人的天才了。一个人太容易满足固然不行，太不知足而引起许多不现实的幻想也不是健全的！这一点，我想也只有我一个人会替你指出来。假如我把你意思误会了（因为你的长信失落了，也许其中有许多理由，关于这方面的），那么你不妨把我的话当作“有则改之，无则加勉”。爸爸一千句、一万句，无非是为你好，为你个人好，也就是为我们的音乐界好，也就是为我们的祖国、人民以及全世界的人类好！

我知道克利斯朵夫（晚年的）和乔治之间的距离，在一个动荡的时代是免不了的。但我还不甘落后，还想事事、处处追上你们，了解你们，从你们那儿汲取新生命、新血液、新空气，同时也想竭力把我们的经验和冷静的理智，献给你们，做你们一支忠实的手杖！万一有一天，你们觉得我这根手杖是个累赘的时候，我会感觉到，我会销声匿迹，绝不来绊你们的脚！

你有一点也许还不大知道。我一生遇到重大的问题，很少不是找几个内行的、有经验的朋友商量的；反之，朋友有重大的事也很少不来找我商量的。我希望和你始终能保持这样互相帮助的关系。

杰维茨基教授四月五日来信说：“聪很少和我谈到将来的学习计划。我只知道他与苏联青年来往甚密，他似乎很向往于他们的学派。但若聪愿意，我仍是很高兴再指导他相当时期。他今后不但要在技巧方面加工，还得在情绪（emotion）和感情（sentimento）的平衡方面多下克制功夫（这都是我近二三年来和你常说的）；我预备教他一些 less romantic［较不浪漫］的东西，即巴赫、莫扎特、斯卡拉蒂、初期的贝多芬等等。”

他也提到你初赛的 tempo［速度］拉得太慢，后来由马先生帮着劝你，复赛效果居然改得多等等。你过去说杰老师很 cold［冷漠］，据他给我的信，字里行间都流露出热情，对你的热情。我猜想他有些像我的性格，不愿意多在口头奖励青年。你觉得怎么样？

说起 *Berceuse*［《摇篮曲》］，大家都觉得你变了很多，认不得了；但你的 *Mazurka*［《玛祖卡》］，大家又认出你的面目了！是不是现在的 style［风格］都如此？所谓自然、简单、朴实，是否可以此曲（照你比赛时弹的）为例？我特别觉得开头的 theme［主题］非常单调，太少起伏，是不是我的 taste［品味，鉴赏力］已经过时了呢？

你去年盛称 Richter［李赫特］，阿敏二月中在国际书店买了他弹的 Schumann［舒曼］：*The Evening*［《晚上》］，平淡得很；又买了他弹的 Schubert［舒伯特］：*Moment Musicaux*［《瞬间音乐》］，那我可以肯定完全不行，笨重得难以形容，一点儿 Vienna［维也纳］风的轻灵、清秀、柔媚都没有。舒曼的我还不敢确定，他弹的舒伯特，则我断定不是舒伯特。可见一个大家要样样合格真不容易。

你是否已决定明年五月参加舒曼比赛，会不会妨碍你的正规学习呢？是否同时可以弄古典呢？你的古典功夫一年又一年地耽下去，我实在不放心。尤其你的 mentality［心态］，需要早早借古典作品的熏陶来维持它的平衡。我们学古典作品，当然不仅仅是为古典而古典，而尤其是为了整个人格的修养，尤其是为了感情太丰富的人的修养！

所以，我希望你和杰老师谈谈，同时自己也细细思忖一番，是否准备 Schumann 和研究古典作品可以同时并进？这些地方你必须紧紧

傅聪获奖后为听众签名（一九五五年）

抓住自己。我很怕你从此过的多半是选手生涯。选手生涯往往会限制大才的发展，影响一生的基础！

不知你究竟回国不回国？假如不回国，应及早对外声明，你的代表中国参加比赛的身份已经告终，此后是纯粹的留学生了。用这个理由可以推却许多邀请和群众的热情的（但是妨碍你学业的）表示。做一个名人也是有很大的危险的，孩子，可怕的敌人不一定是面目狰狞的，和颜悦色、一腔热爱的友情，有时也会耽误你许许多多宝贵的光阴。孩子，你在这方面极需要拿出勇气来！

五月二十四日—二十五日聪信摘录

我现在弹《摇篮曲》的确完全变了，应该说从前的弹法是错的。《摇篮曲》应该从头到尾维持同样的速度，右手的音的长短顿挫要极其微妙、细致，绝不可过分。开头的旋律尤其要简单朴素。这曲子难就难在这里，要极单纯朴素，又要极富诗意。你们听到的，恐怕是得奖演奏会上的录音，那一次不是我的好演奏。《摇篮曲》是我在波兰最受欢迎的一支曲子。

五月八日—九日

从原信编码看，应有四页。由于傅聪在外几经变迁，现仅剩第一页和第四页。

昨晚有匈牙利的 flutist［长笛演奏家］和 pianist［钢琴家］的演奏会，作协送来一张票子，我腰酸不能久坐，让给阿敏去了。他回来说 pianist 弹得不错，就是身体摇摆得太厉害。因而我又想起了 Richter［李赫特］在银幕扮演李斯特的情形。我以前跟你提过，不知李赫特平时在台上是否也摆动很厉害？这问题，正如多多少少其他的问题一样，你没有答复我。记得马先生二月十七日从波兰写信给王棣华，提到你在琴上“表情十足”。不明白他这句话是指你的手下表达出来的“表情十足”呢，还是指你身体的动作。因为你很钦佩 Richter［李赫特］，所以我才怀疑你从前身体多摇动的习惯，不知不觉地又恢复过来，而且加强了。这个问题，我记得在第二十六（或二十七）信内和你提过，但你也至今不答复。

说到“不答复”，我又有了很多感慨。我自问：长篇累牍地给你写信，不是空唠叨，不是莫名其妙的 gossip［说长道短］，而是有好几种作用的。第一，我的确把你当作一个讨论艺术、讨论音乐的对手；第二，极想激出你一些青年人的感想，让我做父亲的得些新鲜养料，同时也可以间接传布给别的青年；第三，借通信训练你的——不但是文笔，而尤其是你的思想；第四，我想时时刻刻，随处给你做个警钟，做面“忠实的镜子”，不论在做人方面，在生活细节方面，在艺术修养方面，在演奏姿态方面。我做父亲的只想做你的影子，既要随时随地帮助你、保护你，又要不让你对这个影子觉得厌烦。但我这许多心愿，尽管我在过去的三十多封信中说了又说，你都似乎没有深刻的体会，因为你并没有适当的反应，就是说：尽量给我写信，“被动地”对我说的话或是表示赞成，或是表示异议，也很少“主动地”发表你的主张或感想——特别是从十二月以后。

你不是一个作家，从单纯的职业观点来看，固无须训练你的文笔。但除了多写之外，以你现在的环境，怎么能训练你的思想、你的理智、你的 intellect［才智］呢？而一个人思想、理智、intellect 的训练，总不能说不重要吧？多少读者来信，希望我多跟他们通信；可惜他们的程度与我相差太远，使我爱莫能助。你既然具备了足够的条件，可以和我谈各式各种的问题，也碰到我极热烈地渴望和你谈这些问题，而你偏偏很少利用！孩子，一个人往往对有在手头的东西（或是机会，或是环境，或是任何可贵的东西）不知珍惜，直到要失去了的时候再去后悔！这是人之常情，但我们不能因为是人之常情而宽恕我们自己的这种愚蠢，不想法去改正。

你不是抱着一腔热情，想为祖国、为人民服务吗？而为祖国、为人民服务是多方面的，并不限于在国外为祖国争光，也不限于用音乐去安慰人家——虽然这是你最主要的任务。我们的艺术家还需要把自己的感想、心得，时时刻刻传达给别人，让别人去作为参考的或者是批判的资料。你的将来，不光是一个演奏家，同时必须兼做教育家；所以你的思想，你的理智，更其需要训练，需要长时期的训练。我这个可怜的父亲，就在处处替你做这方面的准备，而且与其说是为你做准备，还不如说为中国音乐界做准备更贴切。孩子，一个人空有爱同胞的热情是没用的，必须用事实来使别人受到我的实质的帮助，这才是真正的道德实践。别以为我们要求你多写信是为了父母感情上的自私——其中自然也有一些，但绝不是主要的。你很知道你一生受人家的帮助是应当用行动来报答的；而从多方面去锻炼自己就是为报答人家作基本准备。

关于杰老师，希望你将来离开他以后，一直跟他保持良好的师生关系。关于他的人品，也要长时期从多方面观察。艺术界内幕复杂，外国人更难尽悉底蕴，不能听信一面之言。至少他对你个人是极好的。这次比赛，他不承认是你的老师，以便可以在评判会上打你的分数，否则自己的老师对学生是要回避，不给分的（分数单上看得清清楚楚）。而倘若杰老师不给分，你的最后总分一定要受影响。可见他是竭力想帮助你成功。

关于霍夫曼的事，流传的话也不完全可靠，例如第二轮，你说八个波籍评判都给二十五分，事实上只有什托姆卡给二十五分，杰老师回避，不给分，其余的六个是给二十四、二十四、二十二、二十二、二十二、二十二，因此，昨天阿敏自动把家里的分数抄下来，另外一封用航空印刷品寄给你，使你明了真相。

至于霍夫曼本人的人品，你日常当然知道很多；以后对别人就得防一着，别再那样天真，老是"以君子之心度小人之腹"。以前我常常劝你勿太轻信，你总以为年轻人是纯洁的，如今你该明白了，年轻人不比中年人纯洁多少，一切都要慢慢的观察，"日久见人心"，"知人知面不知心"，这几句老话真有道理！

我还有两个关于艺术的问题，下回和你讨论。希望你来信再谈谈米开兰琪利的艺术表演！

和你的话是谈不完的，信已经太长，妈妈怕你看得头昏脑涨，劝我结束。她觉得你不能回来一次，很遗憾。我们真是多么想念你啊！你放心，爸爸是相信你一切都很客观，冷静，对人的批评并非意气用事；但是一个有些成就的人，即使事实上不骄傲，也很容易被人认为骄傲的（一个有些名和地位的人，就是这样的难做人！），所以在外千万谨慎，说话处处保留些。尤其双方都用一种非祖国的语言，意义轻重更易引起误会。

四月二十九日聪信摘录（波12）

初赛我的成绩不是最理想。有几个原因：

第一，因为我手指疼，排到最后一天弹，那是最吃亏的：因为评判员听了十天从早到晚的肖邦，很多相同的作品已经听得很累；太多的肖邦，听起来已没有新鲜感了。而且前面有些弹得好的，印象很深，对后来的总是格外挑剔；若是我和田中清子在第一天弹，阿什肯纳奇和哈拉谢维兹最后一天弹，情况可能根本不同。

有些评判员说，第一天听到A.和H.①等，已经觉得水平非常高，没想到以后可能有更好的。他们一下给了二十五分，以后就是有更好的，他们也没法给得更多。

第二个原因，那一天轮到我，原定中午十二点；在我前面还有三个人上台，从十点开始的；我十点半去，不料前面的三个不是手疼就是生病，都不能弹；我一到，催场的人说马上得出台，我手也冷，心理准备毫无；但我并没有慌：《练习曲》比平常差，《摇篮曲》也差些，《夜曲》和《波洛奈兹－幻想曲》我自己很满意，音质也好，就是有些段落延缓太多，太慢，休止太长了一些。

---

① A.和H.指阿什肯纳奇和哈拉谢维兹。

第二周我的成绩非常好，无论技巧，音乐，音质，干净，都是我的最佳状态。

第三周，我《协奏曲》第一乐章略微太戏剧化些，第三乐章技巧不够好，但整个《协奏曲》非常动人；虽有缺点，但我自认为那是我至此为止最感动人的演奏之一。

《波洛奈兹－幻想曲》和《诙谐曲》的成绩，我自认为优于《幻想曲》。一般评论认为我最好的大曲子是《诙谐曲》。

我《练习曲》的技巧成绩平常，音乐上是好的。

我不弹《第四叙事曲》，因为我的诠释和杰老师的太不同，我不同意他说我太戏剧化，所以我主动改弹《幻想曲》。

我上台除了第三轮弹《协奏曲》第三乐章时有些紧张以外，其余两次都非常安定。

手的问题，初赛因手冷，《练习曲》必须弹快，因此略紧；复赛时最放松；决赛不甚放松。

现在来谈谈评判员的意见：波兰的评判员可分为两派，一派包括杰老师、什托姆卡、茹拉列夫、什皮纳尔斯基是对我好的。茹拉列夫和什托姆卡的意见认为我是全部选手中唯一的真正的Chopinist。另一派包括霍夫曼等四人，却对我不佳；主要原因是这几个人和杰老师为了我而产生过很多摩擦；因为当时我到杰老师班上去，就是他把我从霍夫曼班上抢去的。

苏联评判员奥勃林和扎克的意见是：傅聪有了不起的才能和极为突出的个性，具有类似李赫特那样的大艺术家气质。奥勃林是非常喜欢我的肖邦风格的。扎克则认为我有时候热情太多，表情太多；说听我的演奏，从头到尾就像被人扼住了咽喉，气也透不过来，神经老是紧张的，每一个乐句、每一个音符都那样的充满了表情，对肖邦是太多了些。

法国评判员费夫里耶对我好极了，始终说我是最好的一个。玛格丽特·朗到最后给奖时才来，只听到我的《玛祖卡》，非常满意，还请我去法国大使馆谈，邀请我去参加她的奖金比赛。

玛格达·塔里番洛（巴西）对我极印象极佳，她说："你有很大的才具，真正的音乐才具。除了非常敏感以外，你还有热烈的、慷慨激昂的气质，悲壮的感情，异乎寻常的精致，微妙的色觉，还有最难得的一点，就是少有的细腻与高雅的意境，特别像在你的《玛祖卡》中表现的。我历任第二、三、四届的评判员，从未听见这样天才式的《玛祖卡》。这是有历史意义的：一个中国人创造了真正的《玛祖卡》的表达风格。"

意大利的阿戈斯蒂说："只有古老的文明才能给你那么多难得的天赋，肖邦的意境很像中国艺术的意境。"

坎特纳（英国，原系匈牙利籍）在第二周以后对他自己的学生说："傅聪的《玛祖卡》真是奇妙：在我简直是一个梦，不能相信真有其事。我无法想象那么浓厚的哲学气息，那么多的层次，那么典雅，又有那么好的节奏，典型的波兰玛祖卡节奏。"

克拉克斯顿（英国的名教授）说，他没有想到肖邦的《e小调协奏曲》可以弹得这么美。

匈牙利的伊尔恩高（第二届第二名）说："整个比赛有不少大钢琴家，但只有你是大艺术家。没有一个人有你那股吸引力，那种突出的个性。最难得的是你的创造性。你的演奏处处使人觉得是新的，但仍然是合乎逻辑的。”

整个来说，很多评判员都对我极好，但也有一批对我极坏：那四个波兰人，再加东德的，奥国的（最后一轮对我很好），智利的，意大利的贝内代泰利，捷克的，都对我不大好。我有十个以上的二十五分，十个左右的二十三或二十四分，但也有五六个给十七或十八分的，三四个给十九分的。德、奥、捷、意主要是不满意我的技巧。但他们实在不懂什么肖邦。

关于我的技巧究竟如何，我可以告诉你们什托姆卡的话：“你的演奏纯粹是靠意志，而不是靠技巧。”意思是说我对自己要的效果，对自己的理解把握得那么坚定，所以明明技巧够不到的，照样过去了。一般地说，我弹得相当干净，方法也有些改变，音质尤其好；但整个弹琴方法还大有问题，因此很难真有进步，一定得彻底改，而且现在是最后关头了，再不改就太晚了。

我初来时跟杰老师上课，觉得大有道理，自以为手放松了；后来渐渐发觉不是那回事。技巧，杰老师事实上一点也不教的，他教的是用脑，心和手他是没有的。他对古典和现代作品的诠释都很好，但浪漫派作品则很差，太冷。我主要是自己的诠释。若是完全学他的，那看看哈拉谢维兹和格蕾赫托芙娜罢（格蕾赫托芙娜也跟我上过不少课）。

平心而论，我是很感激杰老师的，他对我是非常好的。我也很想跟他学古典的作品和现代的作品，但我目前最需要的是技巧。苏联教授在比赛期间特意和我谈，说一定得改技巧的方法，他们希望我去莫斯科学。我当时和马先生也谈过，托他回国后和文化部谈，是否有可能去苏联学习，最好是能回国一次，细细商量。四月五日收到马先生信，说已和文化部长谈过，同意我回国，并同意我去苏联。我和大使馆商量，大使馆又打电报回国请示，我自己即回到克拉可夫。等到昨天（二十八日）大使馆才来电话，说国内复电，称联欢节期已近，不如暂不回国，学习事仍维持原议，留在波兰。这一下弄得我莫名其妙了。

大使馆的意见是我回国一次的好，但还是留波学习，因为已经向波兰政府正式提出我留学五年，现在改动，政治影响不好。

这些也是事实，我和波兰的感情也很深了。但唯一的办法是换教授。技巧只有什托姆卡教，他是在克拉可夫的。杰老师下学期将改在华沙音乐学院任教，并定居在华沙，所以问题也许不难解决，我可以留在克拉可夫跟什托姆卡学，借此免得杰老师不痛快。

除了钢琴以外的学习，我想还是不要像他们正规的音乐学院学生那样，事实上也不可能，我的波兰文绝不到听课的程度，而我的情形也特殊，钢琴和其他的学科不太平衡，只有个别跟一位能讲英文的教授学乐理。

比赛完毕，全体到离克拉可夫尚远的扎科帕内山上去休假。回来后四月一日、二日有两个交响音乐会；以后则天天录音，累极了，一天搞八小时至十二小时，到八日才全部录完。我录了一个协奏曲，二十余分钟的《玛祖卡》，还有《幻想曲》和《摇篮曲》。这些都要送往巴黎转录成哥伦比亚的慢转唱片。这回我的录音是最多的，其余的得奖者只有一张唱片，我却有两张；录协奏曲的只有我一个人。这些都是由哥伦比亚公司派来的视察员指定的。

来波以后，起初一个阶段，我跟杰老师学了不少东西，但后来是靠自己的了。参加比赛的《玛祖卡》，只跟他上过三次课，第一次他就说很好。真正的音乐、节奏、风格是靠感觉的，学是学不来的；否则的话，哈拉谢维兹的《玛祖卡》学了七年，怎么还是不像样？我提这些，想来你们不致误会我对老师忘恩负义吧！

生活方面，我也需要改变方式。我想在克拉可夫找私人家里租一间房，租一架琴。据波兰人估计，不会超过五百兹罗提一个月。我的奖金三万元，一半已寄回家（第三名奖金二万，玛祖卡奖金一万元），其余一半加上录音所得共有二万三千兹罗提。平常生活费，每月有助学金一千元，再加音乐会收入，绝无问题，只会有余。

我半年来一直没有住在音乐院里的困难和你们谈，你们也许会一下子很惊奇。音乐院住的情况倒不坏，但从早上六点到晚上十一点，整天的各种音乐声音闹得人头昏脑涨，练琴也不是整天能练，要和其他的学生分的；而学校的隔音设备，只有几间课堂是好的，我们的琴房可是糟透了，旁边每天不是女高音尖着喉咙叫，就是提琴杀鸡，常常使我无法练下去。吃饭也是一个问题，音乐院是没有食堂的，因住宿生甚少，有的也是自己弄来吃。我是在管打扫的老妈子那儿包饭，又贵又不好，我常常为之发愁。上饭馆吧，哪有时间？还有在学校里，整天有同学出出进进，老是有人来打扰，使我没法安心练琴；结果生活就没有规律，精神也不好了。

四月二十九日—三十日聪信摘录（波 12～13）

参加比赛的人实际只有七十四名，原因是许多国家护照存在问题，听说倒不是为了政治关系，而是因为许多国家考虑水准问题，所以只有一些最好的才能来。

这次比赛使我认识了许多东西，马先生知道得最清楚，我真希望他什么时候能去上海和你们谈谈；我在这儿究竟难以尽言。

这种国际比赛，内幕是非常微妙复杂的。主要当然是指评判员。国家与国家之间，评判员相互之间，存在着很多矛盾，所以比赛的结果要说公平是很难的了。

我作为中国人，是处于劣势的。因为中国只有一个评判员。评判员多的国家，相互之间有一种牵制的关系。例如苏、波、法，彼此给选手的分数时，总考虑到若是给对方的分数低了，别人一定也会给他本国的选手分数低。（如波兰给法国选手的分数低了，法国也会给波兰的选手低的。）因此评判员互相害怕，互相牵制，互相得客气一点。这几个国家的选手弹得坏，往往比一些其他国家弹得好的选手得分反而高。尤其是波兰的选手，地位最优，因为什么国家都怕得罪那八个波兰评判员（别国最多只有三个）。马先生在那儿却困难得很；别人不用顾虑他给什么分数，反正他只有一个人；而他却要考虑到若是给一个波兰人分数低了，那八个波兰人将要如何对付我。在比赛时，没有一点情面的；国家的面子根本谈不上：评判员不是共产党员，他们才不管新中国旧中国呢！

现在单单就得奖的前十名一个一个的分析一下：

阿什肯纳奇技巧极佳，几乎不能想象，但缺乏感情。可是演奏时从来没有夹音，干净清楚，是音乐巨匠的类型。他有个性，而且是很好的钢琴家，但绝对不是Chopinist。

林格森是纯粹法国式的钢琴家，他的演奏是理智的演奏，冷峻，但结构严密，句法完整。他弹肖邦快的段落纯粹是德彪西式的，并无丝毫肖邦的浪漫气息；肖邦的精巧优雅，他是有的。他只有肖邦的一半，古典的一半。他最大的缺点是音质不好，干枯，硬，在录音中却听不出来。他的音乐是来自头脑，一点也不来自心底。但以钢琴家而论，是最优秀的一个，在日内瓦的钢琴家比赛上得过第一名，在意大利也得过第二名。

哈拉谢维兹的技巧极佳，但他除了技巧以外，真是一无所有了。我和他相处半年多，对他的认识最清楚了，尤其可笑的是我给他上过无数次的课，他的《玛祖卡》《前奏曲》《夜曲》《即兴曲》《叙事曲》《诙谐曲》《协奏曲》，差不多全是我的诠释。波兰音乐界盛传：哈拉谢维兹从七年前就开始练这个比赛节目，练了六年半还是不像样；结果来了个中国人，半年工夫把一个第一名送给了他。

他这人非常浮，整天嘻嘻哈哈，文学艺术一无所知；书也看得少；除了练琴还用功外，其余什么也不通。以做人而论，也是一个小人，相当自私。但他有一种才能，他是一个天生的演员。起初我不了解他，时间久了，就知道他天生的不善于讲真话，不一定是故意或是有什么坏主意（有时候是如此）。整个来说，他没有文化，也没有道德观念，对待一些不道德的行为处之泰然，原因是他根本不承认那是不道德。他和我倒很好；说得好，是因为在奥武卢他是第一个会讲英文的朋友；说得不好，他从我这儿有利可图。且不说在实际生活上的（我初来时看到他喜欢什么，总送给他），便是在音乐上，他知道自己音乐感差，虽是杰老师门下，杰老师能给他的只有头脑；在奥武卢时所有的师生对我的音乐感都很赞赏，除了技巧上的、风格方面的毛病，他们都说我的本质是真正的肖邦；哈拉谢维兹看得很清楚，后来就天天上我那里，不是《玛祖卡》就是《夜曲》，一句一句地教。我为他实在花了不少心思。他一个玛祖卡，今天上的课，一句一句把表情写在谱上，连最微妙的也记下来，谱子涂得谁也看不懂，然后照了谱子死练。明天又来找我，说都忘了，尽管记下来了，昨天那味儿怎么也找不回来，一定得再上课，这样老是没完。常常给他上课，他拼命地练，练到自动为止。这些是瞒着杰老师的，他在这上头气量可不大，知道了要生气的。他只是说，很奇怪哈拉谢维兹的演奏怎么和从前不一样了。但尽管哈拉谢维兹这样学，我总觉得他实在没出息，没有个性，根本谈不上诠释，而现在居然是年轻的一辈中最好的 Chopinist 的了，真是荒唐之至。但他在波兰选手中是最好的了，其他几个有些有个性，但风格不对，或是技巧不够。哈拉谢维兹得第一名以后，舆论哗然，全波兰都议论纷纷，公众不满意极了，就是评委也不满意。说了也很有趣，因为没有一个评判员是真正喜欢他的。评委可以分为三派：一派是喜欢我的，一派是喜欢阿什肯纳奇的，一派是喜欢林格森的。而由于我和 A. R.① 的风格极不相同，甚至相反，因此极喜欢 A. R. 的极不喜欢我，极喜欢我的极不喜欢 A. R.。而哈拉谢维兹没有个性，没有特色，所以没有人格外喜欢，也没有人格外不喜欢，又加他是波兰人，大家客气一些，结果加起来一平均，他分数最

---

① 即阿什肯纳奇和林格森简称。

高。发奖前，听说差点闹得下不了台，到最后还有几个评判员不签字。事后，哈拉谢维兹和杰教授收到很多质问信和匿名信。报纸上有些批评，从头至尾重点谈我和林格森，其余的得奖者都谈到，唯有对哈拉谢维兹一字不提。有些报纸说他弹得像运动员。维也纳的长篇评论也攻击他，说整个比赛水准极高，一切都令人满意，但荒唐的结果不可想象。拉扎尔·莱维大叫上当，说怎么给了他那么多分数的。

斯塔克曼，是我认为这次比赛中最完整的钢琴家，技巧极好，人成熟（二十八岁），很深刻，唯一就是不够微妙淡雅，不够肖邦，太笨重一些，太沉闷一些；他的肖邦是勃拉姆斯，但我喜欢他胜过于阿什肯纳奇。

其余的，如帕彼耶罗，技巧极好，音乐平平。

格雷赫托芙娜很差，照我的意见应该刷下去的。

齐玛伊茨克瓦斯基非常有才能，可能是全部选手中最突出的天分，但绝对不是肖邦的味儿。他的作风有时教人目瞪口呆，弹的肖邦像普罗科菲耶夫。

萨哈罗夫只有十七岁，天赋极高，很浪漫，但不够成熟。

田中清子虽得去年玛格丽特·朗比赛第四奖（那次没有第一奖），前年得到日内瓦钢琴比赛第二奖，她在这次比赛中的地位是很不公平的；总括地说，她应该在五、六之间。

上面是我用纯粹客观的眼光来写的，想你们不会误会我变得骄傲狂妄了。以我的意见，这次的比赛结果是没有第一名，尤其哈拉谢维兹应当在第六第七之间。

你们收到这封信一定大为惊奇，也许会觉得我狂妄。这一点，希望你们能了解我绝不是这样的。我对自己绝没有少严格一些，对缺点认识很清楚，不会因旁人的称赞或比赛的成功而昏昏然忘乎所以。但既然我对自己苛刻，对别人批评起来当然也不会宽容的了。

杰老师作为一个人，实在不是个君子。说来话长，我现在时间久了，知道许多关于他的事，也一言难尽。他在波兰是有名的老奸巨猾，音乐界的人大都不喜欢他，有很多人恨他，他利用手腕把自己捧到现在这样高的宝座。当然他是一个了不起的教授，对我也的确很好，我一直是感激他的，但要说他有什么特殊，我就不敢承认了。以私人关系而论，我感谢他；以客观的批评而论，我讨厌他。他是一个伪君子。但其余的教授也不都是君子，可能是很好的教授，但人格都乌烟瘴气，天下乌鸦一般黑。

苏联在比赛中只得第二，不能说明苏联不如波兰。对肖邦的体会不决定于国籍，不决定于训练的方法和好的教授。在这种高水平的比赛里，谁也无法解释为什么某些人的体会有出众的地方，那是艺术，没有什么理由可讲的；可以说的只有一点，就是谁有比别人感觉更多的肖邦的天赋，就比别人理解肖邦更真切。

比赛使我有机会认识了许多许多朋友。无论从哪一个国家来的，聚在一起都像一家人，多么善良的年轻人！田中清子可爱极了，朴实，文静，内在，含蓄，心地好，真正东方式的女子，而且是多么好的文化！

比赛期间听到许多第一流演奏家的演奏。坎特讷不精彩，弹肖邦弹得尤其坏，太伤感，匈牙利式的演奏。奥勃林和扎克技巧都惊人，音乐则比李赫特差远了；但仍是第一流的钢琴家。有些人的演奏，没有工夫去听。但最精彩的是意大利的贝内代蒂－米开兰琪利。我们在国内从不知道他，在欧洲却是大名鼎鼎，只有三十四岁，但我想恐怕是世界上前三名内的钢琴家了。巴赫－布索尼的《夏空》、贝多芬的《第三十奏鸣曲》（作品一〇九号）、舒曼的《维也纳狂欢节》、勃拉姆斯的《帕格尼尼主题变奏曲》、德彪西的《向拉摩致敬》及《水中倒影》、斯卡拉蒂的《奏鸣曲》、肖邦的《圆舞曲》等，无一不精彩。贝多芬的奏鸣曲好得不能想象。我第一次听到斯卡拉蒂可以弹得这么美。技巧比霍洛维茨不会差。他和李赫特完全不同，在台上永远身如磐石，没有瓦格纳式的热情，但结构的严密、思想的深刻、节奏的神妙，表情的纯朴，所有这一切创造出一个真正理想的演奏，真正达到完美的境界。

附带报告一句，苏联在参加比赛以前，国内有过预选，上届在罗马尼亚联欢节上得第一、二奖的，都刷下去了。

这次比赛时，评判员于选手之间不隔幕；上台是报姓名和国籍的。

五月二日聪信摘录（波 14）

我十二日将去斯塔林格罗德和广播乐队弹贝多芬的《第四钢琴协奏曲》，指挥和乐队都是最好的，而且是一个新的爱乐音乐厅的开幕式，同时有电台向全世界广播。

我前些时一直没有好好练琴，明天又要去华沙，时间匆促极了。

五月十一日

亲爱的孩子：三十五号信发出后，本来预备接着再写，和你讨论两个艺术的技术问题，因为这两天忙着替你理乐谱，写信给罗忠镕，又为你冬天的皮鞋出去试尺寸（非要以我的脚去试不可），所以耽下来尚未动笔。今晨又接五月二日来信，倒使我急了。孩子，别担心，你四月二十九、三十两信写得非常彻底，你的情形都报告明白了。我们绝无误会①。过去接不到你的信固然是痛苦，可一旦有了你的长信，明白了底细，我们哪里还会对你有什么不快，只有同情你，可怜你补写长信，又开了通宵的“夜车”，使我们心里老大地不忍。你出国七八个月，写回来的信并没什么过火之处，偶尔有些过于相信人或是怀疑人的话，我也看得出来，也会打些小折扣。一个热情的人，尤其是青年，过火是免不了的；只要心地善良，正直，胸襟宽，能及时改正自己的判断，不固执己见，那就很好了。你不必多责备自己，只要以后多写信，让我们多了解你的情况，随时给你提提意见，那就比空自内疚、后悔挽救不了的“以往”，有意思多了。你说写信退步，我们都觉得你是进步。你分析能力比以前强多了，态度也和平得很。爸爸看文字多么严格，从文字上挑剔思想又多么认真，不会随便夸奖你的。

---

① 傅聪于一九五五年三月二十日比赛结束后举行获奖演奏会，二十一和二十二日又有音乐会和宴会。二十三日上扎科帕内山区休假，通宵写了一封长信，二十四日托人发出，结果家中未收到；无奈于四月二十九日和三十日重写。

你回来一次的问题，我看事实上有困难。即使大使馆愿意再向国内请示，公文或电报往返，也需很长的时日，因为文化部外交部决定你的事也要做多方面的考虑。耽搁日子是不可避免的。而等到决定的时候，离联欢节已经很近，恐怕他们不大肯让你不在联欢节上参加表演，再说，便是让你回来，至早也要到六月底、七月初才能到家。而那时代表团已经快要出发，又要催你上道了。

以实际来说，你倘若为了要说明情形而回国，则大可不必，因为我已经完全明白，必要时我可以向文化部说明。倘若为了要和杰老师分手而离开一下波兰，那也并无作用。既然仍要回波学习，则调换老师是早晚的事，而早晚都得找一个说得过去的理由向杰老师做交代；换言之，你回国以后再去，仍要有个充分的借口方能离开杰老师。若这个借口，目前就想出来，则不回国也是一样。

以我们的感情来说，你一定懂得我们想见见你的心，不下于你想见见我们的心；尤其我恨不得和你长谈数日夜。可是我们不能只顾感情，我们不能不硬压着个人的愿望，而为你更远大的问题打算。

转苏学习一点，目前的确不很相宜。政府最先要考虑到邦交，你是波政府邀请去学习的，我政府正式接受之后，不上一年就调到别国，对波政府的确有不大好的印象。你是否觉得跟什托姆卡学 technic［技巧］还是不大可靠？我的意思，倘若 technic 基本上有了 method［方法］，彻底改过了，就是已经上了正轨，以后的 technic 却是看自己长时期的努力了。我想经过三四年的苦功，你的 technic 不见得比苏联的一般水准（不说最特出的）差到哪里。即如 H.[①] 和 Smangianka［斯曼齐安卡］，前者你也说他技巧很好，后者我们亲自领教过了，的确不错。像 Askenasi［阿什肯纳奇］——这等人，天生在 technic 方面有特殊才能，不能作为一般的水准。所以你的症结是先要有一个好的方法，有了方法，以后靠你的聪明与努力，不必愁在这方面落后，即使不能希望和 Horowitz［霍洛维茨］那样高明。因为以你的个性及长处，本来不是 virtuoso［以技巧精湛著称的演奏家］的一型。总结起来，你现在的确非立刻彻底改 technic 不可，但不一定非上苏联不可。将来倒是为了音乐，需要在苏逗留一个时期。再者，人事问题到处都有，无论哪个国家，哪个名教授，到了一个时期，你也会觉得需要更换，更换的时节一定也有许多人事上及感情上的难处。

假定杰老师下学期调华沙是绝对肯定的，那么你调换老师很容易解决。我可以写信给他，说“我的意思你留在克拉可夫比较环境安静，在华沙因为中国代表团来往很多，其他方面应酬也多，对学习不大相宜，所以总不能跟你转往华沙，觉得很遗憾，但对你过去的苦心指导，我和聪都是十二分感激”等等。（目前我听你的话，绝不写信给他，你放心。）

假定杰老师调任华沙的事，可能不十分肯定，那么先要知道杰老师和 Sztomka［什托姆卡］感情如何。若他们不像 Levy［莱维］[②] 与

---

① 即 Harasiewicz［哈拉谢维兹］。

② 恩斯特·莱维（Ernst Levy），瑞士钢琴家。

Long［朗］[①] 那样的对立，那么你可否很坦白、很诚恳地，直接向杰老师说明，大意如下：

“您过去对我的帮助，我终生不能忘记。您对古典及近代作品的理解，我尤其佩服得不得了。本来我很想跟您在这方面多多学习，无奈我在长时期的、一再的反省之下，觉得目前最急切的是要彻底地改一改我的 technic［技巧］，我的手始终没有放松；而我深切地体会到方法不改将来很难有真正的进步；而我的年龄已经在音乐技巧上到了一个 critical age［要紧关头］，再不打好基础，就要来不及了，所以我想暂时跟什托姆卡先生把手的问题彻底解决。希望老师谅解，我绝不是忘恩负义（ungrateful）；我的确很真诚地感谢您，以后还要回到您那儿请您指导的。”我认为一个人只要真诚，总能打动人的；即使人家一时不了解，日后仍会了解的。我这个提议，你觉得如何？因为我一生做事，总是第一坦白，第二坦白，第三还是坦白。绕圈子，躲躲闪闪，反易叫人疑心；你耍手段，倒不如光明正大，实话实说，只要态度诚恳、谦卑、恭敬，无论如何人家不会对你怎么的。我的经验，和一个爱弄手段的人打交道，永远以自己的本来面目对付，他也不会用手段对付你，倒反看重你的。你不要害怕，不要羞怯，不要不好意思；但话一定要说得真诚老实。既然这是你一生的关键，就得拿出勇气来面对事实，用最光明正大的态度来应付，无须那些不必要的顾虑，而不说真话！就是在实际做的时候，要注意措辞及步骤。只要你

---

① 玛格丽特·朗（Marguerite Long），法国钢琴家。

的感情是真实的，别人一定会感觉到，不会误解的。你当然应该向杰老师表示你的确很留恋他，而且有“鱼与熊掌不可得兼”的遗憾。即使杰老师下期一定调任，最好你也现在就和他说明；因为至少六月份一个月你还可以和什托姆卡学 technic［技巧］，一个月，在你是有很大出入的！

以上的话，希望你静静地想一想，多想几回。

另外你也可向 Eva［埃娃］太太讨主意，你把实在的苦衷跟她谈一谈，征求她的意见，把你直接向杰老师说明的办法问问她。

最后，倘若你仔细考虑之后，觉得非转苏学习不能解决问题，那么只要我们的政府答应（只要政府认为在中波邦交上无影响），我也并不反对。

你考虑这许多细节的时候，必须心平气和，精神上很镇静，切勿烦躁，也切勿焦急。有问题终得想法解决，不要怕用脑筋。我历次给你写信，总是非常冷静、非常客观的。唯有冷静与客观，终能想出最好的办法。

对外国朋友固然要客气，也要阔气，但必须有分寸。像西卜太太之流，到处都有，你得提防。巴尔扎克小说中人物，不是虚造的。人的心理是：难得收到的礼，是看重的，常常得到的不但不看重，反而认为是应享的权利，临了非但不感激，倒容易生怨望。所以我特别要嘱咐你“有分寸”！

以下要谈两件艺术的技术问题：

恩德又跟了李先生学，李先生指出她不但身体动作太多，手的动作也太多，浪费精力之外，还影响到她的 technic 和 speed［速度］，以及 tone［音质］的深度。记得裘伯伯也有这个毛病，一双手老是扭来扭去。我顺便和你提一提，你不妨检查一下自己。关于身体摇摆的问题，我已经和你谈过好多次，你都没答复，下次来信务必告诉我。

其次是，有一晚我要恩德随便弹一支 Brahms［勃拉姆斯］的 *Intermezzo*［《间奏曲》］，一开场 tempo［节奏］就太慢，她一边哼唱一边坚持说不慢。后来我要她停止哼唱，只弹音乐，她弹了二句，马上笑了笑，把 tempo 加快了。由此证明，哼唱有个大缺点，容易使 tempo 不准确。哼唱是个极随意的行为，快些，慢些，吟哦起来都很有味道；弹的人一边哼一边弹，往往只听见自己哼的调子，觉得很自然很舒服，而没有留神听弹出来的音乐。我特别报告你这件小事，因为你很喜欢哼的。我的意思，看谱的时候不妨多哼，弹的时候尽量少哼，尤其在后来，一个曲子相当熟的时候，只宜于"默唱"，暗中在脑筋里哼。

此外，我也跟恩德提了以下的意见：

自己弹的曲子，不宜尽弹，而常常要停下来想想，想曲子的 picture［意境，境界］，追问自己究竟要求的是怎样一个境界，这是使你明白 what you want［你所要的是什么］，而且先在脑子里推敲曲子的结构、章法、起伏、高潮、低潮等。尽弹而不想，近乎 improvise［即兴表演］，弹到哪里算哪里，往往一个曲子练了二三个星期，自己还说不出哪一种弹法（interpretation）最满意，或者是有过一次最满意的 interpretation，而以后再也找不回来（这是恩德常犯的毛病）。假如照我的办法做，一定可能帮助自己的感情更明确而且稳定！

其次，到先生那儿上过课以后，不宜回来马上在琴上照先生改的就弹，而先要从头至尾细细看谱，把改的地方从整个曲子上去体会，得到一个新的 picture［意境，境界］，再在琴上试弹，弹了二三遍，停下来再想再看谱，把老师改过以后的曲子的表达，求得一个明确的 picture。然后再在脑子里把自己原来的 picture 与老师改过以后的 picture 做个比较，然后再在琴上把两种不同的境界试弹，细细听，细细辨，究竟哪个更好，还是部分接受老师的，还是全盘接受，还是全盘不接受。不这样做，很容易“只见其小，不见其大”，光照了老师的一字一句修改，可能通篇不连贯，失去脉络，弄得支离破碎，非驴非马，既不像自己，又不像老师，把一个曲子搞得一团糟。

我曾经把上述两点问李先生觉得如何，她认为是很内行的意见，不知你觉得怎样？

你二十九信上说 Michelangeli［米开兰琪利］至少在“身如 rock［磐石］”一点上使我很向往。这是我对你的期望——最殷切的期望之一！惟其你有着狂热的感情，无穷的变化，我更希望你做到身如 rock，像统率三军的主帅一样。这用不着老师讲，只消自己注意，特别在心理上、精神上，多多修养，做到能入能出的程度。你早已是“能入”了，现在需要努力的是“能出”！那我保证你对古典及近代作品的风格及精神，都能掌握得很好。

你来信批评别人弹的肖邦，常说他们 cold［冷漠］。我因此又想起了以前的念头：欧洲自从十九世纪，浪漫主义在文学艺术各方面到了高潮以后，先来一个写实主义与自然主义的反动（光指文学与造型艺术言），接着在二十世纪前后更来了一个普遍的反浪漫底克思潮。这个思潮有两个表现：一是非常重感官（sensual），在音乐上的代表是 R. Strauss［理查·施特劳斯］，在绘画上是马蒂斯；一是非常的 intellectual［理智］，近代的许多作曲家都如此，绘画上的 Picasso［毕加索］亦可归入此类。近代与现代的人一反十九世纪的思潮，另走极端，从过多的感情走到过多的 mind［理智］的路上去了。演奏家自亦不能例外。肖邦是个半古典半浪漫底克的人，所以现代青年都弹不好。反之，我们中国人既没有上一世纪像欧洲那样的浪漫底克狂潮，民族性又是颇有 olympic［奥林匹克］（希腊艺术的最高理想）精神，同时又有不太过分的浪漫底克精神，如汉魏的诗人，如李白，如杜甫（李后主算是最 romantic［浪漫底克］的一个，但比起西洋人，还是极含蓄而讲究 taste［品味，鉴赏力］的），所以我们先天的具备表达肖邦相当优越的条件。

我这个分析，你认为如何？

反过来讲，我们和欧洲真正的古典，有时倒反隔离得远一些。真正的古典是讲雍容华贵，讲 graceful［雍容］，elegant［典雅］，moderate［中庸］。但我们也极懂得 discreet［含蓄］，也极讲中庸之道，一般青年人和传统不亲切，或许不能把握这些，照理你是不难体会得深刻的。有一点也许你没有十分注意，就是欧洲的古典还多少带些宫廷气味，路易十四式的那种宫廷气味。

对近代作品，我们很难和欧洲人一样的浸入机械文明，也许不容易欣赏那种钢铁般的纯粹机械的美，那种“寒光闪闪”的 brightness［光芒］，那是纯理智、纯 mind［智性］的东西。

环境安静对你的精神最要紧。做事要科学化，要彻底！我恨不得在你身边，帮你解决并安排一切物质生活，让你安心学习，节省你的精力与时间，使你在外能够事半功倍，多学些东西，多把心思花在艺术的推敲与思索上去。一个艺术家若能很科学地处理日常生活，他对他人的贡献一定更大！

五月二日来信使我很难受。好孩子，不用焦心，我绝不会怨你的，要说你不配做我的儿子，那我更不配做你父亲了。只要我能帮助你一些，我就得了最大的酬报。我真是要拿我所有的知识、经验、心血，尽量给你做养料，只要你把我每封信多看几遍，好好地思索几回，竭力吸收，“身体力行”的实践，我就快乐得难以形容了。

我又细细想了想杰老师的问题，觉得无论如何，还是你自己和他谈为妙。他年纪这么大，人生经验这么丰富，一定会谅解你的。倒是绕圈子，不坦白，反而令人不快。西洋人一般的都喜欢直爽。但你一定要切实表示对他的感激，并且声明以后还是要回去向他学习的。

这件事望随时来信商讨，能早一天解决，你的技巧就可早一天彻底改造。关于一面改技巧、一面练曲子的冲突，你想过没有？如何解决？恐怕也得向 Sztomka［什托姆卡］先生请教请教，先做准备为妥。

五月二十四日—二十五日聪信摘录（波 15）

斯塔林格罗德音乐会以后，又在克拉可夫演奏贝多芬第四，临时又为了彭副总理的宴会赶到华沙去（当然也是演奏），原来二十、二十一日的演出改成二十一、二十二日，连日奔波，真是疲劳极了。

在斯塔林格罗德的成绩不够好，原因是手指痛，而指挥也不是好的伴奏指挥，听众则颇热烈。

克拉可夫的两场，第一场技巧甚佳，第二场音乐较佳，而技巧较差，有几处不干净。两场的听众都热烈非凡，加奏八次。第一场加奏弹了韩德尔：《夏空》；《牧童短笛》；肖邦：五支《玛祖卡》及《摇篮曲》；第二场加奏弹了韩德尔；《牧童短笛》；肖邦：两支《玛祖卡》《摇篮曲》《夜曲》；德彪西：《金发女郎》，《吟游诗人》，我实在太累了，否则，可以无穷尽地加奏下去。

我身体的确不知不觉又摇得厉害起来，倒不是李赫特的影响，主要还是在自己摸索放松时自然而然摇起来的，最近注意以后，已渐渐改过来。

我没有一天不为了时间而苦恼，总觉得时间浪费太多，真正能好好练琴的时间并不多。若是能关在深山里，那时间才是我自己的，否则的话，大大小小的事情把我弄得头昏脑涨。我太有名了，也太讨人喜欢了，同情心给我招来了无穷的麻烦。

最近我跟杰老师上了好几次课。他在古典的风格和节奏上给了我很多帮助。我也想法在练琴时格外注意方法，似乎略有进步。弹贝多芬协奏曲的技巧，成绩甚佳。

杰老师调华沙的事似乎又有些不肯定了；而我冷眼观察，觉得别的教授在风格及广博上面都比他差得多。说技巧吧，最近弹了贝多芬以后，什托姆卡说我的技巧简直不可理解：没有方法而能弹那么难的协奏曲，弹得那么像样。我觉得技巧不是光靠一种两种方法能解决的，而要靠多用脑子。我现在想观察一个时期，再做换教授的决定。

弹琴最需要用脑；有头脑，即使情感差一些，还可以像样；没有脑，那就什么也不像。

爸爸对近代人弹肖邦与浪漫派作家的分析，我也极同意。能保持从前的时代精神的欧洲人，现在不多了。这次（指比赛期间）无论谁（波兰的和其他国家的）批评我的演奏时，总处处提到中国的古老文化。那是使我最快乐的，因为能使别国人通过我而更崇敬祖国的文化。我也相信我们中国人具备别国人所没有的优越条件，将来一定会开出极美的花朵来。

关于我自己，一般的见解都认为我是特殊的浪漫主义。波兰和别国报纸的评论，不约而同地说我纯粹是一股激情，能一下子把听众卷去，同时认为我的品味、敏感达到一种非常接近——几乎是纯粹肖邦精神的境地。他们把这两点认为是中国文化的象征：有那么强大的气魄，同时又有那么细腻与极高的审美感。他们觉得我的演奏从来不带丝毫感伤的影子，即使在最浪漫的时间。

现在我手的放松已有相当成绩，在音质方面的成绩尤其好。说起音质，我得到一个结论：音质的好坏和提琴上的相似，最要紧还是天生的。音质等于唱歌的喉咙；也有一大部分靠自己有灵敏的耳朵去判别好坏，要有敏感的神经去随时适应。而且，对每个作家，每个曲子的音质，也是随时要体会，随时要变化的。有许多人有了完美的方法，音质照样不行，就是这个道理。

音乐界的批评，认为我的贝多芬风格甚好，尤其欣赏第二乐章（《第四钢琴协奏曲》）。但克拉可夫乐队的纪律甚差，和上海乐队一类的老油子，指挥也不佳。乐队的演奏糟糕之至，使整个协奏曲大为逊色。贝多芬的协奏曲不比肖邦的，乐队居于极重要的地位；没有一个好乐队，独奏演员再好也显不出来。

昨天听了施纳贝尔弹的贝多芬《第四钢琴协奏曲》的唱片，颇为失望，可见标准随时在变的。从前我如何醉心于施纳贝尔，现在觉得好些地方音的长短顿挫太自由，好些地方太干；有些地方则节奏不好，第一第二乐章的速度也太快。

关于对李赫特的见解，我不想为之辩护；但像他那样的天才是可以为所欲为的。前信中写的，并非说我完全同意他的见解，只是告诉你们他是怎样的一个艺术家；而且相信我有些话一定词不达意，和我原来的意见颇有出入，也可能我原来就误解了李赫特的意思。

李赫特并不是极正常的人，见解有些古怪而越出常规，也有些狂妄，但是充满了灵感，给人很多启发。我始终认为他是了不起的，当然不是完美的，相反，可说是属于不完美的一型。

也许我现在眼界越来越高了，对什么钢琴家都觉得有些可批评的，尤其是弹肖邦的人。我听了鲁宾斯坦弹的肖邦《诙谐曲》和《玛祖卡》，不满意极了：《玛祖卡》有些极佳，有些极坏。若是在中国，光是听了唱片，照样学，那一定不成话。要真的了解一个作家，还是要凭自己深刻的性灵去“化”出来的。

《玛祖卡》中间，一部分后期作品特别有种哲学意味，有种沉思默想的意味。许多人以为正因为我是中国人，才能体会得那么深刻。演奏《玛祖卡》就得把节奏，诗意，幽默，典雅，哲学气息，全部融合在一起，而且要溶合得恰到好处。

米开兰琪利实在了不起，他就是属于完美一型的。但他的演奏不像李赫特那样每次都有些新的境界，而是经过了长期的苦练，结构严密，

杰维茨基指导傅聪练琴

有一种大建筑的威严；所有的表情、节奏都控制到了不多不少的程度，非常简朴，但非常深刻。他的音乐与其说从感情上抓住人，不如说从理智上抓住人；听他不像听李赫特那么激动。但我更欣赏米开兰琪利。听他演奏觉得不是一个人，而是一个超人在弹。到了那种完美的境界，他的艺术真是极高的了。

他的脾气古怪之极，身体也坏极，非常消极厌世，大家见他都有些怕。凡是真正的伟大的艺术家，都是不大正常的。

六月十六日

此信应有三页，现仅存第二页。

你现在对杰老师的看法也很对。"做人"是另外一个问题，与教学无关。对谁也不能苛求。你能继续跟杰老师上课，我很赞成，千万不要驼子摔跤，两头不着。有个博学的老师指点，总比自己摸索好，尽管他有些见解与你不同。但你还年轻，musical literature［音乐文献］的接触真是太有限了，乐理与曲体的知识又是几乎等于零，更需要虚心一些，多听听年长的，尤其是一个 scholarship［学术成就，学问修养］很高的人的意见。

有一点，你得时时刻刻记住：你对音乐的理解，十分之九是凭你的审美直觉；虽则靠了你的天赋与民族传统，这直觉大半是准确的，但究竟那是西洋的东西，除了直觉以外，仍需要理论方面的、逻辑方面的、史的发展方面的知识来充实；即使是你的直觉，也还要那些学识来加以证实，自己才能放心。所以便是以口味而论觉得格格不入的说法，也得采取保留态度，细细想一想，多辨别几时，再做断语。这不但对音乐为然，治一切学问都要有这个态度。所谓冷静、客观、谦虚，就是指这种实际的态度。

来信说学习主要靠 mind［头脑］，ear［听力］及敏感，老师的帮助是有限的。这是因为你的理解力强的缘故，一般弹琴的，十分之六七以上都是要靠老师的。这一点，你在波兰同学中想必也看得很清楚。但一个有才的人也有另外一个危机，就是容易自以为是地走牛角尖。所以才气越高，越要提防，用 solid［扎扎实实］的学识来充实，用冷静与客观的批评精神，持续不断地检查自己。唯有真正能做到这一步，而且终身地做下去，才能成为一个真正的艺术家。

一扯到艺术，一扯到做学问，我的话就没有完，只怕我写得太多，你一下子来不及咂摸。

来信提到 Chopin［肖邦］的 *Berceuse*［《摇篮曲》］的表达，很有意思。以后能多写这一类的材料，最欢迎。

还要说两句有关学习的话，就是我老跟恩德说的："要有耐性，不要操之过急。越是心平气和，越有成绩。时时刻刻要承认自己是笨伯，不怕做笨功夫，那就不会期待太切，稍不进步就慌乱了。"对你，第一要紧是安排时间，多多腾出无谓的"消费时间"，我相信假如你在波兰能像在家一样，百事不打扰，每天都有七八小时在琴上，你的进步一定更快！

我译的莫扎特的论文，有些地方措辞不大妥当，望切勿"以辞害意"。尤其是说到"肉感"，实际应该这样了解："使感官觉得愉快的。"原文是等于英文的 sensual［感官上的］。

六月十五日聪信摘录（波 16）

最近练巴赫、贝多芬，练得甚苦；这种东西非有极高的组织能力不行。过去我对古典风格知道太少，近来学到不少新东西。就说巴赫的《半音阶幻想曲和赋格》吧，那是非常浪漫的作品，但是巴赫式的浪漫；外形那么庄严伟大，纯粹是哥特式的大教堂。我过去的弹法完全是错误的。比洛的版本尤其糟，那只是十九世纪的弹法，现在早已淘汰了。

练了一下莫扎特的协奏曲作品五九五号，成绩还不坏，手指技巧的确进步不少，现在倒不怕那些音阶了。

六月二十日聪信摘录（波 17）

十六、十七日两天，在热索夫和塔尔诺夫，两个东部中等大小的城市中弹了两个独奏会，成绩颇佳；但钢琴极坏，可说我至今为止在音乐会上弹到的最坏的琴了。节目是：（曲目略）

本月二十三日将去华沙弹贝多芬《第四钢琴协奏曲》，下月一日弹肖邦的协奏曲。

李先生给恩德指出的毛病，也正是我自己观察出来的我的毛病。但我的问题倒不在于弹古典作品的技巧，事实上我现在弹韩德尔、巴赫、莫扎特、贝多芬都没有困难；波兰的报纸评论还说我有很好的手指技巧。在这一方面，几个月来的确有了很大进步，主要是靠自己摸索；当然不是空想，而是根据教授们的各种意见，观察同学们的各种弹法，细细推敲出来的。我自己也想了很多练习出来，因为每个人的缺点不同。我屡次强调用脑，就是说要想出针对自己缺点对症下药的方法。

从弹琴的外表上说，也的确应该像来信所云，手的动作极少，非常自然、平稳、舒服，身体也不大摇。我现在弹古典的作品，身体可以完全不摇了；但是弹浪漫派的作品，有时受感情支配，不容易控制，这是要慢慢克服的。

一般而论，我的结论是古典作品结构严密，感情不像浪漫派作品那么激烈，因此容易做到放松、自然，所以我弹得好。浪漫派的东西感情强烈，常常由于心理的极度紧张，影响到肌肉的紧张，所以有时就感到困难。

另外，有一个技巧的主要问题，即耳朵的重要性。我发现凡是弹一个音符，必须在未弹以前就听到这个音符；就是说任何技巧的难关，必须在心中预先感到它应有的效果，这样肌肉的本能反应就能很快的适应。这是一个非常有效的方法。

音质，更是耳朵的问题。要求美的音质，自己心中先要有这种美的音质，才能弹出来。许多钢琴家方法极好，手极放松，但音质不见得动人，原因是音质完全是从先天禀性来的，其实和小提琴与歌唱没有什么分别。当然也不是单靠心的感受，同时要靠用脑子，头脑是控制与适应的总指挥。

耳朵的敏感，手的本能反应，再加上心的感受能力：这便是美的音质的来源。

经过我的观察，什托姆卡先生的方法也有缺点，而且所有的先生都不够客观，不够“对症下药”。因此我的看法，最好是自己尽量观察，吸收对我有益的方法及意见。

我非常奇怪为什么国内许多人都不弹古典的协奏曲。贝多芬、莫扎特、巴赫都是最结实的技巧，上手倒也并不难得可怕，对音乐修养也非常重要，训练脑子和品味都好。我绝对反对老是弹柴可夫斯基和拉赫马尼诺夫。

爸爸来信所论艺术问题，都是我十二分同意的，我切身的体验，认为最主要的是脑的训练。不单在音乐理解上，就在最基本的手指练习上也是一样。感情人人都有，问题是怎么组织它，把它变作成形的东西。不是任何感情都能感动人，一定要通过适当的方式，才能感动人。

巴赫和贝多芬后期作品都有极深的哲学气息，神秘和玄学的气息。那是真正伟大心灵最深处的音乐，的确不是容易懂得的。

寄来莫扎特的论文给我启发不少。他的肉感，是我从前一直有的感觉，只是没找出原因而已。以前——直到现在，我有时还不喜欢他，就因为他肉感，对我的中国人气质，有时觉得他太“俗”一点。

七月十日聪信摘录（波18）

我前天到坦楚特，是东部的一个小城市，有波兰最大的爵府，现已成为博物馆。我就住在这儿。爵府周围是一个大公园，森林，花草，小河，池沼，空气新鲜得令人心醉。我住在三楼一个大房间内，钢琴也在房内；博物馆长特意为我布置得应有尽有。

在这儿我才真正地休息了，没有比新鲜的空气更重要的了。而且此地又那么安静，除了鸟语以外，几乎什么声音也听不见。

可惜我二十一日就得离开，二十三日—二十四日在东北部小城市比亚茨托克有两场独奏会，然后就得上华沙；听说我们的代表团二十五、二十六日左右就要到了。

上月二十四日—二十五日在华沙弹贝多芬《第四钢琴协奏曲》，后来又加了一场；接着本月一、二、三日在波兹南弹肖邦。十天内弹了六次《协奏曲》，真够累的了。华沙弹的贝多芬，我只满意第二场，报纸评论甚好，特别认为我的技巧已到了精湛的程度，天知道是怎么回事，大概因为我的音阶弹得够利落，尤其是颤音。

波兹南乐队指挥的伴奏极佳。波兹南位于西部，靠近德国，那儿的人多少带一点德国人的纪律性。我们几乎没有彩排，只从头至尾走了一遍。从来没有一个小节不在一起的。好的伴奏能使独奏者发挥全部的演绎，我在波兹南体会得最深了。

最近练的巴赫、贝多芬等，技巧倒都没有问题，却是贝多芬的音乐方面，我还不满意，总觉得太骚动，不够炉火纯青，不够宁静。难就难在这里。弹贝多芬必须有火热的感情，同时又要有冰冷的理智压住。第一乐章尤其难，节奏变化极多，但不能显得散漫，要热情、轻灵、妩媚，一点不能缺少深刻与沉着。

巴赫，我比较满意。以前的比洛式的弹法太夸张了，而且把巴赫的宗教气息沦为肤浅的充满激情和浪漫。巴赫仍然是浪漫的，但决非十九世纪才子佳人式的浪漫。那是一种内在的、极深刻沉着的热情。巴赫也发怒、挣扎、控诉，甚而至于哀号，但这一切都有一个巍峨庄严的躯壳，有那么一股神秘气息，一股信仰的力量。巴赫是有反抗精神的，但他从来没有想超越上帝；到最后总是上帝的神光使他一切的情绪安息了。

我直到最近，才开始感觉自己懂得一些巴赫，而且真正认识到他的伟大。我从来没有像现在这样爱过巴赫，能整天弹他，同一首赋格即使弹上一千遍也不会厌倦。那真是神的音乐。在音乐会以前，没有比弹巴赫更有益的了：上台会那么镇静，使我头脑清醒。

莫扎特，我也比从前喜欢得多了；跟杰老师上过一课协奏曲，他认为很好。

近代作家我想练普罗科菲耶夫和波兰的席玛诺夫斯基——他和斯克里亚宾一样是很难得的现代派作家，但是出自内心的。有些地方，席玛诺夫斯基与斯克里亚宾很相像，同样有神秘气息，但前者似乎更悲观、更热情。他的《玛祖卡》太好了，真是肖邦的继承者。

八月九日—十日敏信

亲爱的哥哥：暑假已过去了一大半，可是我至今还没给过你信，真是讲不过去。

假期里我每天早晨六点半起床，做早操，练琴，八点到九点一边听无线电，一边写小楷，再后是读国文，做些假期作业，下午也练练琴，晚上听唱片。生活过得比较有规律，精神也很好；就是人很瘦，不过还结实，人比过去长得高了，你记得吗？从前他们老说我是矮子，还说我将来长不高呢！可见一个人的变化无穷。

上个月我们把家里的一些旧唱片，共四十三张，跟“永丰行”换来了三套（十三张）唱片，另外还贴了“永丰行”二十元。二套是贝多芬的《四重奏》作品一二七号和作品一三一号——片子很新，是Victor［胜利］原版，由勃榭四重奏团演奏；另一套是圣桑的《第四钢琴协奏曲》——是Columbia［哥伦比亚］原版，独奏是罗伯特·卡萨德修。他弹得很好，全曲充满了光辉耀目的光彩，技巧是惊人的，音色是那么的结实、丰满。这人你知道吗？他是法国人，生于巴黎，他的唱片很多，弹过很多莫扎特钢琴协奏曲，那个降B大调也弹过；还有韦伯、斯卡拉蒂、舒伯特的奏鸣曲以及拉威尔的小奏鸣曲，可惜都听不到。上个月爸爸向巴黎要了一份慢转唱片目录的书，卡萨德修弹的东西就很多，书单上的许多独奏者全是生人，肯普夫灌了全部贝多芬奏鸣曲，施纳贝尔弹的只有贝多芬的《第五钢琴协奏曲》一套，许多钢琴家全是新人，往往一个奏鸣曲或交响曲就有十个人或更多人的演奏或指挥。欧洲真是人才济济，想想我们中国是多么可怜！

今年二三月里，买了一套福莱的《安魂曲》，音乐好极了！非常幽深静穆，和谐的声音是那么的深邃，听着听着一个人好像脱离了俗世，被那美丽、忠贞、和平的境界笼罩着，一切都平静下来了，引起了很多感触。永远忘不了这部伟大高尚的作品，要是你能听到，那才好呢！

去年买了斯特拉文斯基的《彼得鲁什卡》，由斯道高斯基指挥，跟家里原有的那套是两样的，它由三张片子组成，我很喜欢。这部作品有一种特殊的味儿，尤其是中间一段，由钢琴和铜管乐器奏出的一个旋律，富有东方情调，非常特殊；整个作品的音乐效果很特别，现代得很。

还买过斯克里亚宾的《钢琴协奏曲》，是苏联唱片，由费依贝尔演奏，弹得很好，很自然，使人感到是从内心出来的真实感情，虽然灌音不好，但仍然可以听出很多好处来，音质很厚实。这个独奏者你知道吗？另外还有一个苏联人叫宿发洛伊奇基也弹斯克里亚宾的《前奏曲》和《华尔兹舞曲》，弹得很好，知道这个人吗？（家里有一张，是《降 B 大调前奏曲》［作品三十二号之二］李赫特的唱片听过了，一个里姆斯基·科萨科夫的《协奏曲》，弹得很好，自然得很；另外听他弹过舒伯特的《降 A 大调瞬间音乐》［作品九十四号之一］，牛恩德说他对舒伯特的品味不对，后来我拿帕德雷夫斯基弹的作品九十四号之二来比了一下，我觉得差不多，究竟怎么样也不得而知，你听过他的演奏，觉得怎样？

最近听了一套克劳迪亚·穆契欧唱的歌剧选集，我从来没听到过那么动人的歌声，真挚的感情完全从心底里流露出来，声音随着感情的波动，忽高忽低，音域范围很广；声音放出来的时候是那么的浓，那么的响亮，收缩也非常自然，细腻得很，每一个音符都充满了情感。林医生听了也大为称赏，他说全是真声音，他说，“她唱到轻的时候，是自然而着实，完全靠了胸部的动作，控制了气的进出”。

克劳迪亚·穆契欧是意大利人，她本来是学钢琴和竖琴的，后来她的钢琴老师发现了她的歌喉，才半途出家学唱的，二十三岁就上台唱歌剧，她唱的东西非常广，威尔第等的意大利歌剧以及瓦格纳的歌剧，还有柴可夫斯基的歌剧《奥涅金》，真是个了不起的艺术家，你听了一定很喜欢。

我还听过比约林的唱片，也妙极了！声音是豪迈开朗，而且很浓，这个人你大概知道吧！

最近听了一个捷克慢转唱片的樊尚·丹第为钢琴和乐队写的《法国山歌交响曲》，独奏是法国人伊莲·布煦——他是一九五二年布拉格之春客串演奏者，这是我第一次听到丹第的东西，很好，有点像弗兰克，开头的山歌真好听，我想中国有丰富的民间材料，就是没有人去整理发展。不知到哪一天才会有像丹第这类性质的作品！

讲到弗兰克，我听过奥伊斯特拉赫和奥勃林演奏的奏鸣曲，一点也不好，音乐还没有当年你和韦贤彰搞得好呢！奥伊斯特拉赫拉得太浓，很俗气，奥勃林更不灵，比起柯尔托与狄博拉得那一套来差远了。奥伊斯特拉赫我还听过他拉的贝多芬奏鸣曲，也不行，太粗野，表情很平淡。说到奥勃林，名气虽大，但我从来没听到过好的，他弹肖邦的《第三诙谐曲》和《玛祖卡》可真是糟透了！不知当年他的头奖是怎么得来的，他弹的柴可夫斯基的《第一钢琴协奏曲》，呆板得很，音色也是木头木脑的，你听过他的演奏，到底是怎么回事？

弗兰克的《前奏曲、众赞歌和赋格》，我曾买到过一张零头的，由柯尔托弹的，好极了！可惜片子给我压碎了。

八月五日晚上，我听了苏联指挥家指挥上海乐团的音乐会，节目如下：格林卡的《罗密欧和朱丽叶序曲》，二个中国作品和一个瓦格纳的序曲；下半场是柴可夫斯基的《第五交响曲》，成绩很好，乐队变了样儿，跟过去的演奏，好像是两个乐队，声音全出来了，就是铜管乐器差点，有破碎的声音，好像在放屁似的。这次中央乐团指挥张宁和陪同专家一起来上海的，张宁和说："专家很年轻，只有三十岁，刚毕业了两年，现任莫斯科国家乐队助理指挥。"还说，"学到不少东西"。张宁和讲了这样一个例子："过去在中央歌舞团指挥的时候，总叫铜管乐器声音轻些，以免弦乐部分被压掉。但是专家就叫铜管乐器放出声音来，那么弦乐部分自然会拼命追上去的。"这例子很有意思，是很自然的道理，又没什么稀罕，就是想不到。现在专家已回国，张宁和也已回北京。

张宁和说罗忠镕在北京很苦闷，赶任务赶出来的作品，他们又不用；而且德苏的专家们都说"好！"，罗可以写出点东西，然而领导上还是不采用。我听了很感不平，希望你以后常常跟他通信，打打气，鼓励鼓励他！

上个月来了个宝贝专家，德国的提琴家，我听过他的演奏，拉的是贝多芬奏鸣曲和勃拉姆斯奏鸣曲，不高明，尤其是勃拉姆斯（朱雅青伴奏），更不行。这位专家还在音乐学院里做过一个讲演，题目是《社会主义现实主义的表现手法》，汪酉三去听的，他说："乌搞！气了我两三天！全是一套八股，根本没有谈到技巧，或一些理论原则问题，大部分时间是在比唱片，好坏由举手来决定。"他拿海菲兹和奥伊斯特拉赫拉的贝多芬《小提琴协奏曲》来比，说海菲兹的速度太快，这是资产阶级的，在乐曲的后面有段回旋曲，该曲的开头，海菲兹用了一个滑音，他就说是着实的，是社会主义现实主义的表现手法，这类的例子枚不胜举。总之是荒唐透了！看他讲的题目就可想而知了。最妙的是以时间不足为理由，唱片只比一句或二句，就拿此一句二句叫学生及教授举手。照理该讲讲德国某些作曲家的风格才对，结果讲这些，真是浪费时间。同时也来了个合唱的指挥，顽固得很，跟林医生谈过一次，林医生说他根本不懂。

这次参加联欢节的李瑞星，结果怎样？我听过他的演奏，一点也不喜欢，音质又硬又干，音乐很平淡，冷淡而不热情。比赛情形怎样？你许久没有信了，快来信吧！多讲讲联欢节的情形，各方面都谈谈，《猎虎记》好吗？妈妈托人带去的东西，一定很满意吧！

近来我看了很多书，《高玉宝》这本书写得非常动人，他把旧社会中劳动人民的痛苦描绘得很深刻。最可贵的是作者的写作精神，他写得时候，十个字中有七八个要问人家的，但他克服了困难，这种坚强的意志真是中国人民解放军的优秀品质。如今高玉宝在人民大学预科学习，作品还有三分之二要等他学习结束后，再修改完成。

老舍先生最近出了一本《无名高地有了名》，这是一本描述朝鲜战争中老秃山战役的书，我看了一点，当然比不上《龙须沟》《骆驼祥子》。他在后记中说，“写成此篇，只能算是一篇报道，因为短短五个月的访问体验生活，不能写出一部真正的文艺小说”。的确这样，一个作家要写出一部真正反映人民生活的书，一定要长期地深入体验生活，不是几个月的事，而是要成年累月的。比如写一本表现农民生活的小说，就必须亲自下乡，跟农民一块儿工作过活，绝不能有一点作家的派头，才能得到农民的信任，才能看到农民生活的深处；这样生活几年才会真正了解到农民的喜怒哀乐，也会真正产生对农民的感情。有了丰富的生活经验，真实的感情，再加上尖锐的观察力，还怕写不出作品吗？

近年来好作品少的原因，以上所谈的体验不够，就是其因素之一。

上星期我看了一本苏联小说《海鸥》，译得并不好，书倒是一本好书，里面的主角叫“卡佳”，她就好比一团炽热的火，她到哪儿哪儿就燃起了火焰——革命的火焰，她的生命力很强，永远在斗争，但她是不屈不饶，任劳任怨，一切困难都在她面前低头的。我们青年就应该热情地工作，我深信只要“努力”，像“卡佳”一样地工作，我们大家的理想一定能实现；当然要很长的时间，可能我们自己看不到理想的实现，但是我们今天做一点工作，总是有益于全人类的事业，而这事业就是使将来的人们不再受战争的威胁，过着幸福的生活；所以多做一点工作就更接近我们的理想。

学校里本学期来实行了五级记分制，打分数的标准是这样：完全正确完全掌握了知识，或者有些缺点，给五分；四分是基本上掌握了知识但不稳固，同时有错误；三分是错误较大；二分一分是可想而知了。实行的情况很好，每次上课就要提问，下课时也提问，所以上课紧张得很，不过到考试的时候，就比以前轻松了。只要再复习回忆一下就行了。我们学校是全上海五个重点中等学校中的重点，所以一切都比较有规律，事情也做得合理。本校有一个特点——秩序非常好，每到预备铃一响，走廊上就甭想找到一个学生的影子，教室里是静得鸦雀无声，这些是外宾以及其他学校或地方的参观团都特别赞赏的。这是一个很好的开端。

我这学期的学业成绩还好："三角"三分，"物理""化学""几何""代数"四分，"历史""地理""语文""俄语""体育"五分。

现在来谈谈我个人的问题。提琴到现在只拉了九个小曲子，进度很慢。平常每天练一个半钟点（十足），现在我已把学音乐的念头打消了。

明年毕业后考什么呢？如今正在考虑这个问题：我自己想考文学的，拿我的成绩跟学校里同学们的成绩比一下，那当然文、史、地要好！另外同学间谈到志愿问题时，同学们都认为我走文学的路比较合适；一位历史老师还叫我学法文，走爸爸的路呢！

此外还有一个问题：究竟念中国文学呢还是念外国文学？你说该怎么办？小毛今年毕业了，考了"纺织"，他的问题解决了。

胡风问题的材料看过吗？国内正轰轰烈烈地在学习，还有在交代历史问题，同时发现了大批反革命集团，说潘汉年是反革命分子，已抓起来了，这真是想不到的事！

妈妈近来身体不好，有一次头晕，呕吐，心脏很弱，不过这几天已复原了。爸爸精神没过去好，腰还是有点酸，所以市里的学习也没有参加。你身体怎样？自己要当心。

我遇到的朋友或者同学，老问起你，“你哥哥回来吗?”“他好吗?”这类问话都出之于跟你不相识的人身上。看祖国的人民对你多关怀，努力吧！讲得唠唠叨叨，够多了，以后再谈，祝你愉快，紧握着你的手！

你亲爱的弟弟 敏 上

八月九日—十日

难为敏写了这封九页的长信，他至此为止从来没写过这么长的文字。他因为开窍比较迟，我简直没有帮助他什么，心中老是觉得抱歉。现在校课忙，又是通学，上学及放课每天路上就要耗费二小时，再加练提琴，我即使要替他补习语文也没时间。最近一年，只有每星期日教他一些古文；可是已经太晚了。他明年要考大学，便是考文科，语文功底也很差，我竟不知如何帮他解决。

八月十一日晨 爸爸 附笔

八月二十六日聪信摘录（波19A）

联欢节期间我只参加了一场我们团的开幕式演出，另外一场混合音乐会。自己也开了一个独奏会。我太累了，没有气力，有点紧张，我自己不很满意，但演出很成功。

现在我在杜什尼基，是一个肖邦年轻时开过音乐会的地方，每年暑期都有肖邦音乐节。我应邀来此参加演出。地方很美，是山区，森林很多，就是偏僻一些。本来一到就准备写信，但没有墨水，直到今天才弄到一瓶。

好容易联欢节过去了，我真觉得如释重负。联欢节期间实在够累的。中国代表团住的地方在郊外，出进非常不方便；波兰人的组织能力实在不高明，联欢节搞得相当乱。我算是波兰通了，大大小小的事情很多。为了巫漪丽、李瑞星、郭志鸿三人参加比赛，着实花了些功夫。

巫的节目先是七零八落，弹得更是不知所云，既没有乐句，也没有音质，也没有技巧，简直是一无所有。她的弹琴等于一个人完全不懂诗而念一遍：枯索，单调，空洞。想不到她会如此糟糕。

李虽然冷，音质也没有，但弹得还完整；李斯特的协奏曲弹得很干净，弹八度的技巧着实不错。但他也非真有才者，发展也有限。肖邦弹得很平凡；普罗科菲耶夫也一点不泼辣，不幽默。他弹什么东西都是一个味道，平平稳稳的，真真分析起来也一无所有。

郭志鸿倒是个天才，可惜学得太海派了，根底太不扎实了。初次听他，简直叫我大吃一惊。巴赫弹得那么乱七八糟，我还是平生第一次听到，不知道他的先生怎么教的。《半音阶幻想曲与赋格》弹得完全没有节奏，错字几乎每页有三四个。赋格也无例外，大大的自由速度，音质硬极了，简直像和钢琴拼命。总而言之是可怕极了。我给他花了一个下午，整整四个小时，一个小节一个小节地教。第二天又使我大吃一惊，因为他竟然把所有的毛病几乎全改掉了。只隔一天工夫，简直不能相信那是同一个人弹的。他真是个天才，若好好地学，前途是很可观的；聪明极了，音乐感也好极了，但人却有些怪，闷声不响的。

我给他们三个，特别是巫和郭，每天上课，那几天自己差不多没有练琴。其实这次联欢节钢琴比赛水准并不高，奖也多得不得了：参加的不过三十四人，倒有二十二人得奖。头奖二名，二奖二名，三奖四名，四奖四名，五奖十名。

九月二日聪信摘录（波19B）

直到今天才收到克拉可夫学校转来的你们的两封信，一封是爸爸的四十三号①，一封是弟弟的，另外也收到一封音乐材料。

每一次你们的来信都使我那样激动；你们是真了解我的，我也是真了解你们的。我一次又一次看到你们在各方面的变化、进步，一次又一次的感到你们高贵的心。我爱你们，也因为爱你们而更爱我的祖国，也因为更爱祖国而更爱你们。常常看到你们写的话就像是从我内心深处挖出来的，有些甚至是我自己疏忽了的。

我在波兰，波兰人爱我爱得那么深，那么热；我也爱波兰，爱得一样深，一样热。他们都说我是一个波兰化的中国人，中国籍的波兰人；但我究竟还是属于我最亲爱的祖国的。我想念祖国，想她美丽的山河，想千千万万从事正义事业的人们；我感觉到他们就在我身旁，就在我心里。看你们的信，看祖国的书报，处处感到伟大中国的灵

---

① 按：父亲六月十六日信为三十七号，则九月二日傅聪家信前尚有三十八号至四十三号父母信，均已丢失。现仅见这一时期的傅聪家信和傅敏家信。

魂。我多么想回来，但也舍不得爱我像爱肖邦一般的波兰。

八月三十一日从杜什尼基回到华沙，在那里（杜什尼基）的两次音乐会都很成功。我自己觉得《波洛奈兹－幻想曲》弹得最好，这回弹得特别有感情，虽然《诙谐曲》和《叙事曲》有一二处不干净。真奇怪，我还是特别适宜于演奏肖邦。上次在华沙的独奏会，杰老师很激动地说："我作为一个波兰人，特别感谢你，因为你最了解肖邦。"

我想也许我还是诗人的气质多，而肖邦的诗人气质也特别接近中国诗词。所以我说我能成为波兰人，正因为我是中国人。记得列宁有过一句话，说要成为一个国际主义者，必须先是一个热爱祖国的人。这里头是有深意的。

到华沙来和李凌先生谈了我以后的学习问题。他初步同意我还是做研究生，当然他回国还要请示，但大致不会有问题。

我的意思，现在最要紧的是一双手。手的年龄大起来了，以后补足就难了。这两年非得花苦功夫在技巧上头不行，杰老师的意思也是如此；和声、音乐史等等，暂时先自己看看书，一二年后技巧问题大部解决，演出曲目有了相当底子的时候，再分出时间钻研一下理论与作曲方面的东西。这是比较最经济最实惠的办法。主要是一定要在两年之内把自己作为一个钢琴家充实起来。不然的话，分散了注意力是不经济的。

住宿的事，李凌先生和大使馆也同意了，他们预备就去向波兰文化部提出：找一个私人家里租一间屋，租一架琴，在可能范围内尽量找最好的条件。还有是决定这学期搬到华沙来，杰老师也定居华沙了。另一方面，我觉得华沙的生活环境开朗些，不像克拉可夫的布尔乔亚气息那么重。气候也好得多。克拉可夫终年阴雨，也有些受不了。并且华沙来往的艺术家多，可以听到更多东西。

捷克请我去录音事，李凌先生说，明年“布拉格之春”的时候去最好，我觉得很对。我也需要提出一个更结实、更丰富的演出曲目来。

在波兰的音乐会，以后还是要开，对我有好处，就是不要太多。

上面写的，我想爸爸一定会同意的。李凌先生很诚恳，我很感动。

我在华沙住到十日（九月），十一日起在斯切钦有三次独奏会，然后是两次弗兰克的《交响变奏曲》。在那里一星期余，再回华沙，那时住宿问题大概可以解决了，我就回克拉可夫去搬东西。

这回送歌舞团回去，我居然没有哭，但心里还是非常激动。波兰的埃娃妈妈仍然是我们代表团热爱的人。我好像回到两年前的日子里去了。车子开的时候，同志们都叫我的名字，大家说的虽是同样的话，但那感情是真实的。在那一霎时，我突然意识到我负着多么重大的任务，要如何努力才对得起伟大祖国对我的爱护！回想起来，我真觉得在联欢节期间和中国同志接触太少了。我身上还是有些自私的成分。又想起每次遇到国内来的首长，如彭、贺两位副总理，都谆谆劝诫我：“千万不能自满。”

法国大使馆的人，口头上和我提过几次，要我去巴黎开音乐会。我想现在国际局势越来越缓和了，将来一定会有机会。而且我也多么向往巴黎，这个对我完全是新的世界，还有那敏感的巴黎人。甚至杰老师都说，我去巴黎一定有希望成功。他们说巴黎人是最敏感的，也是最热心的。巴黎老是那些潜心于研究学问的人在舞台上，去一个浪漫主义音乐家，会像一个炸弹似的把巴黎烧起来。但我真正向往的是那个深厚的文化。

我希望家里常常寄些书来，不论是小说、诗歌、论文、报道，《高玉宝》这本小说给我启发太多了。一个学艺术的人一定要和生活打成一片，同时还要有理想，有坚强的意志。

最近经常翻阅《人间词话》，每次都感触很多。昨天看了一场京戏，也很感动，觉得中国艺术有一个特点，能用最简单最概括，同时最有品味的方法来表现极丰富的意义，而最妙的就在于朴实，任何人都能很快的领会。王国维论词有“隔”与“不隔”之别，其实就是这个意思。任何艺术创造都脱离不了这样一个原则，归根结底，就是一个艺术家是不是真诚的问题。

“词人者，不失其赤子之心者也。”

“境非独谓景物也，喜怒哀乐亦人心中之一境界；故能写真景物真感情者，谓之有境界。”

第三十八至三十九两页所论尤其是学艺术的人所必读。

论诗的有题无题一段，使我想起标题音乐。其实真正伟大的标题音乐，如贝多芬的《第六交响乐》，柏辽兹的《罗马狂欢节》，描写的固然是真实景物，但更重要的是以境寓情。

“大家之作，其言情也必……”一段，无论学创作或演奏的人都应该熟读。把它用于对肖邦的理解上，对一切作家的理解上，都是最恰当不过的。

“诗人对宇宙对人生，须入乎其内，又须出乎其外”这一段，也特别适用于理解肖邦。这一点也正是肖邦艺术最伟大的地方。舒曼比起肖邦来，就是能入而不能出的了，故肖邦作品的演奏特难。

纸上写不尽我满怀的感想，可惜不能和你们促膝而谈。

艺术家第一件事要“真”。只要是真的，就没有不可理解的艺术。

“真”者忠实也。以音乐而论，即使如舒曼那样的哀泣，如弗兰克那样的号哭，都不失其为最伟大的艺术品，以其忠实也。而一切感伤的音乐，如有些李斯特的作品，则犹如作儇薄语矣。

我为巫漪丽准备弗兰克，我自己也把那支《前奏，圣咏和赋格》弄熟了，真是好得不能再好的作品，我一定要把它练出来，而且那音乐是最适合于我的。

杰老师上保加利亚去了，约一月余方回来。

这几天和京剧团在一起（他们明日去芬兰），觉得他们的朴实和谦虚太值得我们学习了。团长马少波先生也很诚恳。

楚图南先生也在这儿，和我谈了些话。他是很有见解的。我和他谈到艺术创作方面的问题，特别提出应该把路子放宽的话，他说国内正在开始这样做。现在应当尽量鼓励创作，就是路走错一些，也没关系，让嫩芽尽量生长，将来自然会走上正规的。我觉得这话太对了。苏联、波兰和其他的国家都一样，开头是狭窄一些，现在就越来越放宽了。说绘画吧，他们把毕卡索也算进社会主义现实主义里去了。说音乐吧，苏联正在大量印行拉威尔、德彪西，以及其他西方作家的作品，演奏这些作品的节目也越来越多了。这些情形应该使国内知道。当然我们那儿是要慢一些，我们是太古老又太年轻了。

九月二十八日聪信摘录（波20）

从斯切钦的音乐会完了以后，我去克拉可夫搬东西，前天把所有的行李都搬到华沙来了，但暂时房子还没有，仍住旅馆。波兰文化部分配住房是分季的，十月初正是最后一季。

昨天（九月二十七日）大使馆找我去谈，说南斯拉夫邀请我去开音乐会，国内已同意，现正接洽行期。我希望能晚一些，需要好好准备一下节目。南斯拉夫水准甚高，多少年来与西方的艺术家一直在来往；听说那儿的乐队极好，听众的欣赏能力也高。我很高兴能到那里去，但责任重大，有重要的政治意义。

初步想了一下节目。协奏曲已有四个马上能拿出来，即肖邦的《第一钢琴协奏曲》，贝多芬的第四和第五钢琴协奏曲，及弗兰克的《交响变奏曲》。肖邦的《第二钢琴协奏曲》最近已开始练，还有莫扎特的《降B大调钢琴协奏曲》也练得颇像样了，而且这两个作品都已背出。假如好好花上一个月功夫，我就有六个协奏曲了。独奏会的节目，除了肖邦的节目（已恢复《f小调叙事曲》），还有一些其余作家的作品，包括韩德尔、巴赫、贝多芬、舒曼，我准备把舒曼的《幻想曲》弹好。另外，想弹拉威尔的《小奏鸣曲》。中国作品除《牧童短笛》及罗忠镕的《小奏鸣曲》以外，什么也没有，真令人心焦。

在斯切钦，弹了两场弗兰克的《交响变奏曲》，一场独奏会。弗兰克成绩第一次差一些，第二次则甚佳，但乐队太糟，我弹也弹不出劲来。独奏会，弹了第一部分韩德尔：《夏空》，巴赫：《半音阶幻想曲和赋格》和肖邦：《f小调叙事曲》；加第二部分四十五分钟的《玛祖卡》，一共十五支，成绩都好，技巧特别干净。巴赫和韩德尔最好，《玛祖卡》倒不是每个都好，主要还是练得不够，有几支显得生硬。

爸爸来信口气，似乎总担心我往自高自大的路上去。其实我自己从来也没有丝毫宽容过，我的自我批评精神还是始终如一。也许我写我的成功太多了吧，实际上我写的已经打了很多折扣。要说我的成功多少由于波兰人民对我特别爱护，那我是承认的。但要说他们对我特别宽容，那我是不同意的。我相信假如有一次放松了自己，真是弹得不好的话，批评和反应也不会好的。我每次对自己的批评，并非说真是演奏得不好，但离开我的理想很远很高。我想收集一些报章杂志上的批评寄给你们，可能还能要到英法报纸上的评论。

在杜什尼基的演奏，我是特别成功的。有好几篇通讯，报纸上与电台上的，差不多以全部篇幅记载我的演奏。

在杜什尼基的演出，节目单上印的只是晚上音乐会的，还有白天在露天剧场的演出，没有印节目。且晚上的节目单与我实际弹的也不符，因为印节目时办事人找不到我，就把比赛时的节目充数。实际弹的是：（曲目略）

下学期的公费多少，尚未知悉；但肯定的是做研究生的公费会多一些，我的存款也一点没动用，还多了些，现在共有二万五千兹罗提。

我在练舒曼的《托卡塔》，每天一遍，作练习曲用，技巧成绩也不差。

我觉得成为一个真正的艺术家，第一要有独特的个性，那才谈得上创造；没有创造就没有艺术。

弗兰克的伟大在于除了强烈的感情而外，还有极深的哲学逻辑。他作品虽少，但每件作品都是如此完整，在浪漫派作家中是很难找到的。我想他的《前奏，圣咏和赋格》要算整个浪漫主义时期最辉煌的成绩了。

最近弹贝多芬的《第五钢琴协奏曲》，技巧大进步，也有新的体会。我觉得第五的精神是一种理想主义的精神；要说浪漫，它不像第四那样，但第五给人一种崇高的理想，一种大无畏的精神。比如那第二乐章，那是一篇先知书，向全世界的宣言。表现这种音乐不能单靠热情和理智，最重要的是感觉到那种崇高的理想，心灵的伟大和坚强，总而言之，要往“高处”去。

这几日开始紧张的工作，准备去南斯拉夫的节目；但现在尚未有住屋与钢琴，每天得上各处去打游击练琴，时间有些浪费。

胡风文件、剪报、杂志都收到，尚未全部看完。关于斯克里亚宾、普罗科菲耶夫、席玛诺夫斯基的材料全收到，都非常有价值。

十月底

从本月十八日到二十四日这一周内，我们家中非常紧张，因为伦伦的病有急剧变化，来了两次高潮：第一次是胃痛得不得了；第二次是小腹痛。林医生先说她是小小的胃溃疡，小腹痛既怕她有腹膜炎危险，又怕她肠中的淋巴腺结核蔓延到输卵管或膀胱或子宫部分的淋巴腺。林伯伯五天之内每天早上来，有时一天跑几次，亲自验血、验小便、配药；有一回还深夜送医院急诊，因为怕腹膜炎，故请外科医生会诊一下，以期安全。又因胃病，每天每小时就进食一次，现在改为两小时一次。大批营养最好而最易消化的东西，尽量给。到二十四日，一切恢复，风波平了，预料的各种危险都已过去。我们虽忙，但结果良好，仍是非常高兴。伦伦这孩子实在娇嫩，身心双方都如此。她思想的细密，感觉的敏锐，都是少有的。她好比一朵幼弱的花，在大风雨中被我们抢救出来了。现在只要继续治疗，静养，半年后必有希望恢复健康。胃病最剧的几天，吃东西都是妈妈与我轮流喂的。今仍终日睡着，绝对不许下床。她父亲每周来一次，但只和我谈天——吹捧，我不提伦伦的病，他自动从来不提，也不说上楼去看看她。像这种自私的父亲，可说天下少有；而在这种环境中长大的孩子，居然不沾上一星自私，还痛恨自私，还处处体贴别人，正义感那么强，也可以说是“出污泥而不染”了。埃娃太太说她最喜欢的是人，因为人千变万化，研究不尽，真有意思。这句话我颇有同感。伦伦的病不但使我们又一次地发挥了我们的父性母性，同时对我也多了一次观察人性的机会。我觉得我在这些地方是又有艺术家的热爱又有科学家的研究兴趣的。

妈妈为了看护伦伦的病，上街买菜买食物，上楼下楼管这样那样，忙得不可开交，可是心里非常快活。没有女儿，等于有女儿一样。伦伦对我们的爱和了解，比对她亲生的父母还胜过几倍，这不是我们所能获得的最大的酬报吗？一个人唯有不求酬报地施与，才会得到最大的意想不到的酬报！

从一九五一年你回上海以后，几年之间我从你身上大大提高了自己，教育了自己。过去我在教育方面都是心肠好而手段不好，造成了

母亲（一九五五年）

多少大大小小的不愉快：现在你不但并未受到这不完全的教育的弊；而且我也从中训练得更了解青年，更能帮助青年。对恩德，对伦伦，我能够在启发她们的心灵方面有些成绩，多半是靠以往和你的经验促成的。由此更可证明：天下事样样都要用痛苦去换来，都要从实践中学习。现在我们感到多么快乐，多么幸运！有这样的儿子，有这些精神上的女儿，对我们都那么热爱！只是有一点，我常常“居安思危”，兢兢业业，不敢放松一点自己。

十月三十日聪信摘录（波21）

前几次信上我已经告诉过你们，波兰文化部副部长数次和我谈，都表示在最短期内给我解决住房及钢琴问题。十月一日国庆节那天的宴会上，他还当面表示，一星期内一定解决这个问题。谁知我从三日起天天跑文化部，都给他的秘书挡驾。最后，到十日，秘书让我去见另外一个管理艺术学校的局长。那局长说，文化部副部长打电话要他为我解决住房问题；而局长的唯一可能性即是宿舍，而宿舍的条件比克拉可夫差得多，那里一屋住七八个，甚至十二三个。最多给我一个人一间，但要把至少七个同学赶出去，分配到别的房子里挤在一处。那里整天有各种乐器练习，其喧闹也是可以想象的；至于钢琴问题，根本不提，倒问我是不是自己有钢琴。我就要求再去见这位副部长，等了三天见不到，不是开会，就是没时间。最后，我没办法了，请这位局长再请示，问副部长为什么这样解决，那和他自己当面和我谈的太相差悬殊了。后来局长告诉我，副部长表示，他根本没有答应过我什么房子或者钢琴。当时我气得很，就决定去见文化部长（正的）。又等了三天，终于见到了。我把这件事从头至尾花了三夜工夫，详细写下来，然后给他看：那里只有事实，没有半点意见（我怕讲话容易冲动，那就坏事了），最后总算解决了，他原来对我根本误会了（副部长在他面前说了许多关于我的谎言）；但从此我又等了三个星期，昨天才搬到新的地方住。新的地方是他们的议会招待所，我有一间相当宽大的房间，环境很安静，平时这儿根本没有什么人住。住房算是解决了（吃饭在这里很便宜，也很好），而钢琴还不知到何时才能解决，明天还得去文化部等消息，部长是答应了的。但解决一个问题，在文化部是那样的艰难，简直是不可想象的。我这一个月来差不多没有怎么练琴，天天跑文化部，从这个局长到那个局长，把我折腾够了，假如我不是天天跑，那根本不知何年何月才会解决。

虽然在如此艰难的情况下，我还去洛兹演奏贝多芬的《第五钢琴协奏曲》和舒曼的《幻想曲》。我是不满意那两天的成绩的，但在练琴练得少、心情恶劣的情况下，能有那样的成绩，应该说很好了。听众非常热烈，加奏都在七次以上。第三天由于听众要求，又演奏了一场独奏会。成绩都很好，巴赫和韩德尔特别干净利落。

我不知为何心里说不出的不痛快，因此也写不出什么来。唯一高兴的，我发现我还有斗争的勇气和坚持到底的毅力，而且是靠自己解决的。我还能在心情极度恶劣的时候控制自己，在演奏时照样能把自己整个投入音乐中去。

现在事情已经过去了，我倒也没有什么疙瘩，也许对我是很有必要的锻炼，教我多认识一下社会；希望你们也不要为我烦恼，为此我直到今天事情解决了，才写信告诉你们。

十一月十五日夜

此信原有四页，现仅剩最后一页。

暑天那位波兰的巴克司德在东北教学生，上海也去了几个助教。有位女同学（上海去的助教）上完课，觉得自己不行，在走廊里落眼泪，被他出来撞见，就说："你为什么哭？要不要我陪你一起哭？"态度粗暴，出乎意外。以上这些例子，不但使我们感觉到音乐方面的落后，受人耻笑，也感觉到这种人物到中国来，实在对他们本国不利；为真正的国际主义着想，我也替他们本国政府惋惜。

李先生想知道你手法问题是经过些什么阶段改进的；例如"放松"点，是不是无意中得了窍门的？放松的时候是否越来越多了？还是仍旧紧张的时候多，放松的时候少？低手指与高手指的区别与应用又如何？你除了放松以外，还有什么具体的指法的改进？例如弹 trill［颤音］，弹 double notes［附点音符］，弹 octaves［八度音程］等等是否有新方法？手的不必要的动作是否已减到最低限度？希望不厌其详地来信告知。

九月二日聪信摘录

波兰派到我国去（短期教学）的钢琴家巴克司德，我很熟悉，也是杰老师的学生，弹得实在不高明，而且颇自大，爱吹牛，听说在北京吹他曾经教过我。

十二月二十三日聪信摘录

你们要我谈技巧问题，我能谈些什么呢？光在纸上写是说不出什么道理的，我自己常为此而烦恼，“放松”问题老是不能彻底解决，今天好像好一些，明天又退步了；当然比从前是好多了，比起真正的放松还远。这是非常艰难的过程，特别我老习惯深，而对音乐的表现有强烈的欲望，在演奏时不免常常由于音乐而忘记了注意方法问题。

十一月二十七日聪信摘录（波22）

我在两星期前就得到了一架斯丹威；因为以前答应了波兰的一个全国性的工程师协会，在昨天和前天演奏两场独奏会，所以我马上开始了紧张的工作。（曲目略）

我故意准备这样重的节目，是想借此来逼逼自己。我这一回荒疏得太厉害了，但告诉你们一件喜事，这回演奏很成功；贝多芬尤其好，和杰老师上了几次课，学到的东西真太多了。斯卡拉蒂也好，巴赫出乎意外的稳，舒曼还不够完整。不知为什么，我现在不像从前那样喜欢这个作品了。两次独奏会都没有节目单，因为那纯粹是对机关内部演出。两次音乐会完了，我实在累。不知为什么，自从为了住房问题不痛快以来，一直心情悒郁。

你们的来信每次都使我感到自己是多么自私，真的，我始终没有能做到真正的冷静，感情还是主宰着我。爸爸信上的那种热诚和实事求是的精神，就像是鞭子鞭策着我的内心。

事实上，我还是非常的软弱，有时候我是多么讨厌这个“自己”。我常常怕跟你们谈这些，怕你们为我烦恼，而这又多了一个负担。我想我该多看些书，理论书。我那些小布尔乔亚的幻想，常常打扰我，该好好彻底清洗一下才行。

我常常觉得自己是生错了，或者说根本不该生，或者说根本不懂如何生活，说懒惰也可以，但我就是不善于去注意这些日常生活中应付人事的手段。

爸爸，我希望你不要误解我，因为心里烦，精神也累，所以写这些无聊的话。我的内心常常在斗争，要做到真正冷静沉着，可不容易。说真的，我也缺少今天新社会里的那种达观和勇往直前的精神；有时候有一点，但仅仅是有一点。我缺少一些很重要的“什么”。

看到祖国寄来的报刊杂志，常常觉得惭愧，有时候我是多么想望着美好的将来，但觉得自己是那样沉重，我懂得太少了。

爸爸来信告诉我该怎么办吧。或者寄些什么书来，能够帮助我更有勇气的。

练的东西我也觉得太乱了，得好好收拾出一个头绪来，把那些半生不熟的东西搞彻底。

望这信不要打扰了你们的心情，我是希望你们快乐的。我知道自己还是太年轻，对人生的实际事务又太不懂，接触到一点就使我心烦意乱。过去我的感情生活也太乱了，有时真理不出一个头绪来。我尤其痛心的是，幼时那初恋的影子老是缠着我。

哥伦比亚的唱片已收到，我听了很不满意。协奏曲的录音太坏，一片轰轰声。成绩最好的是《玛祖卡》，但也不是每个都好，有几个都是诗意够而节奏感不够，但很朴实，这一点我是满意的。

十二月九日

此信原有二页，现仅剩第二页。

唯有把过去的思想包袱，一齐扔掉了，才能得到真正的精神上的和平恬静，才能真正心胸开朗地继续前进！孩子，勇敢些！别怕！别踌躇！而最要紧的是把日常生活安排得井井有条！日常生活一乱，精神绝不可能平静。

十二月十一日夜

你十一月二十七日信中只批评你弹的 *Mazurkas*［《玛祖卡》］，没提到其他的；是否因 *Concerto*［《协奏曲》］录音效果恶劣，根本无法下断语？*Fantasy*［《幻想曲》］与 *Berceuse*［《摇篮曲》］两支曲子，望你再设法听一遍，写些意见来！等我们收到样片时，同时看看你的意见，以便知道你对肖邦的了解究竟是怎样的，也可知道你对自己的标准严格到什么程度。因巴黎的 Pathe Marconi 公司答应除样片外，将来再送我正式片两套；故我今天寄了一辑《敦煌画集》（大开本）去，以资酬答。昨天去买了十种理论书及学习文件，内八种都是小册子，分作两包，平信挂号寄出，约本月底可到。每次寄你的材料及书等，收到时务必在信中提明，千万勿忘，免我们挂心！

“毛选”中的《实践论》及《矛盾论》，可多看看，这是一切理论的根底。此次寄你的书中，一部分是纯理论，可以帮助你对马列主义及辩证法有深切了解。为了加强你的理智和分析能力，帮助你头脑冷静，彻底搞通马列及辩证法是一条极好的路。我本来富于科学精神，看这一类书觉得很容易体会，也很有兴趣，因为事实上我做人的作风一向就是如此的。你感情重，理智弱，意志尤其弱，亟须从这方面多下功夫。否则你将来回国以后，什么事都要格外赶不上的。

住屋及钢琴两事现已圆满解决，理应定下心来工作。倘使仍觉得心绪不宁，必定另有原因，索性花半天工夫仔细检查一下，病根何在？查清楚了才好对症下药，廓清思想。老是蒙着自己，不正视现实，不正视自己的病根，而拖泥带水，不晴不雨地糊下去，只有给你精神上更大的害处。该拿出勇气来，彻底清算一下。

廓清思想，心绪平定以后，接着就该周密考虑你的学习计划：把正规的学习和明春的灌片及南斯拉夫的演奏好好结合起来。事先多问问老师意见，不要匆促决定。决定后勿轻易更动。同时望随时来信告知这方面的情况。前信（51 号）要你谈谈技巧与指法手法，与你今后的学习很有帮助：我们不是常常对自己的工作（思想方面亦然如此）需要来个“小结”吗？你给我们谈技巧，就等于你自己做小结。千万别懒洋洋地拖延！我等着。同时不要一次写完，一次写必有遗漏，一定要分几次写才写得完全；写得完全是表示你考虑得完全，回忆得清楚，思考也细致深入。你务必听我的话，照此办法做。这也是一般工作方法的极重要的一个原则。

你始终太容易信任人。我素来不轻信人言，等到我告诉你什么话，必有相当根据，而你还是不大重视，轻描淡写。这样的不知警惕，对你将来是危险的！一个人妨碍别人，不一定是因为本性坏，往往是因为头脑不清，不知利害轻重。所以你在这些方面没有认清一个人的时候，切忌随口吐露心腹。一则太不考虑和你说话的对象，二则太不考虑事情所牵涉的另外一个人。（还不止一个呢！）来信提到这种事，老是含混得很。去夏你出国后，我为另一件事写信给你，要你检讨，你以心绪恶劣推掉了。其实这种作风，这种逃避现实的心理是懦夫的行为，绝不是新中国的青年所应有的。你要革除小布尔乔亚根性，就要从这等地方开始革除！

别怕我责备！（这也是小布尔乔亚的懦怯。）也别怕引起我心烦，爸爸不为儿子烦心，为谁烦心？爸爸不帮助孩子，谁帮助孩子？儿子苦闷不向爸爸求救，向谁求救？你这种顾虑也是一种短视的温情主义，要不得！懦怯也罢，温情主义也罢，总之是反科学，反马列主义。为什么一个人不能反科学、反马列主义？因为要生活得好，对社会尽贡献，就需要把大大小小的事，从日常生活、感情问题，一直到学习、工作、国家大事，一贯地用科学方法、马列主义的方法，去分析，去处理。批评与自我批评所以能成为有力的武器，也就在于它能培养冷静的科学头脑，对己、对人、对事，都一视同仁，做不偏不倚的检讨。而批评与自我批评最需要的是勇气，只要存着一丝一毫懦怯的心理，批评与自我批评便永远不能做得彻底。我并非说有了自我批评（即挖自己的根），一个人就可以没有烦恼。不是的，烦恼是永久免不了的，就等于矛盾是永远消灭不了的一样。但是不能因为眼前的矛盾消灭了将来照样有新矛盾，就此不把眼前的矛盾消灭。挖了根，至少可以消灭眼前的烦恼。将来新烦恼来的时候，再去消灭新烦恼。挖一次根，至少可以减轻烦恼的严重性，减少它危害身心的可能；不挖根，老是有些思想的、意识的、感情的渣滓积在心里，久而久之，成为一个沉重的大包袱，慢慢的使你心理不健全，头脑不冷静，胸襟不开朗，创造更多的新烦恼的因素。这一点不但与马列主义的理论相合，便是与近代心理分析和精神病治疗的研究结果也相合。

至于过去的感情纠纷，时时刻刻来打扰你的缘故，也就由于你没仔细挖根。我相信你不是爱情至上主义者，而是真理至上主义者；那么你就该用这个立场去分析你的对象（不论是初恋的还是以后的），你跟她（不管是谁）在思想认识上，真理的执着上，是否一致或至少相去不远？从这个角度上去把事情解剖清楚，许多烦恼自然迎刃而解。你也该想到，热情是一朵美丽的火花，美则美矣，无奈不能持久。希望热情能永久持续，简直是愚妄；不考虑性情、品德、品格、思想等等，而单单执着于当年一段美妙的梦境，希望这梦境将来会成为现实，那么我警告你，你可能遇到悲剧的！世界上很少如火如荼的情人能成为美满的、白头偕老的夫妇的；传奇式的故事，如但丁之于裴阿脱里克斯，所以成为可哭可泣的千古艳事，就因为他们没有结合；但丁只见过几面（似乎只有一面）裴阿脱里克斯。歌德的太太克里斯丁纳是个极庸俗的女子，但歌德的艺术成就，是靠了和平宁静的夫妇生活促成的。过去的罗曼史，让它成为我们一个美丽的回忆，作为一个终生怀念的梦，我认为是最明哲的办法。老是自苦是只有消耗自己的精力，对谁都没有裨益的。孩子，以后随时来信，把苦闷告诉我，我相信还能凭一些经验安慰你呢。爸爸受的痛苦不能为儿女减除一些危险，那么爸爸的痛苦也是白受了。但希望你把苦闷的缘由写得详细些（就是要你自己先分析一个透彻），免得我空发议论，无关痛痒的对你没有帮助。好了，再见吧，多多来信，来信分析你自己就是一种发泄，而且是有益于心理卫生的发泄。爸爸还有足够的勇气担受你的苦闷，相信我吧！你也有足够的力量摆脱烦恼，有足够的勇气正视你的过去，我也相信你！

十二月二十一日晨①

亲爱的孩子：今年暑天，因为身体不好而停工，顺便看了不少理论书；这一回替你买理论书，我也买了许多，这几天已陆续看了三本小册子：关于辩证唯物主义的一些基本知识，批评与自我批评是苏维埃社会发展的动力，社会主义基本经济规律。感想很多，预备跟你随便谈谈。

第一个最重要的感想是：理论与实践绝对不可分离，学习必须与现实生活结合；马列主义不是抽象的哲学，而是极现实极具体的哲学；它不但是社会革命的指导理论，同时亦是人生哲学的基础。解放六年来的社会，固然有极大的进步，但还存在着不少缺点，特别在各级干部的办事方面。我常常有这么个印象，就是一般人的政治学习，完全是为学习而学习，不是为了生活而学习，不是为了应付实际斗争

---

① 父亲这封“说教”很重的信，是十二月九日、十一日信的接续，意在从理论上加强傅聪的理智和意志。

而学习。所以谈起理论来头头是道，什么唯物主义，什么辩证法，什么批评与自我批评等等，都能长篇大论发挥一大套；一遇到实际事情，一坐到办公桌前面，或是到了工厂里、农村里，就把一切理论忘得干干净净。学校里亦然如此；据在大学里念书的人告诉我，他们的政治讨论非常热烈，有些同学提问题提得极好，也能做出很精辟的结论；但他们对付同学，对付师长，对付学校的领导，仍是顾虑重重，一派的世故，一派的自私自利。这种学习态度，我觉得根本就是反马列主义的；为什么把最实际的科学——唯物辩证法，当作标榜的门面话和口头禅呢？为什么不能把嘴上说得天花乱坠的道理化到自己身上去，贯彻到自己的行为中、作风中去呢？

因此我的第二个感想以及以下的许多感想，都是想把马列主义的理论结合到个人修养上来。首先是马克思主义的世界观，应该使我们有极大的、百折不回的积极性与乐天精神。比如说："存在决定意识，但并不是说意识便成为可有可无的了。恰恰相反，一定的思想意识，对客观事物的发展会起很大的作用。"换句话说，就是"主观能动作用"。这便是鼓励我们对样样事情有信心的话，也就是中国人的"人定胜天"的意思。既然客观的自然规律、社会的发展规律，都可能受到人的意识的影响，为什么我们要灰心，要气馁呢？不是一切都是"事在人为"吗？一个人发觉自己有缺点，分析之下，可以归纳到遗传的根性，过去旧社会遗留下来的坏影响，潜伏在心底里的资产阶级意识、阶级本能等等；但我们因此就可以听任自己这样下去吗？若果如此，这个人不是机械唯物论者，便是个自甘堕落的没出息的东西。

第三个感想也是属于加强人的积极性的。一切事物的发展，包括自然现象在内，都是由于内在的矛盾，由于旧的腐朽的东西与新的健全的东西做斗争。这个理论可以帮助我们摆脱许多不必要的烦恼，特别是留恋过去的烦恼，与追悔以往的错误的烦恼。陶渊明就说过："觉今是而昨非"，还有一句老话，叫作："过去种种譬如昨日死，现在种种譬如今日生。"对于个人的私事与感情的波动来说，都是相近似的教训。既然一切都在变，不变就是停顿，停顿就是死亡，那么为什么老是恋念过去，自伤不已，把好好的眼前的光阴也毒害了呢？认识到世界是不断变化的，就该体会到人生亦是不断变化的，就该懂得生活应该是向前看，而不是往后看。这样，你的心胸不是廓然了吗？思想不是明朗了吗？态度不是积极了吗？

第四个感想是单纯的乐观是有害的，一味地向前看也是有危险的。古人说"鉴往而知来"，便是教我们检查过去，为的是要以后生活得更好。否则为什么大家要做小结，做总结，左一个检查，右一个检查呢？假如不需要检讨过去，就能从今以后不重犯过去的错误，那么"我们的理性认识，通过实践加以检验与发展"这样的原则，还有什么意思？把理论到实践中去对证，去检视，再把实践提到理性认识上来与理论复核，这不就是需要分析过去吗？我前二信中提到一个人对以往的错误要做冷静的、客观的解剖，归纳出几个原则来，也就是这个道理。

第五个感想是"从感性认识到理性认识"这个原理，你这几年在音乐学习上已经体会到了。一九五一至一九五三年间，你自己摸索的时代，对音乐的理解多半是感性认识，直到后来，经过杰老师的指导，你才一步一步走上了理性认识的阶段。而你在去罗马尼亚以前的彷徨与缺乏自信，原因就在于你已经感觉到仅仅靠感性认识去理解乐曲，是不够全面的，也不够深刻的；不过那时你不得其门而入，不知道怎样才能达到理性认识，所以你苦闷。你不妨回想一下，我这个分析与事实符合不符合？所谓理性认识是“通过人的头脑，运用分析、综合、对比等等的方法，把观察到的（我再加上一句：感觉到的）现象加以研究，抛开事物的虚假现象，及其他种种非本质现象，抽出事物的本质，找出事物的来龙去脉，即事物发展的规律”这几句，倘若能到处运用，不但对学术研究有极大的帮助，而且对做人处世，也是一生受用不尽。因为这就是科学方法。而我一向主张不但做学问，弄艺术要有科学方法，做人更其需要有科学方法。因为这缘故，我更主张把科学的辩证唯物论应用到实际生活上来。毛主席在《实践论》中说：“我们的实践证明，感觉到了的东西，我们不能立刻理解它，只有理解了的东西才能更深刻地感觉它。”你是弄音乐的人，当然更能深切地体会这话。

第六个感想是辩证唯物论中有许多原则，你特别容易和实际结合起来体会；因为这几年你在音乐方面很用脑子，而在任何学科方面多用头脑思索的人，都特别容易把辩证唯物论的原则与实际联系。比如“事物的相互联系与相互限制”，“原因和结果有时也会相互转化，相互发生作用”，不论拿来观察你的人事关系，还是考察你的业务学习，分析你的感情问题，还是检讨你的起居生活，随时随地都会得到鲜明生动的实证。我尤其想到“从量变到质变”一点，与你的音乐技术与领悟的关系非常适合。你老是抱怨技巧不够，不能表达你心中所感到的音乐；但你一朝获得你眼前所追求的技巧之后，你的音乐理解一定又会跟着起变化，从而要求更新更高的技术。说得浅近些，比如你练肖邦的练习曲或诙谑曲中某些快速的段落，常嫌速度不够。但等到你速度够了，你的音乐表现也绝不是像你现在所追求的那一种了。假如我这个猜测不错，那就说明了量变可以促成质变的道理。

以上所说，在某些人看来，也许是把马克思主义庸俗化了；我却认为不是庸俗化，而是把它真正结合到现实生活中去。一个人年轻的时候，当学生的时候，倘若不把马克思主义“身体力行”，在大大小小的事情上实地运用，那么一朝到社会上去，遇到无论怎么微小的事，也运用不了一分一毫的马克思主义。所谓辩证法，所谓准确的世界观，必须到处用得烂熟，成为思想的习惯，才可以说是真正受到马克思主义的锻炼。否则我是我，主义是主义，方法是方法，始终合不到一处，学习一辈子也没用。从这个角度上看，马列主义绝对不枯索，而是非常生动、活泼、有趣的，并且能时时刻刻帮助我们解决或大或小的问题的——从身边琐事到做学问，从日常生活到分析国家大事，没有一处地方用不到。至于批评与自我批评，我前两信已说得很多，不再多谈。只要你记住两点：必须有不怕看自己丑脸的勇气，同时又要有冷静的科学家头脑，与实验室工作的态度。唯有用这两种心情，才不至于被虚伪的自尊心所蒙蔽而变成懦怯，也不至于为了以往的错误而过分灰心，消灭了痛改前非的勇气，更不至于茫然于过去错误的原因而将来重蹈覆辙。子路“闻过则喜”，曾子的“吾日三省吾身”，都是自我批评与接受批评的最好的格言。

从有关五年计划的各种文件上，我特别替你指出下面几个全国上下共同努力的目标：

增加生产，厉行节约，反对分散使用资金，坚决贯彻重点建设的方针。

你在国外求学，“厉行节约”四字也应该竭力做到。我们的家用，从上月起开始每周做决算，拿来与预算核对，看看有否超过。若有，要研究原因，下周内就得设法防止。希望你也努力，因为你音乐会收入多，花钱更容易不假思索，满不在乎。至于后两条，我建议为了你，改成这样的口号：反对分散使用精力，坚决贯彻重点学习的方针。今夏你来信说，暂时不学理论课程，专攻钢琴，以免分散精力，这是很对的。但我更希望你把这个原则再推进一步，再扩大，在生活细节方面都应用到。而在乐曲方面，尤其要时时注意。首先要集中几个作家。作家的选择事先可郑重考虑；决定以后切勿随便更改，切勿看见新的东西而手痒心痒——至多只宜作辅助性质的附带研究，而不能喧宾夺主。其次是练习的时候要安排恰当，务以最小限度的精力与时间，获得最大限度的成绩为原则。和避免分散精力连带的就是重点学习。选择作家就是重点学习的第一个步骤；第二个步骤是在选定的作家中再挑出几个最有特色的乐曲。譬如巴赫，你一定要选出几个典型的作品，代表他键盘乐曲的各个不同的面目的。这样，你以后对于每一类的曲子，可以举一反三，自动地找出路子来了。这些道理，你都和我一样的明白。我所以不惮烦琐的和你一再提及，因为我觉得你许多事都是知道了不做。学习计划，你从来没和我细谈，虽然我有好几封信问你。从现在起到明年（一九五六年）暑假，你究竟决定了哪些作家，哪些作品？哪些作品作为主要的学习，哪些作为次要与辅助性质的？理由何在？这种种，无论如何希望你来信详细讨论。我屡次告诉你：多写信多讨论问题，就是多些整理思想的机会，许多感性认识可以变做理性认识。这样重要的训练，你是不能漠视的。只消你看我的信就可知道。至于你忙，我也知道；但我每个月平均写三封长信，每封平均有三千字，而你只有一封，只及我的三分之一：莫非你忙的程度，比我超过百分之二百吗？问题还在于你的心情：心情不稳定，就懒得动笔。所以我这几封信，接连的和你谈思想问题，急于要使你感情平静下来。做爸爸的不要求你什么，只要求你多写信，多写有内容有思想实质的信；为了你对爸爸的爱，难道办不到吗？我也再三告诉过你，你一边写信整理思想，一边就会发现自己有很多新观念；无论对人生，对音乐，对钢琴技巧，一定随时有新的启发，可以帮助你今后的学习。这样一举数得的事，怎么没勇气干呢？尤其你这人是缺少计划性的，多写信等于多检查自己，可以纠正你的缺点。当然，要做到“不分散精力”“重点学习”“多写信，多发表感想，多报告计划”，最基本的是要能抓紧时间。你该记得我的生活习惯吧？早上一起来，洗脸，吃点心，穿衣服，没一件事不是用最快的速度赶着做的；而平日工作的时间，尽量不接见客人，不出门；万一有了杂务打岔，就在晚上或星期日休息时间补足错失的工作。这些都值得你模仿。要不然，怎么能抓紧时间呢？怎么能不浪费光阴呢？如今你住的地方幽静，和克拉可夫音乐院宿舍相比，有天渊之别；你更不能辜负这个清静的环境。每天的工作与休息时间都要安排妥当，避免一切突击性的工作。你在国外，究竟不比国内常常有政治性的任务。临时性质的演奏也不会太多，而且宜尽量推辞。正式的音乐会，应该在一个月以前决定，自己早些安排练节目的日程，切勿在期前三四天内日夜不停地“赶任务”，赶出来的东西总是不够稳，不够成熟的；并且还要妨碍正规学习；事后又要筋疲力尽，仿佛人要瘫下来似的。

我说了那么多，又是你心里都有数的话，真怕你听腻了，但也真怕你不肯下决心实行。孩子，告诉我，你已经开始在这方面努力了，那我们就安慰了，高兴了。

十二月二十七日午

亲爱的孩子：这是本月份第四封信了。每次提笔给你写信，心里总是说不出的温暖和安宁。这一回尤其高兴。前信不是告诉你，说法国唱片来了，搁在海关上吗？片子一拿回来，我连午觉也没睡，就从头至尾听了一遍。

二十二日下午：自己听了一遍；傍晚：李翠贞先生来听一遍；二十三日傍晚：林医生夫妇及周朝桢先生来听；二十四日夜：名强、酉三、容生、柯子岐四人来听；二十五日晨：恩德来听；下午：雷伯伯来听，恩德又听一遍；二十六日夜：中共市委文艺领导吴强及周而复两先生来听了《协奏曲》。

你看，大家多兴奋，家里多热闹！今天傍晚必阿姨、张阿姨还要来听。因为家中没长工，客人多了忙不过来，只能让他们陆续来听。过几日还要约毛楚恩及陈伯庚。他们过去对你那么好，不能不让他们听听你的成绩。

《协奏曲》钢琴部分录音并不如你所说，连轻响都听不清；乐队部分很不好，好似蒙了一层，音不真，不清。钢琴 loud passage ［强声片段］也不够分明。据懂技术的周朝桢先生说：这是录音关系，正式片也无法改进的了。

以音乐而论，我觉得你的《协奏曲》非常含蓄，绝无鲁宾斯坦那种感伤情调，你的情感都是内在的。第一乐章的技巧不尽完整，结尾部分似乎很显明的有些毛病。第二乐章细腻之极，touch［触键］是delicate［精致］之极。最后一章非常brilliant［辉煌，出色］。《摇篮曲》比颁奖音乐会上的好得多，mood［情绪］也不同，更安静。《幻想曲》全部改变了：开头的引子，好极，沉着，庄严，贝多芬气息很重。中间那段slow［缓慢］的singing part［如歌片段］，以前你弹得很tragic［悲怆］的，很sad［伤感］的，现在是一种惆怅的情调。整个曲子像一座巍峨的建筑，给人以厚重、扎实、条理分明、波涛汹涌而意志很热的感觉。

李先生说你的协奏曲，左手把rhythm［节奏］控制得稳极，rubato［音的长短顿挫］很多，但不是书上的，也不是人家教的，全是你心中流出来的。她说从国外回来的人常说现在弹肖邦都没有rubato了，她觉得是不可能的；听了你的演奏，才证实她的怀疑并不错。问题不是没有rubato，而是怎样的一种rubato。

《玛祖卡》，我听了四遍以后才开始捉摸到一些，但还不是每支都能体会。我至此为止是能欣赏了Op. 59，No. 1［作品五十九之一］；Op. 68，No. 4［作品六十八之四］；Op. 41，No. 2［作品四十一之二］；Op. 33，No. 1［作品三十三之一］。Op. 68，No. 4［作品六十八之四］的开头像是几句极凄怨的哀叹。Op. 41，No. 2［作品四十一之二］中间一段，几次感情欲上不上，几次悲痛冒上来又压下去，到最后才大恸之下，痛哭出声。第一支最长的 Op. 56，No. 3［作品五十六之三］，因为前后变化多，还来不及把握。阿敏却极喜欢，恩德也是的。她说这种曲子如何能学？我认为不懂什么叫作“tone colour”［音色］的人，一辈子也休想懂得一丝半毫，无怪几个小朋友听了无动于衷。colour sense［音色领悟力］也是天生的。孩子，你真怪，不知你哪儿来的这点悟性！斯拉夫民族的灵魂，居然你天生是具备的。斯克里亚宾的 *Prélude*［《前奏曲》］既弹得好，《玛祖卡》当然不会不好。恩德说，这是因为中国民族性的博大，无所不包，所以什么别的民族的东西都能体会得深刻。*Notre – Temps* No. 2［《我们的时代》第二号］好似太拖拖拉拉，节奏感不够。我们又找出鲁宾斯坦的片子来听了，觉得他大部分都是节奏强，你大部分是诗意浓；他的音色变化不及你的多。①

十二月二十三日聪信摘录（波 23）

录音时演奏的成绩，实在不能算坏，但离我的理想还远。我的批评是苛刻的。你们绝不要因此而认为我录音时不慎重，其实我现在能做到的也绝不可能超过多少。我绝不认为自己真是天才，真是已经十全十美，《玛祖卡》的功夫已经炉火纯青；因为《玛祖卡》太难了，能够达到我现在的水平，可以说非常难得的了，要比起现在世界上最

---

① 参见一九五六年一月十日傅聪家信摘录（波 24）。

有名的 Chopinist 也绝不逊色，但离开真正完美的《玛祖卡》还远呢，恐怕也永远不可能，但理想我是有的。

总的说来，我得出个结论：主要还是技术跟不上理解；许多地方，踩踏板，手指的轻重控制，弹八度的歌唱性等，都还不能发挥如意；所以意思是有了，只表现出那意思的十分之五六。对协奏曲的诠释，我是满意的，相当的朴实。第一乐章有些部分，还可以更激情一点（这一点恐怕录音是打了折扣的）。第二乐章甚佳，很少夸张，是恬静、和平、甘美的境界。第三乐章节奏甚佳，因这是克拉科维亚克舞曲的节奏，也是非常难的。有几处踩踏板、技巧略有些不干净。《摇篮曲》甚佳，杰老师认为是了不起的演奏。特点是朴实，句法起落分得清楚，而节奏始终如一。此曲多听几遍，才觉得它的好处。《幻想曲》开头进行曲甚佳，后面有几处技巧上不够好，我所说的技巧并非单指那些难的段落，而是指乐句表达、踩踏板等细节。但整个来说也是好的。

成功绝不会冲昏我的头脑，却常常使我担忧。我知道自己是有能力的，“自信”我是有的，但是我根底差，技巧上缺陷还很多，所知道的扎实的东西也少得很。我的成功随时随地需要十二万分的努力来撑持的。我有时的情绪坏是由于忧虑：在技术上我还是常常遇到挫折，在音乐方面有时也如此。我是极其敏感的人，因此心情不安，又非常担忧别人对我期望高，而我所能做到的却不能满足别人的期望。骄傲，我是绝对没有的，相反，我常常怀疑自己，有时甚至会自卑。

要我具体写出心烦些什么，自己也弄不清楚，只觉得常常脑子里一片混乱。我还是非常紧张，没有耐心，不会平心静气地思索，能够平心静气时，也就没有什么烦恼了。

最近我已经颇有规律地练琴了。心情也不能说不好，只是乱，常常忽忧忽喜。主要还是学习上的苦闷，老觉得自己不行，技巧好像永远解决不了似的。

要培养理智，要培养冷静：这确是我最需要的东西。还有，一定要克服许多不必要的敏感。——近来我在看“毛选”，道理都非常对，我也懂，只不知如何应用到日常生活中去。

现在我房租及钢琴租费都不需要付，伙食费约一千五百兹罗提。我的公费是八百元，靠音乐会收入贴补。

本月曾在波兹南演奏贝多芬《第五钢琴协奏曲》。和杰老师上了两课，学到很多，觉得自己的了解还差得很；并且不善于客观地听自己，往往先生说的就是我心中希求的，自以为做到了，其实并没有完全出来。在波兹南演出的成绩比在洛兹好多了，但第三乐章的主题还不够好。这一主题要非常有节奏感，才表现得出那风流潇洒的气概，同时又要表现出那种雄伟，要非常的丰满。我总容易在这一段紧张起来。

傅聪比赛获奖后照片（一九五五年）

1956

一九五六年

二十八通

一月四日深夜

亲爱的孩子：十二月二十三日的信（波兰邮戳是二十四日）到昨天三日方到，大概是这一晌气候不好，飞机常常停航的缘故吧？

埃娃根本忘了我最要紧的话，倒反缠夹了。临别那天，在锦江饭店我清清楚楚的，而且很郑重的告诉她说："我们对他很有信心，只希望他做事要有严格的规律，学习的计划要紧紧抓住。"骄傲，我才不担心你呢！有一回信里我早说过的，有时提到也无非是做父母的过分操心，并非真有这个忧虑。你记得吗？所以传话是最容易出毛病的。埃娃跑来跑去，太忙了，我当然不怪她。但我急于要你放心，爸爸绝不至于这样不了解你的。说句真话，我最怕的是：一、你的工作与休息不够正规化；二、你的学习计划不够合理；三、心情波动。关于这些前四封信已经谈得很多，不再啰唆了。如何看人，空口说白话是没用的；一定要亲自碰碰钉子才会相信；我也不多谈了。将来你回国以后，经过几次"运动"，你自会慢慢明白。现在只要你知道一点，就是你爸爸一向也和你一样的脾气，处处以君子之心度人；无奈近十年来，发觉几十年的知交，我还没看清他的性格，所以更觉得自己需要再从冷静方面多下功夫。上两个月又出了一件不大不小的事，使我们懂得非提高警惕不可。

对你的音乐成绩，真能欣赏和体会的（指周围的青年人中）只有恩德一人。她究竟聪明，这两年也很会用头脑思索。她前天拿了谱，又来听了一遍《玛祖卡》，感触更深，觉得你主要都在节奏上见功夫，表现你的诗情；说你在一句中间，前后的音符中间，有种微妙的吞吐，好像“欲开还闭”（是她说的）的一种竞争。学是绝对学不来，也学不得的，只能从总的方面领会神韵，抓住几个关键，懂得在哪些地方可以这样的伸缩一下，至于如何伸缩，那是必须以各人的个性而定的——你觉得她说得不错吗？她又说你在线条走动的时候，固然走得很舒畅，但难得的是在应该停留的地方或是重音上面能够收得住，在应该回旋的开头控制得非常好。恩德还说，你的演奏充满了你自己特有的感情，同时有每个人所感觉到的感情。这两句就是匈牙利的 Imre Ungar［伊姆雷·温加尔］说的，“处处叫人觉得是新的，但仍然是合于逻辑的”。可见能感受的艺术家，感受的能力都相差不远，问题是在于实践。恩德就是懂得那么多，而表白得出的那么少。

她随便谈到李先生教琴的种种，有一句话，我听了认为可以给你作参考。就是李先生常常埋怨恩德身子往前向键盘倾侧，说这个姿势自然而然会使人手臂紧张，力量加重，假如音乐不需要加强，你身子往前一倾，就会产生过分的效果。因为来信常常提起不能绝对放松，所以顺便告诉你这一点。还有李先生上回听了你的《玛祖卡》，马上说：“我想阿聪身子是不摇动了，否则绝不能控制得这样稳。”

无论你对灌片的成绩怎么看法，我绝对不会错认为你灌音的时候不郑重。去年四月初，你花了五天功夫灌这几支曲子，其认真可想而知。听说世界上灌片最疙瘩的是 Marguerite Long［玛格丽特·朗］，有一次，一个曲子直灌了八十次。还有 Toscanini［托斯卡尼尼］，常常不满意他的片子。有一回听到一套片子，说还好；一看原来就是他指挥的。

去年灌 *Concerto*［《协奏曲》］时，不知你前后弹了几次？是否乐队也始终陪着你常常重新来过？这二点望来信告知。我们都认为华沙乐队不行，与 solo［独奏］不够呼应紧密，倒是你的 solo 常常在尽力承上启下地照顾到乐队部分。

我劝你千万不要为了技巧而烦恼，主要是常常静下心来，细细思考，发掘自己的毛病，寻找毛病的根源，然后想法对症下药，或者向别的师友讨教。烦恼只有打扰你的学习，反而把你的技巧拉下来。共产党员常常强调“克服困难”，要克服困难，先得镇定！只有多用头脑才能解决问题。同时也切勿操之过急，假如经常能有少许进步，就不要灰心，不管进步得多么少。而主要还在于内心的修养、性情的修养：我始终认为手的紧张和整个身心有关系，不能机械地把“手”孤立起来。练琴的时间必须正常化，不能少，也不能多；多了整个的人疲倦之极，只会有坏结果。要练琴时间正常，必须日常生活科学化，计划化，纪律化！假定有事出门，回来的时间必须预先肯定，在外面也切勿难为情，被人家随便多留，才能不打乱事先定好的日程。

一月十日聪信摘录（波 24）

最近我的心情已经好转了，一方面因为去捷克、南斯拉夫期近，非得用功不可；一开始工作心里就没有负担了。另一方面，爸爸的信和那些理论书对我也很有帮助，只是时间太少。我现在每天差不多练十二小时左右（十二小时完全是必要的），练完后，总是筋疲力尽，身体疲劳，脑子也疲劳，我几乎不大能再用心思考别的问题了。弄我们这一门实在不容易，要有一点成绩，就得日以继夜的劳动，要把脑子所分析的、心里所感受的，都在一双手上滚得烂熟，一点也马虎不得，特别是像我技术基础不很扎实的人。

去捷克的事，我已写信去把日期定在二月二十日左右，现在等他们的回信。旅费等等我现在也不知道，要看他们怎样安排了，他们会跟中国驻捷克使馆联系的。到南斯拉夫去的事，也是大使馆管的；日期大致定在三月十五日左右。关于捷克灌音报酬，我根本没问过，因为到现在为止还没有肯定日期、节目等，这都要等他们来了回音以后再谈。

我的钢琴是波兰文化部借给我的，不用付租费。去捷克录音，我寄去的节目如下：（曲目略）

我暂且这样安排，究竟到南斯拉夫后具体如何就得看情况了，也不知道可有弹协奏曲的机会。节目中我主要练肖邦的《f 小调钢琴协奏曲》，德彪西的《前奏曲》，南斯拉夫的作品甚短，味道像 Scriabine［斯克里亚宾］。驻南斯拉夫大使馆给我寄来一些谱子，就这个好一些，其余有许多或者怪，或者空洞。Debussy［德彪西］新练五个 *Preludes*［《前奏曲》］，可并不容易；*f Min. Piano Concerto*［《f 小调钢琴协奏曲》］也越练越难了。还有别的东西都得花功夫。就说 Brahms［勃拉姆斯］吧，跟杰老师一上课就觉得不对劲了，都得重新练起。

关于我的唱片，成绩最好的是《摇篮曲》，《玛祖卡》（作品五十六号之三）的开头有些毛病（表情上的），后面则很好；作品五十九号之一的《玛祖卡》好，但还不是我最好的成绩；作品六十三号之二的《玛祖卡》，开头和结尾极佳，中间一段节奏感不够；《我们的时代》不甚佳，问题倒不是节奏不够强，还是乐句的问题，其余几首还好。

协奏曲，我比较满意第二乐章；但整个说来，还不是我现在能力的拷贝，有时我是可以弹得更美一些的。我的理解是第二乐章纯是诗意、青春、和平的境界，绝无哀伤的成分；不知你们有无此感。

寄来的书，我看了《平凡的真理》及几本小册子。只是时间太少；但我觉得它们一点不枯索，而且使我精神振作，头脑清醒。我最近生活较有规律，工作也有些成绩；这些书对我帮助颇大。

国内文化部始终没有给我寄什么中国作品来，我真愁没东西可弹。

哈拉谢维兹仍是那样；《叙事曲》和《诙谐曲》都是他从前弹的，弹得很差。但他弹别的作家更差，而且练琴速度甚慢：一支莫扎特的奏鸣曲，从前弹过的，比赛后就练，到现在还不像样。在斯切钦他开了独奏会以后，报上有这样的批评："像这种演奏，作为音乐院考试音乐会还可以，作为肖邦比赛的头奖，那是不可置信的了。"

芭芭拉·黑塞·巴科芙斯卡的技巧很干净，弹得也很像样，但不过如此而已。创造是谈不上的。她是很好的钢琴家，但绝非艺术家。

联欢节的头奖有两人，一个苏联，一个保加利亚。以我听来，此次比赛的水准相当低，规模也比较小，评判标准着重政治影响。保加利亚的头奖很不差，弹李斯特的《梅菲斯特圆舞曲》很有魄力，音色变化很丰富。他很年轻，也是属于理智的一型，情感不很热烈。

爸爸来信提起的作品六十八号之四的《玛祖卡》，是肖邦临终前的作品，也是他最后一个作品，所以整个曲子极其凄怨，充满了一种绝望而无力的情感。只有中间一句，音响是强的，好像透出了一点生命的亮光，闪过一些美丽的回忆；但马上又消失了，最后仍是一片黯淡的境界。那是肖邦临终时写下的一首最深刻最凄怆的诗。作品六十三号之二的《玛祖卡》，其实和这一首很相像，而且同是f小调。

作品四十一号第二首，的确像爸爸说的，开头好几次，感情要冒上来了，又压下去了，最后却是极其悲怆的放声恸哭。但我认为这首《玛祖卡》主要的境界也是回忆，有时也不乏光明的影子；那些都是肖邦年轻时代的日子，是他还没有离开祖国的时代的那些日子。我所弹的这些《玛祖卡》，恐怕要算最好的几个了，也是肖邦最好的作品了。作品五十六号之三这一首《玛祖卡》，哲学气息很重，作品大，变化多，是不容易体会的，因此也恐怕要算最难弹的一个《玛祖卡》了。作品五十九号之一的《玛祖卡》好比一个微笑，但是带一点忧郁的微笑，是一种很清明的境界。关于《玛祖卡》，我要说起来，可以说很多很多，但我总觉得纸上谈兵，说不出什么来，因为它们太微妙了。

鲁宾斯坦弹的《e小调第一钢琴协奏曲》，我认为完全不对。当然，他是了不起的钢琴家，所以从许多弹钢琴的风格来说，的确无可批评。但他把这个协奏曲完全变成显示技巧精湛的风格；音的长短顿挫也颇过分，速度也太快，特别是第二乐章，简直不能想象。还有他一碰到快的段落（十六分音符的段落），马上就飞起来了，技巧固然是惊人，但肖邦的快段落却不是李斯特，而是相反，每个音符都是音乐，一飞就全部变成华彩段了。

现在有新的鲁宾斯坦的唱片（同是这个协奏曲），完全不同了，非常的朴实，一点也不飞，听说好极了。

傅聪在练琴（一九五六年）

鲁宾斯坦的《玛祖卡》我以前信上提过，有些他弹得实在好得惊人，有些却又实在坏（主要是太夸张，太火爆）。有几个《玛祖卡》，恐怕没人能比他弹得更妙了。他的节奏感非常有力，而尤其有一种潇洒的风度。《我们的时代》，他的弹法却不对；因为他在有几个地方的速度逐渐加快的乐节太过分了，正是犯了节奏的错误。但鲁宾斯坦终究是天才，听他的演奏总能学到许多东西。

肖邦的两支协奏曲，不管从哪个角度来看，都很难。即以技巧论，也不简单。因为它们都需要很好的手指技巧。两支协奏曲听起来很具有钢琴风味，弹起来手指是很别扭的。而最难的问题是对音的长短顿挫的把握，其实这是没法学的。肖邦的音的长短顿挫跟别的作家不同，那样的特殊，就是波兰人最爱说的那种肖邦式的音的长短顿挫。一定要从心里流出来，不能有一点做作。过分了就变成李斯特，太沉着又变成勃拉姆斯，太温柔又变成舒曼，太轻灵又变成德彪西。肖邦是非常真情的，他的音乐最富于情感，却又那样的精妙；他是个真正的诗人。有时他非常充满激情，但从来不沉闷。他色彩变化极多，但从来没有像德彪西那样纯客观的音色变化。他的每个音符都代表他心里流出来的情感。

了解肖邦确实是难，第一要能了解“诗”。

音色变化不能纯粹从音色上去追求，而完全要从音乐本身去体会。音色的变化是从乐曲中的思绪变化出来的。肖邦的音色也绝不同于德彪西。肖邦纯粹是感情的，德彪西纯粹是造型的，而且常常是写景的。

一月二十日

亲爱的孩子：昨天接一月十日来信，和另外一包节目单，高兴得很。第一，你心情转好了；第二，一个月由你来两封信，已经是十个多月没有的事了。只担心一件，一天十二小时的工作对身心压力太重。我明白你说的“十二小时绝对必要”的话，但这句话背后有一个很重要的原因：倘使你在十一、十二两月中不是常常烦恼，每天保持——不多说——六七小时的经常练琴，我断定你现在就没有一天练十二小时的“必要”。你说是不是？从这个经验中应得出一个教训：以后即使心情有波动，工作可不能松弛。平日练八小时的，在心绪不好时减成六七小时，那是可以原谅的，也不至于如何妨碍整个学习进展。超过这个尺寸，到后来势必要加紧突击，影响身心健康。往者已矣，来者可追，孩子，千万记住：下不为例！何况正规工作是驱除烦恼最有效的灵药！我只要一上桌子，什么苦闷都会暂时忘掉。

《协奏曲》第二乐章的情调，应该一点不带感伤情调，如你来信所说，也如那篇文章所说的。你手下表现的 Chopin［肖邦］，的确毫无一般的感伤成分。我相信你所了解的 Chopin 是正确的，与 Chopin 的精神很接近——当然谁也不敢说完全一致。你谈到他的 rubato［速率伸缩处理］与音色，比喻甚精彩。这都是很好的材料，有空随时写下来。一个人的思想，不动笔就不大会有系统；日子久了，也就放过去了，甚至于忘了，岂不可惜！就为这个缘故，我常常逼你多写信，这也是很重要的“理性认识”的训练。而且我觉得你是很能写文章的，应该随时练习。

你这一行的辛苦，当然辛苦到极点。就因为这个，我屡次要你生活正规化，学习正规化。不正规如何能持久？不持久如何能有成绩？如何能巩固已有的成绩？以后一定要安排好，控制得牢，万万不能"空"与"忙"调配得不匀，免得临时着急，日夜加工的赶任务。而且作品的了解与掌握，就需要长时期地慢慢消化、咀嚼、吸收。这些你都明白得很，问题在于实践！

一月二十日 *

妈妈有几个月不跟你写信了，一方面杂务繁忙，一方面也实在是偷懒，有个那样健笔的爸爸，妈妈就乐得疏懒了。可是每次看到你的信，也跟着你一样忧，一样喜，你生活上精神上有什么波动，与我们是分不开的。阳历年底，本来爸爸的工作告一小段落，可以休息几天。接着你的唱片来了，我们就紧张起来，邮局跑了两次，由市委出了证明文件，没有花一分钱就拿到了。听到你的唱片，如见其人，能不动心么？还要招待朋友来听，一遍二遍，无论多少遍我是听不厌的，心里真像开了花的快乐。电台里在一月二日拿去播送，爸爸帮着写了些介绍的文章，朱健又请爸爸写肖邦的生平，爸爸就日以继夜地翻参考书，看肖邦的传记，几天内就赶出来了。我又跟着忙，帮他抄。这期间又忙着提关于高级知识分子的意见，从各方面搜罗情报，尽量提，为了做好这件工作，爸爸是应该出些力的。所以事实上他一点也没休息，反而工作紧张。

一月二十二日晚

亲爱的孩子：今日星期，花了六小时给你弄了一些关于肖邦与德彪西的材料，关于 tempo rubato［速度的伸缩处理］的部分，你早已心领神会，不过看了这些文字更多一些引证罢了。他的 piano method［钢琴手法］，似乎与你小时候从 Paci［百器］那儿学的一套很像，恐怕是李斯特从 Chopin［肖邦］那儿学来，传给学生，再传到 Paci 的。是否与你有帮助，不得而知。

前天早上听了电台放的 Rubinstein［鲁宾斯坦］弹的 *e Min. Concerto*［《e 小调协奏曲》］（当然是老灌音），觉得你的批评一点不错。他的 rubato［音的长短顿挫］很不自然；第三乐章的两段（比较慢的，出现过两次，每次都有三四句，后又转到 minor［小调］的），更糟不可言。转 minor 的二小句也牵强生硬。第二乐章全无 singing［抒情流畅之感］。第一乐章纯是炫耀技巧。听了他的，才知道你弹的尽管 simple［简单］，music［音乐感］却是非常丰富的。孩子，你真行！怪不得斯曼齐安卡前年冬天在克拉可夫就说："想不到这支 *Concerto*［《协奏曲》］会有这许多 music！"

今天寄你的文字中，提到肖邦的音乐有"非人世的"气息，想必你早体会到；所以太沉着不行，太轻灵而客观也不行。我觉得这一点近于李白，李白尽管飘飘欲仙，却不是德彪西那一派纯粹造型与讲气氛的。

二月一日聪信摘录（波 25）

最近欧洲各处都在纪念莫扎特，在音乐会上与无线电中都可听到很多好音乐。黑塞·巴科芙斯卡在华沙演奏莫扎特的《C 大调钢琴协奏曲》，弹得好极了；只是第二乐章还不够浪漫。这一乐章美极，而且非常浪漫。本星期，杰老师将在华沙表演，纪念他登台四十周年，节目有莫扎特的《降 B 大调钢琴协奏曲》（K. 595）和普罗科菲耶夫的《第一钢琴协奏曲》。

前几天收听到萨尔茨堡的实况转播，清楚得很，是全部的《唐璜》和《费加罗的婚礼》，真是太好了。

爸爸写的肖邦小传我觉得好极了，充满了诗意，而且肖邦的面貌也很真实。其中波兰作家的话特别有意思。另外，我非常欣赏海涅的那段文字，难道真是天才特别能了解另外一个天才吗？

我说肖邦有“非人世”的气息，却绝无神秘的气息；他只是有时境界很高，很宁静；最主要还是诗的气息。我想音乐家中诗人气息如肖邦那样的，恐怕找不出第二个。他同时代的舒曼，与其说是诗人气息，不如说是文学气息更恰当些。肖邦在音乐家中的独一无二，就像诗人中之李白，世界上 Chopinist 这么难得也就在于此。但我觉得李白的那种境界尤其特殊，像他那样的浩气、才华、幻想的高远，真是前无古人，后无来者的了；在欧洲民族中，这样的例子恐怕更难找了。

二月八日

亲爱的孩子：早想写信给你了，这一向特别忙。连着几天开会。小组讨论后又推我代表小组发言，回家就得预备发言稿；上台念起来，普通话不行，又须事先练几遍，尽量纠正上海腔。结果昨天在大会上发言，仍不免“蓝青”① 得很，不过比天舅舅他们的“蓝青”是好得多。开了会，回家还要做传达报告，我自己也有许多感想，一面和妈妈、阿敏讲，一面整理思想。北京正在开全国政协，材料天天登出来；因为上海政协同时也开会，便没时间细看。但忙里抢看到一些，北京大会上的发言，有些很精彩，提的意见很中肯。上海这次政协开会，比去年五月大会的情况也有显著进步。上届大会是歌功颂德的空话多；这一回发言的人都谈到实际问题了。这样，开会才有意义，对自己、对人民、对党都有贡献。政府又不是要人成天捧场。但是人民的进步也是政府的进步促成的。因为首长的报告有了具体内容，大家发言也跟着有具体内容了。以后我理些材料寄你。

二月一日来信，六日晚就到了，这样快也是破天荒第一次。去捷克录音，单录肖邦，在我们总觉得美中不足。我还是鼓励你到那边跟他们商量一下，坚持一下，别的作品多少录一些。哪怕单是巴赫或韩德尔或贝多芬的一个曲子也好。希望你不要太不好意思！不要太随便让步！他们和艺术家接触多，艺术家的意见比较肯尊重；但若艺术家

① 上海话，不纯粹的意思。

本人不坚持，那他们当然只凭他们的计划了。

勃隆斯丹太太有信来，有几句话她要我告诉你：

听了斯坦番斯卡在加拿大举行的独奏音乐会后，勃隆斯丹夫人写道："我从未听到过弹肖邦弹得那么细腻灵巧、那么精美雅致；比她弹巴赫－布索尼《夏空》的音色变幻更宏丽；比她弹斯卡拉蒂和莫扎特的《奏鸣曲》更典雅更明澈。然而，这是无可非议的，她弹的肖邦是远离尘世的、无与伦比的。……我跟她提到了聪曾是我得意的最有才能的学生，她，还有她丈夫，马上赞同聪是个大天才，而且，带着一点民族的自豪感谈到了去年春天聪获得演奏《玛祖卡》最优奖的事。在我提到聪的名字时，斯坦番斯卡教授立刻惊呼：'啊，你就是他在上海的那位老师！'我真是惊喜万分。显然，聪早已跟他们谈起过我。"

寄来的法、比、瑞士的材料，除了一份以外，字里行间，非常清楚地对第一名不满意，很显明是关于他只说得了第一奖，多少钱；对他的演技一字不提。英国的报道也只提你一人。可惜这些是一般性的新闻报道，太简略。法国的《法国晚报》的话讲得最显明：

"不管奖金的额子多么高，也不能使一个二十岁的青年得到成熟与性格"——这句中文译得不好，还是译成英文吧："The prize in a competition, however high it may be, is not sufficient to give a pianist of 20 the maturity and personality." "尤其是头几名分数的接近，更不能说 the winner has won definitely［冠军名至实归，冠军绝对领先］。总而言之，将来的时间和群众会评定的。在我们看来，the revelation of V Competition of Chopin is the Chinese pianist Fou Ts'ong, who stands very highly above the other competitors by a refined culture and quite matured sensitivity [在第五届肖邦钢琴比赛中，才华毕露的是中国钢琴家傅聪，由于他优雅的文化背景与成熟的领悟能力，在全体参赛者之间，显得出类拔萃]。”

这是几篇报道中，态度最清楚的。

二月十三日

孩子，你一定很高兴，大家都在前进，而且是脚踏实地地前进，绝不是喊口号式的。我们的国家虽则在科学成就上还谈不到“原子能时代”，但整个社会形势进展的速度，的确是到了“原子能时代”了。大家都觉得跟不上客观形势。单说我自己吧，尽管时间充裕，但各式各样的新闻报道、学习文件、报纸、杂志、小册子，多得你顾了这，顾不了那，真是着急。本门工作又那么费时间，差不多和你练琴差不多。一天八九小时，只能译一二千字；改的时候，这一二千字又要花一天时间，进步之慢有如蜗牛。而且技术苦闷也和你一样，随处都是问题，了解的能力至少四五倍于表达的能力。……你想不是和你相仿吗？

一般小朋友，在家自学的都犯一个大毛病：太不关心大局，对社会主义的改造事业很冷淡。我和名强、酉三、子岐都说过几回，不发生作用。他们只知道练琴。这样下去，少年变了老年，与社会脱节，真正要不得。我说少年变了老年，还侮辱了老年人呢！今日多少的老年人都很积极，头脑开通。便是宋家婆婆[1]也是脑子清楚得很。那般小朋友的病根，还是在于家庭教育。家长们只看见你以前关门练琴，可万万想不到你同样关心琴以外的学问和时局；也万万想不到我们家里的空气绝对不是单纯的，一味的音乐，音乐，音乐的！当然，小朋友们自己的聪明和感受也大有关系；否则，为什么许多保守顽固的家庭里照样会有精神蓬勃的子弟呢？

我虽然对谁都尽力帮助（在思想上），但要看对象的。给了，不能接受，也当然白给。恩德的毛病和他们不同：她思想快，感受强，胸襟宽大，只是没有决心实行。知道的多，做到的微乎其微。真的，看看周围的青年，很少真有希望的。我说“希望”，不是指“专业”方面的造就，而是指人格的发展。所以我越来越觉得青年全面发展的重要。

二月十七日聪信摘录（波26）

最近在克拉可夫（二月十、十一日）弹莫扎特的《降B大调钢琴协奏曲》（K. 595），非常成功，恐怕要算我在波兰最成功的演出了。想不到刚好是莫扎特会变成我的保留曲目，这在我学习上是有历史意义的。我弹得非常干净，技巧好极 —— 这是我第一次对自己的技巧满意！而风格，你们一定不会想象得到的。杰老师究竟是世界上有数

---

① 我国老一辈戏剧家宋春舫的夫人，傅雷挚友宋奇之母。

的研究学问的教师，他对我的指导与启发太多了；而我自己也确实花了功夫。克拉可夫轰动了，音乐院的教授和学生全说："崭新的莫扎特！"他们一致认为我的演奏全部是个人独特的，同时又完全是莫扎特。

和我演出的指挥耶尔齐·卡特莱维奇，是去年在巴黎国际指挥比赛得第一奖的，非常有才能。我们合作得好极了。乐队和指挥都是第一次演奏这个协奏曲（那是莫扎特最不流行的一支协奏曲），但听众都说简直认不得这个乐队了，变了另外一个乐队。弹到第二乐章，有许多听众哭了。莫扎特写这曲子的时期正是他写《安魂曲》以前不久；那时的莫扎特已不是以前的莫扎特，而是和后期的贝多芬、舒伯特、肖邦一样，都达到超出一切的清明的境界。

我现在才真正开始认识莫扎特，这样的可爱、温柔、清新。这支协奏曲的三个乐章是一个整体，像一条静静的流水，流得那么自然舒畅；第二乐章的境界特别恬静、和平；莫扎特已感到他不久于人世，但他已超临在生死之上，所唱的乃是未来的理想世界的颂歌。他是爱人生的，他是最温柔的，最能体贴人心的。而讲到幽默、活力，我怀疑没有莫扎特，是否会有普罗科菲耶夫！

他和声转调的大胆、色彩的变化都是了不起的；第一乐章有一段从 b 小调一下子就转到 C 大调！但注意一点（那是我始终一贯的信念），莫扎特和一切伟大的天才创造者一样，那些大胆的创造都不是形式上的，而是从他所要表现的内容出发的。比如那一句 b 小调，表现了一种淡淡的怅惘，马上转到 C 大调，就丢开了怅惘，重新活跃起来。而这两句，除了调性以外，可以说完全相同：真是多迷人的天才！

我把诸如此类的理解和杰老师谈，他非常欣赏。我想要理解作家，就该用这种方式。还有一个感想，弹协奏曲非看总谱不可。我这次有许多心得就是从总谱上研究出来的。

杰老师要我转告你们，他很高兴，说我能在二十二岁上就弹得那么出色的莫扎特！

他最近变得平易近人得多，对我好极了。许多波兰同学都说，很少看到杰老师关心学生像关心我这样的。我也比从前越来越喜欢他了。他作为教授，在风格上，在对每个作家的每个时期作品的理解上，在世界上要算是有数的权威了。我怀疑便是在苏联，除了技巧以外，现在是否能找到和他相比的教授！

我准备接着练几个莫扎特的协奏曲（已开始 F 大调 K. 459 和 c 小调 K. 491），把它稳固起来。反正它们不像别人的协奏曲那么吃重，每天带着也花不了多少时间。

我的独奏会（二月九日）也还不错，只是稍微紧张一点，整个节目都很好，但每一部分都有些不干净。成绩最好的是贝多芬奏鸣曲的最后乐章，勃拉姆斯的最后一个《间奏曲》，全部德彪西，肖邦的《E 大调夜曲》（新练的）和《f 小调叙事曲》。

我去捷克改在三月一日。三月十日去南斯拉夫。

在我的音乐会上有许多德国人（代表团的），他们热烈极了。韩德尔的《夏空》，这是加奏的曲子，弹得特别好，一位音乐院教授说："怎么你弹得那个最强音，音质却像古钢琴？"

杰老师在华沙的音乐会（二月三日）是他登台四十周年。成绩平平。他老了，technic［技巧］已经不清楚了，对他不能要求什么了。Prokofiev［普罗科菲耶夫］的 *Piano Concerto* No. 1［《第一钢琴协奏曲》］较佳。style［风格］等等，当然还是没有问题的。pedagoque［研究学问的教授］和 pianist［钢琴家］究竟不是一回事。

二月二十九日夜

亲爱的孩子：昨天整理你的信，又有些感想。

关于莫扎特的话，例如说他天真、可爱、清新等等，似乎很多人懂得，但弹起来还是没有那天真、可爱、清新的味儿。这道理，我觉得是"理性认识"与"感情深入"的分别。感性认识固然是初步印象，是大概的认识；理性认识是深入一步，了解到本质。但是艺术的领会，还不能以此为限。必须再深入进去，把理性所认识的，用心灵去体会，才能使原作者的悲欢喜怒化为你自己的悲欢喜怒，使原作者每一根神经的震颤都在你的神经上引起反响。否则即使道理说了一大堆，仍然是隔了一层。一般艺术家的偏于 intellectual［理智］，偏于 cold［冷静］，就因为他们停留在理性认识的阶段上。

比如你自己，过去你未尝不知道莫扎特的特色，但你对他并没发生真正的共鸣；感之不深，自然爱之不切了；爱之不切，弹出来当然也不够味儿；而越是不够味儿，越是引不起你兴趣。如此循环下去，你对一个作家当然无从深入。

这一回可不然，你的确和莫扎特起了共鸣，你的脉搏跟他的脉搏一致了，你的心跳和他的同一节奏了；你活在他的身上，他也活在你身上；你自己与他的共同点被你找出来了，抓住了，所以你才会这样欣赏他，理解他。

由此得到一个结论：艺术不但不能限于感性认识，还不能限于理性认识，必需要进行第三步的感情深入。换言之，艺术家最需要的，除了理智以外，还有一个“爱”字！所谓赤子之心，不但指纯洁无邪，指清新，而且还指爱！法文里有句话叫作“伟大的心”，意思就是“爱”。这“伟大的心”几个字，真有意义。而且这个爱绝不是庸俗的，婆婆妈妈的感情，而是热烈的、真诚的、洁白的、高尚的、如火如荼的、忘我的爱。

从这个理论出发，许多人弹不好东西的原因都可以明白了。光有理性而没有感情，固然不能表达音乐；有了一般的感情而不是那种火热的同时又是高尚、精练的感情，还是要流于庸俗；所谓 sentimental [滥情，伤感]，我觉得就是指的这种庸俗的感情。

一切伟大的艺术家（不论是作曲家，是文学家，是画家……）必然兼有独特的个性与普遍的人间性。我们只要能发掘自己心中的人间性，就找到了与艺术家沟通的桥梁。再若能细心揣摩，把他独特的个性也体味出来，那就能把一件艺术品整个儿了解了。当然不可能和原作者的理解与感受完全一样，了解的多少、深浅、广狭，还是大有出入；而我们自己的个性也在中间发生不小的作用。

大多数从事艺术的人，缺少真诚。因为不够真诚，一切都在嘴里随便说说，当作唬人的幌子，装自己的门面，实际只是拾人牙慧，并非真有所感。所以他们对作家绝不能深入体会，先是对自己就没有深入分析过。这个意思，克利斯朵夫（在第二册内）也好像说过的。

真诚是第一把艺术的钥匙。知之为知之，不知为不知。真诚的“不懂”，比不真诚的“懂”，还叫人好受些。最可厌的莫如自以为是，自作解人。有了真诚，才会有虚心，有了虚心，才肯丢开自己去了解别人，也才能放下虚伪的自尊心去了解自己。建筑在了解自己、了解别人上面的爱，才不是盲目的爱。

而真诚是需要长时期从小培养的。社会上，家庭里，太多的教训使我们不敢真诚，真诚是需要很大的勇气作后盾的。所以做艺术家先要学做人。艺术家一定要比别人更真诚，更敏感，更虚心，更勇敢，更坚忍，总而言之，要比任何人都 less imperfect［较少不完美之处］！

好像世界上公认有个现象：一个音乐家（指演奏家）大多只能限于演奏某几个作曲家的作品。其实这种人只能称为演奏家而不是艺术家。因为他们的胸襟不够宽广，容受不了广大的艺术天地，接受不了变化无穷的形与色。假如一个人永远能开垦自己心中的园地，了解任何艺术品都不应该有问题的。

有件小事要和你谈谈。你写信封为什么老是这么不 neat［干净］？日常琐事要做得 neat，等于弹琴要讲究干净是一样的。我始终认为做人的作风应当是一致的，否则就是不调和；而从事艺术的人应当最恨不调和。我这回附上一小方纸，还比你用的信封小一些，照样能写得很宽绰。你能不能注意一下呢？以此类推，一切小事养成这种 neat 的习惯，对你的艺术无形中也有好处。因为无论如何细小不足道的事，都反映出一个人的意识与性情。修改小习惯，就等于修改自己的意识与性情。所谓学习，不一定限于书本或是某种技术；否则“随时随地都该学习”这句话，又怎么讲呢？我想你每次接到我的信，连寄书谱的大包，总该有个印象，觉得我的字都写得整整齐齐、清楚明白吧！

四月十八日聪信摘录（波28）

原来我预备从布拉格回来后再去南斯拉夫，结果日程改了，根本没回来。这回从三月一日到十日，在布拉格耽了十天，以后在南斯拉夫耽了一个月零六天，比原定计划延长了半月余。原来在南斯拉夫只有七场音乐会，结果因成绩甚佳，南方再三邀请，故共演出了十四场，去了五个共和国的九个城市。其中九场独奏会，五场交响音乐会。（曲目略）

其中成绩最好的是萨格勒布的莫扎特和肖邦的协奏曲；里耶卡、卢布尔雅那、贝尔格莱德和萨拉热窝的独奏会。最后两场的琴坏极了。贝尔格莱德的交响音乐会，指挥极生硬而不谦虚，我演奏时感到很不如意，成绩多少打折扣，比较紧张，乐队也差，但却很成功，报刊评论热烈非凡，我自己可是不满意的。最高兴的是萨格勒布第二场的莫扎特协奏曲，恐怕是我到此为止最完整的一场演奏，从头至尾没有一点点不干净。整个来说，全部演出都很成功，每场谢幕十余次。

南国演出协会主席说，像我这次的成功是十年来除了苏联钢琴家吉利尔斯之外不曾有过的；而十年来到南国来的钢琴家多极了，包括许多西方的最知名的一些，老辈的或是年轻一辈的在内，如鲁宾斯坦、阿劳、费舍尔、巴克豪斯等。

南斯拉夫人民对中国的热爱和向往是使人非常感动的。他们对中国很熟悉，很早就学习中国的历史（主要是革命的历史）。他们自己有过极英勇的斗争历史，在反土耳其、反奥地利的斗争中，以及最后在反法西斯的斗争中，都表现了他们英勇不屈的民族的高贵品质。南国纪念碑之多，可谓惊人，真是处处血泪。他们所以向往和热爱中国，是和他们的民族遭遇有着很重要的关系的。这一点，作为中国人尤其感到光荣，感到温暖。

南国的风土之美，又是说不尽的。杜布罗夫尼克在海边，是六世纪时就有的古城，全部白石建成，古色古香，恍如到了希腊时代。那种明朗，那种安静，那种洁白，加上南国的阳光、海风和一片片绿色的森林，秀丽雄壮的山岗，我一辈子没见过比这更美的地方。那海水的蓝，蓝得像宝石一般。我在这城里住了五天，把一切疲劳都忘得干干净净，其余如孟的内哥罗的两个小城市，也是美得不能想象：山高水深，纯洁而又勇敢。大城市如萨格勒布、卢布尔雅那，以至其他的城市，无不各有其美。最大的特色是到处都明朗、干净、和平。我真是爱上了这个国家。

四月二十九日

亲爱的孩子：很奇怪你四月十八日写的信，内容很重要，为何隔了三天才寄呢？邮戳是四月二十一日，到上海是二十八日，路上倒很快；你自己为什么耽误呢？节目单、招贴、明信片等等都没到。过去你也是用航空寄的，怎么此次信到了一天多，那些东西还没到呢？

你信上第一段，很可作为一篇通讯，我想抄下来寄给《中国青年》半月刊。可惜内容还是不够些；例如南国风光，还要写得具体些；与当地人士及艺术家的接触也要多写些才好。你能再补些材料来吗？第一次在 Belgrade［贝尔格莱德］弹两支协奏曲中的肖邦协奏曲是 e min.［e 小调］还是 f min.［f 小调］？望告知！

信上第二三段的事，我已处理：一、把来信抄下一份，二、附我的意见；一式两份寄给文化部夏衍副部长，其中一份请他转呈周总理。因此事涉及文化部及外交部各方面。

你有这么坚强的斗争性，我很高兴。但切勿急躁，妨碍目前的学习。以后要多注意：坚持真理的时候必须注意讲话的方式、态度、语气、声调。要做到越有理由，态度越缓和，声音越柔和。坚持真理原是一件艰巨的斗争，也是教育工作，需要好的方法、方式、手段，还有是耐心。万万不能动火，令人误会。这些修养很不容易，我自己也还离得远呢。但你可趁早努力学习！

经历一次磨折，一定要在思想上提高一步。以后在作风上也要改善一步。这样才不冤枉。一个人吃苦碰钉子都不要紧，只要吸取教训，所谓人生或社会的教育就是这么回事。你多看看文艺创作上所描写的一些优秀党员，就有那种了不起的耐性，肯一再地细致地说服人，从不动火，从不强迫命令。这是真正的好榜样。而且存了这种心思，你也不会再烦恼；而会把斗争当作日常工作一样了。要坚持，要贯彻，但是也要忍耐！

五月九日聪信摘录（波 29）

关于学习问题，学校方面向使馆提了一个意见，希望我从现在起一年中把理论方面的课程补起来，争取于明年暑假考毕业。学习理论的办法是有助教单独给我上课。同时学校希望我勿再去国外演出，在国内的演出减少到最低限度。当时杰老师不同意的就是最后这一点。他认为演出太多固然会影响学习，但每月一二次是必须的，是最好的学习与锻炼。现在学校已和杰老师取得一致，副校长为此事特地去使馆与大使谈了一次，使馆也已同意。

再去捷克录音（古典部分）恐怕暂时不行了，因为同意不去外国，且捷克即将开始“布拉格之春”，也极忙，不一定再排得出时间来。索性等明年考毕业后再去录也好。

我的信作为通讯发表恐怕不相宜。要现写也很难，弄得不好，像自吹自捧；有许多材料也不适合中国读者。写得老实，别人会觉得我自高自大；否则就得套上八股，而我又不会。现在就得开始学理论，一定很忙，我动笔又慢，没把握能抽出时间。

在南国演出的节目，完全是南方决定的，欧洲演出节目，大都由爱乐团体排定。

说到暑假回家一节，其实对学业并无影响。飞机回来也不过两千多兹罗提。但留学生除了已结婚的，在学习期间，一律不准回国；对我一个人是否能特殊处理，就不敢说了。至少我自己很难向使馆提。

我希望回来一次，一方面是想念祖国，想念家；一方面也想在各方面多知道些祖国的情况，看看国内音乐界的同志们努力的成就如何；我自己学习的心得，也想和国内同志交流一下。杰老师常常出外表演，暑期中更不敢说有上课的机会。所以在这方面是不必顾虑的。你们的意见怎样，是不是明年回来更好呢？

莫扎特的《F大调钢琴协奏曲》（K. 459）已练成了，下月可能演出，地点尚未定。现正练勃拉姆斯的《韩德尔主题变奏曲和赋格》、莫扎特的《c小调幻想曲》、肖邦的《b小调第三奏鸣曲》、德彪西的《意象集》第二集。

现在我切盼的谱子是：巴赫的《降B大调随想曲》和《意大利变奏曲》、莫扎特的《降B大调钢琴协奏曲》（K. 456）、普罗科菲耶夫的《第一钢琴协奏曲》，因为这些都是计划了要练的。

寄来的各种书籍，我狼吞虎咽，差不多都看完了，真是非常感人。我们年轻的文学，比过去几十年的发展快多了。最要紧的一点是写得有血有肉，都是真实的。

五月十五日聪信摘录（波30）

前天杰老师告诉我，今年八月间在萨尔茨堡将举行莫扎特比赛，包括歌唱、提琴、钢琴、指挥等。钢琴部分的节目有：三支《协奏曲》，二支《奏鸣曲》，一支《幻想曲》或《回旋曲》或《变奏曲》。他的意见是希望我去参加，一则他认为我可能成功，二则也是个很好的学习机会。萨尔茨堡原来是莫扎特的故乡，今年又是大规模的纪念，将集中欧洲最优秀的音乐家和乐队。时间又在暑假，对我学校里的学习不会有任何妨碍。

我自己是很想去的。我自信在这比赛上能有所作为，而且节目很严肃，很有分量，不是那种可以投机取巧的比赛。我不怕比真功夫，只怕投机取巧。我的节目除已有二支协奏曲外，另外准备练《降B大调协奏曲》（K.456）——这是一支非常美而适合于我的曲子。就是乐谱一下子还弄不到。《奏鸣曲》昨天已开始练降B大调（K.570）和降E大调（K.449）。今天已在杰老师那儿上过课，他很满意。

过去我对莫扎特毫无所知；而这半年来我能掌握的莫扎特，的确是很不少了：在音乐上、技巧上都是如此。我现在弹莫扎特觉得最稳。最近练琴练得多，有些收获。

在欧洲我所听到演奏莫扎特的很多，特别是今年，很多有名的钢琴家，不论是现场听的还是听无线电的，真正好的演奏太少了。有这么一种感觉，要就是多愁善感，夸张而不朴素，制造效果的；要就是那种冷冰冰，干巴巴，缺乏水分的。

五月二十四日下午

一回家就看到你本月九日的信，及杰老师十五日信。今天又收到你十五日信（邮戳是十七），我急急忙忙把杰老师的信打字抄了三份，又译成中文，也是一式三份；又附了我的意见，一齐寄给文化部去，与此信同时付邮。

我完全赞同你参加莫扎特比赛：第一因为你有把握，第二因为不须你太费力练 technic［技巧］，第三节目不太重，且在暑期中，不妨碍学习。

五月三十一日

十五日来信收到。杰老师信已复去。二十四日我把杰老师来信译成中文寄给文化部，也将原信打字附去一并请示。昨（三十日）接夏衍对我上月底去信的答复，特抄附。信中提到的几件事，的确值得你作为今后的警戒。我过去常常嘱咐你说话小心，但没有强调关于国际的言论，这是我的疏忽。嘴巴切不可畅，尤其在国外！对宗教的事，跟谁都不要谈。我们在国内也从不与人讨论此事。在欧洲，尤其犯忌。你必须深深体会到这些，牢记在心！对无论哪个外国人，提到我们自己的国家，也须特别保留。你即使对自己要求很严，并无自满情绪，但因为了解得多了一些，自然而然容易恃才傲物，引人误会。我自己也有这毛病，但愿和你共同努力来改掉。对波兰的音乐界，在师友同学中只可当面提意见；学术讨论是应当自由的，但不要对第三者背后指摘别人，更不可对别国的人批评波兰的音乐界。别忘了你现在并不是什么音乐界的权威！也勿忘了你在国内固然招忌，在波兰也未始不招忌。一个人越爬得高，越要在生活的各方面兢兢业业。你年轻不懂事，但只要有决心，凭你的理解力，学得懂事并不太难。

在家信中什么都可以谈，不必像夏公信中说的那么矜持。一个人必须有地方发泄，才能做到对外面谨慎。

六月二十五日聪信摘录（波31）

我出去演奏，跑了两星期，去凯尔采和斯塔利诺格拉德弹莫扎特的《G大调钢琴协奏曲》（K. 453）、《F大调钢琴协奏曲》（K. 459）和《降B大调钢琴协奏曲》（K. 595）。因为想万一去参加比赛，事先多多锻炼总是好的。《G大调钢琴协奏曲》是我二十天前才开始练的，成绩都好。斯塔利诺格拉德的乐队很好，指挥很认真。莫扎特的协奏曲实在都是交响曲。我常常不满意乐队，这一回很满意，因为我的诠释，包括所有乐队部分在内，假如乐队不照我的意思做，会格格不入，不能成为一个完美的整体。

我的手指技巧，自己觉得更有进步了，音乐理解也是如此。莫扎特像一颗年轻的种子，忽然在我心中开了花。我多么希望你们能听到我弹的莫扎特。

今年若不参加比赛，我觉得应该回去一次，寒假里也许更好，希望在国内举行一些演奏会，特别把我这几年学的几个协奏曲演奏一下。（二个肖邦的，二个贝多芬的，四个莫扎特的。）

我决心要把全部莫扎特的《钢琴协奏曲》学完，那是最好的基础；而莫扎特又是如何了不起的天才！真是发掘不尽的宝藏，真懂得他的人那么少。因为他固然是人世的，同时那么纯洁、宁静、朴实。我现在才懂得为什么卫登堡那么爱莫扎特。

我相信莫扎特将永远留在我心中。我切盼能有一套全部莫扎特钢琴协奏曲总谱袖珍本。

现在最想弄到现代作家的协奏曲。普罗科菲耶夫，或巴托克，或奥涅格，或德彪西（他也写了钢琴和乐队的《幻想曲》），听说他协奏曲也有，就是找不到材料。能有普朗克的也好。今年秋天在华沙举行现代音乐节，将有许多国际性的乐队和音乐家来。我希望在我的保留曲目里能有一个现代作家的协奏曲。普朗克、奥涅格或米洛德都写了很好的《小协奏曲》。

各封来信中写的祖国各方面的情况令人又兴奋，又感动，又惭愧。夏衍先生的意见确是值得我深思的。我太真诚，太坦白，心中实在只有一片好意，有时却也闯祸；尤其在欧洲住久了，不免更感染了欧洲人那种直言不讳、坦率的作风。譬如关于宗教问题，我并没有自发地提起这个问题；南国记者谈起他们自己的情况，说他们有许多困难是由于宗教之故，听说波兰的情况也是如此，我当时只说了“是”，结果在报纸上发表的却成了我的意见了。

杰老师已收到你的复信。学习问题还得看着办，不必现在就肯定多久赶完。我自己的意见，最好在波兰多耽上四年五年，但一两年后每年回国三个月：一方面提前参加祖国的音乐建设，一方面能继续深造。

最近在这儿听到施纳贝尔和费舍尔演奏的三个莫扎特协奏曲，我一个都不满意。更奇怪的，从前曾经那么着迷的《降B大调钢琴协奏曲》（施纳贝尔弹的家里有的那一套），现在我发现毛病百出，太沉重，太紧张不安，太浮夸，乐队伴奏更是沉重得不像话。

七月一日晚

亲爱的孩子：五个星期没接到信，有点焦急。首先想到你是否太累而病了。今日接二十五日来信，心里的石头才算放下。

是否参加莫扎特比赛，三天前我又去信追问，一有消息，立即通知你。来信说的南斯拉夫新闻记者关于宗教问题事，令我想起《约翰·克利斯朵夫》中的事。记者老是这个作风，把自己的话放在别人嘴里。因为当初我的确是吓了一大跳的：怎么你会在南国发表如此大胆的言论呢？不管怎样，以后更要处处小心。史大正到后，对他也不要随便乱谈。他在写给国内的信中，倘若把你的话不经意地误传一下，对你的影响就不小。你也得当面常常嘱咐他：大家不要惹是非。

七月六日

今天收到夏衍先生来信，略称："关于傅聪同志参加莫扎特钢琴比赛之事，接函后（指五月去的信）即与有关方面联系，到最近为止，奥国方面迄未邀请，我国与奥地利尚无外交关系，对方未提邀请，我方不便自动前往，经第三国建议，亦属不妥，故已决定不派人参加。"

此事我今直接函告杰老师；他为此事很热心，应当对他有个交代。

七月二十四日聪信摘录（波32）

七十—七十一两信都已收到。不能参加莫扎特比赛真是可惜。其实，比赛原不邀请，奥国向任何一国都未提出邀请，只是通知而已。所谓邀请，恐怕也就是通知的意思。我国与奥国既无外交关系，宣传材料当然不会寄给我国了。

托其他驻波使馆找谱子是不方便的。私人的事不好向外交机构办交涉，尤其是第三国。而通过我国驻外的使馆，则有外汇问题；事情虽小，就是制度死板，解决不了。东德乐谱也不多，前年我在那边的时候，也找不到什么东西。

最近练了很多作品：巴赫《随想曲》，莫扎特《奏鸣曲》，斯卡拉蒂多首《奏鸣曲》，勃拉姆斯《韩德尔主题变奏曲》，弗兰克《恶魔》（钢琴与乐队的交响诗），德彪西《意象集》。另外练出了三个莫扎特协奏曲：F大调（K.413）、降B大调（K.456）、c小调（K.419）。你们也许会奇怪我为什么这样热衷于莫扎特的协奏曲；假如你们听到了这些了不起的作品，就不会奇怪了。他的协奏曲比他的任何其他器乐曲、交响曲都好，比钢琴奏鸣曲价值高得多了。最近看了一本论莫扎特的百科全书，摘录许多世界古今名家的话，一致认为《钢琴协奏曲》是莫扎特在器乐方面最高的成就。在他的三十余首交响曲里，只有五六首是精品。三十余首《弦乐四重奏》里，也只有十首最优秀。而二十八首《钢琴协奏曲》差不多全是精品，表现的内容那么丰富、多样，一首一个面目，这是莫扎特最得心应手的形式。其中有诗意、热情、人情、淡雅、微妙、深邃，都是结合得最完美的，真是发掘不尽的宝藏。事实上，它们却是多么粗暴地被人忽略了；这也是那些谱子难找的缘故。

莫扎特的传记使我很感动，他的信尤其有意思。能找到一本英文的传记寄给我吗？我看了一些阿尔弗雷德·爱因斯坦写的，特别好，很深刻，真懂得莫扎特。莫扎特真是人类最伟大的奇迹之一，真正希腊精神的化身！

百花齐放、百家争鸣的报告及《旅行家》杂志都已收到，真精彩，看了好几遍。我们的文章真有进步，很多是充满了感情，充满了生活气息，令人感动。

八月里可能去过暑假，去何处尚未定。明年无论如何得回国一次了。

杰老师对我越来越好了，常常请我到家去喝茶，谈天，谈音乐，谈莫扎特。他说我应该将来写一本论莫扎特的书。我说二十年后一定写，现在还太幼稚。

七月二十九日

上次我告诉你政府决定不参加 Mozart［莫扎特］比赛，想必你不致闹什么情绪的。这是客观条件限制。练的东西，艺术上的体会与修养始终是自己得到的。早一日露面，晚一日露面，对真正的艺术修养并无关系。希望你能目光远大，胸襟开朗，我给你受的教育，从小就注意这些地方。身外之名，只是为社会上一般人所追求、惊叹，对个人本身的渺小与伟大都没有相干。孔子说的“富贵于我如浮云”，现代的“名”也属于精神上“富贵”之列。

十月三日晨

亲爱的孩子：你回来了，又走了；许多新的工作、新的忙碌、新的变化等着你，你是不会感到寂寞的；我们却是静下来，慢慢地恢复我们单调的生活，和才过去的欢会与忙乱对比之下，不免一片空虚——昨儿整整一天若有所失。孩子，你一天天地在进步，在发展：这两年来你对人生和艺术的理解又跨了一大步，我愈来愈爱你了，除了因为你是我们身上的血肉所化出来的而爱你以外，还因为你有如此焕发的才华而爱你：正因为我爱一切的才华，爱一切的艺术品，所以我也把你当作一般的才华（离开骨肉关系），当作一件珍贵的艺术品而爱你。你得千万爱护自己，爱护我们所珍视的艺术品！遇到任何一件出入重大的事，你得想到我们——连你自己在内——对艺术的爱！不是说你应当时时刻刻想到自己了不起，而是说你应当从客观的角度重视自己：你的将来对中国音乐的前途有那么重大的关系，你每走一步，无形中都对整个民族艺术的发展有影响，所以你更应当战战兢兢，郑重将事！随时随地要准备牺牲目前的感情，为了更大的感情——对艺术对祖国的感情。你用在理解乐曲方面的理智，希望能普遍地应用到一切方面，特别是用在个人的感情方面。我的园丁工作已经做了一大半，还有一大半要你自己来做的了。爸爸已经进入人生的秋季，许多地方都要逐渐落在你们年轻人的后面，能够帮你的忙将要越来越减少；一切要靠你自己努力，靠你自己警惕，自己鞭策。你说到技巧要理论与实践结合，但愿你能把这句话用在人生的实践上去；那么你这朵花一定能开得更美，更丰满，更有力，更长久！

谈了一个多月的话，好像只跟你谈了一个开场白。我跟你是永远谈不完的，正如一个人对自己的独白是终身不会完的。你跟我两人的思想和感情，不正是我自己的思想和感情吗？清清楚楚的，我跟你的讨论与争辩，常常就是我跟自己的讨论与争辩。父子之间能有这种境界，也是人生莫大的幸福。除了外界的原因没有能使你把假期过得像个假期以外，连我也给你一些小小的不愉快，破坏了你回家前的对家庭的期望。我心中始终对你抱着歉意。但愿你这次给我的教育（就是说从和你相处而反映出我的缺点）能对我今后发生作用，把我自己继续改造。尽管人生那么无情，我们本人还是应当把自己尽量改好，少给人一些痛苦，多给人一些快乐。说来说去，我仍抱着"宁天下人负我，毋我负天下人"的心愿。我相信你也是这样的。

这几日你跟马先生一定谈得非常兴奋。能有一个师友之间的人和你推心置腹，也是难得的幸运。孩子，你不是得承认命运毕竟是宠爱我们的吗？

十月八日聪信摘录（32B）

今天下午到夏部长家谈了一个钟头，时间太少，没法谈得周到。学习问题：他说我再出去二年就回国，以后还要再出国学习，但完全是研究性质的了，也不一定再去波兰。他说这些还没有完全决定，要看实际情况。生活问题：他说将去信王炳南大使，叫我到华沙找大使谈，然后由大使馆做一个报告给文化部，就可以解决。

音乐会成绩很好，比上海完整，就是钢琴声音太闷，不够漂亮。

父子同游杭州西湖（一九五六年）

在北京一直忙，各种宴会，自己又要练琴。昨天音乐会完了很累，也没有时间好好睡觉。这回在北京，倒是什么地方都没听到人说我骄傲，就连部长谈话之间都一点也没有那种意思。我今晚还要理东西，录音也不知道要弄到几点呢！

十月十日深夜—十一日下午

这两天开始恢复工作；一面也补看文件，读完了刘少奇同志在“八大”的报告，颇有些感想，觉得你跟我有些地方还是不够顾到群众，不会用适当的方法去接近、去启发群众。希望你静下来把这次回来的经过细想一想，可以得出许多有益的结论。尤其是我急躁的脾气，应当作为一面镜子，随时使你警惕。感情问题，务必要自己把握住，要坚定，要从大处远处着眼，要顾全局，不要单纯地逞一时之情，要极冷静，要顾到几个人的幸福，短视的软心往往会对人对己造成长时期的不必要的痛苦！孩子，这些话千万记住。爸爸妈妈最不放心的就是这些。

学习方面，我还要重复一遍：重点计划必不可少。平日生活要过得有规律一些，晚上睡觉切勿太迟。你走了，仍有多方面的人反映，关心你的健康。睡眠太迟与健康最有影响。这些你都得深自克制！

十月十日深夜

今日上午收到来信。你这样忙，怎么还去录音？身体既吃不消，效果也不一定会好。

谢谢你好意，想送我《苏加诺藏画集》。可是孩子，我在沪也见到了，觉得花一百五十元太不值得。真正的好画，真正的好印刷（三十年代只有德、荷、比三国的美术印刷是世界水平；英、法的都不行。二次大战以后，一般德国犹太人亡命去美，一九四七年时看到的美国名画印刷才像样），你没见过，便以为那画册是好极了。上海旧书店西欧印的好画册也常有，因价贵，都舍不得买。你辛辛苦苦，身体吃了很多亏挣来的钱，我不能让你这样花。所以除了你自己的一部以外，我已写信托马先生退掉一部。省下的钱，慢慢替你买书买谱，用途多得很，不会嫌钱太多的。这几年我版税收入少，要买东西全靠你这次回来挣的一笔款子了。

说到骄傲，我细细分析之下，觉得你对人不够圆通固然是一个原因，人家见了你有自卑感也是一个原因，而你有时说话太直更是一个主要原因。例如你初见恩德，听了她弹琴，你说她简直不知所云。这说话方式当然有问题。倘能细细分析她的毛病，而不先用大帽子当头一压，听的人不是更好受些吗？有一夜快十点多了，你还要练琴，她劝你明天再练，你回答说：像你那样，我还会有成绩吗？对待人家的好意，用反批评的办法，自然不行。妈妈要你加衣，要你吃肉，你也常用这一类口吻。你惯了，不觉得；但恩德究不是亲姐妹，便是亲姐妹，有时也吃不消。这些毛病，我自己也常犯，但愿与你共勉之！从这些小事情上推而广之，你我无意之间伤害人的事一定不大少，也难怪别人都说我们骄傲了。我平心静气思索以后，有此感想，不知你以为如何？

平日仍望坚持牛奶、鸡子、牛油。无论如何，营养第一，休息睡眠第一。为了艺术，样样要多克制自己！再过二年的使徒生活，战战兢兢地应付一切。人越有名，不骄傲别人也会有骄傲之感：这也是常情；故我们自己更要谦和有礼！

十月十一日下午

十月十五日聪信摘录（波33）

到华沙天气很好，两月不见，我好似增加了对它的感情似的，真有一种回家的感觉，波兰对我究竟是很亲切的。

在北京，和夏衍部长谈话时，他曾给我许多很好的指教。他说他看了南斯拉夫的评论，另一方面，曾遇到无数南斯拉夫来中国的代表团，及南驻华大使馆的人员，没有一个不是热烈地赞不绝口的，他说："恐怕在中国，你会感到不像国外那样的温暖吧。一个真有成就的艺术家，有时不免要有些寂寞感的，但千万不要介介于心。"他希望我以后在国外学习时要想到这一点，要一方面能够自己深造，同时也顾到国内群众的需要，要尽到自己一份带路人的责任。这其实就是一个"普及"和"提高"相结合的问题。我觉得他说得很对，以后我是应该在这方面多多注意。

我正在看尼赫鲁的《印度的发现》，写得太好了，他是属于大智大慧的那种政治家，也只有一个像印度那样有深厚文化基础的国家，才会出这样的人才。这本书使我发现在印度的文化里有多么宝贵的东西，尤其是关于佛教的片段。

在北京时，曾听到好几次苏加诺的讲话，也使我很感动，他说话像真正的艺术家，那么热情、朴素、直率、有力，同时又具有一种迷人的宽大的风度。他说话有一种异常的煽动力，我从来没听到过那样使我激动的讲话，东方是真正的人类文化的宝藏！

到华沙后感到完全不同的气氛，我们的国家虽然有许多缺点，但整个说来，却是朝气蓬勃的，这儿却有一种灰色的感觉，这种感觉是很沉重的。

这几天天天听音乐会，一天两场，很精彩，但也够累的。罗马尼亚的乐队好极，指挥也好极；莫斯科的乐队好是好，但节目不好，竟然在现代音乐节里演奏柴可夫斯基，太岂有此理。布达佩斯的四重奏妙极，节目中巴托克的《四重奏》真太好了。

国内派黎国荃来参加这次音乐节，我临时又给拉去替他当翻译，其实，像这样的机会为何不多派些人出来看看听听呢？

十一月七日 *

这里自十一月三日起，南北昆曲大家在长江大戏院做二十天的观摩演出，我们前后已看过四场，第一晚是北方演员演出，最精彩的是《钟馗嫁妹》，是一出喜剧，画面美观而有诗意，爸爸为这出戏已写好了一篇短文章，登出后寄你看。侯永奎的《林冲夜奔》，功夫好到极点，一举一动干净利落，他的声音美而有 feeling［感情］，而且响亮，这是武生行中难得的。他扮相、做功、身段，无一不美，真是百看不厌。白云生、韩世昌的《游园惊梦》也好，尤其五十九岁的韩世昌，扮杜丽娘，做功细腻，少女怀春的心理描摩得雅而不俗。第二晚看《西游记》里的《胖姑学舌》，也是韩世昌演的，描写乡下姑娘看了唐僧取经前朝廷百官送行的盛况，回家报告给父老听的一段，演得天真活泼，完全是一个活灵活现的乡姑，令人发笑。一个有成就的艺术家，虽是得天独厚，但也是自己苦修苦练，研究出来的。据说他能戏很多，梅兰芳有好几出戏，也是向他学来的。南方的演员，我最欣赏俞振飞，他也是唱做俱全，一股书生气，是别具一格的。其余传字辈的一批演员也不错。总之，看了昆剧对京戏的趣味就少了。还有一件事告诉你，是我非常得意的，我先去看了电影豫剧《花木兰》，是豫剧名演员常香玉主演的，集河南坠子、梆子、民间歌曲等等之大成。常香玉的天生嗓子太美了，上下高低的 range［音域］很广，而且会演戏，剧本也编得好，我看了回家，大大称赏；碰巧这几天常香玉的剧团在人民大舞台演出，第一晚无线电有剧场实况播送，给爸爸一听，他也极赞赏她的唱腔。隔一天就约了恩德一起到长宁电影院看《花木兰》电影。你是知道的，爸爸对什么 art［艺术］的条件都严格，看了这回电影，居然大为满意，解放以来他第一次进电影院，而看的却是古装的中国电影，那真是不容易的。这个电影唯一的缺点，是拍摄的毛病，光线太暗淡，不够 sharp［清晰］。恩德请我们在人民大舞台看了一次常香玉的红娘，《拷红》里小丫头的恶作剧，玲珑调皮，表演得淋漓尽致。我跟爸爸说，要是你在上海，一定也给迷住了呢！

十一月十五日聪信摘录（波 34）

你们一定又等着我的信等着急了吧！这回我又遭遇了住房的困难，像一年前一样。上月二十日，招待所的主任突然通知我说，在二十三日开始举行新的议会选举，所有的房间都要用，限我于三天之内迁出，而且以后招待所将只属于议会专用。我当时大吃一惊，便质问他为何不早先通知。他说此事已于一个月前通知文化部，文化部始终置之不理。我便去文化部问，部长办公室主任态度蛮横，说此事乃前任部长办的，与现任部长无关；而且中波文化协定并未规定要为我解决住房问题。我无法，只好搬往哈拉谢维兹家中暂住，钢琴及大部分行李暂时寄存招待所。与使馆谈了，他们同意找私人家中出租房子。这二星期来就一直为这事忙得发昏，正好又遇上政治局势不稳，人心惶惶，什么事都比平常更难办。找来找去，不是太贵，便是太小，或是离城太远；终于找到了一间在市中心的房子，房主是工人，房租每月六百兹罗提，我已于前天搬来。但这儿的房主文化水平极低，对于我经常练琴等都有意见，还是诸多不便。所以我还打算继续找更合意的地方。房租问题使馆已写报告回国，等候批准，但六百兹罗提实在是太贵了。

由于房子问题，使我学习又大受影响。下星期三离华沙去卡托维茨和洛兹演出。在卡托维茨弹莫扎特的《降 B 大调钢琴协奏曲》（K. 595）和独奏会，节目是斯卡拉蒂、巴赫、韩德尔、德彪西，马先生的《走马及杯舞》，桑桐的《东蒙民歌》，及巴托克的三首匈牙利民歌，三首舞曲（根据保加利亚的节奏）。巴托克的作品好极，尤其是保加利亚舞曲，节奏很怪，是五拍、七拍、九拍及十一拍的，很难，但效果极妙。在洛兹将演出莫扎特的《降 B 大调钢琴协奏曲》（K. 456）。理论课的学习，大约将在我这次音乐会演出以后开始。

最近风声鹤唳，华沙一片抢购景象，群众都说要打仗了。这几天似乎又平静了些。许多政治问题在信上不便多谈，而且另一方面是我们也实在弄不清楚。有一件事是肯定的，就是波兰的党比起我原来预料的要坚强得多。开始时情况不比匈牙利少严重些，但居然能很快掌握住，真是不容易。

现代音乐节，我的印象并不甚佳。在节目的安排上显得凌乱，无计划，许多重要的作品没演，次要的东西占了很大的地位。最精彩的两场音乐会是：布达佩斯的塔特劳伊四重奏团和巴黎的帕朗南四重奏团，真令人神往，四个人全是第一流的音乐家，到了炉火纯青的地步。勋伯格的作品听到了，是一个钢琴协奏曲，实在怪得莫名其妙，听完以后只觉得头痛；有同感的人我碰到不少。

十二月二十三日聪信摘录（波35）

从卡托维茨和洛兹回来，整整两个星期，为了住房问题花足了心思，直到三天前，才算基本解决。回来后第一天去使馆，就知道高教部来了电话，表示不同意我住私人房屋，一定要住学校宿舍；使馆方面也官僚主义得很，只要上头下的命令，就得百分之百执行，也不考虑实际情况。但事实上做不到，因为波兰方面，学校宿舍一个空额也没有，现在是学季的半中间，不能把原来住的学生赶出去。使馆和波兰文化部办了好几次交涉，也还是解决不了。文化部转达杰老师的意见，认为还是租私人房子为妥。最后由学校出面，接洽了现在我住的这间房子，使馆才算同意了。我觉得使馆方面和波兰方面都是只管自己的主意，根本不管我。结果又是两个星期糟蹋掉了，既不能正规地好好学习，也不能好好休息，心情因此很不愉快。

现在住的地方是一个画家家里，一共是三间房，他们住两间，我住一间，中间隔着一个走廊，所以相当安静。主人是夫妇两个，和一个十一岁的女孩子，人很朴素，虽然不是那种文化修养很高的，却是很规矩可靠。吃饭也就包在他们那里，每月一千兹罗提，吃得还好；特别有一点很方便，就是像家里一般，一天到晚什么时候想喝茶或是什么零碎吃的都可以。

这一学期波兰提前放假，从十五日就放了，我的理论课等大概要等下学期开始。下学期一月七日开学。我准备四日、五日到克拉可夫去演奏莫扎特的《降E大调钢琴协奏曲》（K449），这是新练的，还有弗兰克的《交响变奏曲》。在洛兹和卡托维茨的音乐会成绩都很好。

今天是圣诞节前夜，原来说是中国同学要来我这儿，不知为什么又没有来。在洛兹见到史大正，谈了很多。在波兰的中国同学，就没有一个有他那样的文化水平，看问题也不是那么机械。这主要是用不用脑子的问题。史大正两次音乐会都来了，还送了我很漂亮的花。明天他又要来我这儿，我要他练好一点东西，弹给杰老师听听。

波兰的政治局势还是不稳，最近就要大选，许多地方共产党的候选人败下来了，这是个大难关，这儿盛传周总理即将来波，大概是来打打气，现在波兰只听中国和南斯拉夫的话。

最近听到各式各样新闻很多，信中也不便多写，也不知真实性如何。总而言之，有点叫人扑朔迷离。照使馆那种解释，把什么都说得理所当然，那是显而易见的幼稚，不过对于我们那些只会听领导上的话的同学们，大概已经够解决问题了。等着看吧，我总觉得波兰是一颗炸弹，现在绝不能失一点火，全人类的命运都在一根火柴上头。

上海音乐会结束后，傅聪与父母同游杭州九溪十八涧，

这是傅聪与父母的最后一次出游（一九五六年）

一九五七年 十二通

1957

一月十四日＊

亲爱的聪：左盼右盼，总算盼到了你的信，要是你住的问题不解决，我们也不会安心。现在有了着落，得之不易。与人家合住，第一要自己识趣，能好好相处下去。房东是画家，弄艺术的人总比较容易接近，能像在自己家里一样，再好也没有了。自接到你回波信后，我们就不敢把信及书寄到原来的地方，为了保险，就寄到杰老师家，前后有信两封，书五包，不知收到了吗？来信总不依照我们的信回，马马虎虎有些不明白。来信说照片收到了，是否我们在杭州拍的几张？

你现在的房租费若干？是使馆负担的还是要你自己负担的？吃饭一千兹罗提归谁付的？这些细账望你都告诉我们，也许有机会爸爸跟夏部长他们会碰头，不免要谈起你住食的问题。

你说一月七日开学，那么你的理论学习就要开始了，千万要抓紧时间，不能一误再误，对波兰语文也得下一番苦功，光会讲，不能阅读，对你的学习，是个大大的缺陷。

阿敏到了北京后，前后写了二十几封信回家，他比你勤笔。对国际局势很关心，有时也会发议论，很肯用脑子，对学习问题也肯用功，他说对英文最感兴趣，来信也总要问起你，他有信给你，你有没有给他回信？年假要回来的，二十六日考毕，大概月底月初可以到家了。我们也很想见见他，半年了，各方面都应该长成些了。①

---

① 傅敏一九五六年高中毕业考入北京的外交学院。

一月二十八日聪信摘录（波36）

周总理来了一次，我们也跟着忙了几天，接送，宴会。宴会上我又演奏了，成绩很好，但在那种乱哄哄的场合，总是没啥意思的。周总理见了我，就像老相识似的，亲热得很。这回周总理在波兰受到空前的热烈欢迎，我想最主要的是周总理的作风太谦虚，太朴素了，使人觉得可亲，一点没有架子，对于像波兰这样一个受惯外族欺压的民族，这是他们最感动的。

从波兰这次大选来看，波兰的人民觉悟还是很高，这一向局势已相当稳定，一般人的情绪都很乐观。

学校里本来应该开始上理论课了，但理论系主任生病，我的事由他管的，因此一时又不能开始。这个星期又是考试（上学期的期终考试到现在才考），理论系主任叫我二月五日再找他，视唱我已经考掉了，而且得到很高的分数。

最近开始练舒伯特的《降B大调钢琴奏鸣曲》和肖邦的《b小调钢琴奏鸣曲》。准备把拉威尔的《小奏鸣曲》重练，加上莫扎特的《钢琴奏鸣曲》，刚好是一个节目。上半部是莫扎特和舒伯特，下半部是拉威尔和肖邦。最近练的成绩不错；舒伯特的奏鸣曲很美，很有深度，就是有点啰唆，这完全要靠演奏来补救。

寄来的书我已看了许多，《查第格》太妙了，巴尔扎克的小说还没来得及看，中国小说全看了，都好，我最喜欢《春种秋收》，《黎明的河边》也很动人，《铁道游击队》好是好，但长篇小说好像总难得能写得十全十美的。主要的是这些真实的生活反映给了我深刻的教育。在国外生活，太需要这样的精神养料了。

在克拉可夫演奏了弗兰克的《交响变奏曲》（原来还要弹莫扎特的协奏曲 K.449，因为没有分谱和总谱，临时抽掉了），成绩好是好，但还有缺点，主要是两点：我现在弹古典的作品倒很稳，但弹浪漫派的作品容易冲动，不能完全控制；另外一点是我整个说来不够强壮，力气不够，两三年以前我是初生之犊，一股蛮劲，现在收敛了，要他逼出劲来是可以，但支持不了很久，一会儿就累极了。这回弹弗兰克弹得很细致，但劲儿不够。这跟我一年来多弹莫扎特也有关系，还有我现在也不像从前那么喜欢弗兰克了；奇怪得很，从前为之神魂颠倒的段落，现在只觉得装腔作势。十九世纪浪漫派的音乐家要数肖邦第一，肖邦还是百弹不厌的。

现在我住的地方，租费是我自己负担的，饭费当然也是我自己负担的。说起这些事心就要烦，不过只要我能够自己维持下去，就这样吧，因为有时去争争，反而倒把原来已经解决了的问题重新找了麻烦，要紧的是我的时间，我不愿再把时间浪费在这些争执上去，多练些东西，多开些音乐会，那不更值得！

上次信中说起录音事，因为我知道国外好些录音公司如 Decca、Pathe - Macconi 和 Phillipe 都收购了许多波兰的录音，同时也托波方替他们录音。我那时是波兰录音公司第一次录慢转唱片，现在听说成绩很好了。听说在专门评论唱片的权威杂志《迪斯克》上，对去年肖邦比赛那套唱片评价很高，还得了个什么奖呢。

敦煌的展览会在华沙举行，东西不多，布置得很糟，那个展览的大厅完全不适于这种画展，不知派了谁来布置的？有点潦草，也许为了赶在周总理访波的同时展出，匆忙了些。不过话又得说回来，即使这样，画展还是够精彩的。

二月二十四日

Bronstein［勃隆斯丹］一月二十九日来信诉我："……在最近的一次音乐会上（我是演奏巴赫《第五号勃兰登堡协奏曲》中的三个独奏者之一），一群刚到的匈牙利音乐家来到后台，由于提到了我是从中国来的，其中一位匈牙利音乐家过来对我说，他在布达佩斯听说了一位非常了不起的中国青年钢琴家，在最近的肖邦钢琴比赛中得了第三名。你显然会明白听到这些话时我的感受！接着他说给他第三名是很不公平的，毫无疑问他应该得第一。"

上海这个冬天特别冷，阴历新年又下了大雪，几天不融。我们的猫冻死了，因为没有给它预备一个暖和的窠。它平时特别亲近人，死了叫人痛惜，半个月来我时时刻刻都在想起，可怜的小动物，因我们粗心大意，送了命。

三月十四日聪信摘录（波 37）

这回整整一个半月没写信了，最近半个月来，音乐会接着音乐会，工作紧张，一方面缺少时间，一方面也分不开心来，所以一直拖到今天。三月一日到四日我在波兹南省的一些主要城市演出了四场。

十二日在华沙爱乐团体演出。特别是华沙的音乐会，因为我差不多有两年没在华沙演出了（我是说这种大场面的演出），所以对自己要求格外严格，功夫下得特别多。在华沙演奏了肖邦的《b小调钢琴奏鸣曲》；德彪西的六个《前奏曲》，其中三个是新练的；斯卡拉蒂的七个《奏鸣曲》，其中四个是新练的；韩德尔的《夏空》；巴赫的《随想曲》。成绩整个来说很好，很成功，特别是斯卡拉蒂和德彪西。肖邦的奏鸣曲，有些地方技巧还略嫌粗糙，因为临场有些紧张。这个奏鸣曲真难，我花足了功夫，还不能满意；最难的是要呵成一气；我认为音乐上和技巧上这是肖邦最难的作品之一，只有《降b小调钢琴奏鸣曲》是在同一水平上。

杰老师对我的音乐会非常满意，高兴极了，他是非常严格的学者，难得夸奖学生的，这回是例外。音乐会前后，他都兴奋得很；在场的听众说，杰老师在音乐会中，从头至尾掩饰不住他内心的欢乐，听得真是出神了。他到处提起我，说我是真正的艺术大师，那种微妙只有在中国的诗或绘画中才能找出例子来，每一个小节都是细腻万分。他说他不久要写信给爸爸，告诉你我的巨大进步。这些真是使我又高兴又感动。杰老师是真正懂得我的艺术最主要本质的，而这是多么不容易。没有更能使我感到高兴的，就是从他的口中说出来我的艺术是中国的艺术；对了，假如我的艺术有一些比较难得的品质的话，那是因为我是我的古老而伟大祖国的忠实儿子。

在波兹南附近的音乐会也都很成功，那些城市的音乐学校的教授，有的甚至跟了我跑好几天，连着听几天的。我就是累一些，天天坐二三小时的火车，旅馆吃饭等条件也差。

现在准备彻底把肖邦的《f小调第二钢琴协奏曲》和弗兰克的《恶魔》练好，独奏会得好好搞一个3 B节目。我大东西弹得还太少，杰老师满心希望我能在毕业时弹勃拉姆斯的《降B大调钢琴协奏曲》，我说还是先弹舒曼的协奏曲，然后再看。杰老师常常提起，为什么不到别国去演出呢，他对我是抱了无限的期望的，最近他对我说，我是他的学生中给了他最多的快乐和安慰的。上月他从日内瓦回来，告诉我说在那儿遇到法国广播电台部门的主要负责人，提起我赞不绝口，他们只不过从唱片上听到我，无论如何要想法请我到巴黎去演奏。半年前（我从国内回来后）遇到罗维茨基——波兰最好的指挥，从南斯拉夫回来，说南斯拉夫至今还常常谈起我，他们把我比成某一特殊类型的钢琴家的代表。

和声课已开始，尚没有什么困难。另外考掉了视唱和Piano Literature［钢琴文学］。音乐史和Form［曲体］下学期开始。

我现在演奏每次是一千兹罗提（付掉八十兹罗提左右的税），实惠多少，要看路的远近，住的日子长短而定，至少大概六百兹罗提可剩。原有存款，尚剩五千兹罗提。

我身体很好，特别是工作紧张时，我却特别高兴，虽累一点，精神上却很轻松。

最近听到Stravinsky［斯特拉文斯基］的*Les Noces*［《结婚》］，印象极深，那是一种犷野的原始的，但也是极美的音乐。

三月十七日夜十一时于北京

亲爱的孩子：三月二日接电话，上海市委要我参加中共中央全国宣传工作会议，四日动身，五日晚抵京。六日上午在怀仁堂听毛主席报告的录音，下午开小组会，开了两天地方小组会，再开专业小组会，我参加了文学组。天天讨论，发言。十一日全天大会发言，十二日下午大会发言，从五点起毛主席又亲自来讲一次话，讲到六点五十分。十三日下午陆定一同志又做总结，宣告会议结束。此次会议，是党内会议，党外人一起参加是破天荒第一次。毛主席每天分别召见各专业小组的部分代表谈话，每晚召各小组召集人向他汇报，性质重要可想而知。主要是因为“百家争鸣”不开展，教条主义顽抗，故主席在最高国务会议讲过话，立即由中宣部电召全国各省市委（宣传文教）领导及党内外高教、科学、文艺、新闻出版的代表人士来京开“全国宣传工作会议”。上海一共来了四十五人（全国一共来三百六十人），北京（即中央的）有三四百人，总数是七百余人。上海代表中，以文艺界为最多，美术音乐只各占一人。高教界也来了不少。我们党外人士大都畅所欲言，毫无顾忌，倒是党内人还有些胆小。大家收获很大，我预备在下一封信内细谈。

我在会议内及会议后，老是忙得不可开交。七年不来京，老朋友都想我，一见面又是长谈，并且不止谈一次。庞伯伯、马先生、钱伯伯、姜椿芳、陈冰夷等都见了二三次，楼伯伯见面更多。周巍峙、王昆两位也见了两三回。夏部长、刘部长、周扬部长都约我去长谈。故此信不能一口气写，先寄上毛主席第一、二次讲话记录摘要，是照我笔记本上整理出来的。因是党的会议，报上不公布的，所有文件都披露，只能由我向你传达。但连日朋友请吃饭，故除了开会，就是东奔西跑，跟你在京情况差不多。我决定十九日回沪，二十日夜到家。明天是否能抽空再写别的报告，当无把握。译文社要我明天下午去谈谈（向编辑同志）翻译问题。

三月十七日夜十一时于北京新侨饭店

大会及小组讨论主要是“人民内部矛盾问题”、“知识分子问题”“百家争鸣问题”和“学生闹事问题”。并要求大家尽量提意见，并反映各地各界情况。

三月十八日深夜于北京

毛主席的话和这次会议给我的启发很多，下次再和你谈。

从马先生处知道你近来情绪不大好，你看了上面这些话，或许会好一些。千万别忘了我们处在大变动时代，我国如此，别国也如此。毛主席只有一个，别国没有，弯路不免多走一些，知识分子不免多一些苦闷，这是势所必然，不足为怪的。苏联的失败经验省了我们许多力气；中欧各国将来也会参照我们的做法慢慢地好转。在一国留学，只能集中精力学其所长；对所在国的情形不要太忧虑，自己更不要因之而沮丧。我常常感到，真正积极、真正热情、肯为社会主义事业努力的朋友太少了，但我还是替他们打气，自己还是努力斗争。到北京来我给楼伯伯、庞伯伯、马先生打气。

自己先要锻炼得坚强，才不会被环境中的消极因素往下拖，才有剩余的精力对朋友们喊“加油加油”！你目前的学习环境真是很理想了，尽量钻研吧。室外的低气压，不去管它。你是波兰的朋友，波兰的儿子，但赤手空拳，也不能在他们的建设中帮一手。唯一报答她的办法是好好学习，把波兰老师的本领，把波兰音乐界给你的鼓励与启发带回到祖国来，在中国播一些真正对波兰友好的种子。他们的知识分子彷徨，你可不必彷徨。

我也和马先生、庞伯伯细细商量过，假如改往苏联学习，一般文化界的空气也许要健全些，对你有好处；但也有一些教条主义味儿，你不一定吃得消；日子长了，你也要叫苦。他们的音乐界，一般比较属于 cold［冷静］型，什么时候能找到一个老师对你能相忍相让，容许你充分自由发展的，很难有把握。马先生认为苏联的学派与教法与你不大相合，我也同意此点。最后，改往苏联，又得在语言文字方面重起炉灶，而你现在是经不起耽搁的。周扬先生听我说了杰老师的学问，说：“多学几年就多学几年吧。”（几个月前，夏部长有信给我，怕波兰动荡的环境，想让你早些回国。现在他看法又不同了。）你该记得，胜利以前的一年，我在上海集合十二三个朋友（内有宋伯伯、姜椿芳、两个裘伯伯等等），每两周聚会一次，由一个人做一个小小学术讲话；然后吃吃茶点，谈谈时局，交换消息。那个时期是我们最苦闷的时期，但我们并不消沉，而是纠集了一些朋友自己造一个健康的小天地，暂时躲一下。你现在的处境和我们那时大不相同，更无须情绪低落。我的性格的坚韧，还是值得你学习的。我的脆弱是在生活细节方面，可不在大问题上。希望你坚强，想想过去大师们的艰苦奋斗，想想克利斯朵夫那样的人物，想想莫扎特、贝多芬；挺起腰来，不随便受环境影响！别人家的垃圾，何必多看？更不必多烦心。做客应当多注意主人家的美的地方；你该像一只久饥的蜜蜂，尽量吮吸鲜花的甘露，酿成你自己的佳蜜。何况你既要学 piano［钢琴］，又要学理论，又要弄通文字，整天在艺术、学术的空气中，忙还忙不过来，怎会有时间多想邻人的家务事呢？

亲爱的孩子，听我的话吧，爸爸的一颗赤诚的心，忙着为周围的几个朋友打气，忙着管闲事，为社会主义事业尽一分极小的力，也忙着为本门的业务加工，但求自己能有寸进；当然更要为你这儿子做园丁与警卫的工作：这是我的责任，也是我的乐趣。多多休息，吃得好，睡得好，练琴时少发泄感情（谁也不是铁打的！），生活有规律些，自然身体会强壮，精神会饱满，一切会乐观。万一有什么低潮来，想想你的爸爸举着他一双瘦长的手臂远远的在支撑你；更想想有这样坚强的党、政府与毛主席，时时刻刻做出许多伟大的事业，发出许多伟大的言论，无形中但是有效的在鼓励你前进！平衡身心，平衡理智与感情，节制肉欲，节制感情，节制思想，对像你这样的青年是有好处的。修养是整个的，全面的；不仅在于音乐，特别在于做人——不是狭义的做人，而是包括对世界、对政局的看法与态度。二十世纪的人，生在社会主义国家之内，更需要冷静的理智，唯有经过铁一般的理智控制的感情才是健康的，才能对艺术有真正的贡献。孩子，我千言万语也说不完，我相信你一切都懂，问题只在于实践！我腰酸背疼，两眼昏花，写不下去了。我祝福你，我爱你，希望你强，更强，永远做一个强者，有一颗慈悲的心的强者！

四月十八日聪信摘录（波38）

这回又迟迟不写信，主要一方面是由于音乐会多，一方面也因为许多新鲜的事物需要多想想。爸爸的三封信及材料，妈妈的信都收到了，真是叫人说不出的兴奋。那些材料我都看了又看，简直都背得了，给我的启发和教育真是无穷，解决了许多我以前没想通的问题，特别因为我在波兰接触到完全不同的环境。使馆的态度，我认为是有严重的教条主义的，使我不能心服，所以毛主席的讲话简直是对我的一个最有力的鼓励。我们的毛主席真是太伟大了，要不是他的英明远见，那波兰的事件不知要闹成什么悲剧呢！我前几个星期心绪不宁，主要因为有许多问题想不通；我究竟是个多多少少能独立思考的人，也多多少少有着理想和热情的人，在我发现许多事实和伟大的马克思主义的理想不符的时候，当然就会因此而感到痛苦。毛主席的话里许多都是我自己也在想的，只是不透彻，看了他的话，真像吃了什么灵芝仙草似的，痛快极了。我重新翻出“毛选”，一口气从头至尾读了一遍，觉得现在他的话固然有新的发展，但是那种最科学的分析事物的马列主义方法是一贯的。我觉得最主要的，就是要学这种真正的科学的思想方法。

我的苦闷很大一部分是由于使馆，以及留学生中间的根深蒂固的教条主义。譬如说，波兰的十月事件，直到今天，使馆和同学的看法，实质上还是否定的。在发生事情的第三天，使馆就召集了同学，说波兰是党内右倾分子得势，接近于资产阶级专政，把哥穆尔卡说成是机会主义者；一口否认苏联的错误，硬说波兰人民中间的不满是由政府中的右倾分子故意煽动起来的。虽然过后又纠正了这种说法，但实际上并没有改变他们对波兰政府的不友好态度。总而言之，他们坐在办公室里，就下结论，又教学生们戴上有色眼镜去看周围发生的事情；那种情报当然也就带上他们主观所愿望的那种颜色了。我们的党中央能够在这种错误情报之下，做出那么英明的措施；在很大程度上挽救了波兰的局势，太使人感动了。波兰十月事件后的情况，固然有一部分不良现象，也不该完全推在反对的人身上去，那是过去错误带来的必然的反应。

教条主义的严重，就在于完全把人的思想限制住了，我想这是说明人类还没有脱离宗教情绪的控制，人们还是懒得用脑子，盲从究竟是最容易的。中国人虽然从来不是一个宗教民族，但几千年的封建社会，究竟是教条八股的大本营，那些东西根深蒂固，现在常常摇身一变，戴着马克思主义的面具出现。要说帽子，恐怕也要数中国第一，我们各种“主义”帽子之多，在国外是不能想象的：把一切非原则的问题，都提到原则高度上来，美其名曰站稳立场，俨然是马克思主义的忠诚信徒，其实我觉得那只是一种旧教条的新翻版而已。我们现在的人与人之间的关系，我觉得也很不正常，比起欧洲人来，那我们许多同志的生活，是多么枯索啊！兴趣是多么狭隘啊！又是多么缺乏幽默感啊！爸爸的信及毛主席话中提到今日的干部，往往是开会、散会、打扑克，事实正是如此。

说起大国主义，我的感受最深切了。大国主义不一定表现在像苏联的那种方式上面。我们使馆同志对外的种种举动，都是非常谨慎的，也很谦虚（同学也一样），但这个只做了一面，而且有时往往过分；我们的大国主义是在骨子里的，那是几千年封建大帝国的自大。同志们看外国的问题，处处以我们中国人的道德观念、趣味、习惯来断定是非，我认为这是不公平的。

这次毛主席的讲话，使馆始终不传达，后来知道我有了材料，又赶紧通知我无论如何不要对任何人说（指对自己的中国同学），说若是已经说了，那就算了，也没有关系。意思之中这是错的，但还不要紧。他们说要等国内有了指示，才能传达。可见他们是怕它如洪水猛兽，相反的，关于修正主义却已前前后后做了六次报告和讨论了，谈的问题却都和我们中国、中国人今天的情况没有多大联系。我要问一句：为什么在这件事上（毛主席报告）如此谨慎，而在波兰十月事件时又如此轻易下结论呢？

今天要和教条主义做斗争，真是艰苦得很，不过毛主席说得最透彻，看得最远。人是要有这种大智大勇，置生死利害于度外，为真理斗争到底的精神才有价值。毛主席也启发了我看问题要用历史的眼光，其实就是科学的眼光，马列主义所以为真理，正因为是科学。看了毛主席的话，虽然切身痛感斗争之不易，但勇气百倍，乐观得很。

有一个最感迫切的问题，是我们今天对年轻一辈的教育，从留学生中观察，感到教条主义的毒素在我们年轻人中间也深深地扎了根。我们的社会里常常是以规规矩矩，安分守己，实际上是盲从的青年为好青年的标准，其实这是多么武断与狭窄啊！马列主义变成了教条，那就是最顽固的宗教；因为受教条毒害的人，处处以自己对革命事业的忠诚而感到自豪，往往做了错事坏事，还坚信是积了功德。所以毛主席说要和风细雨，治病救人；硬整是只会加深教徒的宗教狂的。

最近曾去斯切钦和卡托维茨两地举行演奏会，弹的是肖邦的《f小调第二钢琴协奏曲》，第二次的成绩甚佳。

在卡托维茨遇到苏联国家乐队指挥阿诺索夫，谈了很多。他是一个非常有学问，又非常谦虚的人，是李德伦的老师。提起李，他赞声不绝，说是他最爱的学生，说李的学习速度和天才是惊人的，说他是个真正的艺术家，是既有天赋又对艺术非常热衷的一个艺术家。他提起李时的表情，真是照波兰俗话所说"像太阳升起来似的"，我听了真又感动又高兴。他很希望能和我合作，希望在联欢节时去，他将为我举办交响音乐会和独奏会。

关于今年去联欢节事，我老师的意见，若能正式作为演奏家身份去举行个人演奏会或交响音乐会，他是很赞成的，而且鼓励的，但他不会同意我作为一个普通代表团员，在大杂烩里凑一个节目。他已把这意见告诉大使馆，但我怕使馆外行，希望爸爸把上面这些情况和文化部直接谈一谈。我是很希望去的，但当然像杰老师说的那种性质。联欢节的活动，我已参加了二次，再多参加也没有多大意义，而且我身体也受不了，也发挥不了真正的作用。能够正式举行音乐会，还是值得的。杰老师最近去法国遇到玛格丽特·朗等，都迫切希望我能去法国演出，只是不知如何与我国接头。这种情况也望爸爸向文化部反映。

最近梅纽因到华沙来演奏，轰动一时，但实际成绩不过尔尔，他的演奏很不平衡，有时极美，有时甚糟。音不准的时候很多，虽然不是不大准。但勃拉姆斯的《小提琴协奏曲》还是拉得很动人。

五月二十日聪信摘录（波 39）

我八日在卡托维茨演出了莫扎特的《F 大调钢琴协奏曲》和弗兰克的《恶魔》。虽然还有一点不太熟练，但成绩可说很好。二十八日准备去格但斯克开独奏会，节目包括：韩德尔《G 大调组曲》，舒伯特《降 B 大调钢琴奏鸣曲》，巴托克十五首民歌肖邦《b 小调钢琴奏鸣曲》。因为大多是新练的东西，因此又忙起来了。和声进展得很快，但今年暑假以前不能结束，因为不久就放假了。最近和声方面的功课也多，花不少时间。我想下学期除曲体与音乐史以外，还要好好学对位法，我始终有一个奢望，也想试试当指挥。

两星期前使馆请杰老师吃饭，请的饭真简陋，我为之很不舒服，我们中国的官僚习气也表现在这上头，他们对于当官儿的是敬之如神，对于艺术家却不那么重视。大使到瑞士去开会了，当天不在，是参赞出面的。我们的外交人员之不善于外交，也真可怕，那天几乎全部冷场；因为我们的好同志真是除了政治以外，什么也不知道，也不感兴趣。

来信说的各点，我都非常同意，不过我并非不了解使馆，不替他们设身处地地想，只是因为看到，他们的责任关系到中波邦交，许多问题有世界性的影响，使我不免为之担忧。

波兰的情形复杂，那是事实，但不像使馆所说的那么可怕。要了解波兰，应该要了解它的历史；波苏关系更要查历史。我知道十月事件发生时使馆的看法，绝不是今天王大使的看法，今天的看法是我们党中央的英明。我对波兰绝非是一味感情，但是我和波兰人打成一片，我了解他们，他们的优点、缺点，我都看得相当清楚，我的批评精神绝不是那么软弱的，我对使馆的不满，纯粹是是非问题。

毛主席的报告到今天尚未传达。我不能同意那种说法，说怕起副作用，不是毛主席说的“不要暖室里的花吗”？他们说是波兰情况复杂；但正因为如此，更需要学习真正客观的科学的思想方法；否则就是使馆到今天一直用的办法，片面地理解波兰的各种现象，结果造成中国学生和波兰同学之间的严重隔阂。中国同学是什么也看不惯，觉得真是“糟得很”。我的看法完全不同，波兰有许多糟得很的现象，但也有许多是因为我们的使馆教给同学的思想方法“糟得很”。其实使馆到今天，还是没有改变起初那种看法，只是因为中央的指示，不好不遵守，但肚子里满满的都是疑虑。同学们也这样。

中国跳过了资产阶级革命这一关，有许多好处，但缺点也很大。中国人的个性太不解放了，在波兰的外国留学生，以中国人为最老成、最规矩，可不是最有才能。朝鲜、蒙古、越南同学都比中国同学有生气得多，波文讲得很漂亮，因为他们能和波兰人打成一片。我们的同学虽然不出乱子，但死气沉沉，也没有什么对任何文化活动的兴趣，这真是我们年轻一代的危机！许多波兰人都称赞中国人好，但说和中国人没有三句话可谈。我们自己筑了多高多厚的墙啊！我说汉族非求得新生不可，我们的少数民族个性解放得多，要革掉几千年的封建还得好好下功夫才行。

去联欢节演出事，尚无消息，我倒想爽性不去。波兰七月初就放假，我还是想回国过暑假，有三个月的时间；一方面因为在波兰出去度假，也要花不少钱，杰老师大概又不在；一方面国内今年变化大，急于想看看，心里也有许多话，许多新的感受想说。

我最近心情很好，你们不要以为我信上话多了，有苦闷，我只是想得多，其实越是想得多，发现问题越多，我的积极性越高，我切身体会到，什么才叫“不是暖室里的花”。我想中国人不缺少聪明，不缺少毅力，不缺少耐心，就是缺少个性解放，特别是学艺术的，没有个性就没有艺术。

我近来又读诗。李白的气概真是个性解放的极顶，那大概也就是希腊神话中的众神的那种气概吧！人类应该往这个理想追求。

最近日本的田中清子和丈夫一起到波兰演出，我为了陪他们，帮他们解决一些杂务，就又拖到今天才写信。她丈夫是一个作曲家，人很好，就是日本人的那股死板劲儿，总是感觉到的。她的演奏却使我大失所望，技巧极佳，但音乐全无，尤其格调不高。

两星期前大使馆请杰老师吃饭，把我的琴搬了去，史大正等三个弹琴的都来了，也弹了一些给他听，钱乐知是死板得要命，不过她有自知之明，说将来想教儿童。李其芳很好，很有音乐感，有希望，大概下学期可转华沙，到杰老师班上来。史大正真可怜，技巧越来越糟，音乐也闷得很，散漫无组织能力；他的毛病基本在于心理上有障碍。那天饭后，他住在我家，两人没头没尾谈了整整两天两夜，觉也没睡。我们相互之间了解得更深了，得到很多好处，解决了许多思想问题，很痛快。史大正真苦，不像我幸福，自小接触到的天地广。所以我想他最好下学期到华沙来和我多相处，也许能多少解决一些他的苦闷。他说洛兹真像人间沙漠，只有到我这儿来，才觉得有些人情的温暖。的确，今天在年轻的一批教条主义者和我们之间，真太难找到共同的语言了。

九月十七日 *[①]

我们叫你一到北京就跟夏部长通电话，阿敏信上没有提，我们真不放心，事情要分重要次要，你就单凭自己的主观，这是不应该的。文化部报到后，究竟派你在哪个团体里学习？与夏部长或周巍峙同志见了面没有？楼伯伯那里去过没有？我们天天等你的信，希望你将具体情况告诉我们。为了你，真是提心吊胆，一刻也不安宁。[②] 离家前，爸爸对你的忠言，要仔细多想想，你的主观太强，非把“大我”化为“小我”，甚至化为“小小我”不可。至于感情问题，我们也讲尽了，只要你有理智，坚强起来，要摆脱是没有问题的。你要做一个为人民所爱的艺术家，不要做给人唾弃的艺术家。把你的热情化到艺术中去，那才伟大呢！我们也知道你克制的能力最差，这是很大的缺点，都得由你自己去克服。你这一次参加整风学习，机会难得，要冷静观察，虚心学习，多一次锻炼，对你是有好处的。

---

① 一九五七年五月后，随着反右运动的深入开展，父亲的信逐渐少了，主要由母亲代笔与傅聪写信联络。

② 傅聪于一九五七年九月上旬回家度假，与父母待了一周，即应召赴京参加文化部的整风反右运动，紧接李德伦和吴祖强之后，做了检查，并接受批判。

九月二十五日下午*

收到你二十二日夜写的信，很高兴你经过了一番锻炼后，得到深刻的教育，使你有机会痛改前非；他们向你提的意见，就是你在家时我们提的意见。可知大家对你的爱护是一致的。

你现在思想方面，固然认识有所提高，但在感情方面是否也认识清楚了呢？你初回家时，晚上在园子里爸爸对你讲的一番话，一番分析，你现在的头脑应该比较冷静，可以好好想一想，是否有所清醒呢！要是一个人的幸福建筑在人家的痛苦上，不是彻头彻尾的个人主义，也就是小资产阶级的意识么！为了国家，为了广大人民，为了你自己的一生，为了你的艺术，是不是应该把事情看得远一些，为了将来的幸福而忍受一下眼前的苦闷呢！

回想二十年前，我跟你爸爸的情形①，那时你五岁，弟弟二岁，我内心的斗争是剧烈的，为了怨恨，不能忍受，我可以一走了之；可是我再三考虑，觉得不是那么简单，我走了，孩子要吃苦，我不应该那么任性、自私，为了一个“我”而牺牲了你们的幸福。我终于委曲求全地忍受了下来。反过来想一想，要是你爸爸当时也只为了眼前的幸福而不顾一切，那么，今天还有你们吗？还有我们这个美满的家庭吗？那是不可想象的。所以幸福是拿或多或少的痛苦换来的。眼前的，短时期的幸福往往种下了将来的、长期的，甚至下一代痛苦的

---

① 系指当年傅雷钟情于成家和妹妹成家榴一事。

根，这是最值得深思的。常常要设身处地地为人家想，这也是化“大我”为“小我”的一例。我们做父母的，绝不自私。对人家的婚姻，有美满的，有痛苦的，看也看得多了，因此对你敲敲警钟，无非出于爱子之心。

十一月五日聪信

亲爱的敏弟：

首先让我对你道歉，隔了这么久才给你写信，我前不久是给你写了信的，可是我没有寄，因为我的心情非常坏，写的信尽出错，自己看了也讨厌。

我十月三十日才回到华沙，在莫斯科最后给拖住为苏中友协成立大会演出了。回来初期因为想到又要开会等等就心烦得要命。我太渴望着要投入到音乐中去了！最近我已正式开始工作，在弹普罗科菲耶夫、萧斯塔科维奇和舒伯特的奏鸣曲，都是新的，兴致很高，成绩很不错，所以我的心情也好多了。

国内的生活和国外的太不同了，假如要能在艺术上真有所成就，那是在国外的条件好得太多了，主要因为生活要丰富得多，人能够有自由幻想的天地，艺术家是不能缺少这一点的，不然就会干枯掉。我是还有许多问题想不通的，我现在也不愿去想，人生一共才几何，需要抓紧做一点真正的工作，才能问心无愧。我实在需要安心下来，要是老这样思想斗争下去，我可受不了，我的艺术更受不了。

在苏联的演出非常成功，在列宁格勒简直是轰动，特别是普罗科菲耶夫，得到了最高的评价。节目单我要不到多的，一份寄到家里去了，苏联方面答应以后给我补寄，等有了再给你寄吧。

我现在需要安静，我希望少一点人事的接触，这样好一点，我要安心工作。说老实话，我实在没有心思去解释什么，我没有什么可说的。

妈妈的信附上，谢谢你，我没有什么意见。

也许我的信很奇怪，也许有一股狂妄的味道；可是我自己觉得问心无愧，我不过是希望孤独一点，我要到音乐中去，不然我就不能问心无愧。再谈了，祝你好，不要为我的信不高兴！

聪　一九五七年十一月五日

十二月二十三日 *

作协批判爸爸的会，一共开了十次，前后作了三次检讨，最后一次说是进步了，是否算是结束，还不知道。爸爸经过这次考验，总算有些收获，就是人家的意见太尖锐了或与事实不符，多少有些难受，神经也紧张，人也瘦了许多，常常失眠，掉了七磅。工作停顿，这对他最是痛苦，因为心不定。最近看了些马列主义的书，对他思想问题解决了许多。五个月来，爸爸痛苦，我也跟着不安，所以也瘦了四磅。爸爸说他过去老是看人家好的地方，对有实力的老朋友更是如此，活到五十岁了，才知道看人不是那么简单，老朋友为了自己的利害关系，会出卖朋友，提意见可以乱提，甚至造谣，还要反咬一口，如徐铸成，裘柱常都是，好在爸爸问心无愧，实事求是。可是从会上就看出了一个人的真正品质，使他以后做人要提高警惕。爸爸做人，一向心直口快，从来不知“提防”二字，而且大小事情一律认真对付，不怕暴露思想；这次的教训可太大太深了。我就更连带想起你，你跟爸爸的性格，有许多相同的地方，而且有过之，真令人不寒而栗。

想你在北京整风学习时也经历过一次，应该从中吸取教训，再加上爸爸的例子，你以后一定要审慎，要站稳立场，讲话不能乱讲，不能脱口而出，非思索过不可。看人看事，更不可太简单，常言道“祸从口出，病从口入”，千万牢记在心！你是极易冲动，很难控制的人，加上嫉妒你的人又多，所以一举一动要格外小心，我们最担心的就是这一点，望好自为之。

日子过得真快，阳历元旦就在眼前了，你多少有些应酬吧！波兰女钢琴家斯坦番斯卡来沪演出，情况相当热烈，我们因心绪不佳，没有去听，只在无线电里听。望将近况告知，切盼切盼！祝新年快乐！

傅敏一九五六年考入北京的外交学院

六通

一九五八年

1958

傅聪钢琴音乐会

一月八日聪信

亲爱的爸爸妈妈：整整两个月没给你们写信了。心里其实常常挂念着，可是提不起笔来。我知道你们的心情也不好，我不愿再给你们添增烦恼。我心里一直没有能完全平静下来，究竟是为什么我自己也说不清，有的时候有一种万事皆空的感觉，沉重得很。最近有一个时期心情又特别坏，工作也不上劲，所以我就写不出信来。这几天安心了些，又开始好好上劲工作了。前天收到妈妈来的两封信，我心里更难过，我也说不出什么话来，我能说什么呢？

至于说到作曲家，我最近最喜欢的第一是巴赫，巴赫太伟大了，他是一片海洋，他也是无边无际的天空，他的力量是大自然的力量，是一个有灵魂的大自然，是一个活的上帝。巴赫使我的心平静。其实巴赫的虔诚没有一点悲观的成分，而是乐观的，充满了朝气，同时却又是那样成熟，那么有智慧。我每天早上起床，一定听一点巴赫的音乐，它好像能使我增加工作、生活的信心。

舒伯特，我仍然迷恋他，他是一个被遗忘了的世界，我最近弹的《a小调钢琴奏鸣曲》，即李赫特在上海弹过的，自己弹了才越来越觉得它的伟大、深刻和朴素。

我也开始认识了萧斯塔科维奇。真是了不起的作曲家，我这儿有他的第一、第五和第十等三个交响曲，小提琴协奏曲和三个四重奏（第三、第四和第五），我最喜欢他的四重奏。他是近代作曲家中仅有的真正的音乐家之一，他写的都是音乐，他不为新奇而新奇，一切都出自内心，而且在他的音乐里，能找到一种深刻的信仰，像在巴赫、贝多芬身上可以找到的那种。他的四重奏极有深度，同时他又有些与莫扎特相通之处，有的时候是那么天真妩媚。

除了音乐，我的精神上的养料就是诗了。还是那个李白，那个热情澎湃的李白，念他的诗，不能不被他的力量震撼；念他的诗，我会想到祖国，想到出生我的祖国。

我的信会使你们高兴吗？我希望是这样。爸爸心烦的时候，是不是听听音乐什么的，还是艺术能使人宽心。不多写了，祝你们高兴起来，身体好。

你们的孩子 聪　一九五八年一月八日

同时寄出一包信（爸爸来信），一包节目单。

二月二十八日聪信

亲爱的爸爸妈妈：我又好久没给你们写信了，当然心里常常是在挂念着的。今天收到你们的来信，很高兴，知道大家都平安，心里也就安了。

最近工作颇上劲，上星期在贝德戈什奇演奏了巴赫的《A大调钢琴协奏曲》和舒曼的《a小调钢琴协奏曲》，指挥是捷克人，叫津斯基，到中国去过，大概就是那一位五六年在我的音乐会以后指挥上海乐队的，他不是一个什么独特的指挥，可是个很扎实的音乐家，跟他合作得很好。

巴托克的《第三钢琴协奏曲》也早已练出了，不久大概将演出。萧斯塔科维奇的奏鸣曲也练出了。三月六日在学校里将有一次汇报演出，我将弹巴赫的《萨拉班德和帕蒂德》，这是一个变奏曲；萧斯塔科维奇的《钢琴奏鸣曲》；舒伯特的《a小调钢琴奏鸣曲》；普罗科菲耶夫的《第五钢琴奏鸣曲》。

最近工作成绩都还不错。

我想要练斯特拉文斯基的《随想曲》，真是很妙的作品，可是很难，主要是记忆难。萧斯塔科维奇已经够我受的了。最近我算了一下，在我的保留曲目里已经有二十支协奏曲了。

比利时首都布鲁塞尔的爱乐团体写信给杰老师，邀请我明年三月去演出，杰老师及学校共同写了一封信给使馆，征求他们同意，一直没有回信。学校及杰老师当然是竭力主张我去的，后来杰老师又写了一封信去使馆，隔了几天，接使馆回音，说国内回复要比利时方面直接写信去音协。我不懂究竟为什么要兜这些圈子，难道文化部不能决定，倒要音协来决定吗？

杰老师为了我，希望我能出去演出，花了不少心血，他一片热心，同时当然也希望自己的学生能有机会为他争一分光，可是恐怕我们的领导很难体会他的这种心情吧！听说，曾有许多国家通过波兰的文化交流组织邀请我去演出，如伦敦、巴黎等。虽然波兰学校方面、音乐界方面都是主张我去演出的，但却无法解决。前几天遇见南斯拉夫全国演出协会的负责人，他说曾好几次向使馆提出邀请我去演出，但根本无回音。我想起在莫斯科曾遇见保加利亚文化部的一位处长，也说曾无数次向中国驻索菲亚大使馆提出邀请我去演出，但从无回音。这些事情都是令人难以理解的。我想置之不理，似乎并非我国外交上的传统！

阿诺索夫前星期去华沙演出，提到苏联的国家交响乐队今年五月将去华访问，他很希望我能去和他们合作演出。他们去中国的时间一定不短，我若是五月底或六月初赶回国，还来得及。

前几天高教部长杨秀峰来波兰，连着几天我们大家都忙着开会听报告，以后要上政治课了，会恐怕是要更多了。

部长找我单独谈了话，对我颇有指责，说我骄傲，脱离政治，说起我在苏联时曾为了广播发脾气。事实上，是我在那里录音后，讲好了要听一遍，选择一下，最后再决定；约好了几次，电台方面都失信，害得我跑了好几次，我便有些火，在回来的路上，在翻译同志面前表现得很气，结果中国同学就反映到上头去了。当然，这样我是不对的，另一方面，可见做人该如何小心。杨部长谈话时态度诚恳至极，使我不能不感动。后来我提起阿诺索夫的建议来，他倒表示颇为热心，说这是可以的。

其余就没什么可写的了，和声课进展尚快，练习很多，很需要花些时间，另外，我也去上了音乐文献的课，我上的是三年级的课，专讲现代音乐。

再谈了，祝你们健康、愉快。

儿 聪上　一九五八年二月二十八日

寄上节目单等。关于国内音乐界也下乡劳动的情形，望来信告知。我无法理解钢琴家去劳动以后怎么办？难道改行？

三月十七日晚[①]

二月二十八日来信直花了十七天才到，真奇怪。来信谈及几点，兹分别就我的看法说明如下：

一、资本主义国家与我们尚未建立外交关系（便是英国与我们，虽互派代办，关系仍很微妙），向例双方文化艺术使节来往，都是由本国的民间团体出面相互邀请的。比国直接向波兰学校提出，在国际惯例上也是相当突兀的。因为你不是波兰人，而你去他国演出，究竟要由本国政府同意。去年春天法国有文化团体来沪，其中一位代表来看过我，我曾与他谈及你去法演出问题，应由他们以法中友协一类的

---

① 傅聪二月二十八日信中流露的情绪令父亲担心，父亲只能亲笔写下此信帮助儿子，而不是由母亲代笔。

名义，向我们对外文协或音协等提出。便是来看我的那位代表所隶属的来华文化团，也是由我们对外文协以民间团体名义请他们，而非由政府出面的。便是五六年冬法国前总理富尔来访问，也是应我国人民外交协会之邀。故文化部回示使馆的话，完全正确。你不妨向杰老师说明情况，最好由杰老师私人告诉比国，请他们以民间文艺团体名义，写信给中国对外文协或音协。

二、新民主主义国家的情形当然不同，他们是可以向当地我们的使馆提出的。倘提了几次无回音，你不妨向他们说："也许贵国的驻华使馆可以向我们外交部提出。"我觉得以你的地位这样答复人家，不至于犯什么错误。当然你也应同时说明，这是你个人的意思，究竟如何还得由他们自己考虑。这一段话你也不妨告诉杰老师，倘由杰老师方便时对保、南等国的音乐团体说明，比你自己说明更妥当。

三、苏联乐队来华访问，约你合作一事，值得仔细考虑。第一，这一下跟着他们跑，要费很多时间；中央是否允许你从头至尾和他们到处演出，临时仍会有变化。倘若回来好几个月，而只有极少时间是和苏联乐队合作，那就得事先想想清楚。第二，你的乐理、和声、波兰文的学习还落后很多，急须赶上去，没有时间可浪费。第三，即使假期内老师出门，你在波兰练曲子恐怕仍比国内快一些，集中一些；而在你目前，最主要的是争取时间多学东西，因为不管你留波时间还有多少，原则上总是所剩有限了。第四，你今年究竟算学完不学完？学校方面的理论课来得及来不及考完？——（这些总不能半途而废吧？）——倘使五月中回国了，还要赶回波兰去应考，则对你准备考试有妨碍，对试前的学习也有妨碍。

基于以上理由，我觉得你需要郑重考虑。即使中央主动要你回来一次，你也得从全面学习及来回时间等等方面想周到，向中央说明才对。末了，以后你再不能自费航空来回；为国家着想，航空票开支也太大，而火车来回对你的学习时间又有妨碍。总而言之，希望你全面想问题，要分出你目前的任务何者主要、何者次要；不要单从一个角度看问题。

我也奇怪你和杨部长谈话时，怎么没提到学习期限问题？你学习到了什么阶段，预料什么时候可以结束，理论课何时可以考完等等，你是否都向杨部长报告？是否今年回来？倘回来，学业是否能正式结束？不结束而回国，对祖国、对波兰，总交代不过去。倘来不及结束，则杨部长是否同意延长学习期限？—— 这些都是与你切身关系最重大的事，来信为何只字未提？我既不明了你的实际情况，便是想向夏部长写信也无从写起。

孩子，千万记住，留学的日子无论如何是一天天地少下去了，要争取一切机会加紧学习。既然要加政治学习，平日要分去一部分时间，假期中更应利用时间钻研业务。每年回国一次，在体力、时间、金钱、学习各方面都太浪费。希望多考虑。

眼前国内形势一日千里，变化之快之大，非你意料所及；政治思想非要赶上前来不可，一落后，你将来就要吃亏的，尤其你在国外时间耽久的人，更要在思想上与国内形势密切联系。—— 音乐学生下乡情况，不知道。不过我觉得主要是训练培养与劳动人民的息息相关的思想感情，不在乎你能否挑多少斤泥。而且各人情况不同，政府安排也不同，你不必事先多空想。——上海乐队最近下厂下乡演出，照样

encore［加奏］。我们倘以为工农大众不欢迎西洋音乐，非但是主观，也是一种保守思想，说得重一些，也是脱离群众的思想。你别嫌我说话处处带政治性，这是为了你将来容易适应环境，为你在社会主义制度下过得心情愉快做准备。

我左说右说，要你加紧学波兰文，至少要能看书、写信；但你从未报告过具体进度，我很着急。这与国家派你出去的整个期望有关。当然学音乐的人不比学文学的；但若以后你不能用波兰文与老师同学通信，岂不同时使波兰朋友失望，且不说丢了国家的面子！

我身体仍未恢复，主要是神经衰弱。几个月来还是第一次写这样长的信呢。

在莫斯科录音一事，你应深深吸取教训。做人总要谦虚，成绩是大家促成的，不是你一个人的力量。思想上通了，说话态度自然少出毛病。杨部长对你的批评是极中肯的；你早一天醒悟（还要实际上改正），你的前途才早一天更有希望。

三月十七日晚

在国外遇到首长的机会，也许比国内多；谈话之前，应把自己要说的成熟考虑，有需求也要细细想过如何提才最合理——对国家对个人都合理。千万不能老是从“个人第一”出发，大忌大忌！你这次见到杨部长原是你解决学习问题的最好机会，不知你怎么提的，望告知！

母亲在寓所前阳台。一九五七年五月后，随着反右运动的深入开展，
父亲的信逐渐少了，主要由母亲代笔与傅聪写信联络

四月十七日 *

这次马伯伯在苏联参加柴可夫斯基比赛的评判，回来后，马伯母打电话告诉阿敏，说马伯伯在苏联碰到波兰文化部副部长，谈起你，说你很好。可是碰到中国人（大概是使馆方面的），就说你骄傲得很。从这两方面言论看来，我们是可以理解的，因为波兰人只看你成绩的一面，而我们使馆的人员就不同，要从政治观点上看你了。你在待人接物方面，处处流露出骄傲的态度，给人很不好的印象。以后千万要当心，对他们或任何人态度第一要谦虚真诚，有什么问题，不妨同他们诚诚恳恳地商量，不要怕跟他们接触。总之，给人的坏印象要靠自己争取，慢慢抓回来。马伯伯碰到钱部长，谈起你，钱部长非常爱你，也器重你。虽然领导上是了解你的，但是你浑身的缺点一定要你自动改，不要辜负党对你的爱护，好自为之。马伯伯他们还是很爱护你，到处关心你，一有机会总说你的好话；我们不是势利，马伯伯将来对你会起一定的作用，他说句话是会对你有帮助的，因为他赏识你，了解你，还多少对你有些偏爱。你回波半年多了，应当写封信给马家，一方面问候他们，同时把你学习情况谈谈，这是你理所当然，应该做的事。不要给人一个忘恩负义的印象。望你接受我这个意见，不要迟疑，马上就写。

八月二十日聪信

亲爱的爸爸妈妈：我已经记不得最后一次是什么时候给你们写信

的，反正很久很久了。我始终没有心情提笔，国内和国外迥然两个世界，要寻找共同的语言并非那么容易。对于我一个学音乐的人，心情的平静是太必要了，否则什么也干不成，所以我宁可暂时和国内那个世界隔得远些，至少争取把最后这几个月好好地利用。

今年六月底使馆找我谈话，说国内意见要我立刻回国（在那以前，一点也没有跟我提过回国的事），我说我没有意见，但希望使馆与波方商量。杰老师很伤心，他和校长给使馆写了信，希望让我至少考了毕业再回去，希望到明年二月。使馆又找我谈，我说我争取十一月以前考毕业，使馆才同意了。

最近就是练琴，我又参加达什尼比的音乐节，节目是肖邦的《平稳的行板和大波洛奈兹》，10 支玛祖卡，4 支叙事曲。节目很重，全是最近练的，连加奏的曲子都是新练的。现在马上要练贝多芬的奏鸣曲，要干的事多着呢，我想弹勃拉姆斯的《钢琴协奏曲》考毕业，不知是否来得及。

我就是练琴，忙得很，将来的事想得很少，顾不得那么多了。

我没有什么可写的了，希望你们别为我担心，马家我写过两封信去，并无回信，不知是没收到还是生我的气。

祝你们身体好，心情愉快。

儿 聪上　一九五八年八月二十日①

---

① 这是傅聪离波赴英前写给父母的最后一封信。

九月十八日 *

亲爱的聪：千望万望总算望到了你的信，虽然短短的，但已经给我们不少安慰了，事情也清楚了。我知道你现在正是最忙的时候，既要参加 festival［音乐节］，又要准备考试。但愿你顺利通过。我想提醒你几件要紧的事，千万不要当作耳边风，静静的想想。（一）你不是有录音机么？乘在波之便，设法把波方替你录的全部录音录在你自己的机器上，将来带回来，至少自己人可以听听。你千万不可糊涂，一定要争取，你有了这样好的条件，不把录音带回国是可惜的。此事现在开始就要着手办了，等到临时想到，就来不及了，你得好好安排一下。（二）在波兰穿旧的衣袜等，不要随便扔了，回国后正需要旧衣旧鞋。（三）回国前千万不要买东西，国内各方面都在节约，大家以朴素为主。何况你东西多，反而累赘。（四）回国前若有余款，可留在使馆，或者根本送给使馆，不要看重个人利益，宁可节约些留给国家。以上四点，要你注意的，千万要做到。

九月十八日

阿敏九月三日下放到北京郊外一个山区，帮助农民搞公社以及扫除文盲等文教工作。他来信说，那边完全是山区，很苦的地方，过去受敌伪的苦很深。那边全是贫农，连富农也没有。思想比较保守，吃的是玉米饽饽，他很习惯，他说有的农民真是可爱，讲明道理，就会接受。他很能适应环境，这使我们很放心。那边交通不便，天天走几十里山路不稀奇，但是风景幽美得很。他们同去十五人，分三组，约下放一个半月，到十月中就回学校上课。他非常关心你，我已把你的近况去信告知了。

傅聪一九五八年底被迫中断学业，无奈出走英国

二通

一九五九年

1959

十月一日[①]

孩子：十个月来我的心绪你该想象得到；我也不想千言万语多说，以免增加你的负担。你既没有忘怀祖国，祖国也没有忘了你，始终给你留着余地，等你醒悟。我相信：祖国的大门是永远向你开着的。

好多话，妈妈已说了，我不想再重复。但我还得强调一点，就是：适量的音乐会能刺激你的艺术，提高你的水平；过多的音乐会只能麻痹你的感觉，使你的表演缺少生气与新鲜感，从而损害你的艺术。你既把艺术看得比生命还重，就该忠于艺术，尽一切可能为保持艺术的完整而奋斗。这个奋斗中目前最重要的一个项目就是：不能只考虑需要出台的一切理由，而要多考虑不宜于多出台的一切理由。其次，千万别做经理人的摇钱树！他们的一千零一个劝你出台的理由，无非是趁艺术家走红的时期多赚几文，哪里是为真正的艺术着想！一个月七八次乃至八九次音乐会实在太多了，大大的太多了！长此以往，大有成为钢琴匠，甚至奏琴的机器的危险！你的节目存底很快要

---

① 在一九五七至一九五八年的“反右运动”中，傅雷受到长达一年的错误批判，为了避免引起傅聪的愤懑情绪，影响学业，父母在信中始终没有告知实情。其时傅聪已经听说了关于父亲的政治传言，该年十月，傅聪在波兰甚至听说父亲不仅被划为“右派”，而且已被捕入狱。在此景况下，傅聪于一九五八年十二月下旬，为避免“老子揭发儿子，儿子揭发老子”的“父子双亡”后果，在波兰艺术家的协助下，无奈出走英国。国外多年，傅聪谨守父亲教诲，身体力行。十月一日的两封信为傅聪离波赴英后父母分别写的第一封信。

告罄的；细水长流才是办法。若是在如此繁忙的出台以外，同时补充新节目，则人非钢铁，不消数月，会整个身体垮下来的。没有了青山，哪还有柴烧？何况身心过于劳累就会影响到心情，影响到对艺术的感受。这许多道理想你并非不知道，为什么不挣扎起来，跟经理人商量——必要时还得坚持——减少一半乃至一半以上的音乐会呢？我猜你会回答我：目前都已答应下来，不能取消，取消了要赔人损失等等。可是你能否把已定的音乐会一律推迟一些，中间多一些空隙呢？否则，万一临时病倒，还不是照样得取消音乐会？难道捐税和经理人的佣金真是奇重，你每次所得极微，所以非开这么多音乐会就活不了吗？来信既说已经站稳脚跟，那么一个月只登台一二次（至多三次）也不用怕你的名字冷下去。决定性的仗打过了，多打零星的不精彩的仗，除了浪费精力，报效经理人以外，毫无用处，不但毫无用处，还会因表演的不够理想而损害听众对你的印象。你如今每次登台都与国家面子有关；个人的荣辱得失事小，国家的荣辱得失事大！你既热爱祖国，这一点尤其不能忘了。为了身体，为了精神，为了艺术，为了国家的荣誉，你都不能不大大减少你的演出。为这件事，我从接信以来未能安睡，往往为此一夜数惊！

还有你的感情问题怎样了？来信一字未提，我们却一日未尝去心。我知道你的性格，也想象得到你的环境；你一向滥于用情；而即使不采主动，被人追求时也免不了虚荣心感到得意：这是人之常情，于艺术家为尤甚，因此更需警惕。你成年已久，到了二十五岁也该理性坚强一些了，单凭一时冲动的行为也该能多克制一些了。不知事实上是否如此？要找永久的伴侣，也得多用理智考虑勿被感情蒙蔽！情人的眼光一结婚就会变，变得你自己都不相信：事先要不想到这一着，必招后来的无穷痛苦。除了艺术以外，你在外做人方面就是这一点使我们操心。因为这一点也间接影响到国家民族的荣誉，英国人对男女问题的看法始终清教徒气息很重，想你也有所发觉，知道如何自爱了；自爱即所以报答父母，报答国家。

真正的艺术家，名副其实的艺术家，多半是在回想中和想象中过他的感情生活的。惟其能把感情生活升华才给人类留下这许多杰作。反复不已的、有始无终的、没有结果也不可能有结果的恋爱，只会使人变成唐璜，使人变得轻薄，使人——至少——对爱情感觉麻痹，无形中流于玩世不恭；而你知道，玩世不恭的祸害，不说别的，先就使你的艺术颓废；假如每次都是真刀真枪，那么精力消耗太大，人寿几何，全部贡献给艺术还不够，怎容你如此浪费！歌德的《少年维特之烦恼》的故事，你总该记得吧。要是歌德没有这大智大勇，历史上也就没有歌德了。你把十五岁到现在的感情经历回想一遍，也会怅然若失了吧？也该从此换一副眼光、换一种态度、换一种心情来看待恋爱了吧？——总之，你无论在订演出合同方面，在感情方面，在政治行动方面，主要得避免“身不由主”，这是你最大的弱点。——在此举国欢腾，庆祝十年建国十年建设十年成就的时节，我写这封信的心情尤其感触万端，非笔墨所能形容。孩子，珍重，各方面珍重，千万珍重，千万自爱！

爸爸 一九五九年国庆

十月一日 *

亲爱的聪：未接来信之前，我们的心情是沉痛的，痛苦的，你的变化太突兀了，令人无法捉摸。我们做父母的只觉得惭愧，没有给你什么好的感受。我们除了一片热忱的爱子之心之外，但愿你自觉地醒悟过来。一个人身在国外，对祖国的怀念是深切的，不论做人方面、事业方面，处处要保持我们中国人传统的谦虚和大方。

来信说已经跑过许多地方，开过几十次音乐会，总算得到好评，这当然是你辛勤劳动的成果。每次演出都好像上战场，只许成功，不许失败。但是你有没有考虑到，这样多的音乐会，长此下去，会损伤你的健康？我一向知道你不注意起居饮食，为了演出可以废寝忘食，还要跑东跑西，何其劳累。在你年富力强的时候，也许还不觉得，但迟早要影响健康，跟你总算账的。太多的演出，对你学习有妨碍。照理，像你这样的钢琴家，每月至多二三次，那么才有充分时间学习其他东西。须知不进则退，于你是不利的。你应该有个打算，好好地安排，也可以和经纪人商量，总以演出不妨碍学习和休息为主。宁可生活清苦些，节制一些力量（对理财方面也要有打算，要节约，不可滋长浪费的恶习）。俗语说：在家靠父母，出门靠朋友，你孤身海外，更需要处处向长者讨教，与朋友商量，千万不可独断独行。

伦敦，傅聪凝视着一九五九年二月八日于欧洲首次登台演出之海报

一九六〇年 十八通

1960

一月十日

孩子：看到国外对你的评论很高兴。你的好几个特点已获得一致的承认和赞许，例如你的 tone［音质］，你的 touch［触键］，你对细节的认真与对完美的追求，你的理解与风格，都已受到注意。有人说莫扎特《第二十七钢琴协奏曲》(K. 595)［(作品五九五号)］第一乐章是 healthy［健康］，extrovert allegro［外向快板］，似乎与你的看法不同，说那一乐章健康，当然没问题，说“外向”(extrovert) 恐怕未必。另一批评认为你对 K. 595 第三乐章的表达“His［他的］(指你) sensibility is more passive than creative［敏感性是被动的，而非创造的］”，与我对你的看法也不一样。还有人说你弹肖邦的 *Ballades*［《叙事曲》］和 *Scherzo*［《诙谐曲》］中某些快的段落太快了，以致妨碍了作品的明确性。这位批评家对你三月和十月的两次肖邦都有这个说法，不知实际情形如何？从节目单的乐曲说明和一般的评论看，好像英国人对莫扎特并无特别精到的见解，也许有这种学者或艺术家而并没写文章。

以三十年前的法国情况作比，英国的音乐空气要普遍得多。固然，普遍不一定就是水平高，但质究竟是从量开始的。法国一离开巴黎就显得闭塞，空无所有；不像英国许多二等城市还有许多文化艺术活动。不过这是从表面看；实际上群众的水平，反应如何，要问你实地接触的人了。望来信告知大概。你在西欧住了一年，也跑了一年，对各国音乐界多少有些观感，我也想知道。便是演奏场子吧，也不妨略叙一叙。例如以音响效果出名的 Festival Hall［节日厅］[1]，究竟有什么特点等等。

结合听众的要求和你自己的学习，以后你的节目打算向哪些方面发展？是不是觉得舒伯特和莫扎特目前都未受到应有的重视，加上你特别有心得，所以着重表演他们两个？你的普罗科菲耶夫和萧斯塔科维奇的奏鸣曲，都还没出过台，是否一般英国听众不大爱听现代作品？你早先练好的巴托克协奏曲是第几支？听说他的协奏曲以第三最时行。你练了贝多芬第一，是否还想练第三？弹过勃拉姆斯的大作品后，你对浪漫派是否感觉有所改变？对舒曼和弗兰克是否又恢复了一些好感？当然，终身从事音乐的人对那些大师可能一辈子翻来覆去要改变好多次态度；我这些问题只是想知道你现阶段的看法。

近来又随便看了些音乐书。有些文章写得很扎实，很客观。一个英国作家说到李斯特，有这么一段："我们不大肯相信，一个涂脂抹粉、带点俗气的姑娘会跟一个朴实无华的不漂亮的姊妹人品一样好；同样，我们也不容易承认李斯特的光华灿烂的钢琴奏鸣曲会跟舒曼或勃拉姆斯的棕色的和灰不溜秋的奏鸣曲一样精彩。"（见 *Heritage of Music* – 2nd Series［《音乐的遗产》第二集］p. 196）接下去他断言那是英国人的清教徒气息作怪。他又说大家常弹的李斯特都是他早年的炫耀技巧的作品，给人一种条件反射，听见李斯特的名字就觉得俗不可耐；其实他的奏鸣曲是 pure gold［纯金］，而后期的作品有些更是

---

① 指英国伦敦的节日音乐厅。

严峻到极点。——这些话我觉得颇有道理。一个作家很容易被流俗歪曲，被几十年以至上百年的偏见埋没。那部 *Heritage of Music* [《音乐的遗产》] 我有三集，值得一读，论肖邦的一篇也不错，论比才的更精彩，执笔的 Martin Cooper [马丁·库珀] 在二月九日《每日电讯》上写过批评你的文章。“集”中文字深浅不一，需要细看，多翻字典，注意句法。

有几个人评论你的演奏都提到你身体瘦弱。由此可见你自己该如何保养身体，充分休息。今年夏天务必抽出一个时期去过暑假！来信说不能减少演出的理由，我很懂得，但除非为了生活所迫，下一届订合同务必比这一届合理减少一些演出。要打天下也不能急，要往长里看。养精蓄锐、精神饱满地打决定性的仗比零碎仗更有效。何况你还得学习，补充节目，注意其他方面的修养；除此之外，还要有充分的休息！

你不依靠任何政治经济背景，单凭艺术立足，这也是你对己对人对祖国的最起码而最主要的责任！当然极好，但望永远坚持下去，我相信你会坚持，不过考验你的日子还未来到。至此为止你尚未遇到逆境。真要过了贫贱日子才真正显出“贫贱不能移”！居安思危，多多锻炼你的意志吧。

一月十日夜*

亲爱的聪：从来信可看到你立身处事，有原则，有信心，我们心头上的石头也放下了。但愿你不忘祖国对你的培养，首长们的爱护，坚持你的独立斗争，为了民族自尊心，在外更要出人头地地为国争光，不仅在艺术方面，并且在做人方面。我相信你不会随风使舵，也绝不会随便改变主张。你的成功，仍然是祖国的光荣。孩子，你给了我们痛苦，也给了我们欢乐。

最近两个月来，我们有兴致听听音乐了，仅有的几张你灌的唱片，想到你就开着听，好像你就在我们眼前弹奏一般。我常常凭回忆思念你，悲欢离合，有甜蜜，有辛酸，人生犹如梦境，一霎眼我们半世过去了。我们这几年来老了许多，爸爸头发花白，神经衰弱，精力已大大减弱，晚上已不能工作；我的眼光衰退，也常常会失眠，这一切都是老态的表现，无法避免了。

我最担心的是你的身体，看你照片，似乎瘦了，也老了些。我深知你的脾气，为了练琴可以废寝忘食，生活向无规律，在我们身边还可以控制你、照顾你。不知你现在的饮食如何解决的？只要经济上没问题，对你来说，营养是第一，因为你在精神身体方面的消耗太大，不能不注意。衣食寒暖，不能怕麻烦，千万勿逞年轻，任性随便，满不在乎，迟早要算账的。希望以后多多告诉我们生活细节，让我们好像在一起生活一样。

杰老师曾有信来，他非常关心你，他说写过几次信给你，都没回音。孩子，你是老师心爱的学生，一定要常常去信请教、问候、报告演出情况，不能用忙字来推托，安慰老师也是你应尽之责。

现在你孤身海外，不论什么事，都要你自己合理安排，譬如理财一道，也要训练得有计划，有打算，要望长里看，不能糊里糊涂。尤其是辛勤劳苦挣来的，我们绝不要讨人便宜，可也不要任人剥削。不知你灌唱片，公司与你订的合同是怎样的？

爸爸的书最近两年没有出新的①，巴尔扎克的《赛查·皮罗多盛衰记》尚未付印。另一本《搅水女人》新近译完。丹纳的《艺术哲学》年底才整理插图，整整忙了十天，找插图材料、计算尺寸大小、加插图说明等等，都是琐碎而费手脚的，因为工作时间太长，每天搞到十一二点，做的时候提起精神不觉得怎么累，等到告一段落，精神松下来，人就支持不住，病了三天，也算是彻底休息了三天。你知道爸爸的脾气，他只有病在床上才算真正的休息。

二月一日夜*

上月底爸爸工作告一段落，适逢过春节，抄了些音乐笔记给你做参考，也许对你有所帮助。原文是法文，有些地方直接译作英文反倒方便。以你原来的认识参照之下，必有感想，不妨来信谈谈。

我们知道你自我批评精神很强，但个人天地毕竟有限，人家对你的好评只能起鼓舞作用；不同的意见才能使你进步，扩大视野：希望用冷静和虚心的态度加以思考。不管哪个批评家都代表一部分群众，考虑批评家的话也就是考虑群众的意见。你听到别人的演奏之后的感想，想必也很多，也希望告诉我们。爸爸说，除了你钻研专业之外，

---

① 自一九五八年傅雷被错划为“右派”后，翻译的书一概停出，出版社要他更名出书，他断然拒绝，说：“要么还是署名傅雷，要么不印我的译本。”直至一九六一年秋，摘去“右派”帽子后，出版社才恢复出版他的译本。

傅聪与乐队排练（一九六〇年）

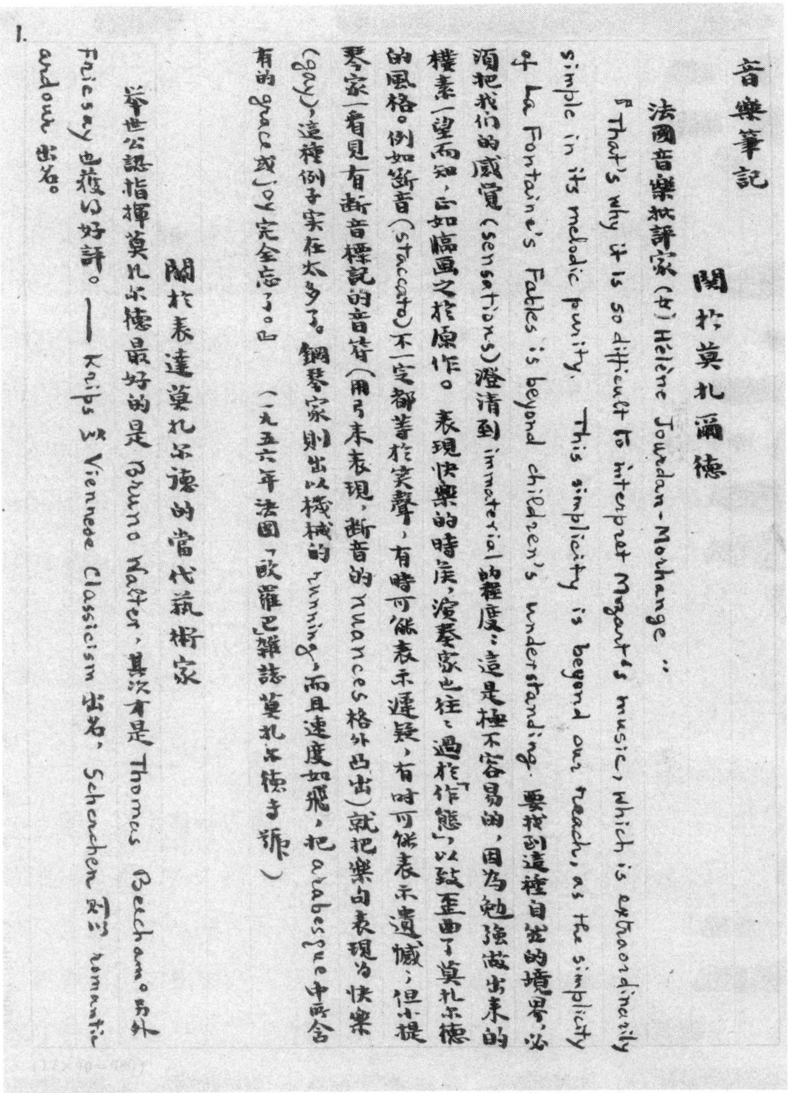

音樂筆記

關於莫扎爾德

法國音樂批評家(女)Hélène Jourdan-Morhange：

"That's why it is so difficult to interpret Mozart's music, which is extraordinarily simple in its melodic purity. This simplicity is beyond our reach, as the simplicity of La Fontaine's Fables is beyond children's understanding. 要找到這種自然的境界，必須把我們的感覺(sensations)澄清到immaterial的程度：這是極不容易的，因為勉強做出來的樸素一望而知，正如臨畫之於原作。 表現快樂的時候，演奏家也往往過於「作態」，以致歪曲了莫扎爾德的風格。例如斷音(staccato)不一定都等於笑聲，有時可能表示遲疑，有時可能表示遺憾；但小提琴家一看見有斷音標記的音符(用弓來表現，斷音的nuances格外凸出)就把樂句表現為快樂(gay)。這種例子實在太多了。 鋼琴家則出以機械的running，而且速度如飛，把arabesque中所含有的grace或joy完全忘了。"

(一九五六年法國「歐羅巴雜誌」莫扎爾德專號)

關於表達莫扎爾德的當代藝術家

舉世公認指揮莫扎爾德最好的是Bruno Walter，其次是Thomas Beecham。另外Fricsay也獲得好評。 —— Krips以Viennese Classicism出名，Schuricht則以romantic and own出名。

1.

父亲用毛笔誊抄音乐笔记邮寄给傅聪

一定要抽出时间多多阅读其他方面的书，充实你的思想内容，培养各方面的知识。——爸爸还希望你看祖国的书报，需要什么书可来信，我们可寄给你。

一九六〇年二月一日夜

十二月号 *Music & Musicians* [《音乐与音乐家》] 第二十五页第二栏第九行有一句：Fou Ts' ong delicately fingered *Mozart Concerto K.* 595, as if it were Dresden china. [傅聪演奏《莫扎特钢琴协奏曲》作品五九五号如此精雅，仿佛像特累斯顿的瓷器。] 爸爸怕你不懂，要我告诉你：特累斯顿从十八世纪初期起即仿造中国陶瓷器，至今还有出品。批评的人说你演奏的莫扎特仿佛特累斯顿的瓷器。因为你是中国人表演德国人作品，又因为 china（c 字小写）在英文中是瓷器，与“中国”一字双关。

八月五日

孩子：两次妈妈给你写信，我都未动笔，因为身体不好，精力不支。不病不头痛的时候本来就很少，只能抓紧时间做些工作；工作完了已筋疲力尽，无心再做旁的事。人老了当然要百病丛生，衰老只有早晚之别，绝无不来之理，你千万别为我担忧。我素来对生死看得极淡，只是鞠躬尽瘁，活一天做一天工作，到有一天死神来叫我放下笔杆的时候才休息。如是而已。弄艺术的人总不免有烦恼，尤其是旧知识分子处在这样一个大时代。你虽然年轻，但是从我这儿沾染的旧知识分子的缺点也着实不少。但你四五年来来信，总说一投入工作就什么烦恼都忘了；能这样在工作中乐以忘忧，已经很不差了。我们二十四小时之内，除了吃饭睡觉总是工作的时间多，空闲的时间少；所以即使烦恼，时间也不会太久，你说是不是？不过劳逸也要调节得好：你弄音乐，神经与感情特别紧张，一年下来也该彻底休息一下。暑假里到乡下去住个十天八天，不但身心得益，便是对你的音乐感受也有好处。何况入国问禁，入境问俗，对他们的人情风俗也该体会观察。老关在伦敦，或者老是忙忙碌碌在各地奔走演出，一点不接触现实，并不相宜。见信后望立刻收拾行装，出去歇歇，即使三五天也是好的。

你近来专攻斯卡拉蒂，发现他的许多妙处，我并不奇怪。这是你喜欢韩德尔以后必然的结果。斯卡拉蒂的时代，文艺复兴在绘画与文学园地中的花朵已经开放完毕，开始转到音乐；人的思想感情正要求在另一种艺术中发泄，要求更直接刺激感官，比较更缥缈更自由的一种艺术，就是音乐，来满足它们的需要。所以当时的音乐作品特别有朝气，特别清新，正如文艺复兴前期绘画中的波提切利，而且音乐规律还不像十八世纪末叶严格，有才能的作家容易发挥性灵。何况欧洲的音乐传统，在十七世纪时还非常薄弱，不像绘画与雕塑早在古希腊就有登峰造极的造诣（雕塑在公元前六至前四世纪，绘画在公元前一世纪至公元一世纪），一片广大无边的处女地正有待于斯卡拉蒂及其以后的人去开垦。写到这里，我想你应该常去大英博物馆，那儿的艺术宝藏可说一辈子也享受不尽；为了你总的（全面的）艺术修养，你也该多多到那里去学习。

我因为病的时候多，只能多接触艺术，除了原有的旧画以外，无意中研究起碑帖来了：现在对中国书法的变迁源流，已弄出一些眉目，对中国整个艺术史也增加了一些体会；可惜没有精神与你细谈。提到书法，忽然想起你在四月号《音乐与音乐家》杂志上的签字式，把聪字写成“”。须知末一笔不能往下拖长，因为行书草书，“”或“”才代表“心”字，你只能写成“”或“”。末一笔可以流露一些笔锋的余波，例如“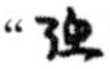”或“”，但切不可余锋太多，变成往下拖的一只脚。望注意。

你以前对英国批评家的看法，太苛刻了些。好的批评家和好的演奏家一样难得；大多数只能是平平庸庸的“职业批评家”。但寄回的评论中有几篇的确写得很中肯。例如五月七日 *Manchester Guardian*［《曼彻斯特卫报》］上署名 J. H. Elliot［埃利奥特］写的《从东方来的新的启示》（*New Light from the East*），说你并非完全接受西方音乐传统，而另有一种清新的前人所未有的观点。又说你离开西方传统的时候，总是以更好的东西去代替；而且即使是西方文化最严格的卫道者也不觉你的脱离西方传统有什么“乖张”“荒诞”，炫耀新奇的地方。这是真正理解到了你的特点。你能用东方人的思想感情去表达西方音乐，而仍旧能为西方最严格的卫道者所接受，就表示你的确对西方音乐有了一些新的贡献。我为之很高兴。且不说这也是东风压倒西风的表现之一，并且正是中国艺术家对世界文化应尽的责任；唯有不同种族的艺术家，在不损害一种特殊艺术的完整性的条件之下，能灌输一部分新的血液进去，世界的文化才能愈来愈丰富，愈来愈完满，愈来愈光辉灿烂。希望你继续往这条路上前进！还有一月二日 *Has-*

tings Observer [《黑斯廷斯观察家报》] 上署名 Allan Biggs [阿伦·比格斯] 写的一篇评论，显出他是衷心受了感动而写的，全文没有空洞的赞美，处处都着着实实指出好在哪里。看来他是一位年纪很大的人了，因为他说在一生听到的上千钢琴家中，只有 Pachmann [派克曼] 与 Moiseiwitsch [莫依赛维奇] 两个，有你那样的魅力。Pachmann 已经死了多少年了，而且他听到过"上千"钢琴家，准是个苍然老叟了。关于你唱片的专评也写得好。

身在国外，靠艺术谋生而能不奔走于权贵之门，当然使我们安慰。我相信你一定会坚持下去。这点儿傲气也是中国艺术家最优美的传统之一，值得给西方做个榜样。可是别忘了一句老话：岁寒而后知松柏之后凋；你还没经过"岁寒"的考验，还得对自己提高警惕才好！一切珍重！千万珍重！

八月二十九日

亲爱的孩子：八月二十日报告的喜讯使我们心中说不出的欢喜和兴奋。你在人生的旅途中踏上一个新的阶段，开始负起新的责任来，我们要祝贺你、祝福你、鼓励你。希望你拿出像对待音乐艺术一样的毅力、信心、虔诚，来学习人生艺术中最高深的一课。但愿你将来在这一门艺术中得到像你在音乐艺术中一样的成功！发生什么疑难或苦闷，随时向一两个正直而有经验的中老年人讨教（你在伦敦已有一年八个月，也该有这样的老成的朋友吧?），深思熟虑，然后决定，切勿单凭一时冲动：只要你能做到这几点，我们也就放心了。

傅聪与弥拉

对终身伴侣的要求，正如对人生一切的要求一样不能太苛。事情总有正反两面：追得你太迫切了，你觉得负担重；追得不紧了，又觉得不够热烈。温柔的人有时会显得懦弱，刚强了又近乎专制。幻想多了未免不切实际，能干的管家太太又觉得俗气。只有长处没有短处的人在哪儿呢？世界上究竟有没有十全十美的人或事物呢？抚躬自问，自己又完美到什么程度呢？这一类的问题想必你考虑过不止一次。我觉得最主要的还是本质的善良，天性的温厚，开阔的胸襟。有了这三样，其他都可以逐渐培养；而且有了这三样，将来即使遇到大大小小的风波也不致变成悲剧。做艺术家的妻子比做任何人的妻子都难；你要不预先明白这一点，即使你知道“责人太严，责己太宽”，也不容易学会明哲、体贴、容忍。只要能代你解决生活琐事，同时对你的事业感到兴趣就行，对学问的钻研等等暂时不必期望过奢，还得看你们婚后的生活如何。眼前双方先学习相互的尊重、谅解、宽容。

对方把你作为她整个的世界固然很危险，但也很宝贵！你既已发觉，一定会慢慢点醒她；最好旁敲侧击而勿正面提出，还要使她感到那是为了维护她的人格独立，扩大她的世界观。倘若你已经想到奥里维的故事，不妨就把那部书叫她细读一二遍，特别要她注意那一段插曲。像雅葛丽纳[1]那样只知道 love，love，love！［爱，爱，爱！］的人只是童话中人物，在现实世界中非但得不到 love，连日子都会过不下去，因为她除了 love 一无所知，一无所有，一无所爱。这样狭窄的天

① 与奥里维，均《约翰·克利斯朵夫》中的人物。

地哪像一个天地！这样片面的人生观哪会得到幸福！无论男女，只有把兴趣集中在事业上、学问上、艺术上，尽量抛开渺小的自我（ego），才有快活的可能，才觉得活得有意义。未经世事的少女往往会存一个荒诞的梦想，以为恋爱时期的感情的高潮也能在婚后维持下去。这是违反自然规律的妄想。古语说，“君子之交淡如水”；又有一句话说，“夫妇相敬如宾”。可见只有平静、含蓄、温和的感情方能持久；另外一句的意义是说，夫妇到后来完全是一种知己朋友的关系，也即是我们所谓的终身伴侣。未婚之前双方能深切领会到这一点，就为将来打定了最可靠的基础，免除了多少不必要的误会与痛苦。

你是以艺术为生命的人，也是把真理、正义、人格等等看作高于一切的人，也是以工作为乐的人；我用不着唠叨，想你早已把这些信念表白过，而且竭力灌输给对方的了。我只想提醒你几点：第一，世界上最有力的论证莫如实际行动，最有效的教育莫如以身作则；自己做不到的事千万勿要求别人；自己也要犯的毛病先批评自己，先改自己的。第二，永远不要忘了我教育你的时候犯的许多过严的毛病。我过去的错误要是能使你避免同样的错误，我的罪过也可以减轻几分；你受过的痛苦不再施之于他人，你也不算白白吃苦。总的来说，尽管指点别人，可不要给人“好为人师”的感觉。（你还记得巴尔扎克那个中篇吗？）奥诺丽纳的不幸一大半是咎由自取，一小部分也因为丈夫教育她的态度伤了她的自尊心。凡是童年不快乐的人都特别脆弱（也有训练得格外坚强的，但只是少数），特别敏感，你回想一下自己，就会知道对待你的爱人要如何 delicate［温柔］，如何 discreet［谨慎］了。

我相信你对爱情问题看得比以前更郑重更严肃了；就在这考验时期，希望你更加用严肃的态度对待一切，尤其要对婚后的责任先培养一种忠诚、庄严、虔敬的心情！

莫扎特的歌剧太美了。舒伯特的那个四重奏比 *Death & the Maiden Quartet*［《死神与少女四重奏》］一支难接受，也许是只听一次之故。巴赫的 *Cantata*［《康塔塔》］只听了女低音的一张，其余还来不及听。Oistrakh［奥伊斯特拉赫］的莫扎特 style［风格］如何？我无法评价，望告知。Cantelli［坎泰利］指挥的 *Unfinished Symphony*［《未完成交响曲》］第一句特别轻，觉得很怪，你认为怎样？

转达我对弥拉的祝福，我很愿意和她通信。（她通法文否，望告我。因我写法文比英文方便。）也望转致我们对她父亲的敬意和仰慕。

八月二十九日 *

亲爱的聪：今天接到你的喜讯，真是说不出的高兴，做母亲的愿望总算实现了。男大当婚，女大当嫁，这是天经地义的事，但愿你跟弥拉姻缘美满，我们为儿女担的心也算告一段落。她既美丽、聪明、温柔，对你是最合适了；我常常讲，聪找的对象一定要有这样的条件，因为我跟你爸爸的结合，能够和平相处，就是一个很显著的例子。只要真正认识对方，了解对方，就是受些委屈，也是不计较的。归根结底，到底自己也有错误的地方。希望你不要太苛求，看事情不要太认真，平易近人，总是给人一种体贴亲切之感。尤其对你终身的伴侣，不可三心二意，要始终如一。只要你们真正相爱，互相容忍，互相宽恕，难免的小波折很快会烟消云散。尤其你自己身上的缺点很多，你太像父亲了，只要有自知之明，你的爱人就会幸福。还有一点要提醒你，以后再也不要怀念童年的初恋，人家早已成了家，不但想了无用，而且无意中流露出来，也徒然增加你现在爱人的误会，那是最犯忌的，也是没有意义的。爸爸已经说了许多，而且都是经验之谈，我们在人生的旅途上走了几十年，非但结合自己的经历，而且朋友之中多多少少悲欢离合的事也看得很多，所以尽量告诉你，目的就是希望你们永远幸福。

九月七日［译自英文］

给儿媳弥拉的英、法文信，因大部分内容与中文信重复，金圣华仅摘译部分特别内容，计二十四通，均非全信，不再一一注明。

亲爱的弥拉：人在宇宙中微不足道，身不由己，但对他人来说，却又神秘莫测，自成一套。所以要透彻了解一个人，相当困难，再加上种族、宗教、文化与政治背景的差异，就更不容易。因此，我们以为你们两人决定先订婚一段日子，以便彼此能充分了解，尤其是了解对方的性格，确实是明智之举（但把订婚期拖得太长也不太好，这一点我们以后会跟你们解释）。我以为订婚期间还有一件要紧的事，就是要充分准备去了解现实，面对现实。现实与年轻人纯洁的心灵所想象的情况截然不同。生活不仅充满难以逆料的艰苦奋斗，而且还包含许许多多日常琐事，也许叫人更难以忍受。因为这种烦恼看起来这么渺小，这么琐碎，并且常常无缘无故，所以使人防不胜防。夫妇之间只有彻底谅解，全心包容，经常忍让，并且感情真挚不渝，对生活有一致的看法，有共同的崇高理想与信念，才能在人生的旅途上平安渡过大大小小的风波，成为琴瑟和谐的终身伴侣。

十月七日灯下 *

亲爱的聪：上月二十九日收到你去挪威途中的信。在飞机上写信确是个好办法。很高兴你这回休息了一个月，我相信你有了足够的休息，工作起来更精神饱满了。来信光说有过 Beethoven［贝多芬］Op. 111［作品一一一号］等四个 Sonata［奏鸣曲］的演出，不知在什么地方？伦敦或外省？成绩既然不错，一定有评论可见。你对舒伯特和贝多芬的作品，以及他们不同的人生观的分析，讲得很深，使我们也能体会到其中妙处，这就是你给我们极大的 enjoyment［乐趣］。似乎我们也跟着你浸入音乐中去。爸爸认为你的见解与他去年译给你的论舒伯特的一篇文章，精神上仍然很接近。在挪威演出成绩如何？可惜我们不懂挪威文，就是有评论，我们也看不懂。

弥拉的第二封信，九月二十二日已收到，她的可爱的长信，我们读之再三，真是说不出的高兴。从她的信上，我们深深地体会到，她是个亲切动人而聪明率直的好孩子。爸爸说她从前做过书店找插图材料的工作，其实很不错。为了找材料，不是更有机会进博物馆图书馆么？不是趁此机会可以研究艺术史么？我很庆幸你找到了志趣相投的伴侣，这不是件简单而容易的事。请你告诉她，从她的信上，我们会了解她，我们之间只会越来越接近，我要把她当作自己的女儿一样爱她。我也深切的感谢她，从她那里知道了一些你的生活起居，这是妈妈对儿子最关心的。不知弥拉出院后身体是否完全恢复，希望她多多保重！她的美丽而可爱的照片，太好了。在这两张照片上，似乎你比去年胖了些。是不是国外流行小袖小脚裤？做妈妈的总是老古董，认为不大方，不美观。你除了弹琴以外的照片，是否可寄些来？

十月二十一日［译自英文］

亲爱的弥拉：看来，你对文学已有相当修养，不必再需任何指导，我只想推荐几本书，望你看后能从中汲取教益，尤其在人生艺术方面，有所提高。

莫罗阿：一、《恋爱与牺牲》

二、《人生五大问题》

（两本都是格拉塞版）

巴尔扎克：一、《两个新嫁娘的回忆》

二、《奥诺丽纳》（通常与另两个故事合成一集，即《夏倍上校》与《禁治产》）

因你对一切艺术很感兴趣，可以一读丹纳之《艺术哲学》（Hachette 出版，共两册）。这本书不仅对美学提出科学见解（美学理论很多，但此理论极为有益），并且是本艺术史通论，采用的不是一般教科书的形式，而是以渊博精深之见解指出艺术发展的主要潮流。我于一九五八年及一九五九年译成此书，迄今尚未出版，待出版后，当即寄聪。

你现在大概已经看完《约翰·克利斯朵夫》了吧？（你是看法文版，是吗？）这书是一八七〇年到一九一〇年间知识界之史诗，我相信一定对你大有启发。从聪来信看来——虽然他信中谈得很少，而且只是些无意中的观察所得——自从克利斯朵夫时代以来，西方艺术与知识界并无多大的改变：诚实、勤奋、有创造能力的年轻人，仍然得经历同样的磨难，就说我自己，也还没有度完克利斯朵夫的最后阶段：身为一个激进的怀疑论者，年轻时惯于跟所有形式的偶像对抗，又深受中国传统哲学道德的熏陶，我经历过无比的困难与无穷的痛苦，来适应这信仰的时代。你记不记得老克利斯朵夫与奥里维的儿子，年轻的乔治之间的种种冲突（在《复旦》的第三部）？这就是那些经历过大时代动荡的人的悲剧。书中有某些片段，聪重读之后，也许会有崭新的体会。另一方面，像高脱弗烈特、摩达斯太、苏兹教授、奥里维、雅葛丽纳、爱麦虞限、葛拉齐亚等许多人物，在今日之欧洲仍生活在你的周围。当然，阅读这部经典杰作之后，所引起的种种感情、种种问题与种种思虑，我们不能在这封信中一一讨论，但我相信，看了此书，你的视野一定会扩大不少，你对以前向未留意过的人物与事迹，一定会开始关注起来。

你可敬的父亲也一定可以体会到我的心情，因为他写信给我，把聪演奏会的情况热情地详述了一番。知道聪能以坚强的意志，控制热情，收放自如，使我非常高兴，这是我一向对他的期望。由于这是像你父亲这样的艺术家兼批评家告诉我的，当然极为可信。没有什么比以完美的形式表达出诗意的灵感与洋溢的热情更崇高了。这就是古典主义的一贯理想。为了聪的幸福，我不能不希望他迟早在人生艺术中也能像在音乐艺术中一样，达到和谐均衡的境地。

十月二十一日夜

亲爱的孩子：望眼欲穿的唱片，昨天终于收到了。你的片子只听了一次，一则唱针已旧，不敢多用，二则寄来唱片只有一套，也得特别爱护。初听之下，只觉得你的风格变了，技巧比以前流畅、平稳、干净，不觉得费力。音色的变化也有所不同，如何不同，一时还说不上来。Pedal［踏板］用得更经济。pp［pianissimo = 最弱］比以前更pp［最弱］。蒙胧的段落愈加蒙眬了。总的感觉好像光华收敛了些，也许说凝练比较更正确。奏鸣曲一气呵成，紧凑得很。Largo［广板］确如多数批评家所说 full of poetic sentiment［充满诗意］，而没有一丝一毫感伤情调。至此为止，我只能说这些，以后有别的感想再告诉你。四支 *Ballads*［《叙事曲》］有些音很薄，好像换了一架钢琴，但 *Berceuse*［《摇篮曲》］，尤其是 *Nocturne*［《夜曲》］（那支是否 Paci［百器］最喜欢的？）的音仍然柔和淳厚。是否那些我觉得太薄太硬的音是你有意追求的？你前回说你不满意 *Ballads*，理由何在，望告我。对 *Ballads*，我过去受 Cortot［柯尔托］影响太深，遇到正确的 style［风格］，一时还体会不到其中的妙处。《玛祖卡》的印象也与以前大不同，melody［旋律］的处理也两样；究竟两样在哪里，你能告诉我吗？有一份唱片评论，说你每个 bar［小节］的 lst or 2nd beat［第一或第二拍音］往往有拖长的倾向，听起来有些 mannered［做作，不自然］，你自己认为怎样？是否《玛祖卡》真正的风格就需要拖长第一或第二拍？来信多和我谈谈这些问题吧，这是我最感兴趣的。其实我也极想知道国外音乐界的一般情形，但你忙，我不要求你了。从你去年开始的信，可以看出你一天天地倾向于 wisdom［智慧］和所谓希腊精神。大概中国的传统哲学和艺术理想越来越对你发生作用了。从贝多芬式的精神转到这条路在我是相当慢的，你比我缩短了许多年。原因是你的童年时代和少年时代所接触的祖国文化（诗歌、绘画、哲学）比我同时期多的多。我从小到大，样样靠自己摸，只有从年长的朋友那儿偶然得到一些启发，从来没人有意地有计划地指导过我，所以事倍功半。

十一月十二日［译自英文］

亲爱的弥拉——亲爱的孩子：在一个艺术家的家里，品味必须高雅，而不流于奢华，别让他为了一时之快而浪费钱财。他的艺术生活正在开始，前途虽然明朗，仍未得到确切的保障。由于他对治家理财之道向来漫不经心，你若能劝勉他在开支方面自我约制，撙节用度，就是对他莫大的帮助。他对人十分轻信（这当然表明他天性纯洁善良），不管是朋友，是陌生人，时常不分好歹地慷慨相待。你或许已经注意到，他很容易上歹徒骗子的当，所以，我们希望你能凭常识与直觉成为他的守护天使。这种常识与直觉，对每个女性来说，无论多么年轻，必然具有；而对多数艺术家来说（我指的是真正的艺术家），无论多么成熟，必然匮缺。过去十年以来，我们不断给予聪这种劝告，但我们深信，恋人的话语有时比父母的忠言有效得多。而事实上，也只有两人长相厮守，才能帮得了身旁的伴侣。

十一月十二日＊［译自英文］

亲爱的弥拉：聪是一个性情相当易变的艺术家，诙谐喜悦起来像个孩子，落落寡欢起来又像个浪漫派诗人。有时候很随和，很容易相处；有时候又非常固执，不肯通融。而在这点上，我要说句公道话，他倒并非时常错误的。其实他心地善良温厚，待人诚恳而富有同情心，胸襟开阔，天性谦和。

十一月十三日

亲爱的孩子：十月二十二日寄你和弥拉的信各一封，想你瑞典回来都看到了吧？——前天（十一月十一日）寄出法译《毛主席诗词》一册、英译关汉卿（元人）《剧作选》一册、曹禺《日出》一册、冯沅君《中国古典文学小史》一册（四册共一包都是给弥拉的）；又陈老莲《花鸟草虫册》一册，计十幅，黄宾虹墨笔山水册页五张（摄影），笺谱两套共二十张，我和妈妈放大照片二张（友人摄），共作一包：以上均挂号平寄，由苏联转，预计十二月十日前后可到伦敦。陈老莲《花鸟草虫册》还是一九五八年印的，在现有木刻水印中技术最好，作品也选得最精；其中可挑六张，连同封套及打字说明，送弥拉的爸爸，表示我们的一些心意。余四张可留存，将来装饰你的新居。

黄氏作品均系原来尺寸，由专门摄影的友人代制，花了不少功夫。其他笺谱有些也可配小玻璃框悬挂。因国内纸张奇紧，印数极少，得之不易，千万勿随便送人；只有真爱真懂艺术的人才可酌送一二（指笺谱）。木刻水印在一切复制技术中最接近原作，工本浩大，望珍视之。西人送礼，尤其是艺术品，以少为贵，故弥拉爸爸送六张陈老莲已绰乎有余。这不是小气，而是合乎国外惯例，同时也顾到我们供应不易。

《敦煌壁画选》（木刻水印的一种，非石印洋纸的一种）你身边是否还有？我尚留着三集俱全的一套，你要的话可寄你。不过那是绝版了，一九三五年的东西（木刻印数有限制，后来版子坏了，不能再印），更加名贵，你必须特别爱惜才好。（要否望来信！）

看了此次照片，觉得弥拉更美了，她比瑞士时期肉采丰满，想系恢复健康之故。从她信上可以体会到她性格和顺、天真，同时也严肃，对人对事都认真。为了你们的将来，她正式去学家政，令人感动。不过持家之道主要在乎 commen sense（常识），待人接物和处理银钱等等，一切做得合情合理，有计划，有预算。孩子，你该满足了吧，这样一个伴侣对你可有很大帮助。目前你在经历一生最快乐的时期，订了婚，精神有了寄托，只有爱的甜蜜，还没有家庭的责任：你不要“得福不知”！看你照片，身体似乎不坏，精神也平静，我们非常安慰。弥拉极懂音乐，爱好文艺，你们一定相处得很好。在日常工作与休息营养的调节方面，千万多听她的话，别看她年幼，女性在某些事情上比较我们男人实际得多，她们的直觉往往很正确，而且任何年轻的女孩子都有母爱的本能，有些为你身心健康的劝告，

一九六○年的傅聪

更应当多多接受。但愿你脾气好，万万不要像我，要以我的坏脾气作为你的警戒。我最怕在这方面给你不良的影响。你要是能不让爸爸的缺点在你身上发展，便是你对爸爸最好的报答，也是对你的下一代尽了很大的责任。

我多么愿意听听你对自己演奏的意见，特别是人家重点批评过的乐曲或段落，例如此次挪威九月二十六日最长的一篇评论你的 Bach［巴赫］，我要知道你自己的看法。还有前信问你对已灌片子的四支 *Ballade*［《叙事曲》］的不满意在哪里。别让你爸爸在音乐方面太落后，所以要你谈谈这些问题。

《音乐与音乐家》月刊八月号，有美作曲家 Copland［考普伦］的一篇论到美洲音乐的创作问题，我觉得他根本未接触到关键。他绝未提到美洲人是英、法、德、荷、意、西几种民族的混合；混合的民族要产生新文化，尤其是新音乐，必须一个很长的时期，绝非如 Copland［考普伦］所说单从 jazz［爵士音乐］的节奏或印第安人的音乐中就能打出路来。民族乐派的建立，本地风光的表达，有赖于整个民族精神的形成。欧洲的意、西、法、英、德、荷……许多民族，也是从七世纪起由更多的更早的民族杂凑混合起来的。他们都不是经过极长的时期（融和与合流的时期）才各自形成独特的精神面貌，而后再经过相当长的时期在各种艺术上开花结果吗？

同一杂志三月号登一篇 John Pritchard［约翰·普里查德］的介绍（你也曾与 Pritchard［普里查德］合作过），有下面一小段值得你注意：——

... Famous conductor Fritz Busch once asked John Pritchard, "How long is it since you looked at Renaissance painting?" To Pritchard's astonished "Why?", Busch replied, "Because it will improve your conducting by looking upon great things ——do not become narrow." [……著名指挥家弗里茨·布施有次问约翰·普里查德："你上次看文艺复兴时代的绘画有多久了?"普里查德很惊异的反问："为什么问我?"布施答道："因为看了伟大作品，可以使你指挥时得到进步——而不至于眼光浅窄。"]

你在伦敦别错过 looking upon great things [观赏伟大艺术品] 的机会，博物馆和公园对你同样重要。

冬季是你最忙的时候，有些我问你的话或是你想告诉我的话，不妨陆续记在一个本子上，写信时抄在一起，不是又方便又完全吗?

附寄关于黄宾虹的介绍，可妥为保存，等复制品寄到时可再取出与弥拉重读，让她对中国画得到一个初步的概念。

十一月二十二日 [译自法文]

亲爱的孩子：由于聪时常拘于自己的音乐主张，我很想知道他能否从那些有关他弹奏与演技的批评中得到好处。这些批评有时虽然严峻但却充满睿智。不知他是否肯花功夫仔细看看这类批评，并且跟你一起讨论?（举例来说，你父亲刚寄给我的那篇《泰晤士报》上的文章，其中有几段说到聪对舒伯特及贝多芬 [作品一一一号] 奏鸣曲的演奏，依我看来就很值得好好反省。这样就能根据他人的意见，对自己的长处与短处做客观的分析。）你在艺术方面要求严格，意见中肯，我很放心，因为这样对他会有所帮助，可是他是否很有耐性听取你的意见？还有你父亲，他是艺术界极负盛名的老前辈，聪是否能够虚心聆教？聪还很年轻，对某些音乐家的作品，在艺术与学识方面都尚未成熟，就算对那些他自以为了解颇深的音乐家，例如莫扎特与舒伯特，他也可能犯了自以为是的毛病，沉溺于偏激而不尽合理的见解。我以为他很需要学习和听从朋友及前辈的卓越见解，从中汲取灵感与教益。你可否告诉我，他目前的爱好倾向于哪方面？假如他没有直接用语言表达清楚，你听了他的音乐也一定可以猜度出他在理智与感情方面的倾向。

十一月二十六日晚

亲爱的孩子：自从弥拉和我们通信以后，好像你有了秘书，自己更少动笔了。知道你忙，精神紧张劳累，也不怪你。可是有些艺术问题非要你自己谈不可。你不谈，你我在精神上艺术上的沟通就要中断，而在我这个孤独的环境中更要感到孤独。除了你，没有人再和我交换音乐方面的意见。而我虽一天天地衰老，还是想多吹吹外面的风。你小时候我们指导你，到了今日，你也不能坐视爸爸在艺术的某一部门中落后！—— 十月二十一、十一月十三以及以前的信中已屡次提及，现在不多谈了。

没想到你们的婚期订得如此近，给我们一个措手不及。妈妈今儿整天在外选购送弥拉和你岳母的礼物。不过也许只能先寄弥拉的，下月再寄另外一包裹。原因详见给弥拉信。礼物不能在你们婚前到达伦敦，妈妈总觉得是件憾事。前信问你有否《敦煌壁画选》，现在我给你作为我给你们俩的新婚纪念品（下周作印刷品寄）。

孩子，你如今正式踏进人生的重要阶段了，想必对各个方面都已严肃认真的考虑过：我们中国人对待婚姻——所谓终身大事——比西方人郑重得多，你也绝不例外；可是夫妇之间西方人比我们温柔得多，delicate［优雅］得多，真有我们古人相敬如宾的作风（当然其中有不少虚伪的，互相欺骗的），想你也早注意到，在此订婚四个月内也该多少学习了一些。至于经济方面，大概你必有妥善的打算和安排。还有一件事，妈妈和我争执不已，不赞成我提出。我认为你们都还年轻，尤其弥拉，初婚后一二年内光是学会当家已是够烦了，是否需要考虑稍缓一二年再生儿育女，以便减轻一些她的负担，让她多轻松一个时期？妈妈反对，说还是早生孩子，宁可以后再节育。但我说晚一些也不过晚一二年，并非十年八年；说不说由我，听不听由你们；知无不言，言无不尽，朋友之间尚且如此，何况父母子女！有什么忌讳呢？你说是不是？我不过表示我的看法，决定仍在你们。而且即使我不说，也许你们已经讨论过这个问题了。弥拉的意思很对，你们该出去休息一个星期。我老是觉得，你离开琴，沉浸在大自然中，多沉思默想，反而对你的音乐理解与感受好处更多。人需要不时跳出自我的牢笼，才能有新的感觉、新的看法，也能有更正确的自我批评。

你对晚期贝多芬的看法是否与以前有所不同？思想上是否更接近了些，还是相反，更远了些？一般批评界对舒伯特与贝多芬的见解，你有哪几点同意，哪几点不同意？——他们始终觉得你的莫扎特太精巧，你自己以为如何？

十二月二日

亲爱的孩子：因为闹关节炎，本来这回不想写信，让妈妈单独执笔；但接到你去维也纳途中的信，有些艺术问题非由我亲自谈不可，只能撑起来再写。知道你平日细看批评，觉得总能得到一些好处，真是太高兴了。有自信同时又能保持自我批评精神，的确如你所说，是一切艺术家必须具备的重要条件。你对批评界的总的看法，我完全同意；而且是古往今来真正的艺术家一致的意见。所谓"文章千古事，得失寸心知！"，往往自己认为的缺陷，批评家并不能指出，他们指出的倒是反映批评家本人的理解不够或者纯属个人的好恶，或者是时下的风气和流俗的趣味。从巴尔扎克到罗曼·罗兰，都一再说过这一类的话。因为批评家也受他气质与修养的限制（单从好的方面看），艺术家胸中的境界没有完美表现出来时，批评家可能完全捉摸不到，而只感到与习惯的世界抵触；便是艺术家的理想真正完美地表现出来了，批评家囿于成见，也未必马上能发生共鸣。例如雨果早期的戏剧，比才的《卡门》，德彪西的《贝莱阿斯与梅利桑特》。但即使批评家说的不完全对头或竟完全不对头，也会有一言半语引起我们的反省，给我们一种 inspiration［灵感］，使我们发现真正的缺点，或者另外一个新的角落让我们去追求，再不然是使我们联想到一些小枝节可以补充、修正或改善——这便是批评家之言不可尽信，亦不可忽视的辩证关系。

来信提到批评家音乐听得太多而麻痹，确实体会到他们的苦处。同时我也联想到演奏家太多沉浸在音乐中和过度地工作或许也有害处。追求完美的意识太强太清楚了，会造成紧张与疲劳，反而妨害原有的成绩。你灌唱片特别紧张，就因为求全之心太切。所以我常常劝你劳逸要有恰当的安排，最要紧维持心理的健康和精神的平衡。一切做到问心无愧，成败置之度外，才能临场指挥若定，操纵自如。也切勿刻意求工，以免画蛇添足，丧失了 spontaneity［真趣］；理想的艺术总是如行云流水一般自然，即使是慷慨激昂也像夏日的疾风猛雨，好像是天地中必然有的也是势所必然的境界。一露出雕琢和斧凿的痕迹，就变为庸俗的工艺品而不是出于肺腑，发自内心的艺术了。我觉得你在放松精神一点上还大有可为。不妨减少一些工作，增加一些深思默想，看看效果如何。别老说时间不够；首先要从日常生活的琐碎事情上——特别是梳洗穿衣等等，那是我几年来常嘱咐你的——节约时间，挤出时间来！要不工作，就痛快休息，切勿拖拖拉拉在日常猥琐之事上浪费光阴。不妨多到郊外森林中去散步或者上博物馆欣赏名画，从造型艺术中去求恬静闲适。你实在太劳累了！我一向认为音乐家的神经比别的艺术家更需要保护，这也是有科学与历史根据的。这一段希望细细到到译给弥拉听，让她以后在这方面多帮助你，代我们督促你多休息！你知道我说的休息绝不是懒散，而是调节你的身心，尤其是神经，目的仍在于促进你的艺术，不过用的方法比一味苦干更合理更科学而已！

你的中文并不见得如何退步，你不必有自卑感。自卑感反会阻止你表达的流畅。Do take it easy！［一定要放松些，慢慢来！］主要是你目前的环境多半要你用外文来思想，也因为很少机会用中文讨论文艺、思想等等问题。稍缓我当寄一些旧书给你，让你温习温习词汇和句法的变化。我译的旧作中，《嘉尔曼》和服尔德的文字比较最洗练简洁，可供学习。

其实多读外文书（写得好的），也一样能加强表达思想的能力。我始终觉得一个人有了充实丰富的思想，不怕表达不出。Arthur Hedley［阿瑟·赫德利］写的 *Chopin*［《肖邦传》］（在 Master Musician［音乐大师］丛书内）内容甚好，文字也不太难。第十章提到 Chopin［肖邦］的演奏，有些字句和一般人对你的评论很相近。

再一次祝福你婚姻美满。弥拉真是好孩子，你得好好地爱她！想起你的结婚，我们真有说不出的感触，快慰，以及多多少少复杂万分的情绪。代我们多多道谢 Menuhin［梅纽因］先生太太为你的事偏劳了！

十二月二日 *

亲爱的孩子：知道你们婚期确定以来，我们抱着激动兴奋的心情天天都在盘算日子。你们幸福，我们也跟着幸福。所谓骨肉之亲，所谓爱子情深，只有真爱子女的父母才能深切地体会其中的滋味。我们常常沉浸在回忆中，把你的一生重新温过一遍，想着你在襁褓中的痴肥胖，又淘气又可爱的童年，顽强而多事的少年，一直到半生不熟地去罗马尼亚，出发去参加肖邦的比赛为止：童年时所受的严格的家庭教育，少年时代的发奋用功，出国后的辛勤劳苦，今天的些少成绩，真像电影中一个个的镜头，历历在目，包括了多少辛酸和多少欢乐！如今你到了人生的高潮，也是一生中最幸福的阶段，开始成家立业了。我们做父母的怎不喜极而涕！尤其做母亲的，想到儿子今后的饮食寒暖，身边琐事，有这样一个理想的弥拉来照顾应付，你也不再觉得孤独，我从此可以交卸责任，一切放心了。可爱的弥拉，虽然我们之间只能从通信中互相了解，可是已感到她性情淳厚，温柔体贴，绝非虚荣浮夸的女孩子。（她说过她的信永远代替不了你的，你看她多么懂得做父母的心！）这是你的福气，也显出你眼光不差。最后我还得叮咛几句：希望你们二人除了相亲相爱之外，永远能互相尊重，事事商量，切勿独断专行。生活要严肃，有规律，有节制；经济方面要有计划预算，用钱要适当，总之，行事不可凭冲动，图一时之快，必须深思熟虑；你个人更不可使性。当然，人生永远在学习中，过失难免，只要接受教训，就是深入一步了。

我们觉得最遗憾的是没有尽父母之职，不能代你们做些事，美中不足的又不能参加你们的婚礼。日期如此匆促，使我措手不及，不知买什么送你们好。寄出包裹限制甚严，只能在极小的范围内选购。我接连跑了二天，把东西分作二包，总算很顺利地一次寄出了。一个包直寄你岳母处，内织锦缎二件：黑底大金花的送梅纽因夫人，绿色小花的给弥拉。一个包寄 Club①，内“和光绉”衣料一件，给弥拉做件中国旗袍（最好做夹的，要配个里子），做时可请教中国朋友设计，

---

① 傅聪当时在伦敦的住地。

也不妨问问恩德。要是弥拉不喜欢旗袍，那么随便她做裙子也好，做单纯的robe［罩袍］也好。淡绿色圆形绣花靠枕一对，淡红色缎子靠枕一对，古绣衣袖一对（作小台布用，放在玻璃底下最美，必须避免灰尘），绒花一朵（不理想）。这一些中国产品的小礼物，算不了什么，只能补充你们布置新房的点缀。物少心意重，想你们一定会喜欢的。《敦煌壁画选》要过一个月再寄，因为海关认为一次已寄了二个包，数量太多，故只能当场原封带回。但愿我们早寄的（十一月十一日寄出）一些陈老莲水印画片，能于你们婚前收到，立刻配起框子，就可悬挂。中国人的家多少该有些中国风味，你们看对不对？

十二月二十四日［译自英文］

亲爱的孩子：由于你们两人都很年轻，没有实际经验，我想把我们理财的方法告诉你们，也许会对你们有所帮助。我们结婚二十九年，你母亲天天都把用掉的每一分钱记在账簿上，从未间断过。如没有这种长期家庭式簿记制度，即使有了预算，也无济于事。每天晚上或第二天早晨，她核查支出与用剩的余款，就像小铺的账房，当然不如账房那么专注用心。一发现收支不符，而她又无论如何也记不起漏掉的项目是什么（我们两人记忆力都差），她就把不符之处列为："忘记项目"。每个月底她把全部用途加起来，跟预算比较并分析每一项不同的支出：衣、食、住、书籍费、应酬费、零用钱等——为了这项"比较研究"，她有一本特殊的分析账簿。假如我们的支出超过预算，她就会设法找出原因，以免下个月重蹈覆辙；每年年终，把全部收支相加之后，她就提出一个新的预算。所有这些工作已经成为她生活的常规，而且这也真是个好习惯：只有靠这种办法，人才可以逐渐学会如何处理钱财，如何攒下积蓄，以防意外并养育儿女。我们有些好朋友时常说钱到了我们手中，仿佛比在他们手里更能派用场了。

生活要过得体面而省俭；要小心而勿小气；慷慨而勿易于上当；享受生活乐趣，但切勿为满足一时欲望而过分奢侈，即使当时觉得这种欲念不可或缺也罢。这是种极不容易的艺术，只有性格坚强的人，运用明智，意志力与极大的耐性，再经过一些大大小小的惨痛教训，才办得到！这种人生艺术我们不能期望很快就学会，因此最好及早开始，尤其是在婚姻生活开始的时候。

聪看到这些话，也许会耸耸肩膀，可是，亲爱的孩子，请严肃考虑这个问题，你的幸福大部分有赖于如何解决这个问题。你如今不是单身汉了！别忘了在人生艺术上成功与在任何其他艺术中的成功一样，也值得钦慕与重视，也需要高度的聪慧与才智。主宰人生艺术的不外是调度钱财的能力。不错，假如我们需要或短缺金钱，过分无度为钱财所役，损人利己征物敛财，好比吝啬鬼，守财奴，资本家……那么，金钱确是万恶的。可是那些分明有钱而不知善用的人，可真是咎由自取！啊！亲爱的孩子，我们衷心希望你们在生活中各方面都美满幸福！为了你们好，宁愿让聪觉得我们唠唠叨叨，而不愿在操持家务最重要的篇章上保持缄默。弥拉学过家政，自然明白在家常琐务上能不厌其烦，一丝不苟，就是不出大纰漏的最佳保证。因此，弥拉在钱财上必须抓紧，而聪也必须乐于跟她合作。我知道你们两人对我所说的都很清楚，但要紧的是能知行合一，而不仅是纸上谈兵而已。

逆境中的父亲（一九六〇年）

1961

一九六一年

二十一通

一九六〇年十二月三十一日——九六一年一月五日［译自英文］

亲爱的孩子：你并非是一个不知感恩的人，但你很少向人表达谢意。朋友对我们的帮助、照应与爱护，不必一定要报以物质，而往往只需写几封亲切的信，使他们快乐，觉得人生充满温暖。既然如此，为什么要以没有时间为推搪而不声不响呢？你应该明白我两年来没有跟勃隆斯丹太太通信是有充分的理由的。沉默很容易招人误会，以为我们冷漠忘恩，你很懂这些做人之道，但却永远不能以此来改掉懒惰的习惯。人人都多少有些惰性，假如你的惰性与偏向不能受道德约束，又怎么能够实现我们教育你的信条：“先为人，次为艺术家，再为音乐家，终为钢琴家？”

十二月三十一日

亲爱的聪，我们很高兴得知你对这一次的录音感到满意，并且将于七月份在维也纳灌录一张唱片。你在马耳他用一架走调的钢琴演奏必定很滑稽，可是我相信听众的掌声是发自内心的。你的信写得不长，也许是因为患了重伤风的缘故。信中对马耳他废墟只字未提，可见你对古代史一无所知；可是关于婚礼也略而不述却使我十分挂念，这一点证明你对现实毫不在意，你变得这么像哲学家，这么脱离世俗了吗？或者更坦白地说，你难道干脆就把这些事当作无关紧要的事吗？但是无足轻重的小事从某一观点以及从精神上来讲就毫不琐屑了。生活中崇高的事物，一旦出自庸人之口，也可变得伧俗不堪的。你知道得很清楚，我也不太看重物质生活，不太自我中心，我也热爱艺术，喜欢遐想；但是艺术若是最美的花朵，生活就是开花的树木。

傅聪与弥拉结婚照，右一为弥拉的父亲梅纽因

生活中物质的一面不见得比精神的一面次要及乏味，对一个艺术家而言，尤其如此。你有点过分偏重知识与感情了，凡事太理想化，因而忽略或罔顾生活中正当健康的乐趣。

不错，你现在生活的世界并非万事顺遂，甚至是十分丑恶的；可是你的目标，诚如你时常跟我说起的，是抗御一切诱惑，不论是政治上或经济上的诱惑，为你的艺术与独立而勇敢斗争，这一切已足够耗尽你的思想与精力了。为什么还要为自己无法控制的事情与情况而忧虑？注意社会问题与世间艰苦，为人类社会中丑恶的事情而悲痛是磊落的行为。故此，以一个敏感的年轻人来说，对人类命运的不公与悲

弥拉与父亲梅纽因在婚礼上

苦感到愤慨是理所当然的，但是为此而郁郁不乐却愚不可及，无此必要。你说过很多次，你欣赏希腊精神，那么为什么不培养一下恬静与智慧？你在生活中的成就老是远远不及你在艺术上的成就。我经常劝你不时接近大自然及造型艺术，你试过没有？音乐太刺激神经，需要其他较为静态（或如你时常所说的较为“客观”）的艺术如绘画、建筑、文学等等来平衡，在十一月十三日的信里，我引了一小段 Fritz Busch［弗里茨·布施］的对话，他说的这番话在另外一方面看来对你很有益处，那就是你要使自己的思想松弛平静下来，并且大量减少内心的冲突。

记得一九五六至一九五七年间，你跟我促膝谈心时，原是十分健谈的，当时说了很多有趣可笑的故事，使我大乐；相反的，写起信来，你就越来越简短，而且集中在知识的问题上，表示你对现实漠不关心，一九五七年以来，你难道变了这么多吗？或者你只是懒惰而已？我猜想最可能是因为时常郁郁寡欢的缘故。为了抵制这种倾向，你最好少沉浸在自己内心的理想及幻想中，多生活在外在的世界里。

一月五日

一月五日 *

亲爱的聪、弥拉：今天接到你们从 Malta［马耳他］寄来的信，我们左等右等，无日不在想念你们，真是望眼欲穿了。看到你们二人的信，好像你们的一举一动、一言一笑都在眼前，心里的高兴与温暖是无法言喻的。弥拉说接到我们的信很高兴，可是你们的信，我们也是一样要翻来覆去地看几遍呢，隔了几天还会拿出来温呢！

弥拉虽年轻，但从她几次来信，我深深地感觉到她相当成熟、体贴，使我回想自己结婚的时候比弥拉还年轻：二十岁还不到；当年我幼稚无知，怎么可以同今日的弥拉相比呢！还不是慢慢受了你爸爸的熏陶与影响，才对人生和艺术有所理解，而视野也变得广阔的吗？弥拉对你的了解，比我当时对你爸爸的了解，要深切得多，你太幸运了。现在你们开始共同生活，组织小家庭，中国有句老话“开门七件事，柴米油盐酱醋茶”，看来都是麻烦猥琐的事，但是为了生活，有什么办法呢？关于日常安排，你一定要多听弥拉的主意，因为我们女人总比较实际，不像你一天到晚老在音乐里，在云端里做梦。而且你有时也得从梦境中回到现实世界上来，体验体验家庭生活的烦琐与乐趣。你要知道 art of living［生活的艺术］也不是一件容易的事，里面也有不少学问，也许比别的学问更加高深，也得一边学一边做。尤其重要的理财一道，你向来不屑理会，钱糊里糊涂来，糊里糊涂去。现在有弥拉帮你管，你只要开诚布公，尽可让她预算，让她安排，或者共同研究一下，每个月必得从收入中储蓄一部分！——我正在看肖邦的传记，他父亲就是一个艰苦奋斗的人，也是极重视孩子教育的人，常常警告肖邦，一定要 save money［储蓄］，以防万一。现在你成了家，不是 bohemian［流浪汉］了，为了二人的生活安全，责任更重，还要为未来的孩子着想。总之 play safe first！［稳扎稳打，谨慎行事是第一位的！］你想，要是你的父母过去生活无计划、无规律，你怎么会得到充分的教育，会有今日呢？虽然我们孜孜不倦地教导你，但是在生活的规律和用钱的得当两点上，始终没对你产生影响，我为之深感遗憾，也是觉得惭愧的，因为总是我们教育的方式方法不好。但是你还年轻，学起来还来得及，何况弥拉这方面比你能干得多，那么好了，就让她来补你的不足。千万别自作聪明，与弥拉闹别扭；我完全相信她的能力（你别低估了她）和善良的心地，倘若她有时在实际问题上坚持，那一定是为了使你的生活过得美满，为你们两人的前途打算。

婚姻究竟是终身大事，你来信不但对结婚的情形只字不提，便是体会及感想也一句没有，这一点不但爸爸觉得奇怪，我也感到意外。下次来信能不能补充些呢？除了 5 roses［五朵玫瑰花］以外，你还送弥拉什么呢？难道你对新娘竟是一点饰物也不送么？有没有 wedding ring［结婚戒指］？

聪，亲爱的孩子：关于你所接触的音乐界，你所来往的各方面的朋友，同我们讲得太少了。你真不知道你认为 trivial thing［无足轻重的事］，在我们却是新鲜事儿，都是 knowledge［知识］；你知道对于我们，得到新的 knowledge，就是无上的乐趣。譬如这次弥拉告诉我们的（爸爸信上问的）Harriet Cohen［哈理特·科恩］奖金的事，使我们知道了西方音乐界的一种情况，爸爸说那是小小的喜剧。Julius Ketchen［朱利叶斯·凯琴］同你讨论 Beethoven［贝多芬］Sonata［奏鸣曲］，又使我们领会到另一种情况：表示艺术家之间坦白真诚的思想交流。像你爸爸这样会吸收，会举一反三的人，对这些事的确感到很大的兴趣。他要你多提音乐界的事，无非是进取心强，不甘落后，要了解国外艺术界的现状，你何乐而不为呢？他知道你对希腊精神的向往，但认为你对希腊精神还不明确，他就不厌其烦地想要满足你。因为丹纳的《艺术哲学》不知何时出版，他最近竟重理旧稿，把其中讲希腊的一个 chapter［章］，约五万余字，每天抽出一部分时间抄录，预备寄你。爸爸虽是腰酸背痛，眼花流泪（多写了还要头痛），但是为了你，他什么都不顾了。前几天我把旧稿替他理出来，他自己也吓了一跳，原来的稿子，字写得像蚂蚁一样小，不得不用了放大镜来抄，而且还要仔仔细细的抄，否则就要出错。他这样坏的身体，对你的 devotion [爱护]，对你的关怀，我看了也感动。孩子，世界上像你爸爸这样的无微不至的教导，真是罕有的。你要真心地接受，而且要拿实际行动来表示。来信千万别笼笼统统的，多一些报道，让他心里感到温暖快乐，这就是你对爸爸的报答。我不是说你信上不提音乐与艺术的事，提的多半是学术感想，关于实际的人与事，希望能多谈谈，尤其是你们新夫妇之间相处的情形，更所切盼！

来信并未说及寄东西给我们（十一月二十六日我信上提的），究竟寄出没有呢？像我们这样的父母，向儿子开口要东西是出于万不得已，这一点你应该理解到。爸爸说不是非寄不可，只要回报一声就行，免得人伸着脖子呆等。大概你因为重伤风不舒服，有些事没回答，这也难怪你；不过你的老脾气，做事粗疏草率，往往答非所问，不看我们的信就写回信，信不在手边，也不肯努力回想一下。《约翰·克利斯朵夫》你手头有否？要不要？你们的结婚照片千万别忘了寄给杰老师、马家及勃隆斯丹夫人。婆婆①昨天来，知道了你的好消息，我代你送了她二十元，她老人家高兴极了，叫我转言她的关怀，并要你保重身体。

一九六一年一月五日

---

① 傅雷的奶妈，对傅聪从小就非常关怀。

敦煌壁画：飞天

我们现在写信真是大有苦衷，许多话不说吧，放心不下你们两个年轻人；略说几句吧，怕不起作用（这是爸爸的想法，你知道的），说多了吧，又怕你们厌烦，尤其是你。所以我们提起笔来，常常有不知如何是好之感。但是你们不要怕我们担忧，而把许多事瞒着不说；你看 Ealing 的事，[①] 不是绕了一个大圈子，越过几条大洋，还是吹到我们耳朵里了！

一月二十三日［译自英文］

亲爱的孩子们：我认为敦煌壁画代表了地道的中国绘画精粹，除了部分显然受印度佛教艺术影响的之外，那些描绘日常生活片段的画，确实不同凡响：创作别出心裁，观察精细入微，手法大胆脱俗，而这些画都是由一代又一代不知名的画家绘成的（全部壁画的年代跨越五个世纪）。这些画家，比起大多数名留青史的文人画家来，其创作力与生命力，要强得多。真正的艺术是历久弥新的，因为这种艺术对每一时代的人都有感染力，而那些所谓的现代画家（如弥拉信中所述）却大多数是些骗子狂徒，只会向附庸风雅的愚人榨取钱财而已。我绝对不相信他们是诚心诚意地在作画。听说英国有“猫儿画家”及用“一块旧铁作为雕塑品而赢得头奖”的事，这是真的吗？人之丧失理智，竟至于此？

最近我收到杰维茨基教授的来信，他去夏得了肺炎之后，仍未完

---

① 傅聪一九六〇年四月二十二日在 Ealing 有一场独奏会，结果他忘得一干二净，等找到他时，他正在梅纽因家吃晚饭，因为那天是梅纽因的生日。

全康复，如今在疗养院中，他特别指出聪在英国灌录的唱片弹奏肖邦时，有个过分强调的 retardo［缓慢处理］——比如说，*Ballad*［《叙事曲》］弹奏得比原曲长两分钟。杰教授说在波兰时，他对你这种倾向，曾加抑制，不过你现在好像又故态复萌。我很明白演奏是极受当时情绪影响的，不过聪的 retardo mood［缓慢处理手法］出现得有点过分频密，倒是不容否认的，因为多年来，我跟杰教授都有同感。亲爱的孩子，请你多留意，不要太耽溺于个人的概念或感情之中，我相信你会时常听自己的录音（我知道，你在家中一定保有一整套唱片），在节拍方面对自己要求越严格越好！弥拉在这方面也一定会帮你审核的。一个人拘泥不化的毛病，毫无例外是由于有特殊癖好及不切实的感受而不自知，或固执得不愿承认而引起的。趁你还在事业的起点，最好控制你这种倾向，杰教授还提议需要有一个好的钢琴家兼有修养的艺术家给你不时指点，既然你说起过有一名协助过 Annie Fischer［安妮·费希尔］的匈牙利女士，杰教授就大力鼓励你去见见她，你去过了吗？要是还没去，你在二月三日至十八日之间，就有足够的时间前去求教，无论如何，能得到一位年长而有修养的艺术家指点，一定对你大有裨益。

二月五日上午—八日晨

亲爱的孩子：上月二十四日宋家婆婆突然病故，卧床不过五日。初时只寻常小恙，到最后十二小时才急转直下。人生脆弱一至于此！我和你妈妈为之四五天不能入睡，伤感难言。古人云秋冬之际，尤难为怀；人过中年也是到了秋冬之交，加以体弱多病，益有草木零落，

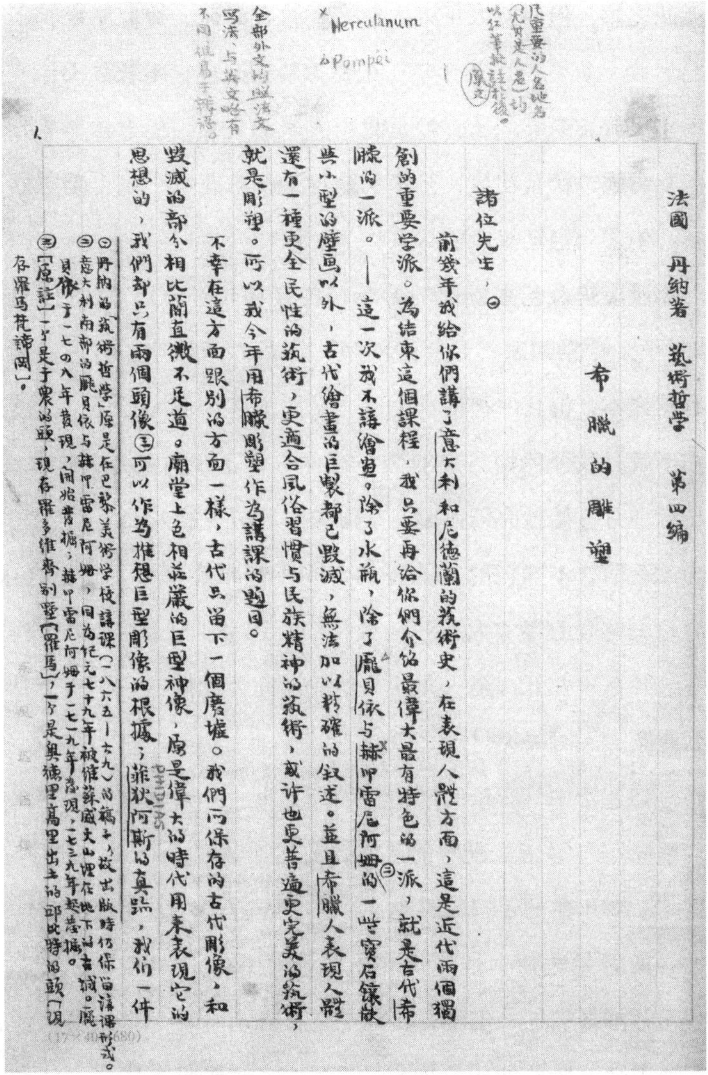

一九六一年初父亲为傅聪抄录《艺术哲学》第四编《希腊的雕塑》墨迹之一

兔死狐悲之感。但西方人年近八旬尚在孜孜矻矻，穷究学术，不知老之“已”至：究竟是民族年轻，生命力特别旺盛，不若数千年一脉相承之中华民族容易衰老欤？抑是我个人未老先衰，生意索然欤？想到你们年富力强，蓓蕾初放，艺术天地正是柳暗花明，窥得无穷妙境之时，私心艳羡，岂笔墨所能尽宣！

因你屡屡提及艺术方面的希腊精神（Hellenism），特意抄出丹纳《艺术哲学》中第四编“希腊的雕塑”译稿六万余字，钉成一本。原书虽有英译本，但其中神话、史迹、掌故太多，倘无详注，你读来不免一知半解；我译稿均另加笺注，对你方便不少。我每天抄录一段，前后将近一月方始抄完第四编。奈海关对寄外文稿检查甚严，送去十余日尚无音信，不知何时方能寄出，亦不知果能寄出否。思之怅怅。此书原系一九五七年“人文”向我特约，还是王任叔[1]来沪到我家当面说定，我在一九五八至一九五九年间译完，已搁置一年八个月。目前纸张奇紧，一时决无付印之望。

在一切艺术中，音乐的流动性最为突出，一则是时间的艺术，二则是刺激感官与情绪最剧烈的艺术，故与个人的 mood［情绪］关系特别密切。对乐曲的了解与感受，演奏者不但因时因地因当时情绪而异，即一曲开始之后，情绪仍在不断波动，临时对细节、层次、强弱、快慢、抑扬顿挫，仍可有无穷变化。听众对某一作品平日皆有一根据素所习惯与听熟的印象构成的“成见”，而听众情绪之波动，亦

---

① 时任人民文学出版社社长。

复与演奏者无异：听音乐当天之心情固对其音乐感受大有影响，即乐曲开始之后，亦仍随最初乐句所引起之反应而连续发生种种情绪。此种变化与演奏者之心情变化皆非事先所能预料，亦非临时能由意识控制。可见演奏者每次表现之有所出入，听众之印象每次不同，皆系自然之理。演奏家所以需要高度的客观控制，以尽量减少一时情绪的影响；听众之需要高度的冷静的领会；对批评家之言之不可不信亦不能尽信，都是从上面几点分析中引申出来的结论。音乐既是时间的艺术，一句弹完，印象即难以复按；事后批评，其正确性大有问题；又因为是时间的艺术，故批评家固有之（对某一作品）成见，其正确性又大有问题。况执着旧事物、旧观念、旧形象，排斥新事物、新观念、新印象，原系一般心理，故演奏家与批评家之距离特别大。不若造型艺术，如绘画、雕塑、建筑，形体完全固定，作者自己可在不同时间不同心情之下再三复按，观众与批评家亦可同样复按，重加审查，修正原有印象与过去见解。

按诸上述种种，似乎演奏与批评都无标准可言。但又并不如此。演奏家对某一作品演奏至数十百次以后，无形中形成一比较固定的轮廓，大大地减少了流动性。听众对某一作品听了数十遍以后，也有一个比较稳定的印象——尤其以唱片论，听了数十百次必然会得出一个接近事实的结论。各种不同的心情经过数十次的中和、修正，各个极端相互抵消以后，对某一固定乐曲（既是唱片，则演奏是固定的了，不是每次不同的了，而且可以尽量复按复查）的感受与批评可以说有了平均的、比较客观的价值。个别的听众与批评家，当然仍有个别的心理上精神上气质上的因素，使其平均印象尚不能称为如何客观；但无数“个别的”听众与批评家的感受与印象，再经过相当时期的大交流（由于报章杂志的评论，平日交际场中的谈话，半学术性的讨论争辩而形成的大交流）之后，就可得出一个average［平均］的总和。这个总印象总意见，对某一演奏家的某一作品的成绩来说，大概是公平或近于公平的了——这是我对群众与批评家的意见肯定其客观价值的看法，也是无意中与你妈妈谈话时谈出来的，不知你觉得怎样？——我经常与妈妈谈天说地，对人生、政治、艺术等各种问题发表各种感想，往往使我不知不觉中把自己的思想整理出一个小小的头绪来。单就这一点来说，你妈妈对我确是大有帮助，虽然不是出于她主动。——可见终身伴侣的相互帮助有许多完全是不知不觉的。相信你与弥拉之间一定也常有此感。

二月五日上午

昨天敏自京回沪度寒假，马先生交其带来不少唱片借听。昨晚听了维瓦尔第的两支协奏曲，显然是斯卡拉蒂一类的风格，敏说“非常接近大自然”，倒也说得中肯。情调的愉快、开朗、活泼、轻松，风格之典雅、妩媚，意境之纯净、健康，气息之乐观、天真，和声的柔和、堂皇，甜而不俗：处处显出南国风光与意大利民族的特性，令我回想到罗马的天色之蓝，空气之清冽，阳光的灿烂，更进一步追怀二千年前希腊的风土人情，美丽的地中海与柔媚的山脉以及当时又文明又自然、又典雅又朴素的风流文采，正如丹纳书中所描写的那些境界。听了这种音乐不禁联想到韩德尔，他倒是北欧人而追求文艺复兴的理想的人，也是北欧人而憧憬南国的快乐气氛的作曲家。你说他humain［有人情味］是不错的，因为他更本色，更多保留人的原有的性格，所以更健康。他有的是异教气息，不像巴赫被基督教精神束缚，常常匍匐在神的脚下呼号，忏悔，诚惶诚恐地祈求。基督教本是历史上某一特殊时代，地理上某一特殊民族，经济政治某一特殊类型所综合产生的东西；时代变了，特殊的政治经济状况也早已变了，民族也大不相同了，不幸旧文化—旧宗教遗留下来，始终统治着二千年来几乎所有的西方民族，造成了西方人至今为止的那种矛盾、畸形，与十九、二十世纪极不调和的精神状态，处处同文艺复兴以来的主要思潮抵触。在我们中国人眼中，基督教思想尤其显得病态。一方面，文艺复兴以后的人是站起来了，到处肯定自己的独立，发展到十八世纪的百科全书派，十九世纪的自然科学进步以及政治经济方面的革命，显然人类的前途、进步、能力都是无限的；同时却仍然奉一个无所不能无所不在的神为主宰，好像人永远逃不出他的掌心，再加上原始罪恶与天堂地狱的恐怖与期望，使近代人的精神永远处于支离破碎、纠结复杂、矛盾百出的状态中，这个情形反映在文化的各个方面、学术的各个部门，使他们（西方人）格外心情复杂，难以理解。我总觉得从异教变到基督教，就是人从健康变到病态的主要表现与主要关键。比起近代的西方人来，我们中华民族更接近古代的希腊人，因此更自然、更健康。我们的哲学、文学即使是悲观的部分也不是基督教式的一味投降，或者用现代语说，一味的“失败主义”；而是人类一般对生老病死、春花秋月的慨叹，如古乐府及我们全部诗词中提到人生如朝露一类的作品；或者是愤激与反抗的表现，如老子的《道德经》——就因为此，我们对西方艺术中最喜爱的还是希腊的雕塑、文艺复兴的绘画、十九世纪的风景画——总而言之是非宗教性非说教类的作品——猜想你近年来愈来愈喜欢莫扎特、斯卡拉蒂、韩德尔，大概也是由于中华民族的特殊气质。在精神发展的方向上，我认为你这条路线是正常的、健全的——你的酷好舒伯特，恐怕也反映你爱好中国文艺中的某一类型。亲切、熨帖、温厚、惆怅、凄凉，而又对人生常带哲学意味极浓的深思默想；爱人生、恋念人生而又随时准备飘然远行，高蹈，洒脱，遗世独立，解脱一切等等的表现，岂不是我们汉晋六朝唐宋以来的文学中屡见不鲜的吗？而这些因素是不是在舒伯特的作品中也具备的呢？——关于上述各点，我很想听听你的意见。而你我之间思想交流、精神默契未尝有丝毫间隔，也就象征你这个远方游子永远和产生你的民族、抚养你的祖国、灌溉你的文化血肉相连、息息相通。

二月六日上午

从文艺复兴以来，各种古代文化、各种不同民族、各种不同的思想感情大接触之下，造成了近代人的极度复杂的头脑与心情；加上政治经济和社会的急剧变化（如法国大革命，十九世纪的工业革命，封建社会与资本主义社会的交替等等），人的精神状态愈加充满了矛盾。这个矛盾中最尖锐的部分仍然是基督教思想与个人主义的自由独立与自我扩张的对立。凡是非基督徒的矛盾，仅仅反映经济方面的苦闷，其程度绝没有那么强烈——在艺术上表现这种矛盾特别显著的，恐怕要算贝多芬了。以贝多芬与歌德做比较研究，大概更可证实我的假定。贝多芬乐曲中两个主题的对立，绝不仅仅从技术要求出发，而主要是反映他内心的双重性。否则，一切 sonata form［奏鸣曲式］都以两个对立的 motifs［主题］为基础，为何独独在贝多芬的作品中，两个不同的主题会从头至尾斗争得那么厉害，那么凶猛呢？他的两个主题，一个往往代表意志，代表力，或者说代表一种自我扩张的个人主义（绝对不是自私自利的庸俗的个人主义或侵犯别人的自我扩张，想你不致误会）；另外一个往往代表犷野的暴力，或者说是命运，或者说是神，都无不可。虽则贝多芬本人绝不同意把命运与神混为一谈，但客观分析起来，两者实在是一个东西。斗争的结果总是意志得胜，人得胜。但胜利并不持久，所以每写一个曲子就得重新挣扎一次，斗争一次。到晚年的四重奏中，斗争仍然不断发生，可是结论不是谁胜谁败，而是个人的隐忍与舍弃；这个境界在作者说来，可以美其名曰皈依，曰觉悟，曰解脱，其实是放弃斗争，放弃挣扎，以换取精神上的和平宁静，即所谓幸福，所谓极乐。挣扎了一辈子以后再放弃挣扎，当然比一开场就奴颜婢膝的屈服高明得多，也就是说“自我”的确已经大大地扩张了；同时却又证明“自我”不能无限制地扩张下去，而且最后承认“自我”仍然是渺小的，斗争的结果还是一场空，真正得到的只是一个觉悟，觉悟斗争之无益，不如与命运与神，言归于好，求妥协。当然我把贝多芬的斗争说得简单化了一些，但大致并不错。此处不能做专题研究，有的地方只能笼统说说——你以前信中屡次说到贝多芬最后的解脱仍是不彻底的，是否就是我以上说的那个意思呢？——我相信，要不是基督教思想统治了一千三四百年（从高卢人信奉基督教算起）的西方民族，现代欧洲人的精神状态绝不会复杂到这步田地，即使复杂，也将是另外一种性质。比如我们中华民族，尽管近半个世纪以来也因为与西方文化接触之后而心情变得一天天复杂，尽管对人生的无常从古至今感慨伤叹，但我们的内心矛盾，绝不能与宗教信仰与现代精神（自我扩张）的矛盾相比。我们心目中的生死感慨，从无仰慕天堂的极其烦躁的期待与追求，也从无对永堕地狱的恐怖忧虑；所以我们的哀伤只是出于生物的本能，而不是由发热的头脑造出许多极乐与极可怖的幻象来一方面诱惑自己一方面威吓自己。同一苦闷，程度强弱之大有差别，健康与病态的分别，大概就取决于这个因素。

中华民族从古以来不追求自我扩张，从来不把人看作高于一切，在哲学文艺方面的表现都反映出人在自然界中与万物占着一个比例较为恰当的地位，而非绝对统治万物、奴役万物的主宰。因此我们的苦闷，基本上比西方人为少为小；因为苦闷的强弱原是随欲望与野心的大小而转移的。农业社会的人比工业社会的人享受差得多，因此欲望也小得多。何况中国古代素来以不滞于物，不为物役为最主要的人生哲学。并非我们没有守财奴，但比起莫里哀与巴尔扎克笔下的守财奴与野心家来，就小巫见大巫了。中华民族多数是性情中正和平、淡泊、朴实，比西方人容易满足。——另一方面，佛教影响虽然很大，但天堂地狱之说只是佛教中的小乘（净土宗）的说法，专为知识较低的大众而设的。真正的佛教教理并不相信真有天堂地狱，而是从理智上求觉悟，求超度；觉悟是悟人世的虚幻，超度是超脱痛苦与烦恼。尽管是出世思想，却不予人以热烈追求幸福的鼓动或急于逃避地狱的恐怖；主要是劝导人求智慧。佛教的智慧正好与基督教的信仰成为鲜明的对比。智慧使人自然而然地醒悟，信仰反易使人入于偏执与热狂之途。——我们的民族本来提倡智慧（中国人的理想是追求智慧而不是追求信仰。我们只看见古人提到彻悟，从未以信仰坚定为人生乐事

[这恰恰是西方人心目中的幸福]。你认为韩德尔比巴赫为高，你说前者是智慧的结晶，后者是信仰的结晶：这个思想根源也反映出我们的民族性)。故知识分子受到佛教影响并无恶果。即使南北朝时代佛教在中国极盛，愚夫愚妇的迷信亦未尝在吾国文化史上遗留什么毒素，知识分子亦从未陷于虚无主义（即使有过一个短时期，但在历史上并无大害)。——相反，在两汉以儒家为唯一正统，罢斥百家，思想入于停滞状态之后，佛教思想的输入倒是给我们精神上的一种刺激，令人从麻痹中觉醒过来，从狭隘的一家一派的束缚中解放出来。在公元二三世纪的思想情况之下这是一个可喜的现象。——对中国知识分子拘束最大的倒是僵死的礼教，从南宋的理学（程子朱子）起一直到清朝末年，养成了规行矩步，整天反省，唯恐背礼越矩的迂腐头脑，也养成了口是心非的假道学、伪君子。其次是明清两代的科举制度，不仅束缚性灵，也使一部分有心胸有能力的人徘徊于功名利禄与真正修心养性、致知格物的矛盾中（反映于《儒林外史》中）——然而这一类的矛盾也绝不像近代西方人的矛盾那么有害身心。我们的社会进步迟缓，资本主义制度发展若断若续，封建时代的经济基础始终存在，封建时代的道德观、人生观、宇宙观以及一切上层建筑，到近百年中还有很大势力，使我们的精神状态、思想情形不至如资本主义高度发展的国家的人那样混乱、复杂、病态；我们比起欧美人来一方面是落后，一方面也单纯，就是说更健全一些——从民族特性、传统思想，以及经济制度等等各个方面看，我们和西方人比较之下都有这个双重性。“五四”以来，情形急转直下，西方文化的输入使我们的头脑受到极大的骚动，正如“帝国主义的资本主义”的侵入促成我们半封建

半资本主义社会的崩溃一样。我们开始感染到近代西方人的烦恼，幸而时期不久，并且宗教影响在我们思想上并无重大作用（西方宗教只影响到买办阶级以及一部分比较落后地区的农民，而且也并不深刻），故虽有现代式的苦闷，并不太尖锐。我们还是有我们老一套的东方思想与东方哲学，作为批判西方文化的尺度。当然以上所说特别是限于解放以前为止的时期。解放以后情形大不相同，暇时再谈。但即是解放以前我们一代人的思想情况，你也承受下来了，感染得相当深了。我想你对西方艺术、西方思想、西方社会的反应和批评，骨子里都有我们一代（比你早一代）的思想根源，再加上解放以后新社会给你的理想，使你对西欧的旧社会更有另外一种看法、另外一种感觉——倘能从我这一大段历史分析（不管如何片面如何不正确）来分析你目前的思想感情，也许能大大减少你内心苦闷的尖锐程度，使你的矛盾不致影响你身心的健康与平衡，你说是不是？

二月七日

人没有苦闷，没有矛盾，就不会进步。有矛盾才会逼你解决矛盾，解决一次矛盾即往前迈进一步。到晚年矛盾减少，即是生命将要告终的表现。没有矛盾的一片恬静只是一个崇高的理想，真正实现的话并不是一个好现象。凭了修养的功夫所能达到的和平恬静只是极短暂的，比如浪潮的尖峰，一刹那就要过去的。或者理想的平和恬静乃是微波荡漾，有矛盾而不太尖锐，而且随时能解决的那种精神修养，可绝非一泓死水：一泓死水有什么可羡呢？我觉得倘若苦闷而不致陷入悲观厌世，有矛盾而能解决（至少在理论上认识上得到一个总结），那么苦闷与矛盾并不可怕。所要避免的乃是因苦闷而导致身心失常或者玩世不恭，变作游戏人生的态度。从另一角度看，最伤人的（对己对人，对小我与集体都有害的）乃是由 passion［激情］出发的苦闷与矛盾，例如热衷名利而得不到名利的人，怀着野心而明明不能实现的人，经常忌妒别人、仇恨别人的人，那一类苦闷便是于己于人都有大害的。凡是从自卑感、自溺狂等等来的苦闷对社会都是不利的，对自己也是致命伤。反之，倘是忧时忧国，不是为小我打算而是为了社会福利、人类前途而感到的苦闷，因为出发点是正义，是理想，是热爱，所以即有矛盾，对己对人都无害处，倒反能逼自己做出一些小小的贡献来。但此种苦闷也须用智慧来解决，至少在苦闷的时间不能忘了明哲的教训，才不至于转到悲观绝望，用灰色眼镜看事物，才能保持健康的心情继续在人生中奋斗——而唯有如此，自己的小我苦闷才能转化为一种活泼泼的力量而不仅仅成为愤世嫉俗的消极因素；因为愤世嫉俗并不能解决矛盾，也就不能使自己往前迈进一步。由此得出一个结论，我们不怕经常苦闷，经常矛盾，但必须不让这苦闷与矛盾妨碍我们愉快的心情。

二月七日晚

记得你在波兰时期，来信说过艺术家需要有 single-minded-ness［一心一意］，分出一部分时间关心别的东西，追求艺术就短少了这部分时间。当时你的话是特别针对某个问题而说的。我很了解（根据切身经验），严格钻研一门学术必须整个儿投身进去。艺术——尤其音乐，反映现实是非常间接的，思想感情必须转化为 emotion［感情］才能在声音中表达，而这一段酝酿过程，时间就很长；一受外界打扰，酝酿过程即会延长，或竟中断。音乐家特别需要集中（即所谓

single-mindedness），原因即在于此。因为音乐是时间的艺术，表达的又是流动性最大的 emotion，往往稍纵即逝——不幸，生在二十世纪的人，头脑装满了多多少少的东西，世界上又有多多少少东西时时刻刻逼你注意；人究竟是社会的动物，不能完全与世隔绝；与世隔绝的任何一种艺术家都不会有生命，不能引起群众的共鸣。经常与社会接触而仍然能保持头脑冷静，心情和平，同时能保持对艺术的新鲜感与专一的注意，的确是极不容易的事。你大概久已感觉到这一点。可是过去你似乎纯用排斥外界的办法（事实上你也做不到，因为你对人生、对世界的感触与苦闷还是很多很强烈），而没头没脑地沉浸在艺术里，这不是很健康的做法。我屡屡提醒你，单靠音乐来培养音乐是有很大弊害的。以你的气质而论，我觉得你需要多多跑到大自然中去，也需要不时欣赏造型艺术来调剂。假定你每个月郊游一次，上美术馆一次，恐怕你不仅精神更愉快、更平衡，便是你的音乐表达也会更丰富、更有生命力、更有新面目出现。亲爱的孩子，你无论如何应该试试看！

如今你有弥拉代为料理日常琐事，该是很幸福了。但不管你什么理由，某些道义上的责任是脱卸不了的，不能由弥拉代庖。希望能尽量挤出时间，不时给两位以前的老师写几行，短一些无妨，但绝不可几月几年地沉默下去！你在本门艺术中意志很强，为何在道义上不同样拿出意志来节约时间，履行你的义务呢？—— 孩子，你真不知道我多么希望你在人生各方面都有进步！倘你在尊师方面有行动表现，你真是给你爸爸最大的快乐。你要以与亲友通信作为精神上的调剂，就不会视执笔为畏途了。心理一改变，事情就会轻松，试过几回即会明白。

傅聪钢琴演奏中（一九六一年）

一月九日与林先生的画同时寄出的一包书，多半为温习你中文着眼，故特别挑选文笔最好的书——至于艺术与音乐方面的书，英文中有不少扎实的作品。暑中音乐会较少的期间，也该尽量阅读。

二月八日晨

三月二十八日晨［译自英文］

亲爱的弥拉：我会再劝聪在琐屑小事上控制脾气，他在这方面太像我了，我屡屡提醒他别受我的坏习惯影响。父母的缺点与坏脾气应该不断地作为孩子的借鉴，不然的话，人的性格就没有改善的指望了。你妈妈却是最和蔼可亲、平易近人的女性（幸好你属于她那一类型），受到所有亲朋戚友的赞美，她温柔婉约，对聪的为人影响极大。多年来要不是经常有妈妈在当中任劳任怨，小心翼翼，耐心调停，我与聪可能不会像今日一般和睦相处，因为我们两人都脾气急躁，尤其对小事情更没有耐性。简言之，我们在气质上太相似了，一般来说，这是艺术家或诗人的气质，可是在诗人、画家的妻子眼中看来，这种气质却一点诗情画意都没有！我只能劝你在聪发脾气的时候别太当真，就算他有时暴跳如雷也请你尽量克制，把他当作一个顽皮的孩子，我相信他很快会后悔，并为自己蛮不讲理而惭愧。我明白，要你保持冷静，很不容易，你还这么年轻！但是，这是平息风浪、避免波及的唯一方式，要不然，你自己的情绪也会因此变坏，那就糟了——这是家庭关系的致命伤！希望你在这一点上能原谅聪，正如妈妈一向原谅我一般，因为我可以向你担保，对小事情脾气暴躁，可说是聪性格中唯一的严重缺点。

另一方面，我们认为有一点很重要，就是聪在未来，应该把演奏次数减少，我在二月二十一日一信（E－No. 11 T2）中，已经对你提过。一个人为了工作神经过度紧张，时常会发起脾气来。评论中屡次提到聪在演奏第一项节目时，表现得很紧张。为了音乐，下一季他应该减少合约。把这问题好好地讨论一下，不仅是为他在公众场所的演出水平，也更是为你俩的幸福。假如成功与金钱不能为你们带来快乐，那么为什么要为这许多巡回演出而疲于奔命呢？假如演出太多不能给你们家庭带来安宁，那么就酌情减少，倘若逾越分寸，世上就绝没有放纵无度而不自食其果的事！一切要合乎中庸之道，音乐亦不例外。这就是我一再劝聪应该时常去参观画廊的原因，欣赏造型艺术是维系一个人身心平衡的最佳方式。

三月二十八日夜＊

亲爱的聪：许多话都在英文信上仔细谈了，想你一定体会到我们做父母的一番热心与关切。我最担心的是你的性情脾气，因为你们父子的气质太相同了；虽然如此，我总觉得你还有我的成分，待人接物比较柔和，可是在熟人面前、亲人前面，你也会放肆（人人都有这个倾向）。弥拉太了解你了，她多么温柔可爱，千万不可伤害她，千万不可把你爸爸对妈妈的折磨加在弥拉身上。虽然我们女人会理解你们，原谅你们，总不是夫妇长久相处的好办法。有时你对小事情太认真、太固执、太啰唆；你该避免不必要的争执，徒伤和气。你看弥拉多能干，年纪轻轻，搬家、设计、布置，一人独当，你享现成福，岂不幸运？我真想不到她在实际生活上如此多才，你该知足了。记得你五六、五七两年回家，什么事都左一遍右一遍地叮嘱，千不放心，万不放心，把我烦死了。你自己也跟我说："妈，我跟爸爸一样的烦噢!"还有一次你跟我讲："妈，你看我现在脾气好多了，你看怎样?"那时你笑眯眯的，温和可爱，做妈妈的能不更心疼么？但愿你有自知之明，尽量改掉自己的缺点。这次从南非远行回来，该好好休息一番，在新安顿的家里好好享受一番，看看我们给你的画、画片、照片、书籍等等，也足够你们消遣了。

四月九日—十五日［译自英文］

亲爱的弥拉：聪一定记得我们有句谈到智者自甘淡泊的老话，说人心不知足，因此我们不应该受羁于贪念与欲望。这是人所尽知的常识，可是真要实践起来，却非经历生活的艰辛不可。一个人自小到大从未为钱发愁固然十分幸运，从未见过自己的父母经济发生困难也很幸运；但是他们一旦自己成家，就不善理财了。一个人如果少年得志，他就更不善理财，这对他一生为害甚大。众神之中，幸运女神最为反复无常，不怀好意，时常袭人于不备。因此我们希望聪减少演出，降低收入，减少疲劳，减轻压力，紧缩开支，而多享受心境的平静以及婚姻生活的乐趣。亲爱的弥拉，这对你也更好些。归根结底，我相信你们俩对精神生活都比物质生活看得更重，因此就算家中并非样样舒裕也无关紧要——至少目前如此。真正的智慧在于听取忠言，立即实行，因为要一个人生来就聪明是不可能的，身为女人，你不会时常生活在云端里，由于比较实际，你在持家理财上，一定比聪学得更快更容易。

我四岁丧父，二十五岁丧母，所以在现实生活中没有人给我指点（在学识与文化方面亦复如此）。我曾经犯过无数不必要的错误，做过无数不必要的错事，回顾往昔，我越来越希望能使我至爱的孩子们摆脱这些可能遇上但避免得了的错误与痛苦。此外，亲爱的弥拉，因为你生活在一个紧张的物质世界里，我们传统的一部分，尤其是中国的生活艺术（凡事要合乎中庸之道）也许会对你有些好处。你看，我像聪一样是个理想主义者，虽然有时方式不同。你大概觉得我太迂腐，太道貌岸然了吧？

这两星期我在校阅丹纳《艺术哲学》的译稿，初稿两年前就送给出版社了，但直到现在，书才到排字工人的手中。你知道，从排字到印刷，还得跨一大步，等一大段时日。这是一部有关艺术、历史及人类文化的巨著，读来使人兴趣盎然，获益良多，又有所启发。你若有闲暇，一定得好好精读和研究学习此书。

四月九日

亲爱的孩子，果然不出所料，你的信我们在十三号收到。从伦敦的邮戳看来是七号寄的，所以很快，这封信真好！这么长，有意思及有意义的内容这么多！妈妈跟我两人把信念了好几遍（每封你跟弥拉写来的信都要读三遍！），每遍都同样使我们兴致勃勃，欣喜莫名！你真不愧为一个现代的中国艺术家，有赤诚的心、凛然的正义感，对一切真挚、纯洁、高尚、美好的事物都衷心热爱，我的教育终于开花结果。你的天赋禀资越来越有所发挥；你是对得起祖国的儿子！你在非洲看到欧属殖民地的种种丑恶行径而感到义愤填膺，这是难怪的，安德烈·纪德（Andre Gide）三十年前访问比属刚果，写下《刚果之行》来抗议所见的不平，当时他的印象与愤怒也与你相差无几。你拒绝在南非演出是绝对正确的；当地的种族歧视最厉害，最叫人不可忍受。听到你想为非洲人义演，也使我感到十分高兴。了不起！亲爱的孩子！我们对你若非已爱到无以复加，就要为此更加爱你了。

你们俩就算有时弄得一团糟也不必介怀，只要你们因此得到教训，不再重蹈覆辙就行了，没有人可以自诩从不犯错，可是每个人都能够越来越少犯错误。在私人生活方面，孩子气很可爱，甚至很富有诗意，可是你很明白在严肃的事情及社交场合上，我们必须十分谨慎，处处小心，别忘了英国人基本上是清教徒式的，他们对世情俗务的要求是十分严苛的。

聪的长信给我们很多启发，你跟我在许多方面十分相像，由于我们基本上都具有现代思想，很受十九世纪的西方浪漫主义以及他们的“世纪病”的影响。除了勤勉工作或专注于艺术、哲学、文学之外，我们永远不会真正感到快乐，永远不会排除“厌倦”，我们两人都很难逃避世事变迁的影响。现在没时间讨论所有这些以及其他有关艺术的问题，日后再谈吧！

我得提醒聪在写和讲英文时要小心些，我当然不在乎也不责怪你信中的文法错误，你没时间去斟酌文字风格，你的思想比下笔快，而且又时常匆匆忙忙或在飞机上写信，你不必理会我们，不过在你的日常会话中，就得润饰一下，选用比较多样化的形容词、名词及句法，尽可能避免冗赘的字眼及词句，别毫无变化地说“多妙”或“多了不起”，你大可选用“宏伟”“堂皇”“神奇”“神圣”“超凡”“至高”“高尚”“圣洁”“辉煌”“卓越”“灿烂”“精妙”“令人赞赏”“好”“佳”“美”等等字眼，使你的表达方式更多姿多彩，更能表现出感情、感觉、感受及思想的各种层次，就如在演奏音乐一般。要是你不在乎好好选择字眼，长此以往，思想就会变得混沌、单调、呆滞，没有色彩，没有生命。再没有什么比我们的语言更能影响思想的方式了。

四月十五日

四月二十日 *

亲爱的聪：接到你南非归途中的长信，我一边读一边激动得连心都跳起来了。爸爸没念完就说了几次 Wonderful！Wonderful！［好极了！好极了！］孩子，你不知给了我们多少安慰和快乐！从各方面看，你的立身处世都有原则性，可以说完全跟爸爸一模一样。对黑人的同情，恨殖民主义者欺凌弱小，对世界上一切丑恶的愤懑，原是一个充满热情、充满爱、有正义感的青年应有的反响。你的民族傲气、爱祖国爱事业的热忱、态度的严肃，也是你爸爸多少年来从头至尾感染你的；我想你自己也感觉到。孩子，看到你们父子气质如此相同，正直的行事如此一致，心中真是说不出的高兴。你们谈艺术、谈哲学、谈人生，上下古今无所不包，一言半语就互相默契，彻底了解；在父子两代中能够有这种情形，实在难得。我更回想到五六、五七两年你回家的时期，没有一天不谈到深更半夜，当时我就觉得你爸爸早已把你当作朋友看待了。

傅聪参加联合国日支援难民活动

但你成长以后和我们相处的日子太少，还有一个方面你没有懂得爸爸。他有极 delicate［细致］极 complex［复杂］的一面，就是对钱的看法。你知道他一生清白，公私分明，严格到极点。他帮助人也有极强的原则性，凡是不正当的用途，便是知己的朋友也不肯通融（我亲眼见过这种例子）。凡是人家真有为难而且是正当用途，就是素不相识的也肯慨然相助。就是说，他对什么事都严肃看待，理智强得不得了。不像我是无原则的人道主义者，有求必应。你在金钱方面只承继了妈妈的缺点，一些也没学到爸爸的好处。爸爸从来不肯有求于人。这两年来营养之缺乏，非你所能想象，因此百病丛生，神经衰弱、视神经衰退、关节炎、三叉神经痛，各种慢性病接踵而来。他虽然一向体弱，可也不至于此伏彼起地受这么多的折磨。他自己常叹衰老得快，不中用了。我看着心里干着急。有几个知己朋友也为之担心，但是有什么办法呢？大家都一样。人家提议："为什么不上饭店去吃几顿呢？""为什么不叫儿子寄些食物来呢？"他却始终硬挺，既不愿出门，也不肯向你开口；始终抱着置生命于度外的态度（我不知道你有没有体会到爸爸这几年来的心情？他不愿，我也不愿与你提，怕影响你的情绪）。后来我实在看不下去，便在去年十一月二十六日的信末向你表示……你来信对此不提及。今年一月五日你从 Malta［马耳他］来信还是只字不提，于是我不得不在一月五日给你的信上明明白白告诉你："像我们这样的父母，向儿子开口要东西是出于不得已，这一点你应该理解到。爸爸说不是非寄不可，只要回报一声就行，免得人伸着脖子呆等。"二月九日我又写道："我看他思想和心理活动都很复杂，每次要你寄食物的单子，他都一再踌躇，仿佛向儿子开口要东西也顾虑重重，并且也怕增加你的负担。你若真有困难，应当来信说明，免得他心中七上八下。否则也该来信安慰安慰他。每次单子都是我从旁做主的。"的确，他自己也承认这一方面有复杂的心理（complex），有疙瘩存在，因为他觉得有求于人，即使在骨肉之间也有屈辱之感。你是非常敏感的人，但是对你爸爸妈妈这方面的领会还不够深切和细腻。我一再表示，你好像都没有感觉，从来没有正面安慰爸爸。

他不但为了自尊心有疙瘩，还老是担心增加你的支出，每次 order［嘱寄］食物，心里矛盾百出，屈辱感、自卑感，一股脑儿都会冒出来，甚至信也写不下去了。他有他的隐痛：一方面觉得你粗心大意，对我们的实际生活不够体贴，同时也原谅你事情忙，对我们实际生活不加推敲，而且他也说艺术家在这方面总是不注意的，太懂实际生活，艺术也不会高明。从这几句话你可想象出他一会儿烦恼一会儿譬解的心理与情绪的波动。此外他再三劝你跟弥拉每月要 save money [节省金钱]，要做预算，要有计划，而自己却要你寄这寄那，多花你们的钱，他认为自相矛盾。尤其你现在成了家，开支浩大，不像单身的时候没有顾忌。弥拉固然体贴可爱，毫无隔膜，但是我们做公公婆婆的在媳妇面前总觉脸上不光彩。中国旧社会对儿女有特别的看法，说什么养子防老等等；甚至有些父母还嫌儿子媳妇不孝顺，这样不称心，那样不满意，以致引起家庭纠纷。我们从来不曾有过老派人依靠儿女的念头，所以对你的教育也从来没有接触到这个方面。正是相反，我们是走的另一极端：只知道抚育儿女、教育儿女，尽量满足儿女的希望是我们的责任和快慰，从来不想到要儿女报答。谁料到一朝竟会真的需要儿子、依靠儿子呢？因为与一生的原则抵触，所以对你有所要求时总要感到委屈，心里大大不舒服，烦恼得无法解脱。

我们的生活，你自幼到大知道得很清楚；到五七、五八年为止，饮食都很正常，有规律、有节制，素来不大吃大喝（你知道我们一辈子上饭店的次数也是数得清的。），但对脑力劳动必不可少的一些高蛋白（譬如每天要有些鱼和肉、牛油面包之类），不怕买不到。两年以来标准下降，平时吃素的日子多，你只要回想一下你独自在昆明“孵豆芽”的味儿，就明白了。那时你是受经济限制，我们如今却不是经济问题。牛油是你在家从小见惯吃惯之物，也不是什么奢侈品，为什么去年十一月我忽然要你千里迢迢地寄来呢？你就是没有用过脑子想一想，分析一下。

我们从日用品到食物都是计划供应，大家一律平等。每月每人可吃肉三天、吃鱼六天。有了你的外汇，可有一些特别照顾，每百元人民币就可额外配给油票二斤、肉票一斤、鱼票二斤、糖票二斤，比平时全家所得的分配多至一倍。可是为了多这些营养，又要增加你经济的负担，又要引起你爸爸的矛盾。他想到你为了多挣钱，势必要多开音乐会，以致疲于奔命，有伤身体，因此心里老是忐忑不安，说不出的内疚！既然你没有明白表示，有时爸爸甚至后悔 order［嘱寄］食物，想还是不要你们寄的好。此中痛苦，此中顾虑，你万万想不到。我没有他那样执着，常常从旁劝慰。我说：“我们年纪也老了，就是花儿子钱也为日无多。”“用自己心爱的儿子的钱有什么关系呢？有什么不体面呢？”“我们应该想穿些，何必如此认真！”“何况儿子媳妇对我们无微不至地体贴，寄东西来他们是乐意的。”他当场听了也能接受，过后心里却仍要波动。不论在哪一方面，你很懂得爸爸，但这方面的疙瘩，恐怕你连做梦也没想到过；我久已埋在心头，没有和你细谈。为了让你更进一步、更全面的了解他，我觉得责任难逃，应当告诉你。

我的身体也不算好，心脏衰弱，心跳不正常，累了就浮肿，营养更谈不上。因为我是一家中最不重要的人，还自认为身体最棒，能省下来给你爸爸与弟弟吃是我的乐处（他们又硬要我吃，你推我让，常常为此争执），我这个作风，你在家也看惯的。这两年多来瘦了二十磅，一有心事就失眠，说明我也神经衰弱，眼睛老花，看书写字非戴眼镜不可。以上所说，想你不会误解，我绝不是念苦经，只是让你知道人生的苦乐。趁我现在还有精力，我要尽情倾吐，使我们一家人，虽然一东一西分隔遥远，还是能够融融洽洽，无话不谈，精神互相贯通，好像生活在一起。同时也使你多知道一些实际的人生和人情。以上说的一些家常琐碎和生活情形，你在外边的人也当知道一个大概，免得与现实过分脱节。你是聪明人，一定会想法安慰爸爸，消除他心中的 complex［矛盾］！

真想不到我们有福气，会有弥拉这样温柔可爱的媳妇，常常写那么亲切真诚的信来，使我们在寂寞的生活中添加不少光彩、温暖、兴奋与激动。我们看着你们的信，好像面对面谈话一样亲热。你们的信我们至少要从头至尾看上三遍，可以说每个字都要研究过、体会过，咂摸其中意味，互相讨论，还要举一反三，从中看出其他的细节，想象你们的生活、伦敦的情形以及一切西方世界的动静。我希望你们尽管忙，也要学学我们的榜样。聪，你倘能特别注意，字里行间自会理解许多东西，并不限于道德教训和嘱咐。我的笔很笨拙，说了一大堆，还是不能全部表达我心里的意思，多多少少的词不达意，只有你多加功夫，深深体会了。

四月二十五日

寄你“武梁祠石刻片”四张，乃系普通复制品，属于现在印的画片一类。

楣片一称拓片，是吾国固有的一种印刷，原则上与过去印木版书、今日印木刻铜刻的版画相同。惟印木版书画先在版上涂墨，然后以白纸覆印；拓片则先覆白纸于原石，再在纸背以布球蘸墨轻拍细按，印讫后纸背即成正面；而石刻凸出部分皆成黑色，凹陷部分保留纸之本色（即白色）。木刻铜刻上原有之图像是反刻的，像我们用的图章；石刻原作的图像本是正刻，与西洋的浮雕相似，故复制时方法不同。

古代石刻画最常见的一种只勾线条，刻画甚浅；拓片上只见大片黑色中浮现许多白线，构成人物鸟兽草木之轮廓；另一种则将人物四周之石挖去，如阳文图章，在拓片上即看到物像是黑的，具有整个形体，不仅是轮廓了。最后一种与第二种同，但留出之图像呈半圆而微凸，接近西洋的浅浮雕。武梁祠石刻则是第二种之代表作。

给你的拓片，技术与用纸都不高明，目的只是让你看到我们远祖雕刻艺术的些少样品。你在欧洲随处见到希腊罗马雕塑的照片，如何能没有祖国雕刻的照片呢？我们的古代遗物既无照相，只有依赖拓片，而拓片是与原作等大，绝未缩小之复本。

武梁祠石刻在山东嘉祥县武氏祠内，为公元二世纪前半期作品，正当东汉（即后汉）中叶。武氏当时是个大地主大官僚，子孙在其墓畔筑有享堂（俗称祠堂）专供祭祀之用。堂内四壁嵌有石刻的图画。武氏兄弟数人，故有武荣祠、武梁祠之分，惟世人混称为武梁祠。

同类的石刻画尚有山东肥城县之孝堂山郭氏墓，则是西汉（前汉）之物，早于武梁祠约百年（公元一世纪），且系阴刻，风格亦较古拙厚重。“孝堂山”与“武梁祠”为吾国古雕刻两大高峰，不可不加注意。此外尚有较晚出土之四川汉墓石刻，亦系精品。

石刻画题材自古代神话，如女娲氏补天、三皇五帝等传说起，至圣、贤、豪杰烈士、诸侯之史实轶事，无所不包——其中一部分你小时候在古书上都读过。原作每石有数画，中间连续，不分界线，仅于上角刻有题目，如《老莱子彩衣娱亲》《荆轲刺秦王》等。惟文字刻画甚浅，年代剥落，大半无存；今日之下欲知何画代表何人故事，非熟悉《春秋》《左传》《国策》不可；我无此精力，不能为你逐条考据。

武梁祠全部石刻共占五十余石，题材总数更远过于此。我仅有拓片二十余张，亦是残帙，缺漏甚多，兹挑出拓印较好之四纸寄你，但线条仍不够分明，遒劲生动飘逸之美几无从体会，只能说聊胜于无而已。

一九六一年四月二十五日

此种信纸（这封信是用木刻水印笺纸写的）即是木刻印刷，今亦不复制造，值得细看一下。

另附法文说明一份，专供弥拉阅读，让她也知道一些中国古艺术的梗概与中国史地的常识。希望她为你译成英文，好解释给你外国友人听；我知道大部分历史与雕塑名词你都不见得会用英文说。倘装在框内，拓片只可非常小心地压平，切勿用力拉直拉平，无数皱下去的地方都代表原作的细节，将纸完全拉直拉平就会失去本来面目，务望与弥拉细说。

又汉代石刻画纯系吾国民族风格。人物姿态衣饰既是标准汉族气味，雕刻风格亦毫无外来影响。南北朝（公元四至六世纪）之石刻，如河南龙门、山西云冈之巨大塑像（其中很大部分是更晚的隋唐作品——相当于公元六至八世纪），以及敦煌壁画等等，显然深受佛教艺术、希腊罗马及近东艺术之影响。

附带告诉你这些中国艺术演变的零星知识，对你也有好处，与西方朋友谈到中国文化，总该对主流支流、本土文明与外来因素，心中有个大体的轮廓才行。以后去大英博物馆、巴黎罗浮美术馆，在远东艺术室中亦可注意及之。巴黎还有专门陈列中国古物的 Musée Guimet［吉美博物馆］，值得参观！

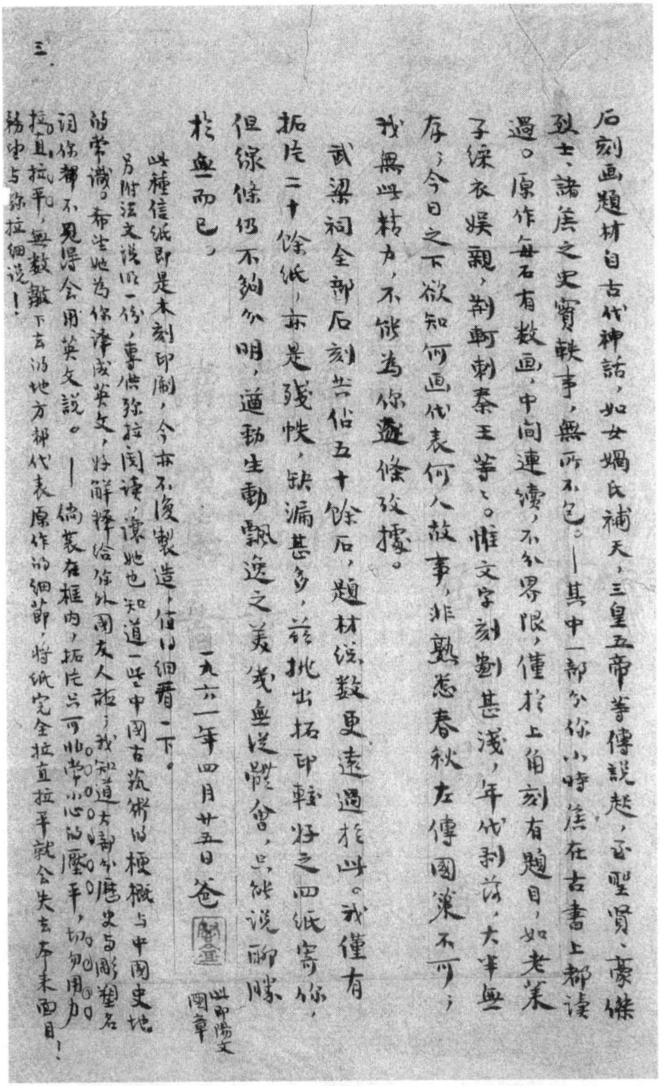

三、

石刻画题材自古代神话，如女娲氏补天，三皇五帝等传说起，至圣贤、豪杰烈士、诸侯之史实轶事，无所不包。——其中一部分你小时候在古书上都读过。原作每石有数画，中间连续，不分界限，仅于上角刻有题目，如老莱子綵衣娱亲，荆轲刺秦王等等。惟文字刻划甚浅，年代剥蚀，大半无存；今日之下欲知何画代表何人故事，非熟悉春秋左传国策不可；我无此精力，不能为你逐条考据。

武梁祠全部石刻共估五十余石，题材总数更远过于此。我仅有拓片二十余纸，亦是残帙，缺漏甚多，兹挑出拓印较好之四纸寄你，但线条仍不够分明，遒劲生动飘逸之美几无从体会，只能说聊胜于无而已。

一九六一年四月廿五日　爸

此印阳文图章

此种信纸即是木刻印刷，今亦不复制造，值得细看一下。

另附法文说明一份，专供弥拉阅读，让她也知道一些中国古艺术的梗概与中国史地的常识。希望她为你译成英文，好解释给你外国友人听；我知道大部分历史与雕塑名词你都不见得会用英文说。——倘装在框内，拓片只可非常小心的压平，切勿用力拉直拉平，无数皱下去的地方都代表原作的细节，将纸完全拉直拉平就会失去本来面目！务必与弥拉细说！

一九六一年四月二十五日父信墨迹

五月一日

中国诗词最好是木刻本，古色古香，特别可爱。可惜不准出口，不得已而求其次，就挑商务影印本给你。以后还会陆续寄，想你一定喜欢。《希腊的雕塑》一编六万余字，是我去冬花了几星期功夫抄的，也算是我的手泽，特别给你做纪念。内容值得细读，也非单看一遍所能完全体会。便是弥拉读法文原著，也得用功研究，且原著对神话及古代史部分没有注解，她看起来还不及你读译文易懂。为她今后阅读方便，应当买几部英文及法文的比较完整的字典才好。我会另外写信给她提到。

一月九日寄你的一包书内有老舍及钱伯母的作品，都是你旧时读过的。不过内容及文笔，我对老舍的早年作品看法已大大不同。从前觉得了不起的那篇《微神》，如今认为太雕琢，过分刻画，变得纤巧，反而贫弱了。一切艺术品都忌做作，最美的字句都要出之自然，好像天衣无缝，才经得起时间考验而能传世久远。比如“山高月小，水落石出”不但写长江中赤壁的夜景，历历在目，而且也写尽了一切兼有幽远、崇高与寒意的夜景；同时两句话说得多么平易，真叫作“天籁”！老舍的《柳家大院》还是有血有肉，活得很——为温习文字，不妨随时看几段。没人讲中国话，只好用读书代替，免得词汇字句愈来愈遗忘——最近两封英文信，又长又详尽，我们很高兴，但为了你的中文，仍望不时用中文写，这是你唯一用到中文的机会了。写错字无妨，正好让我提醒你。不知五月中是否演出较少，能抽空写信来？

最近有人批判王氏的“无我之境”，说是写纯客观，脱离阶级斗争。此说未免褊狭。第一，纯客观事实上是办不到的。既然是人观察事物，无论如何总带几分主观，即使力求摆脱物质束缚也只能做到一部分，而且为时极短。其次能多少客观一些，精神上倒是真正获得松弛与休息，也是好事。人总是人，不是机器，不可能二十四小时只做一种活动。生理上即使你不能不饮食睡眠，推而广之，精神上也有各种不同的活动。便是目不识丁的农夫也有出神的经验，虽时间不过一刹那，其实即是无我或物我两忘的心境。艺术家表现出那种境界来未必会使人意志颓废。例如念了“寒波淡淡起，白鸟悠悠下”两句诗，哪有一星半点不健全的感觉？假定如此，自然界的良辰美景岂不成年累月摆在人面前，人如何不消沉至于不可救药的呢？相反，我认为生活越紧张越需要这一类的调剂，多亲近大自然倒是维持身心平衡最好的办法。近代人的大病即在于拼命损害了一种机能（或一切机能）去发展某一种机能，造成许多畸形与病态。我不断劝你去郊外散步，也是此意。幸而你东西奔走的路上还能常常接触高山峻岭、海洋流水、日出日落、月色星光，无形中更新你的感觉，解除你的疲劳。

另一方面，终日在琐碎家务与世俗应对中过生活的人，也该时时到野外去洗掉一些尘俗气，别让这尘俗气积聚日久成为宿垢。弥拉接到我黄山照片后来信说，从未想到山水之美有如此者。可知她虽家居瑞士，只是偶尔在山脚下小住，根本不曾登高临远，见到神奇的景色。在这方面你得随时培养她。此外我也希望她每天挤出时间，哪怕半小时吧，作为阅读之用。而阅读也不宜老拣轻松的东西当作消遣；应当每年选定一二部名著用功细读。比如丹纳的《艺术哲学》之类，若能彻底消化，做人方面、气度方面，理解与领会方面都有进步，不仅仅是增加知识而已。巴尔扎克的小说也不是只供消闲的。像你们目前的生活，要经常不断的阅读正经书不是件容易的事，需要很强的意志与纪律才行。望时常与她提及你老师勃隆斯丹近七八年来的生活，除了做饭、洗衣、照管丈夫孩子以外，居然坚持练琴，每日一小时至一小时半，到今日每月有四五次演出。这种精神值得弥拉学习。

你岳丈灌的唱片，十之八九已听过，觉得以贝多芬的协奏曲与巴赫的 *Solo Sonata*［《独奏奏鸣曲》］为最好。Bartok［巴托克］不容易领会，Bach［巴赫］的协奏曲不及 piano［钢琴］的协奏曲动人。不知怎么，polyphonic［复调］音乐对我终觉太抽象。便是巴赫的 *Cantata*［《清唱剧》］听来也不觉感动。一则我领会音乐的限度已到了尽头，二则一般中国人的气质和那种宗教音乐距离太远——语言的隔阂在歌唱中也是一个大阻碍。（勃拉姆斯的《小提琴协奏曲》似乎不及钢琴协奏曲美，是不是我程度太低呢？）

Louis Kentner［路易斯 · 坎特讷］似乎并不高明，不知是与你岳丈合作得不大好，还是本来演奏不过尔尔？他的 Franck［弗兰克］“奏鸣曲”远不及 Menuhin［梅纽因］的 violin part［小提琴部分］。“Kreutzer”［“克勒策”］更差，2nd movement［第二乐章］的变奏曲部分 weak［弱］之至（老是躲躲缩缩，退在后面，便是 piano［钢琴］为主的段落亦然如此）。你大概听过他独奏，不知你的看法如何？是不是我了解他不够或竟了解差了？

你往海外预备拿什么节目出去？协奏曲是哪几支？恐怕 Van Wyck［范怀克］首先要考虑那边群众的好恶；我觉得考虑是应当的，但也不宜太迁就。最好还是挑自己最有把握的东西。真有吸引力的还是一个人的本色，而保持本色最多的当然是你理解最深的作品。在英国少有表演机会的 Bartok［巴托克］、Prokofiev［普罗科菲耶夫］等现代乐曲，是否上那边去演出呢？

六一年五月一日

我们与萧伯母的关系，她对你从小的爱护关切，最近几月来对我们食物方面的帮助，都该和弥拉谈谈，让她知道你父亲的朋友是怎样的患难之交，同时也可感染她缓急相助、古道热肠的做人之道。你说对么？

五月二十三日—二十五日下午

亲爱的孩子：越知道你中文生疏，我越需要和你多写中文；同时免得弥拉和我们隔膜，也要尽量写英文。有时一些话不免在中英文信中重复，望勿误会是我老糊涂。从你婚后，我觉得对弥拉如同对你一样负有指导的责任：许多有关人生和家常琐事的经验，你不知道还不打紧，弥拉可不能不学习，否则如何能帮助你解决问题呢？既然她自幼的遭遇不很幸福，得到父母指点的地方不见得很充分，再加西方人总有许多观点与我们有距离，特别在人生的淡泊、起居享用的俭朴方面，我更认为应当逐渐把我们东方民族（虽然她也是东方血统，但她的东方只是徒有其名了！）的明智的传统灌输给她。前信问你有关她与生母的感情，务望来信告知。这是人伦至性，我们不能不关心弥拉在这方面的心情或苦闷。

五月十一日（邮戳是十三日）的信，今晨收到，确是慢了一些。

我五月十一日的信，你十六日即收到，快得出人意外。萧伯母五月十六日来信（昨日收到）说“今午接聪二十镑，英文信是四月二十九日，大概是聪少奶写的。奇怪的是一个月前寄的十五镑尚未收到，也许没有寄出吧?”——今接来信，原来你第一次汇款还是用的航空。四月初自伦敦发，五月十六日尚未到港，绝无此理。我看多半是遗失了。望抽空向邮局查问。但若原收据已丢失，就无法查询。假定如此，但愿这次教训使你永远学会保存银钱汇款等等收条单据！不愿意把物质的事挂在嘴边是一件事，不糊里糊涂莫名其妙的丢失钱是另一件事！这是我与你大不相同之处。我也觉得提到阿堵物是俗气，可是我年轻时母亲（你的祖母）对我的零用抓得极紧，加上二十四岁独立当家，收入不丰；所以比你在经济上会计算，会筹划，尤其比你原则性强。当然，这些对你的艺术家气质不很调和，但也只是对像你这样的艺术家是如此；精明能干的艺术家也有的是。肖邦即是一个有名的例子：他从来不让出版商剥削，和他们谈判条件从不怕烦。你在金钱方面的洁癖，在我们眼中是高尚的节操，在西方拜金世界和吸血世界中却是任人鱼肉的好材料。我不和人争利，但也绝不肯被人剥削，遇到这种情形不能不争——这也是我与你不同之处。但你也知道，我争的还是一个理而不是为钱，争的是一口气而不是为的利。在这一点上你和我仍然相像。

总而言之，理财有方法，有系统，并不与重视物质有必然的联系，而只是为了不吃物质的亏而采取的预防措施；正如日常生活有规律，并非求生活刻板枯燥，而是为了争取更多的时间，节省更多的精力来做些有用的事，读些有益的书，总之是为了更完美地享受人生。

一九四五年我和周伯伯写的文章每字每句脱不了罗曼·罗兰的气息和口吻，我苦苦挣扎了十多天，终于摆脱了，重新找到了我自己的文风。这事我始终不能忘怀。你现在思想方式受外国语文束缚，与我当时受罗曼·罗兰（翻了他一百二十万字的长篇自然免不了受影响）的束缚有些相似，只是你生活在外国语文的环境中，更不容易解脱，但并非绝对不可能解决。例如我能写中文，也能写法文和英文，固然时间要花得多一些，但不至于像你这样二百多字的一页中文（在我应当是英文——因我从来没有实地应用英文的机会）要花费一小时。问题在于你的意志，只要你立意克服，恢复中文的困难早晚能克服。我建议你每天写一些中文日记，便是简简单单写一篇三四行的流水账，记一些生活琐事也好，唯一的条件是有恒。倘你天天写一二百字，持续到四五星期，你的中文必然会流畅得多——最近翻出你一九五〇年十月昆明来信，读了感慨很多。到今天为止，敏还写不出你十六岁时写的那样的中文。既然你有相当根基，恢复并不太难，希望你有信心，不要胆怯，要坚持，持久！你这次写的第一页，虽然气力花了不少，中文还是很好，很能表达你的真情实感——要长此生疏下去，我倒真替你着急呢！我竟说不出我和你两人为这个问题谁更焦急。可是干着急无济于事，主要是想办法解决，想了办法该坚决贯彻！再告诉你一点：你从英国写回来的中文信，不论从措辞或从风格上看，都还比你的英文强得多，因为你的中文毕竟有许多古书做底子，不比你的英文只是浮光掠影摭拾得来的。你知道了这一点应该更有自信心了吧！

柏辽兹我一向认为最能代表法兰西民族，最不受德、意两国音乐传统的影响。《基督童年》一曲朴素而又精雅，热烈而又含蓄，虔诚而又健康，完全写出一个健全的人的宗教情绪，广义的宗教情绪，对一切神圣、纯洁、美好、无邪的事物的崇敬。来信说得很对，那个曲子又有热情又有恬静，又兴奋又淡泊，第二段的古风尤其可爱。怪不得当初巴黎的批评家都受了骗，以为真是新发现的十七世纪法国教士作的。但那 narrator［叙述者］唱得太过火了些，我觉得家中原有老哥伦比亚的一个片段比这个新片更素雅自然。可惜你不懂法文，全篇唱词之美在英文译文中完全消失了。我对照看了几段，简直不能传达原作的美于万一！（原文写得像《圣经》一般单纯！可是多美！）想你也知道全部脚本是出于柏辽兹的手笔。

你既对柏辽兹感到很大兴趣，应当赶快买一本罗曼·罗兰的《今代音乐家》（Romain Rolland：*Musiciens d'Aujourd'hui*），读一读论柏辽兹的一篇。（那篇文章写得好极了！）倘英译本还有同一作者的《古代音乐家》（*Musiciens d'Autrefois*）当然也该买。正因为柏辽兹完全表达他自己，不理会也不知道（据说他早期根本不知道巴赫）过去的成规俗套，所以你听来格外清新、亲切、真诚，而且独具一格。也正因为你是中国人，受西洋音乐传统的熏陶较浅，所以你更能欣赏独往独来，在音乐上追求自由甚于一切的柏辽兹。而也由于同样的理由，我热切期望未来的中国音乐应该是这样一个境界。为什么不呢？俄罗斯五大家不也由于同样的理由爱好柏辽兹吗？同时，不也是由于同样的理由，穆索尔斯基对近代各国的乐派发生极大的影响吗？

林先生的画寄至国外无问题。我也最高兴让我们现代的优秀艺术家在西方多多露面。要不是有限制，我早给你黄先生的作品了。但我仍想送一二张去文管会审定，倘准予出口，定当寄你。林先生的画价本不高，这也是他的好处。可是我知道国外看待一个陌生的外国画家，多少不免用金钱尺度来衡量；为了维持我国艺术家在国外的地位，不能不让外国朋友花较多的钱（就是说高于林先生原定价）。以欧洲的绘画行市来说，五十镑一幅还是中等价钱。所以倘是你的朋友们买，就让他们花五十镑一幅吧。钱用你的名义汇给我，汇出后立即来信通知寄出日期和金额。画由我代选，但望说明要风景还是人物，或是花卉—— 倘你自己也想要，则切实告知要几张，风景或人物，或花卉，你自购部分只消每幅二十镑，事实上还不需此数，但做铅皮筒及寄费为数也不很小。目前我已与林先生通过电话，约定后天由妈妈去挑一批回家，再由我细细看几天，复选出几张暂时留存，等你汇款通知到后即定做铅皮筒（也不简单，因为材料和工匠皆极难找到），做好即寄。倘用厚的马粪纸做成长筒，寄时可作印刷品，寄费既廉，而且迅速；无奈市上绝无好马粪纸可买。关于林先生的画价，我只说与你一人知道，即弥拉亦不必告知！

你必须先收到朋友的钱再汇款，切勿代垫！有时朋友们不过随口说说，真要付款时又变卦了。所以你得事先完全问个确实，并收到了钱再汇出。我们一家都太老实，把人家的话句句当真，有时弄得自己为难，这种教训受得多了，不能不预先告诉你。还有，希望你关于此事速速问明朋友，马上复信。我把林先生的作品留在家中，即使是三四张吧，长久不给人回音，也是我最不喜欢的！为了伦敦进口时的关税，最好别人要的，直接由我们寄去，但地址人名一定要写得非常清楚，切切！

四月二十六日寄你的四幅石刻画像，大概此信到时也可收到。记得你初至伦敦时有位太太借琴给你，她家也藏中国画，你可考虑是否送她一幅石刻，一方面还她人情，一方面也是海外希见的中国真迹复制品。但此物得之不易，等闲之辈切勿随便赠送。

丹纳原书的确值得细读，而且要不止一遍地读，你一定会欣赏。暂时寄你的只限于希腊部分，也足够你细细回味和吸收了。

你说得很对，“学然后知不足”，只有不学无术或是浅尝即止的人才会自大自满。我愈来愈觉得读书太少，聊以自慰的就是还算会吸收、消化、贯通。像你这样的艺术家，应当无书不读，像 Busoni［布索尼］、Hindemith［欣德米特］那样。就因为此，你更需和弥拉俩妥善安排日常生活，一切起居小节都该有规律有计划，才能挤出时间来。当然，艺术家也不能没有懒洋洋地耽于幻想的时间，可不能太多，否则成了习惯就浪费光阴了。没有音乐会的期间也该有个计划，哪几天招待朋友，哪几天听音乐会，哪几天照常练琴，哪几天读哪一本书。一朝有了安排，就不至于因为无目的无任务而感到空虚与烦躁了。这些琐琐碎碎的项目其实就是生活艺术的内容。否则空谈“人生也是艺术”，究竟指什么呢？对自己有什么好处呢？但愿你与弥拉多谈谈这些问题，定出计划来按部就班地做去。最要紧的是定的计划不能随便打破或打乱。你该回想一下我的作风，可以加强你实践的意志。你初订婚时不是有过指导弥拉的念头吗？现在成了家，更当在实际生活中以身作则，用行动来感染她！

正如你说的，你和我在许多地方太相像了，不知你在小事情的脾气上是否常常把爸爸作为你的警戒？弥拉还是孩子，你更得优容些，多用善言劝导，多多坐下来商量，切勿遇事烦躁，像我这样。你要能不犯你爸爸在这方面的错误，我就更安心更快活了。

五月二十三日

我自己常常发觉译的东西过了几个月就不满意；往往当时感到得意的段落，隔一些时候就觉得平淡得很，甚至于糟糕得很。当然，也有很多情形，人家对我的批评与我自己的批评并不对头；人家指出的，我不认为是毛病；自己认为毛病，人家却并未指出。想你也有同样的经历。

在空闲（即无音乐会）期间有朋友来往，不但是应有的调剂，使自己不致与现实隔膜，同时也表示别人喜欢你，是件大好事。主要是这些应酬也得有限度有计划。最忌有求必应，每会必到，也最忌临时添出新客新事。西方习惯多半先用电话预约，很少人会做不速之客——即使有不速之客，必是极知己的人，不致妨碍你原定计划的——希望弥拉慢慢能学会这一套安排的技术。原则就是要取主动，不能处处被动！

孩子，来信有句话很奇怪。沉默如何就等于同意或了解呢？不同意或不领会，岂非也可用沉默来表现吗？在我，因为太追求逻辑与合理，往往什么话都要说得明白，问得明白，答复别人也答复得分明；沉默倒像表示躲避，引起别人的感觉不是信任或放心，而是疑虑或焦急。过去我常问到你经济情况，怕你开支浩大，演出太多，有伤身体与精神的健康；主要是因为我深知一个艺术家在西方世界中保持独立多么不容易，而唯有经济有切实保障才能维持人格的独立。并且父母对儿女的物质生活总是特别关心。再过一二十年，等你的孩子长成以后，你就会体验到这种心情。

二十四日

林风眠渔翁图

倘写纯粹中文信太费时间，不妨夹着英文一起写，作为初步训练，那总比根本不写中文强，也比从头至尾写中文省力省时。设法每天看半小时（至少一刻钟）的中国书，坚持半年以后必有成绩。

来信说的你我谅解问题，我深有同感。放心，我知道你是我们的好孩子，不会误解你的，有时只是因为爱得深切而着急！

五月二十五日写完

以下两页，望细看几遍，内容有曲折，不能粗心大意！

妈妈今天上午拿了一批林先生的画回家；我替你挑了一幅《睡莲》、一幅人物（东方式仕女），专为你的，届时你若不喜欢，可调换别的。我们拟先送二百元与林先生。接信望即寄四十镑来——上次是送你的，海关无条件放行；此次要多寄几张，海关就得问我们要外汇。故预备凭你四十镑的汇款通知单去寄，即无问题。大概可寄你四五幅至六七幅，看你来信而定。其中两张是你的，其余由朋友们挑。一时无人买的暂存你处，陆续有主，再陆续汇款来。下次来信望告知：（一）上次寄你岳父的画，伦敦付了多少关税？要说清楚是一张的税还是两张的。（二）朋友中肯定要的有几人？要几张？（三）可能要的有几人？几张？——我将根据你的答复决定寄你数量。（四）画到伦敦而你们俩都出门了，则如何？是否可先致函邮局及海关声明，要求暂代保留，勿退回？望即打听清楚此法是否可行！

同时希望你切实做到：（一）整批寄到时付的关税要平均摊在每幅画上。故事先必须向友人声明，除画款五十镑另加进口关税，届时由你凭税单计算，平均各自负担——否则你白垫了钱，人家也不见情分。（二）友人画款未收到时，勿代垫。收到后再汇。（三）未售出之画须妥善保存，装在原寄铅皮筒内，以免受潮。

关于画价，笔墨较少的可酌量减为三十五镑，届时我将另有单子给你。但若对方不在乎，则亦不必减价。反之，若有真正爱好而财力不充的，则五十镑的画亦可酌减，由你做主即行；但对朋友仍不能当场答应，要说明等写信问过画家后方能决定。否则出足五十镑的友人知道了会疑心你从中渔利。做事最要防为人当了差，反蒙不白之冤。这也是不可不学会的人情世故！原则仍是五十镑一幅，由你机动掌握就是。

林先生本人对此毫无意见，能十足收到一百一幅即满足。他说确有外国人在上海买了他的作品在香港和巴黎等地卖到几倍以上，赚他的钱！我们当然涓滴不沾，皆归作者。林与我们是多年朋友，当然不会要你花四五十镑一幅的代价的，且已当面说过。而他售向国外的画，我觉得应当让他多得一些报酬，因为国外艺术品代价本来大大的高于国内，我们只是按具体情形办事。

此次有我选定暂存家中的，有像送你一类富于梦境的神仙世界（黄山），也有像送你岳父那样非常富丽、明快，近于柏辽兹的 orchestration［配器］的（以上各一）。又有比较清谈的西湖风景（绿、黑、白三个色调）；一幅是水墨的渔翁——捕鱼鸟 ——小艇和芦苇；一幅是几条船，帆樯交错，色调是黑与棕色；一幅是对比强烈（棕色、蓝、黑、白），线条泼辣的戏剧人物（倘你喜欢此幅，可与仕女调换，或由你多买一幅，随你吧）。告诉你大概的题材与色调，征求友人们意见时也可比较具体。

以上说的关于朋友选画及画价等等，该细细告诉弥拉，她也需要学习这些起码的做人之道！

二十五日下午 又及

五月二十四日［译自英文］

亲爱的孩子们：每次妈妈连续梦见你们几晚，就会收到你们的信，这次也不例外，她不但梦见你们两个，也梦见弥拉从窗下经过，妈妈叫了出来：弥拉！妈妈说，弥拉还对她笑呢！

从现在起，我得多写中文信，好让聪多接触母语，同时我还会继续给你们用英文写信。

你们在共同生活的五个月当中，想必学习了不少实际事务，正如以前说过，安顿一个新家，一定使你们上了扎实的第一课。我希望，你们一旦安顿下来之后，就会为小家庭施行一个良好的制度。也许在聪演奏频繁的季节，一切还不难应付；反而是在较为空闲必须应付俗务社交的日子，如何安排调度，就煞费周章了。以我看来，最主要的是控制事情，而勿消极地为事情所控制。假如你们有一两个星期闲暇，不是应该事先有个计划，哪几天招待朋友，哪几天轻松一下，哪几天把时间花在认真严肃的阅读与研究之上？当然，要把计划付诸实行必须要有坚强的意志，但这不是小事，而是持家之道，也是人生艺术的要素。事前未经考虑，千万不要轻率允诺任何事，不论是约会或茶会，否则很容易会为践诺而苦恼。为人随和固然很好，甚至很有人缘，但却时常会带来不必要的麻烦，我常常特别吝惜时间（在朋友中出了名），很少跟人约会，这样做使我多年来脑筋清静，生活得极有规律。我明白，你们的生活环境很不相同，但是慎于许诺仍是好事，尤其是对保持聪的宁静，更加有用。

六月二十六日晚

亲爱的孩子：六月十八日信（邮戳十九）今晨收到。虽然花了很多钟点，信写得很好。多写几回就会感到更容易更省力。最高兴的是你的民族性格和特征保持得那么完整，居然还不忘记“一箪食（读如“嗣”）一瓢饮，回也不改其乐”，唯有如此，才不致被西方的物质文明湮没。你屡次来信说我们的信给你看到和回想到另外一个世界，理想气息那么浓的、豪迈的、真诚的、光明正大的、慈悲的、无我的（即你此次信中说的 idealistic，generous，devoted，loyal，kind，selfless）世界。我知道东方西方之间的鸿沟，只有豪杰之士，领悟颖异、感觉敏锐而深刻的极少数人方能体会。换句话说，东方人要理解西方人及其文化和西方人理解东方人及其文化同样不容易。即使理解了，实际生活中也未必真能接受。这是近代人的苦闷：既不能闭关自守，东方与西方各管各的生活，各管各的思想，又不能避免两种精神两种文化两种哲学的冲突和矛盾。当然，除了冲突与矛盾，两种文化也彼此吸引，相互之间有特殊的魅力使人神往。东方的智慧、明哲、超脱，要是能与西方的活力、热情、大无畏的精神融合起来，人类可能看到另一种新文化出现。西方人那种孜孜矻矻，白首穷经，只知为学，不问成败的精神还是存在（现在和克利斯朵夫的时代一样存在），值得我们学习。你我都不是大国主义者，也深恶痛绝大国主义，但你我的民族自觉、民族自豪和爱国热忱并无一星半点的排外意味。相反，这是一个有根有蒂的人应有的感觉与感情。每次看到你有这种表现，我都快活得心儿直跳，觉得你不愧为中华民族的儿子！妈妈也为之自豪，对你特别高兴，特别满意。

分析你岳父的一段大有见地，但愿作为你的借鉴。你的两点结论，不幸的婚姻和太多与太早的成功是艺术家最大的敌人，说得太中肯了。我过去为你的婚姻问题操心，多半也是从这一点出发。如今弥拉不是有野心的女孩子，至少不会把你拉上热衷名利的路，让你能始终维持艺术的尊严，维持你严肃朴素的人生观，已经是你的大幸。还有你淡于名利的胸怀，与我一样的自我批评精神，对你的艺术都是一种保障。但愿十年二十年之后，我不在人世的时候，你永远能坚持这两点。恬淡的胸怀，在西方世界中特别少见，希望你能树立一个榜样！

说到弥拉，你是否仍和去年八月初订婚时来信说的一样预备培养她？不是说培养她成一个什么专门人才，而是带她走上严肃、正直、坦白、爱美、爱善、爱真理的路。希望以身作则，鼓励她多多读书，有计划有系统地正规的读书，不是消闲趋时的读书。你也该培养她的意志：便是有规律有系统地处理家务、掌握家庭开支、经常读书等等，都是训练意志的具体机会。不随便向自己的 fancy［幻想，一时的爱好］让步，也不随便向你的 fancy 让步，也是锻炼意志的机会。孩子气是可贵的，但绝不能损害 taste［品味，鉴赏力］，更不能影响家庭生活、起居饮食的规律。有些脾气也许一辈子也改不了，但主观上改，总比听其自然或是放纵（即所谓 indulging）好，你说对吗？弥拉与我们通信近来少得多，我们不怪她，但那也是她道义上、感情上的一种责任。我们原谅她是一回事，你不从旁提醒她可就不合理，不尽你督促之责了。做人是整体的，对我们经常写信也表示她对人生对家庭的态度。你别误会，我再说一遍，别误会我们嗔怪她，而是为了她太年轻，需要养成一个好作风，处理实际事务的严格的态度。以上的话主要是为她好，而不是仅仅为我们多得一些你们消息的快乐。可是千万注意，和她提到给我们写信的时候，说话要和软，否则反而会影响她与我们的感情。翁姑与媳妇的关系与父母子女的关系大不相同，你慢慢会咂摸到，所以处理要非常细致。

最近几次来信，你对我们托办的事多半有交代，我很高兴。你终于在实际生活方面也成熟起来了，表示你有头有尾，责任感更强了。你的录音机迄未置办，我很诧异；照理你布置新居时，应与床铺在预算表上占同样重要的地位。在我想来，少一两条地毯倒没关系，少一架好的录音机却太不明智。足见你们俩仍太年轻，分不出轻重缓急。但愿你去美洲回来就有能力置办！

我早料到你读了《希腊的雕塑》以后的兴奋。那样的时代是一去不复返的了，正如一个人从童年到少年那个天真可爱的阶段一样。也如同我们的先秦时代、两晋六朝一样。近来常翻阅《世说新语》（正在寻一部铅印而篇幅不太笨重的预备寄你），觉得那时的风流文采既有点儿近古希腊，也有点儿像文艺复兴时期的意大利；但那种高远、恬淡、素雅的意味仍然不同于西方文化史上的任何一个时期。人真是奇怪的动物，文明的时候会那么文明，谈玄说理会那么隽永，野蛮的时候又同野兽毫无分别，甚至更残酷。奇怪的是这两个极端就表现在同一批人同一时代的人身上。两晋六朝多少野心家，想夺天下、称孤道寡的人，坐下来清谈竟是深通老庄与佛教哲学的哲人！

韩德尔的神剧固然追求异教精神，但他毕竟不是公元前四、五世纪的希腊人，他的作品只是十八世纪一个意大利化的日耳曼人向往古希腊文化的表现。便是《赛米里》吧，口吻仍不免带点儿浮夸（pompous）。这不是韩德尔个人之过，而是民族与时代之不同，绝对勉强不来的。将来你有空闲的时候（我想再过三五年，你音乐会一定可大大减少，多一些从各方面进修的时间），读几部英译的柏拉图、色诺芬一类的作品，你对希腊文化可有更多更深的体会。再不然你一朝去雅典，尽管山陵剥落（如丹纳书中所说）面目全非，但是那种天光水色（我只能从亲自见过的罗马和那不勒斯的天光水色去想象），以及巴台农神庙的废墟，一定会给你强烈的激动，狂喜，非言语所能形容，好比四五十年以前邓肯在巴台农废墟上光着脚不由自主地跳起舞来（《邓肯（Duncun）自传》，倘在旧书店中看到，可买来一读）。真正体会古文化，除了从小“泡”过来之外，只有接触那古文化的遗物。我所以不断寄吾国的艺术复制品给你，一方面是满足你思念故国，缅怀我们古老文化的饥渴，一方面也想用具体事物来影响弥拉。从文化上、艺术上认识而爱好异国，才是真正认识和爱好一个异国；而且我认为也是加强你们俩精神契合的最可靠的链锁。

石刻画你喜欢吗？是否感觉到那是真正汉族的艺术品，不像敦煌壁画云冈石刻有外来因素。我觉得光是那种宽袍大袖、简洁有力的线条、浑合的轮廓、古朴的屋宇车辆、强劲雄壮的马匹，已使我看了怦然心动，神游于两千年以前的天地中去了（装了框子看更有效果）。

荆轲刺秦王画像石拓片（第二层。第一层刻管仲射小白的故事，第三层刻伏羲女娲的故事）

几个月来做翻译巴尔扎克《幻灭》三部曲的准备工作，七百五十余页原文，共有一千一百余生字。发个狠每天温三百至四百生字，大有好处。正如你后悔不早开始把肖邦的 *Etudes*［《练习曲》］作为每天的日课，我也后悔不早开始记生字的苦功。否则这部书的生字至多只有二三百。倘有钱伯伯那种记忆力，生字可减至数十。天资不足，只能用苦功补足。我虽到了这年纪，身体挺坏，这种苦功还是愿意下的。

你对 Michelangeli［米开兰琪利］的观感大有不同，足见你六年来的进步与成熟。同时，“曾经沧海难为水”，“登东山而小鲁，登泰山而小天下”，也是你意见大变的原因。伦敦毕竟是国际性的乐坛，你这两年半的逗留不是没有收获的。

六月二十六日晚七时

吃过晚饭，又读了一遍（第三遍）来信。你自己说写得乱七八糟，其实并不。你有的是真情实感，真正和真实的观察、分析、判断，便是杂乱也乱不到哪里去。中文也并未退步；你爸爸最挑剔文字，我说不退步你可相信是真的不退步。而你那股热情和正义感不知不觉洋溢于字里行间，教我看了安慰、兴奋……有些段落好像是我十几年来和你说的话的回声……你没有辜负园丁！

老好人往往太迁就，迁就世俗，迁就褊狭的家庭愿望，迁就自己内心中不大高明的因素；而真理和艺术需要高度的原则性和永不妥协的良心。物质的幸运也常常毁坏艺术家。可见艺术永远离不开道德——广义的道德，包括正直、刚强、斗争（和自己的斗争以及和社会的斗争）、毅力、意志、信仰……

的确，中国优秀传统的人生哲学，很少西方人能接受，更不用说实践了。比如“富贵于我如浮云”在你我是一条极崇高极可羡的理想准则，但像巴尔扎克笔下的那些人物，正好把富贵作为人生最重要的，甚至是唯一的目标。他们那股向上爬、求成功的蛮劲与狂热，我个人简直觉得难以理解。也许是气质不同，并非多数中国人全是那么淡泊。我们不能把自己人太理想化。

你提到英国人的抑制（inhibition），其实正表示他们犷野强悍的程度，不能不深自敛抑，一旦决堤而出，就是莎士比亚笔下的那些人物，如麦克白斯、奥赛罗等等，岂不 wild［狂放］到极点？

Bath［巴斯］在欧洲亦是鼎鼎大名的风景区和温泉疗养地，无怪你觉得是英国最美的城市。看了你寄来的节目，其中几张风景使我回想起我住过的法国内地古城：那种古色古香，那种幽静与悠闲，至今常在梦寐间出现。说到这里，希望你七月去维也纳，百忙中买一些美丽的风景片给我。爸爸坐井观天，让我从纸面上也接触一下贝多芬、莫扎特、舒伯特住过的名城！

见到你岳父母，千万代我问候。这是应有的礼貌，为了你爸爸你绝不可疏忽，切切切切！

六月二十七日［译自英文］

最亲爱的弥拉：要是我写一封长长的中文信给聪，而不给你写几行英文信，我就会感到不安。写信给你们两个，不仅是我的责任，也是一种抑止不住的感情，想表达我对你的亲情与挚爱。最近十个月来，我们怎么能想起聪而不同时想到你呢？在我们心目中，你们两个已经不知不觉地合二而一了。但是为了使聪不致于忘记中文，我必须多用中文给他写信，所以你看，每次我给你们写信时就不得不写两封。

妈妈和我都很高兴见到聪在现实生活中变得成熟些了，这当然是你们结合的好影响。你们结婚以来，我觉得聪更有自信了。他的心境更为平静，伤感与乖戾也相应减少，虽则如此，他的意志力，在艺术方面之外，仍然薄弱，而看来你在这方面也不太坚强。最好随时记得这一点，设法使两人都能自律，都能容忍包涵。在家中维持有条理的常规，使一切井井有条，你们还年轻，这些事很难付诸实行并坚持下去，可是养成良好习惯，加强意志力永远是件好事，久而久之，会受益无穷。

一个人（尤其在西方）一旦没有宗教信仰，道德规范就自动成为生活中唯一的圭臬。大多数欧洲人看到中国人没有宗教（以基督教的眼光来看），而世世代代以来均能维系一个有条有理、太平文明的社会，就大感惊异，秘密在于这世上除了中国人，再没有其他民族是这样自小受健全的道德教训长大的。你也许已在聪的为人方面看到这一点，我们的道德主张并不像西方的那么“拘谨”，而是一种非常广义的看法，相信人生中应诚实不欺，不论物质方面或精神方面，均不计报酬，像基督徒似的冀求一个天堂。我们深信，人应该为了善、为了荣誉、为了公理而为善，而不是为了惧怕永恒的惩罚，也不是为了求取永恒的福祉。在这一意义上，中国人是文明世界中真正乐观的民族。在中国，一个真正受过良好教养和我们最佳传统与文化熏陶的人，在不知不觉中自然会不逐名利，不慕虚荣，满足于一种庄严崇高，但物质上相当清贫的生活。这种态度，你认为是不是很理想很美妙？

亲爱的孩子，有没有想过我在 E－No. 17 信中所引用的孟德斯鸠的名言："树人如树木，若非善加栽培，必难欣欣向荣？"假如你想听取孟德斯鸠的忠言，成为一棵"枝叶茂盛"的植物，那么这是开始自我修养的时候了。开始时也许在聪忙于演出的日子，你可以有闲暇读些正经书，我建议你在今夏看这两本书：丹纳的《艺术哲学》和 Etiemble［埃蒂昂勃勒］的《新西游记》（这本书我有两册，是作者送的，我会立即寄一本给你）。读第一本书可使你对艺术及一般文化历史有所认识，第二本可促进你对现代中国的了解。

如果你可以在旧书店里找到一本罗素的《幸福之路》，也请用心阅读，这本书虽然是三十年前写的，可是因为书中充满智慧及富有哲理的话很多，这些话永远不会过时，所以对今日的读者，仍然有所裨益。希望你也能念完《约翰·克利斯朵夫》。像你这样一位年轻的家庭主妇要继续上进，终身坚持自我教育，是十分困难的，我可以想象得出你有多忙，可是这件事是值得去努力争取的。妈妈快四十九岁了，仍然"挣扎"着每天要学习一些新东西（学习英语）。我有没有告诉过你，勃隆斯丹太太跟一般中产阶级的家庭主妇一样忙，可是她仍然每天坚持练琴（每日只练一小时至一小时半，可是日久见功），还能演奏及上电台播音。这种勇气与意志的确叫人激赏，几乎可说是英雄行径！

七月七日［译自英文］

最亲爱的弥拉：谢谢你寄来的 Magidoff［马吉道夫］所写关于你爸爸的书，这本书把我完全吸引住了，使我丢下手边的工作，不顾上海天气的炎热（室内摄氏三十二度），接连三个下午把它看完。过去五六年来很少看过这么精彩动人、内容翔实的书，你在五月十日的信中说，这本书写得不太好，可是也许会让我们觉得很新奇。传记中的无数细节与插曲是否合乎事实，我当然不像你爸爸或家里人一般有资格去评论，可是有一点我可以肯定：这本书对我来说不仅仅是新奇而已，并且对艺术家、所有看重子女教育的父母以及一般有教养的读者都启发很深。我身为一个文学工作者，受过中国哲学思想的熏陶，在教养孩子的过程中经过了无数试验和失误，而且对一切真、善、美的事物特别热爱，念起 Magidoff 这本书来，感到特别兴奋，读后使我深思反省有生以来的种种经历，包括我对人生、道德、美学、教育等各方面的见解与思想变迁。我在教育方面多少像聪一样，从父母那里继承了优点及缺点，虽然程度相差很远。例如，我教育子女的方式非常严格，非常刻板，甚至很专制，我一直怕宠坏孩子，尤其是聪。我从来不许他选择弹琴作为终生事业，直到他十六岁，我对他的倾向与天分不再怀疑时才准许，而且迟至十八岁，我还时常提醒他的老师对他不要过分称赞。像你的祖母一样，我一直不断地给聪灌输淡于名利权势，不慕一切虚荣的思想。在教育的过程中，我用了上一代的方法及很多其他的方法，犯了无数过错，使我时常后悔莫及，幸而两个孩子都及早脱离了家庭的规范与指导。聪一定告诉过你，他十五岁时一个人在昆明待了两年，不过，他在处世方面并没有学得更练达，这一方面归咎于他早年在家庭所受的教育不健全；一方面归咎于我自己的缺点，又由于他性格像妈妈，有点过分随和，所以很难养成自律的习惯以及向世界挑战的勇气。

在艺术方面，你父亲的荣誉，他的独特与早熟，一生经历过无数危机，在外人眼中却一帆风顺，处处都树立榜样，表演了一出最感人最生动的戏剧，在心理及美学方面，发人深省，使我们得以窥见一位名人及大音乐家的心灵。这本书也给年轻人上了最宝贵的一课（不论是对了解音乐或发展演奏及技巧而言），尤其是聪。甚至你，亲爱的弥拉，你也该把这本书再读一遍，我相信读后可以对你父亲有更进一步的了解（顺便一提，没有人可以夸口彻底了解自己的亲人，尽管两人的关系有多亲密）：了解他的性格，他那崇高的品德以及辉煌的艺术成就。此外，把这本书用心细读，你可以学习很多有关人生的事：你父亲在二次世界大战期间英勇慷慨的事迹，他在柏林（在犹太难民营中）以及在以色列对自己信念所表现出的大智大勇，使你可以看出，他虽然脾气随和，性情和蔼，可是骨子里是个原则坚定、性格坚强的人。一旦你们必须面对生活中真正严重的考验，这些令人赞赏的品格一定可以成为你俩不能忽视的楷模。我在中文信中告诉了聪，希望能有时间为这本精彩的书写篇长评，更确切地说，是为你父亲非凡的一生写篇长评。我现在所说的只是个粗略的概梗（而且是随便谈的），漫谈我看了这本书之后的印象与心得，要使你充分了解我的兴奋，寥寥数语是不足尽道的。

七月七日晚

亲爱的孩子：《近代文明中的音乐》和你岳父的传记，同日收到。接连三个下午看完传记，感想之多，情绪的波动，近十年中几乎是绝无仅有的经历。写当代人的传记有一个很大的便宜，人证物证多，容易从四面八方搜集材料，相互引证、核对。当然也有缺点：作者与对象之间距离太近，不容易看清客观事实和真止的面目；当事人所牵涉的人和事大半尚在目前，作者不能毫无顾虑，内容的可靠性和作者的意见难免打很大的折扣。总的说来，马吉道夫写得很精彩；对人生、艺术、心理变化都有深刻的观察和真切的感受；taste［趣味］不错，没有过分的恭维。作者本人的修养和人生观都相当深广。许多小故事的引用也并非仅仅为了吸引读者，而是旁敲侧击的烘托出人物的性格。

你大概马上想象得到，此书对我有特殊的吸引力。教育儿童的部分，天才儿童的成长及其苦闷的历史，缺乏苦功而在二十六岁至三十岁之间闭门（不是说绝对退隐，而是独自摸索）补课，两次的婚姻和战时战后的活动，都引起我无数的感触。关于教育，你岳父的经历对你我两人都是一面镜子。我许多地方像他的父母，不论是优点还是缺点，也有许多地方不及他的父母，也有某些地方比他们开明。我很庆幸没有把你关在家里太久，这也是时代使然，也是你我的个性同样倔强使然。父母子女之间的摩擦与冲突，甚至是反目，当时虽然对双方都是极痛苦的事，从长里看对儿女的成长倒是利多弊少。你祖岳母的骄傲简直到了不近人情的地步，完全与她的宗教信仰不相容——世界上除了回教我完全茫然以外，没有一个宗教不教人谦卑和隐忍，不教人克制骄傲和狂妄的。可是她对待老友Goldman［哥尔门］的态度，对伊虚提在台上先向托斯卡尼尼鞠躬的责备，竟是发展到自高自大、目空一切的程度。她教儿女从小轻视金钱权势，不向政治与资本家低头，不许他们自满，唯恐师友宠坏他们，这一切当然是对的。她与她丈夫竭力教育子女，而且如此全面，当然也是正确的，可敬可佩的；可是归根结底，她始终没有弄清楚教育的目的，只笼笼统统说要儿女做一个好人，哪怕当鞋匠也不妨；她却并未给“好人”（honest man）二字下过定义。在我看来，她的所谓好人实在是非常狭小的，限于respectable［正派的］而从未想到更积极更阔大的天地和理想。假如她心目中有此意念，她必然会鼓励孩子“培养自己以便对社会对人类有所贡献”。她绝未尊敬艺术，她对真、美、善毫无虔诚的崇敬心理；因此她看到别人自告奋勇帮助伊虚提（如埃尔曼资助他去欧洲留学，哥尔门送他Prince K［王子K］小提琴等等）并不有所感动，而只觉得自尊心受损。她从未认识人的伟大是在于帮助别人，受教育的目的只是培养和积聚更大的力量去帮助别人，而绝对不是盲目的自我扩张。梅纽因老夫人只看见她自己、她一家、她和丈夫的姓氏与种族；所以她看别人的行为也永远从别人的自私出发。自己没有理想，如何会想到茫茫人海中竟有具备理想的人呢？她学问丰富，只缺少一个高远的理想作为指南针。她为人正直，只缺少忘我的牺牲精神——她为儿女是忘我的，是有牺牲精神的；但“为儿女”实际仍是“为她自己”；她没有急公好义、慷慨豪侠的仁慈！幸亏你岳父得天独厚，凡是家庭教育所没有给他的东西，他从音乐中吸收了，从古代到近代的乐曲中，从他接触的前辈，尤其埃奈斯库身上得到了启示。他没有感染他母亲那种狭窄、闭塞、贫乏、自私的道德观（即西方人所谓的prudery［拘谨］）。也幸而残酷的战争教了他更多的东西，扩大了他的心灵和胸襟，烧起他内在的热情……你岳父今日的成就，特别在人品和人生观方面，可以说是 in spite of his mother［虽有母如此，亦不受影响］。我相信真有程度的群众欣赏你岳父的地方（仍是指艺术以外的为人），他父母未必体会到什么伟大。但他在海牙为一个快要病死的女孩子演奏 Bach［巴赫］的 *Chaconne*［《夏空》］，以及他一九四七年在柏林对犹太难民的说话，以后在以色列的表现等等，我认为是你岳父最了不起的举动，符合我们威武不能屈的古训。

书中值得我们深思的段落，多至不胜枚举，对音乐，对莫扎特、巴赫直到巴托克的见解，对音乐记忆的分析，小提琴技术的分析，还有对协奏曲（和你一开始即浸入音乐的习惯完全相似）的态度，都大有细细体会的价值。他的两次 re-study［重新学习］（最后一次是一九四二至一九四五年）你都可作为借鉴。

了解人是一门最高深的艺术，便是最伟大的哲人、诗人、宗教家、小说家、政治家、医生、律师，都只能掌握一些原则，不能说对某些具体的实例——个人——有彻底的了解。人真是矛盾百出，复杂万分，神秘到极点的动物。看了传记，好像对人物有了相当认识，其实还不过是一些粗疏的概念。尤其他是性情温和、从小隐忍惯的人，更不易摸透他的底。我想你也有同感。

你上次信中分析他的话，我不敢下任何断语。可是世界上就是到处残缺，没有完善的人或事。大家说他目前的夫人不太理想，但弥拉的母亲又未尝使他幸福。他现在的夫人的确多才多艺，精明强干，而连带也免不了多才多艺和精明强干带来的缺点。假如你和其他友人对你岳父的看法不错，那也只能希望他的艺术良心会再一次觉醒，提到一个新的更高的水平，再来一次严格的自我批评。是否会有这幸运的一天，就得看他的生命力如何了。人的发展总是波浪式的，和自然界一样：低潮之后还有高潮再起的可能，峰回路转，也许“柳暗花明又一村”，又来一个新天地呢！所以古人说对人要“盖棺论定”。

多少零星的故事和插曲也极有意义。例如埃尔加抗议纽曼对伊虚提演奏他《小提琴协奏曲》的评论：纽曼认为伊虚提把第二乐章表达太甜太 luscious［腻］，埃尔加说他写的曲子，特别那个主题本身就是甜美的，luscious，“难道英国人非板起面孔不可吗？我是板起面孔的人吗？”可见批评家太着重于一般的民族性，作家越出固有的民族性，批评家竟熟视无睹，而把他所不赞成的表现归罪于演奏家。而纽曼还是世界上第一流的学者兼批评家呢！可叹学问和感受和心灵往往碰不到一起，感受和心灵也往往不与学问合流。要不然人类的文化还可大大的进一步呢！巴托克听了伊虚提演奏他的《小提琴协奏曲》后说：“我本以为这样的表达只能在作曲家死了长久以后才可能。”可见了解同时代的人推陈出新的创造的确不是件容易的事。然而我们又不能执着 Elgar［埃尔加］对 Yehudi［伊虚提］的例子，对批评家的言论一律怀疑。我们只能依靠自我批评精神来作取舍的标准，可是我们的自我批评精神是否永远可靠、不犯错误（infallible）呢？是否我们常常在应该坚持的时候轻易让步而在应当信从批评家的时候又偏偏刚愎自用、顽固不化呢？我提到这一点，因为你我都有一个缺点：好辩。

傅聪与岳父梅纽因一起研究贝多芬和莫扎特奏鸣曲，

为二人的合作演出做准备（一九六〇年代）

人家站在正面，我会立刻站在反面；反过来亦然。而你因为年轻，这种倾向比我更强。但愿你慢慢的学得客观、冷静、理智，别像古希腊人那样为争辩而争辩！

阿陶夫·布施和埃奈斯库，两人对巴赫 *Fugue*［《赋格曲》］主题的 forte or dolce［强或柔］的看法不同，使我想起太多的书本知识要没有高度的理解力协助，很容易流于教条主义，成为学院派。

另一方面，Ysaye［伊萨伊］要伊虚提拉 arpeggio［琶音］的故事，完全显出一个真正客观冷静的大艺术家的“巨眼”，不是巨眼识英雄，而是有看破英雄的短处的“巨眼”。青年人要寻师问道，的确要从多方面着眼。你岳父承认跟 Adolf Busch［阿陶夫·布施］还是有益的，尽管他气质上和心底里更喜欢埃奈斯库。你岳父一再后悔不曾及早注意伊萨伊的暗示。因此我劝你空下来静静思索一下，你几年来可曾听到过师友或批评家的一言半语而没有重视的。趁早想，趁早补课为妙！你的祖岳母说：“我母亲常言，只有傻瓜才自己碰了钉子方始回头；聪明人看见别人吃亏就学了乖。”此话我完全同意，你该记得一九五三年你初去北京以后我说过（在信上）同样的话，记得我说的是：“家里嘱咐你的话多听一些，在外就不必只受别人批评。”大意如此。

你说过的那位匈牙利老太太，指导过 Anni Fischer［安妮·费希尔］的，千万上门去请教，便是去一二次也好。你有足够的聪明，人家三言两语，你就能悟出许多道理。可是从古到今没有一个人聪明到不需要听任何人的意见。智者千虑，必有一失。也许你去美访问以前就该去拜访那位老人家！亲爱的孩子，听爸爸的话，安排时间去试一试好吗？再附带一句：去之前一定要存心去听“不入耳之言”才会有所得，你得随时去寻访你周围的大大小小的伊萨伊！

话愈说愈远——也许是愈说愈近了。假如念的书不能应用到自己身上来，念书干吗？

你岳父清清楚楚对他自幼所受的教育有很大的反响。他一再声明越少替儿童安排他们的前途越好。这话其实也只说对了一部分，同时也得看这种放任主义如何执行。

要是有时间与精力，这样一本书可以让我写一篇上万字的批评。但老实说，我与伊虚提成了亲家，加上狄阿娜夫人 so sharp and so witty [如此精明机智]，我也下笔有顾忌，只好和你谈谈。

最后问你一句：你看过此书没有？倘未看，可有空即读，而且随手拿一支红笔，要标出（underline）精彩的段落。以后有空还得再念第二遍、第三遍。弥拉年轻，未经世事，我觉得她读了此书并无所得。

我已有几次问你弥拉是否开始怀孕，因为她近来信少，与你半年前的情形相仿。若是怀孕而不舒服，则下面的话只当没说！否则妈妈送了她东西，她一个字都没有，未免太不礼貌。尤其我们没有真好的东西给她（环境限制），可是“礼轻心意重”，总希望受的人接受我们一份情意。倘不是为了身体不好，光是忙，不能成为一声不出的理由。这是体统和规矩问题。我看她过去与后母之间不大融洽，说不定一半也由于她太“少不更事”。——但这事你得非常和缓地向她提出，也别露出是我信中嗔怪她，只作为你自己发觉这样不大好，不够 kind [周到]，不合乎做人之道。你得解释，这不过是一例，做人是对整个社会，不仅仅是应付家属。但对近亲不讲礼貌的人也容易得罪一般的亲友。——以上种种，你需要掌握时机，候她心情愉快的当口委婉细致、心平气和，像对知己朋友进忠告一般地谈。假如为了我们使你们小夫妇俩不欢，是我极不愿意的。你总得让她感觉到一切是为她好，帮助她学习 live the life［待人处世］；而绝非为了父母而埋怨她。孩子，这件微妙的任务希望你顺利完成！对你也是一种学习和考验。忠言逆耳，但必须出以一百二十分柔和的态度，对方才能接受。

六一年七月七日晚

在过去的农业社会里，人的生活比较闲散，周围没有紧张的空气，随遇而安、得过且过的生活方式还能对付。现在时代大变，尤其在西方世界，整天整月整年社会像一个瞬息不停的万花筒，生存竞争的剧烈，想你完全体会到了。最好做事要有计划，至少一个季度事先要有打算，定下的程序非万不得已切勿临时打乱。你是一个经常出台的演奏家，与教授、学者等等不同：生活忙乱得多，不容易控制。但愈忙乱愈需要有全面计划，我总觉得你太被动，常常 be carried away［失去自制力］，被环境和大大小小的事故带着走，从长远看，不是好办法。过去我一再问及你经济情况，主要是为了解你的物质基础，想推测一下再要多少时期可以减少演出，加强学习——不仅仅音乐方面的学习。我很明白在西方社会中物质生活无保障，任何高远的理想都谈不上。但所谓物质保障首先要看你的生活水准，其次要看你会不会安排收支，保持平衡，经常有规律的储蓄。生活水准本身就是可上可下，好坏程度、高低等级多至不可胜计的；究竟自己预备以哪一种水准为准，需要想个清楚，弄个彻底，然后用坚强的意志去贯彻。唯有如此，方谈得到安排收支等等的理财之道。孩子，光是瞧不起金钱不解决问题；相反，正因为瞧不起金钱而不加控制，不会处理，临了竟会吃金钱的亏，做物质的奴役。单身汉还可用颜回的刻苦办法应急，有了家室就不行，你若希望弥拉也会甘于素衣淡食就要求太苛，不合实际了。为了避免落到这一步，倒是应当及早定出一个中等的生活水准使弥拉能同意，能实践，帮助你定计划执行。越是轻视物质越需要控制物质。你既要保持你艺术的尊严，人格的独立，控制物质更成为最迫切最需要的先决条件。孩子，假如你相信我这个论点，就得及早行动。

经济有了计划，就可按照目前的实际情况定一个音乐活动的计划。比如下一季度是你最忙，但也是收入最多的季度：那笔收入应该事先做好预算；切勿钱在手头，散漫使花，而是要作为今后减少演出的基础——说明白些就是基金。你常说音乐世界是茫茫大海，但音乐还不过是艺术中的一支，学问中的一门。望洋兴叹是无济于事的，要钻研仍然要定计划——这又跟你的演出的多少、物质生活的基础有密切关系。你结了婚，不久家累会更重；你已站定脚跟，但最要防止将来为了家累，为了物质基础不稳固，不知不觉地把演出、音乐为你一家数口服务。古往今来——尤其近代，多少艺术家（包括各个部门的）到中年以后走下坡路，难道真是他们愿意的吗？多半是为家庭拖下水的，而且拖下水的经过完全出于不知不觉。孩子，我为了你的前途不能不长篇累牍地告诫。现在正是设计你下一阶段生活的时候，应当振作精神，面对当前，眼望将来，从长考虑。何况我相信三五年到十年之内，会有一个你觉得非退隐一年二年不可的时期。一切真有成就的演奏家都逃不过这一关。你得及早准备。

最近三个月，你每个月都有一封长信，使我们好像和你对面谈天一样：这是你所能给我和你妈妈的最大安慰。父母老了，精神上不免一天天的感到寂寞。唯有万里外的游子归鸿使我们生活中还有一些光彩和生气。希望以后的信中，除了艺术，也谈谈实际问题。你当然领会到我做爸爸的只想竭尽所能帮助你进步，增进你的幸福，想必不致嫌我烦琐吧？

八月一日

亲爱的孩子：二十四日接弥拉十六日长信，快慰之至。几个月不见她手迹着实令人挂心，不知怎么，我们真当她亲生女儿一般疼她；从未见过一面，却像久已认识的人那样亲切。读她的信，神情笑貌跃然纸上。口吻那么天真那么朴素，taste［品味］很好，真叫人喜欢。成功的婚姻不仅对当事人是莫大的幸福，而且温暖的光和无穷的诗意一直照射到、渗透入双方的家庭。敏读了弥拉的信也非常欣赏她的人品。孩子，我不能不再一次祝贺你的幸运。二年半以来这是你音乐成就以外最大的收获了：相信你一定会珍惜这美满的婚姻，日后开出鲜艳的花来！

弥拉报告中有一件事教我们特别高兴：你居然去找过了那位匈牙利太太！（姓名弥拉写得不清楚，望告知！）多少个月来（在杰老师心中已是一年多了），我们盼望你做这一件事，一旦实现，不能不为你的音乐前途庆幸。写到此，又接你明信片；那么原来希望本月四日左右接你长信，又得推迟十天了。但愿你把技巧改进的经过与实际谈得详细些，让我转告李先生，好慢慢帮助国内的音乐青年，想必也是你极愿意做的事。本月十二至二十七日间，九月二十三日以前，你都有空闲的时间，除了出门休息（想你们一定会出门吧）以外，尽量再去拜访那位老太太，向她请教。尤其维也纳派（莫扎特、贝多芬、舒伯特），那种所谓 repose［和谐恬静］的风味必须彻底体会。好些评论对你这方面的欠缺都一再提及。至于追求细节太过，以致妨碍音乐的朴素与乐曲的总的轮廓，批评家也说过很多次。据我的推想，你很可能犯了这些毛病。往往你会追求一个目的，忘了其他，不知不觉钻入牛角尖（今后望深自警惕）。可是深信你一朝醒悟，信从了高明的指点，你回头是岸，纠正起来是极快的，只是别矫枉过正，往另一极端摇摆过去就好了。

像你这样的年龄与经验，随时随地吸收别人的意见非常重要。经常请教前辈更是必需。你敏感得很，准会很快领会到那位前辈的特色与专长，尽量汲取——不到汲取完了绝不轻易调换老师。

上面说到维也纳派的 repose，推想当是一种闲适恬淡而又富于旷达胸怀的境界，有点儿像陶靖节、杜甫（某一部分田园写景）、苏东坡、辛稼轩（也是田园曲与牧歌式的词）。但我还捉摸不到真正维也纳派的所谓 repose，不知你的体会是怎么回事？

近代有名的悲剧演员可分两派：一派是浑身投入，忘其所以，观众好像看到真正的剧中人在面前歌哭；情绪的激动，呼吸的起伏，竟会把人在火热的浪潮中卷走，Sarah Bernhardt［莎拉·伯恩哈特］即是此派代表（巴黎有她的纪念剧院）。一派刻画人物惟妙惟肖，也有大起大落的激情，同时又处处有一个恰如其分的节度，从来不流于“狂易”之境。心理学家说这等演员似乎有双重人格：既是演员，同时又是观众。演员使他与剧中人物合一，观众使他一切演技不会过火（即是能入能出的那句老话）。因为他随时随地站在圈子以外冷眼观察自己，故即使到了猛烈的高潮峰顶仍然能控制自己。以艺术而论，我想第二种演员应当是更高级。观众除了与剧中人发生共鸣，亲身经受强烈的情感以外，还感到理性节制的伟大，人不被自己情欲完全支配的伟大。这伟大也就是一种美。感情的美近于火焰的美、浪涛的美、疾风暴雨之美，或是风和日暖、鸟语花香的美；理性的美却近于钻石的闪光、星星的闪光，近于雕刻精工的美、完满无疵的美，也就是智慧之美！情感与理性平衡所以最美，因为是最上乘的人生哲学、生活艺术。

记得好多年前我已与你谈起这一类话。现在经过千百次实际登台的阅历，大概更能体会到上述的分析可应用于音乐了吧？去冬你岳父来信说，你弹两支莫扎特协奏曲，能把强烈的感情纳入古典的形式之内，他意思即是指感情与理性的平衡。但你还年轻，出台太多，往往体力不济，或技巧不够放松，难免临场紧张，或是情不由已，be carried away［难以自抑］。并且你整个品性的涵养也还没到此地步。不过早晚你会在这方面成功的，尤其技巧有了大改进以后。

国内形势八个月来逐渐改变，最近周总理关于文艺工作十大问题的报告长达八小时，内容非常精彩。惟尚未公布，只是京中极高级的少数人听到，我们更只知道一鳞半爪，不敢轻易传达。总的倾向是由紧张趋向缓和，由急进趋向循序渐进。也许再过一些日子会有更明朗的轮廓出现。

六一年八月一日

"After reading that, I found my conviction that Handel's music, specially his oratorio is the nearest to the Greek spirit in music 更加强了. His optimism, his radiant poetry, which is as simple as one can imagine but never vulgar, his directness and frankness, his pride, his majesty and his almost physical ecstasy. I think that is why when an English chorus sings *Hallelujah* they suddenly become so wild, taking off completely their usual English inhibition, because at that moment they experience something really thrilling, something like ecstasy..."

"读了丹纳的文章，我更相信过去的看法不错：韩德尔的音乐，尤其神剧，是音乐中最接近希腊精神的东西。他有那种乐天的倾向、豪华的诗意，同时亦极尽朴素，而且从来不流于庸俗，他表现率直、坦白，又高傲又堂皇，差不多在生理上到达一种狂喜与忘我的境界。也许就因为此，英国合唱队唱 Hallelujah［哈利路亚］的时候，会突然变得豪放，把平时那种英国人的抑制完全摆脱干净，因为他们那时有一种真正激动心弦，类似出神的感觉。……"

为了帮助你的中文，我把你信中一段英文代你用中文写出。你看看是否与你原意有距离。ecstasy［狂喜与忘我境界］一字含义不一，我不能老是用出神两字来翻译。像这样不打草稿随手翻译，在我还是破题儿第一遭。

八月十九日

近几年来常常想到人在大千世界、星云世界中多么微不足道，因此更感到人自命为万物之灵实在狂妄可笑。但一切外界的事物仍不断对我发生强烈的作用，引起强烈的反应和波动，忧时忧国不能自已；另一时期又觉得转眼之间即可撒手而去，一切于我何有哉！这一类矛盾的心情几乎经常控制了我：主观上并无出世之意，事实上常常浮起虚无幻灭之感。个人对一切感觉都敏锐、强烈，而常常又自笑愚妄。不知这是现代中国知识分子的共同苦闷，还是我特殊的气质使然。即使想到你，有些安慰，却也立刻会想到随时有离开你们的可能，你的将来，你的发展，我永远看不见的了，你十年二十年后的情形，对于我将永远是个谜，正如世界上的一切，人生的一切，到我脱离尘世之时都将成为一个谜——个人消灭了，茫茫宇宙照样进行，个人算得什么呢！

八月三十一日夜—九月二日中午

亲爱的孩子：八月二十四日接十八日信，高兴万分。你最近的学习心得引起我许多感想。杰老师的话真是至理名言，我深有同感。会学的人举一反三，稍经点拨，即能跃进。不会学的不用说闻一以知十，连闻一以知一都不容易办到，甚至还要缠夹，误入歧途，临了反抱怨老师指引错了。所谓会学，条件很多，除了悟性高以外，还要足够的人生经验。暑假中教敏读王尔德《温德米尔夫人的扇子》，life is a speculation 一句，我解释了几遍，似乎他仍不甚了了。现代青年头脑太单纯，说他纯洁固然不错，无奈遇到现实，纯洁没法作为斗争的武器，倒反因天真幼稚而多走不必要的弯路。玩世不恭、cynical［愤世嫉俗］的态度当然为我们所排斥，但不懂得什么叫作 cynical 也反映入世太浅，眼睛只会朝一个方向看。周总理最近批评我们的教育，使青年只看见现实世界中没有的理想人物，将来到社会上去一定感到失望与苦闷。胸襟眼界狭小的人，即使老辈告诉他许多旧社会的风俗人情，也几乎会骇而却走。他们既不懂得人是从历史上发展出来的，经过几千年上万年的演变过程才有今日的所谓文明人，所谓社会主义制度下的人，一切也就免不了管中窥豹之弊。这种人倘使学文学艺术，要求体会比较复杂的感情，光暗交错、善恶并列的现实人生，就难之又难了。要他们从理论到实践，从抽象到具体，样样结合起来，也极不容易。但若不能在理论→实践、实践→理论、具体→抽象、抽象→具体中不断来回，任何学问都难以入门。

以上是综合的感想。现在谈谈你最近学习所引起的特殊问题。

据来信，似乎你说的 relax［放松］不是五六年以前谈的纯粹技巧上的 relax，而主要是精神、感情、情绪、思想上的一种安详、闲适、淡泊、超逸的意境，即使牵涉到技术，也是表现上述意境的一种相应的手法、音色与 tempo rubato［弹性速度］等等。假如我这样体会你的意思并不错，那我就觉得你过去并非完全不能表达 relax［闲适］的境界，只是你没有认识到某些作品、某些作家确有那种 relax 的精神。一年多以来，英国批评家有些说你的贝多芬（当然指后期的奏鸣曲）缺少那种 Viennese repose［维也纳式闲适］，恐怕即是指某种特殊的

傅聪与弥拉

安闲、恬淡、宁静之境，贝多芬在早年、中年剧烈挣扎与苦斗之后，到晚年达到的一个 peaceful mind［精神上清明恬静之境］，也就是一种特殊的 serenity［安详］（是一种 resignation［隐忍恬淡，心平气和］产生的 serenity）。但精神上的清明恬静之境也因人而异，贝多芬的清明恬静既不同于莫扎特的，也不同于舒伯特的。稍一混淆，在水平较高的批评家、音乐家以及听众耳中就会感到气息不对，风格不合，口吻不真。我是用这种看法来说明你为何在弹斯卡拉蒂和莫扎特时能完全 relax［放松］，而遇到贝多芬与舒伯特就成问题。另外两点，你自己已分析得很清楚：一是看到太多的 drama［跌宕起伏，戏剧成分］，把主观的情感加诸原作；二是你的个性与气质使你不容易 relax［放松］，除非遇到斯卡拉蒂与莫扎特，只有轻灵、松动、活泼、幽默、妩媚、温婉而没法找出一点儿借口可以装进你自己的 drama［激越情感］。因为莫扎特的 drama［感情气质］不是十九世纪 drama［气质］，不是英雄式的斗争、波涛汹涌的感情激动、如醉若狂的 fanaticism［狂热激情］，你身上所有的近代人的 drama［激越，激烈］气息绝对应用不到莫扎特作品中去；反之，那种十八世纪式的 flirting［风情］和诙谐、俏皮、讥讽等等，你倒也很能体会，所以能把莫扎特表达得恰如其分。还有一个原因，凡作品整体都是 relax［安详，淡泊］的，在你不难掌握；其中有激烈的波动又有苍茫惆怅的那种 relax［闲逸］的作品，如肖邦，因为与你气味相投，故成绩也较有把握。但若既有激情又有隐忍恬淡，如贝多芬晚年之作，你即不免抓握不准。你目前的发展阶段，已经到了理性的控制力相当强，手指神经很驯服地能听从头脑的指挥，故一朝悟出了关键所在的作品精神，领会到某个作家的

relax［闲逸恬静］该是何种境界何种情调时，即不难在短时期内改变面目，而技巧也跟着适应要求，像你所说“有些东西一下子显得容易了”。旧习未除，亦非短期所能根绝，你也分析得很彻底：悟是一回事，养成新习惯来体现你的“悟”是另一回事。

最后你提到你与我气质相同的问题，确是非常中肯。你我秉性都过敏，容易紧张。而且凡是热情的人多半流于执着，有 fanatic［狂热］倾向。你的观察与分析一点不错。我也常说应该学学周伯伯那种潇洒、超脱、随意游戏的艺术风格，冲淡一下太多的主观与肯定，所谓 positivism［自信独断］。无奈向往是一事，能否做到是另一事。有时个性竟是顽强到底，什么都扭它不过。幸而你还年轻，不像我业已定型；也许随着阅历与修养，加上你在音乐中的熏陶，早晚能获致一个既有热情又能冷静、能入能出的境界。总之，今年你请教 Kabos［卡波斯］太太后，所有的进步是我与杰老师久已期待的；我早料到你并不需要到四十左右才悟到某些淡泊、朴素、闲适之美——像去年四月《泰晤士报》评论你两次肖邦音乐会所说的。附带又想起批评界常说你追求细节太过，我相信事实确是如此，你专追一门的劲也是 fanatic［狂热］得厉害，比我还要执着。或许近两个月以来，在这方面你也有所改变了吧？注意局部而忽视整体，雕琢细节而动摇大的轮廓固谈不上艺术；即使不妨碍完整，雕琢也要无斧凿痕，明明是人工，听来却宛如天成，才算得艺术之上乘。这些常识你早已知道，问题在于某一时期目光太集中在某一方面，以致耳不聪、目不明，或如孟子所说“明察秋毫而不见舆薪”。一旦醒悟，回头一看，自己就会大吃一惊，正如一九五五年时你何等欣赏米开兰琪利，最近却弄不明白当年为何如此着迷。

八月三十一日夜

早在一九五七年李赫特在沪演出时，我即觉得他的舒伯特没有grace［优雅］。以他的身世而论，很可能于不知不觉中走上神秘主义的路。生活在另外一个世界中，那世界只有他一个人能进去，其中的感觉、刺激、形象、色彩、音响都另有一套，非我们所能梦见。神秘主义者往往只有纯洁、朴素、真诚，但缺少一般的温馨妩媚。便是文艺复兴初期的意大利与佛兰德斯宗教画上的grace也带一种圣洁的他世界的情调，与十九世纪初期维也纳派的风流蕴藉，熨帖细腻，同时也带一些淡淡的感伤的柔情毫无共通之处。而斯拉夫族，尤其俄罗斯民族的神秘主义又与西欧的罗马正教一派的神秘主义不同。听众对李赫特演奏的反应如此悬殊也是理所当然的。二十世纪六十年代的人还有几个能容忍音乐上的神秘主义呢？至于捧他上天的批评只好目之为梦呓，不值一哂。

从通信所得的印象，你岳父说话不多而含蓄甚深，涵养功夫极好，但一言半语中流露出他对人生与艺术确有深刻的体会。以他成年前所受的教育和那么严格的纪律而论，能长成为今日这样一个独立自由的人，在艺术上保持鲜明的个性，已是不大容易的了；可见他秉性还是很强，不过藏在内里，一时看不出罢了。他自己在书中说："我外表是赫夫齐芭，内心是雅尔太。"①但他坚强的个性不曾发展到他母

① 赫夫齐芭和雅尔太是梅纽因的大妹妹和小妹妹。

亲的路上，没有那种过分的民族自傲，也算大幸。

尽管那本传记经过狄阿娜夫人校阅，但其中并无对狄阿娜特别恭维的段落，对诺拉[①]亦无贬词——这些我读的时候都很注意。上流社会的妇女总免不了当面一套，背后一套：为了在西方社会中应付，也有不得已的苦衷。主要仍须从大事情大原则上察看一个人的品质。希望你竭力客观，头脑冷静，前妻的子女对后母必有成见，我们局外人只能以亲眼目睹的事实来判断，而且还须分析透彻。年轻人对成年人的看法往往不大公平，何况对待后母！故凡以过去的事为论证的批评最好先打个问号，采取保留态度，勿急于下断语。家务事曲折最多，单凭一面之词难以窥见真相。

你与弥拉之间能如此融洽也是不容易的了。她年幼未经世事，偶有差错亦在意料之中。但若与一般（不论国内国外）同年龄的女子相比，恐怕弥拉也是属于纯洁、懂事、肯刻苦一类的了。凡事不能有绝对标准，只能用比较的眼光看待一切。要一个像她那样出身的女孩子接近你的理想，必须以极大的忍耐，极长的时间，做感染与教育的工作。（“娇气”是家庭与社会共同培养出来的，故最难革除。）主要仍在于以身作则。你既有自知之明，相信你定会以容忍的态度应付。只要共同的理想不变，高远的目标始终成为双方追求的对象，心爱你那种艺术气氛中的弥拉自会一天一天进步的，假如你自己也在一天一天地进步。

弥拉初婚时来信一本正经提及要做预算，要储蓄：我们非常快

---

① 梅纽因的前妻。

慰。八个月来不知执行情况如何？此次访美访澳，收入较多，务须做好长久计划，万不能在外见物即买。弥拉年轻，你该多出主意。最好在去美以前就平心静气与她商量商量，以免临时为了用钱而争执。在外四个月，演出紧张，你们二人尤其要“和平共处”，不能有细小风波，切记切记。

九月一日

从去年冬天起，党中央颁布了关于农业工作十二条，今年春季又扩充为“六十条”，纠正过去人民公社中的歪风（所谓乱刮“共产风”），订出许多新的措施，提高农民的积极性，增加物质报酬，刺激生产。大半年以来农村情况大有改变，农民工作都有了劲，不再拖拉、磨洋工。据说“六十条”是中央派了四十人的调查团，分别深入各地，住在农民家中实地调查研究以后得出的结论。可见党对人民生活的关心，及时大力扭转偏差，在天灾频仍的关头提出“大办农业，大种粮食”的口号。我个人感觉：人事方面，社会主义制度下最重要的关键仍然要消灭官僚主义；农业增产要达到理想指标必须机耕与化肥两大问题基本解决以后才有可能。并且吾国人民的饮食习惯倘不逐渐改变，不用油脂和蛋白、肉类来代替大量的淀粉，光靠谷类增产还是有困难。吾国人口多，生育率高，消耗淀粉（米、麦、高粱及一切杂粮）的总量大得惊人，以绝大部分的可耕地种谷类所能供应人的热量（即卡路里），远不如少量面积种油脂作物所能供应人的热量为多。在经济核算上，在国民健康观点上，油脂的价值远过于谷类。我们工农阶级的食物，油脂与淀粉质消耗的比例，正好和西欧工农在这两类上的比例相反。结果我们的胃撑得很大，到相当年纪又容易下垂，所得营养却少得可怜——但要改变大家几千年来多吃谷类的习惯大不容易，至少也要一两代才能解决。同时增加油脂作物和畜牧生产也是件大事。以上仅仅是我个人的感想，社会上尚未听见有人提出。

教育与文艺方面，半年来有不少党中央的报告，和前几年的看法做法也大有不同。对知识分子思想水平的要求有所调整，对“红”“专”问题的标准简化为：只要有国际主义爱国主义精神，接受马列主义，就算“红”。当然“红”与“专”都无止境，以之为终身努力的目标是应该的，但对目前知识分子不能要求过高，期望太急。文艺创作的题材亦可不限于工农兵，只消工农兵喜爱，能为工农兵看了以后消除疲劳也就是为工农兵服务。政治固然是判断作品的第一标准，但并非“唯一”的标准。以后要注意艺术性。学校教育不能再片面强调政治，不能停了课“搞运动”。周扬部长与陈副总理都提到工厂不搞生产如何成为工厂，学校不搞学习如何成为学校；今后培养青年一定要注重业务，要“专”，绝不允许红而不专。诸如此类的指示有许许多多，大致都根据以上说的几个方针。问题在于如何执行，如何贯彻。基层干部的水平不可能一转眼就提高，也就不可能一下子正确领会党中央的政策与精神。大家“拨一拨、动一动”的惰性已相当深，要能主动掌握，彻底推行中央决定，必须经过长时期的教育与自我教育。国家这样大，人这么多，摊子摆得这么多、这么大，哪里一下就能扭转错误！现在只是调整方向方针，还未到全面实现的阶段。不过有此转变已经是可喜之至了。以往四年简直不和你谈到这些，原因你自会猜到。我的感想与意见写起来也许会积成一厚本；我吃亏的就是平日想得太多，无论日常生活，大事小事，街头巷尾所见所闻，都引起我许多感想；更吃亏的是看问题水平提得太高（我一向说不是我水平高，而是一般的水平太低），发现症结为时太早：许多现在大家承认为正确的意见，我在四五年、六七年以前就有了；而在那时的形势下，在大家眼中我是思想落后，所以有那些看法。

昨天乘凉前后，独自想了很多，心中很难过：觉得对敏的责备不太公平。我对他从小起就教育不够：初期因他天资差，开窍迟，我自己脾气又不好；后期完全放任，听凭学校单独负责；他入大学后我也没写长信（除了一次以外）与他。像五四至五七，五九至现在我写给你的那样的信，一封也不曾给敏写过。无论在学业方面、做人方面，我都未尽教导之责。当然他十年来思想演变与你大异，使我没法多开口；但总觉得对你给的很多，对他给的太少，良心上对不起他。今后要想法补救一下才是。

这封信陆陆续续写了三天，和你谈话是永远谈不完的。唯一的安慰是发现你逐渐成熟，愈来愈了解我，减少我精神上孤独寂寞之感。你每来一次信，就仿佛你回家来看我们一次！

九月二日中午

九月是你比较空闲的一月，我屡次要你去博物馆看画，无论如何在这个月中去一二回！先定好目标看哪一时期的哪一派，集中看，切勿分散精力。早期与中期文艺复兴（意大利派）也许对你理解斯卡拉蒂更有帮助。造型艺术与大自然最能培养一个人身心的 relax［舒泰］！

你的中文信并未退步，词汇也仍丰富，只是做主词的“我”字用得太多，不必要的虚字也用多了些。因你时间有限，我不苛求；仅仅指出你的毛病，让你知道而已。

父亲（一九六一年）

九月十四日下午

你工作那么紧张，不知还有时间和弥拉谈天吗？我无论如何忙，要是一天之内不与你妈谈上一刻钟十分钟，就像漏了什么功课似的。时事感想，人生或大或小的事务的感想，文学艺术的观感，读书的心得，翻译方面的问题，你们的来信，你的行踪……上下古今，无所不谈，拉拉扯扯，不一定有系统，可是一边谈一边自己的思想也会整理出一个头绪来，变得明确；而妈妈今日所达到的文化、艺术与人生哲学的水平，不能不说一部分是这种长年的闲谈熏陶出来的。去秋你信中说到培养弥拉，不知事实上如何做？也许你父母数十年的经历和生活方式还有值得你参考的地方。以上所提的日常闲聊便是熏陶人最好的一种方法。或是饭前饭后或是下午喝茶（想你们也有英国人喝 tea 的习惯吧）的时候，随便交换交换意见，无形中彼此都得到不少好处：启发，批评，不知不觉地提高自己，提高对方。总不能因为忙，各人独自生活在一个小圈子里。少女少妇更忌精神上的孤独。共同的理想、热情，需要长期不断地灌溉栽培，不是光靠兴奋时说几句空话所能支持的。而一本正经地说大道理，远不如日常生活中琐琐碎碎的一言半语来得有效——只要一言半语中处处贯彻你的做人之道和处世的原则。孩子，别因为埋头于业务而忘记了你自己定下的目标，别为了音乐的艺术而抛荒生活的艺术。弥拉年轻，根基未固，你得耐性细致、孜孜不倦的关怀她，在人生琐事方面、读书修养方面、感情方面，处处观察、分析、思索，以诚挚深厚的爱做原动力，以冷静的理智做行动的指针，加以教导、加以诱引，和她一同进步！倘或做这些工作的时候有什么困难，千万告诉我们，可帮你出主意解决。你在音乐艺术中固然只许成功，不许失败；在人生艺术中、婚姻艺术中也只许成功，不许失败！这是你爸爸妈妈最关心的，也是你一生幸福所系。而且你很明白，像你这种性格的人，人生没法与艺术分离，所以要对你的艺术有所贡献，家庭生活与夫妇生活更需要安排得美满。语重心长，但愿你深深体会我们爱你和爱你的艺术的热诚，从而在行动上彻底实践！

我老想帮助弥拉，但自知手段笨拙，深怕信中处处流露出说教口吻和家长面孔。青年人对中年老年人另有一套看法，尤其西方少妇。你该留意我的信对弥拉起什么作用：要是她觉得我太古板、太迂等等，得赶快告诉我，让我以后对信中的措辞多加修饰。我绝不嗔怪她，可是我极需要知道她的反应来调节我教导的方式方法。你务须实事求是，切勿粉饰太平，歪曲真相：日子久了，这个办法只能产生极大的弊害。你与她有什么不协和，我们就来解释、劝说；她与我们之间有什么不协和，你就来解释、劝说，这样才能做到所谓“同舟共济”。我在中文信中谈的问题，你都可挑出一二题目与她讨论；我说到敏的情形也好告诉她：这叫作旁敲侧击，使她更了解我们。我知道她家务杂务、里里外外忙得不可开交，故至今不敢在读书方面督促她。我屡屡希望你经济稳定，早日打定基础，酌量减少演出，使家庭中多些闲暇，一方面也是为了弥拉的进修（要人进修，非给相当时间不可）。我一再提议你去森林或郊外散步，去博物馆欣赏名作，大半为了你，一小半也是为了弥拉。多和大自然与造型艺术接触，无形中能使人恬静旷达（古人所云“荡涤胸中尘俗”，大概即是此意），维持精神与心理的健康。在众生万物前面不自居为“万物之灵”，方能祛除我们的狂妄，打破纸醉金迷的俗梦，养成淡泊洒脱的胸怀，同时扩大我们的同情心。欣赏前人的遗迹，看到人类伟大的创造，才能不使自己被眼前的局势弄得悲观，从而鞭策自己，竭尽所能的在尘世留下些少成绩。以上不过是与大自然及造型艺术接触的好处的一部分，其余你们自能体会。

你对狄阿娜夫人与岳父的意见，大概绝不会与外人谈到吧？上流社会，艺术界，到处都有搬嘴舌的人，必须提防。别因为对方在这些问题上与你看法相同，便流露出你的心腹（一个人上当最多就是在这种场合）。特别对你岳父的意见，你务必“讳莫如深”，只跟我们谈；便是弥拉前面也不宜透露，她还没有到年纪，不能冷静分析从小崇拜的父亲。再说，一个名流必有或多或少忌妒的人：社会上对你岳父的议论都得用自己的头脑来分析过，与事实核对过；否则不能轻易信服。

九月十四日晨

前几日细细翻阅你一九六〇、一九六一两年的节目，发觉你练的新作品寥寥无几。一方面演出太多，一方面你的表达方式与技术正在波动与转变，没有时间精力与必要的心情练新作品。这些都不难理解；但为长久之计，不能不及早考虑增加“曲码”的问题。预计哪一年可腾出较多的时间，今后的日课应如何安排以便挤出时间来，起居生活的细节应如何加速动作，不让占去很多工作时间……都有待于仔细筹划。

九月十四日下午又书

十月五日夜*

亲爱的聪：我抱着满腔愉快的心情告诉你一个好消息，我日夜盼望的那么一天终于到来，爸爸的问题解决了，已于九月三十日报上发表（就是“摘掉帽子”）。爸爸是一九五八年四月底戴上右派帽子的，他是文艺界中最后一个，当时阿敏就要告诉你，我们怕刺激你，立即去信阻止，所以你大概有些不清不楚。这完全是党的宽大以及他数十年如一日的辛勤工作的结果，但他自己认为谈不上什么自我改造。他认为本来“戴帽子”与“摘帽子”都是他们的事，与他无关。

好些多年不见的朋友，见报后都非常高兴的打电话来道贺，有的上门来看他，都表示无限兴奋。近在咫尺的林医生，整整三年不来往，他一知道就来看爸爸，林伯伯除了头发更秃了些，略微瘦了些，还是老样子：精神充沛，热情洋溢，相互之间，毫无隔阂，我们谈了四个多钟点，痛快极了。他对声乐研究的工作，信心十足，三年来已做出了不少成绩，以前歧视他的人也哑口无言了。足见事实胜于雄辩，现在他的事业愈来愈信服人，得到党的支持，发展下去是无可限量的。

爸爸这四年来深居简出，闭门思过。领导上多方照顾，使他能安心工作，忘记一切，可是这几年来身体衰弱，精神疲劳，那股劲已大不如前了。他自己觉得力量有限，今后唯有在自己小小工作范围内，发挥能力，报效国家。你是特别关心爸爸的，所以我急于告诉你，让你更愉快更奋发地为祖国争光。

很高兴昨天收到弥拉的信，预料你也该有信，你这样忙，我也不见怪你，希望你能于出发前来信，回答我们以前的许多问题。

孩子，你跟爸爸相似的地方太多了，连日常生活也如此相似，老关在家里练琴，听唱片，未免太单调。要你出去走走，看看博物馆，无非是调剂生活，丰富你的精神生活。你的主观、固执，看来与爸爸不相上下，这个我是绝对同情弥拉的，我绝不愿意身受折磨会在下一代的儿女身上重现——你是自幼跟我在一起，生活细节也看得多，你是最爱妈妈的，也应该是最理解妈妈的。我对你爸爸性情脾气的委曲求全，逆来顺受，都是有原则的，因为我太了解他，他一贯的秉性乖戾，嫉恶如仇，是有根源的——当时你祖父受土豪劣绅的欺侮压迫，二十四岁上就郁闷而死，寡母孤儿（你祖母和你爸爸）悲惨凄凉的生活，修道院式的童年，真是不堪回首。到成年后，孤军奋斗，爱真理，恨一切不合理的旧传统和杀人不见血的旧礼教，为人正直不苟，对事业忠心耿耿，我爱他，我原谅他。为了家庭的幸福，儿女的幸福，以及他孜孜不倦的事业的成就，放弃小我，顾全大局。爸爸常常抱恨自己把许多坏脾气影响了你，所以我们要你及早注意，克制自己，把我们家上代悲剧的烙印从此结束，而这个结束就要从你开始，才能不再遗留到后代身上去。现在弥拉还年轻，有幻想，有热情，多少应该满足她活跃的青春的梦，偶尔看看电影，上博物馆，陶醉在过去的历史的成果中，欣赏体会；周末去郊外或公园散步闲游，吸收自然界的美，要过这种有计划有调节的生活，人生才有意思。我们是年老了，可是心里未尝不向往这种生活呢！目前你赶巡回演出的节目，一切都谈不上，可是让你心中有数，碰到有时间有机会的时候，千万争取利用，不可随便放弃。好孩子，你是爱父母的，那么千言万语，无非要你们更美满更幸福，总要接受父母的劝告，让我们也跟着你们快活，何乐而不为呢。

十月五日深夜

亲爱的孩子：等了好久，昨晚才收到弥拉的信。没料到航空寄的画竟和信一样快。我挑选的作品你们俩都喜爱，可见我与你们的眼光与口味完全一致，也叫我非常高兴。

八、九两月你统共只有三次演出，但似乎你一次也没去郊外或博物馆。我知道你因技术与表达都有大改变，需要持续加工和巩固；访美的节目也得加紧准备；可是两个月内毫不松散也不是办法。两年来我不知说了多少次，劝你到森林和博物馆走走，你始终不能接受。孩子，我多担心你身心的健康和平衡；一切都得未雨绸缪，切勿到后来悔之无及。单说技巧吧，有时硬是别扭，倘若丢开一个下午，往大自然中跑跑，或许下一天就能顺利解决。人的心理活动总需要一个酝酿的时期，不成熟时硬要克服难关，只能弄得心烦意躁，浪费精力。音乐理解亦然如此。我始终觉得你犯一个毛病，太偏重以音乐本身去领会音乐。你的思想与信念并不如此狭窄，很会海阔天空的用想象力；但与音乐以外的别的艺术，尤其大自然，实际上接触太少。整天看谱、练琴、听唱片……久而久之会减少艺术的新鲜气息，趋于抽象、闭塞，缺少生命的活跃与搏击飞纵的气势。我常常为你预感到这样一个危机，不能不舌敝唇焦，及早提醒，要你及早防止。你的专业与我的大不同。我是不需要多大创新的，我也不是有创新才具的人：长年关在家里不致在业务上有什么坏影响。你的艺术需要时时刻刻的创造，便是领会原作的精神也得从多方面（音乐以外的感受）去探讨：正因为过去的大师就是从大自然、从人生各方面的材料中“泡”出来的，把一切现实升华为emotion［感情］与sentiment［情操］，所以表达他们的作品也得走同样的路。这些理论你未始不知道，但似乎并未深信到身体力行的程度。另外我很奇怪：你年纪还轻，应该比我爱活动；你也强烈地爱好自然，怎么实际生活中反而不想去亲近自然呢？我记得很清楚，我二十二三岁在巴黎、瑞士、意大利以及法国乡间，常常在月光星光之下，独自在林中水边踏着绿茵，呼吸浓烈的草香与泥土味、溪水味，或是借此舒散苦闷，或是沉思默想。便是三十多岁在上海，一逛公园就觉得心平气和，精神健康多了。太多与刺激感官的东西（音乐便是刺激感官最强烈的）接触，会不知不觉失去身心平衡。你既憧憬希腊精神，为何不学学古希腊人的榜样呢？你既热爱陶潜、李白，为什么不试试去体会“采菊东篱下，悠然见南山”的境界（实地体会）呢？你既从小熟读克利斯朵夫，总不致忘了克利斯朵夫与大自然的关系吧？还有造型艺术，别以家中挂的一些为满足，干吗不上大英博物馆去流连一下呢？大概你会回答我说没有时间，做了这样就得放弃那样。可是暑假中比较空闲，难道去一两次郊外与美术馆也抽不出时间吗？只要你有兴致，便是不在假中，也可能特意上美术馆，在心爱的一两幅画前面待上一刻钟半小时。不必多，每次只消集中一两幅，来回统共也花不了一个半小时，无形中积累起来的收获可是不小呢！你说我信中的话，你“没有一句是过耳不入”的，好吧，那么在这方面希望你思想上慢慢酝酿，考虑我的建议，有机会随时试一试，怎么样？行不行呢？我一生为你的苦心，你近年来都体会到了。可是我未老先衰，常有为日无多之感，总想尽我仅有的一些力量，在我眼光所能见到的范围以内帮助你，指导你，特别是早早指出你身心与艺术方面可能发生的危机，使你能预先避免。“语重心长”这四个字形容我对你的态度是再贴切没有了。只要你真正爱你的爸爸，爱你自己，爱你的艺术，一定会郑重考虑我的劝告，接受我数十年如一日的这股赤诚的心意！

你也很明白，钢琴上要求放松先要精神上放松，过度的室内生活与书斋生活恰恰是造成现代知识分子神经紧张与病态的主要原因；而萧然意远、旷达恬静、不滞于物、不凝于心的境界只有从自然界中获得，你总不能否认吧？

还有很重要的一点：弥拉比你小五岁，应该是喜欢活动的年纪。你要是闭户家居，岂不连带她感到岑寂枯索？而看她的气质，倒也很爱艺术与大自然，那就更应该同去欣赏，对彼此都有好处。只有不断与森林、小溪、花木、鸟兽、虫鱼和美术馆中的杰作亲炙的人，才会永远保持童心、纯洁与美好的理想。培养一个人，空有志愿有什么用？主要从行动着手！无论多么优秀的种子，没有适当的环境、水土、养分，也难以开花结果，说不定还会中途变质或夭折。弥拉的妈妈诺拉本性何尝不好、不纯洁，就是与伊虚提之间缺少一个共同的信仰与热爱，缺少共同的 devotion［努力目标］，才会如此下场。即使有了共同的理想与努力的目标，仍然需要年纪较长的伙伴给她熨帖的指点，带上健全的路，帮助她发展，给她可能发展的环境和条件。你切不可只顾着你的艺术，也得分神顾到你一生的伴侣。二十世纪登台演出的人更非上一世纪的演奏家可比，他要紧张得多，工作繁重得多，生活忙乱得多，更有赖于一个贤内助。所以分些精神顾到弥拉（修养、休息、文娱活动……），实际上仍是为了你的艺术；虽然是间接的，影响与后果之大却非你意想所及。你首先不能不以你爸爸的缺点——脾气暴躁为深戒，其次不能期待弥拉也像你妈妈一样和顺。在西方女子中，我与你妈妈都深切感到弥拉已是很好的好脾气了，你该知足，该约制自己。天下父母的心总希望子女活得比自己更幸福；只要我一旦离开世界的时候，对你们俩的结合能有确切不移的信心，也是我一生极大的酬报了！

十一月至明春二月是你去英后最忙的时期，也是出入重大的关头；旅途辛苦，演出劳累，难免神经脆弱，希望以最大的忍耐控制一切，处处为了此行的使命与祖国荣辱攸关着想。但愿你明年三月能够以演出与性情脾气双重的成功报告我们，那我们真要快乐到心花怒放了！——放松，放松！精神上彻底的轻松愉快，无挂无碍，将是你此次双重胜利的秘诀！

另一问题始终说服不了你，但为你的长久利益与未来的幸福不得不再和你唠叨。你历来厌恶物质，避而不谈；殊不知避而不谈并不解决问题，要不受物质之累，只有克服物质、控制物质，把收支情况让我们知道一个大概，帮你出主意妥善安排。唯有妥善安排才能不受物质奴役。凡不长于理财的人少有不吃银钱之苦的。我和你妈妈在这方面自问还有相当经验可给你作参考。你怕烦，不妨要弥拉在信中告诉我们。她年少不更事，只要你从旁怂恿一下，她未始不愿向我们学学理财的方法。你们早晚要有儿女，如不及早准备，临时又得你增加演出来弥补，对你的艺术却无裨益。其次要弥拉进修、多用些书本功夫，也该给她时间；目前只有一个每周来两次的 maid［女佣］，可见弥拉平日处理家务还很忙。最好先逐步争取，经济上能雇一个每日来帮半天的女佣。每年暑假至少要出门完全休息两星期。这种种都得在家庭收支上调度得法，定好计划，方能于半年或一年之后实现。当然主要在于实际执行而不仅仅是一纸空文的预算和计划。唱片购买也以随时克制为宜，勿见新即买。我一向主张多读谱，少听唱片，对一个像你这样的艺术家帮助更大。读谱好比弹琴用 urtext［原谱版本］，听唱片近乎用某人某人 edit［编］的谱。何况我知道你十年二十年后不一定永远当演奏家；假定还可能向别方面发展，长时期读谱也是极好的准备。我一心一意为你打算，不论为目前或将来，尤其为将来。你忙，没空闲来静静地分析考虑；倘我能代你筹划筹划，使我身后你还能得到我一些好处——及时播种的好处，那我真是太高兴了。

十二月十七日［译自英文］

亲爱的孩子们：两个月以来，我的工作越来越重。翻译每天得花八小时，再加上额外工作，如见客、看信、回信等等，我的头脑通常每天得保持活跃十一二小时，几乎连休息的时间也没有。甚至星期天，由于有那么多信件以及平时未完的事有待清理，也是整日忙碌的。你看，在脑力活动上聪就像我，我并非不想去公园里散散步或者逛逛古董铺，实在是没有这种闲暇，工作对我来说变成一种激情，一种狂热，只有拼命工作才能对我有所裨益，使我在临睡之前，多少有些自我满足的感觉，弥拉也许会说："有其父必有其子！"

父母在寓所小花园合影（一九六一年）

一九六二年

十五通

1962

一月十日聪信摘录

伴着我跟纽约交响乐团一起演出的客座指挥是位法国老先生，名叫保罗·巴雷。他很了不起，标准法国人，音乐表现方面很沉着，但是极有智慧兼具反应敏锐。我为他弹奏全首协奏曲，而他没要求我做任何解释。排演时，一切都十全十美，他指挥的全曲优美动人，每一句乐曲与我的演奏配合无间。他实在对我很好，既友善又语带鼓励，并充满热情，一次我弹完协奏曲（此曲在纽约共演出四次）后上前致谢，他在笑容中带着泪水，告诉我这是他一直想象中的肖邦：浪漫而有诗意，但雄赳赳、永远带有阳刚气息；可是多数钢琴家弹奏的肖邦叫他作呕。

一月二十一日下午—二十一日夜

读来信，感触万端。年轻的民族活力固然旺盛，幼稚的性情脾气少接触还觉天真可爱，相处久了恐怕也要吃不消的。我们中国人总爱静穆，沉着，含蓄，讲 taste［品味，鉴赏力］，遇到 silly［愚蠢，糊涂］的表现往往会作恶。生命力旺盛也会带咄咄逼人的意味，令人难堪。我们朋友中即有此等性格的，我常有此感觉。也许我自己的 dogmatic［固执，武断］气味，人家背后已在怨受不了呢。我往往想，像美国人这样来源复杂的民族究竟什么是他的定型，什么时候才算成熟。他们二百年前的祖先不是在欧洲被迫出亡的宗教难民（新旧教都有，看欧洲哪个国家而定；大多数是新教徒——来自英法。旧教徒则来自荷兰及北欧），便是在事业上栽了筋斗的人，不是年轻的淘金者便是真正的强盗和杀人犯。这些人的后代，反抗与斗争性特别强是不足为奇的，但传统文化的熏陶欠缺，甚至于绝无仅有也是想象得到的。只顾往前直冲，不问成败，什么都可以孤注一掷，一切只问眼前，冒起危险来绝不考虑值不值得，不管什么场合都不难视生命如鸿毛：这一等民族能创业，能革新，但缺乏远见和明智，难于守成，也不容易成熟；自信太强，不免流于骄傲，看事太轻易，未免幼稚狂妄。难怪资本主义到了他们手里会发展得这样快，畸形得这样厉害。我觉得他们的社会好像长着一个癌：少数细胞无限制地扩张，把其他千千万万的细胞吞掉了；而千千万万的细胞在未被完全吞掉以前，还自以为健康得很，"自由""民主"得很呢！

可是社会的发展毕竟太复杂了，变化太多了，不能凭任何理论"一以蔽之"的推断。比如说，关于美国钢琴的问题，在我们爱好音乐的人听来竟可说是象征音乐文化在美国的低落；但好些乐队水准比西欧高，又怎么解释呢？经理人及其他音乐界的不合理的事实，垄断、压制、扼杀个性等等令人为之发指；可是有才能的艺术家在青年中还是连续不断地冒出来：难道就是新生的与落后的斗争吗？还是新生力量也已到了强弩之末呢？美国音乐创作究竟是在健康的路上前进呢，还是总的说来是趋向于消沉，以至于腐烂呢？人民到处是善良正直的，分得出是非美丑的，反动统治到处都是牛鬼蛇神；但在无线电、TV［电视］、报刊等等的麻痹宣传之下，大多数人民的头脑能保得住清醒多久呢？我没领教过极端的物质文明，但三十年前已开始关心这个问题。欧洲文化界从第一次大战以后曾经几次三番讨论过这个问题，可是真正的答案只有未来的历史。是不是不穷不白就闹不起革命呢，还是有家私的国家闹出革命来永远不会彻底？就是彻底了，穷与白的病症又要多少时间治好呢？有时我也像服尔德小说中写的一样，假想自己在另一个星球上，是另一种比人更高等的动物，来看这个星球上的一切，那时不仅要失笑，也要感到茫茫然一片，连生死问题都不知该不该肯定了。当然，我不过告诉你不时有这种空想，事实上我受着“人”的生理限制，不会真的虚无寂灭到那个田地的，而痛苦烦恼也就不可能摆脱干净，只有靠工作来麻醉自己了。

辛辛那提、纽约、旧金山三处的批评都看到了一些样品，都不大高明（除了一份），有的还相当“小儿科”。至于弥拉讲的《纽约时报》的那位仁兄，简直叫人发笑。而《纽约时报》和《先驱论坛报》还算美国最大的两张日报呢！关于批评家的问题以及你信中谈到的其他问题，使我不单单想起《约翰·克利斯朵夫》中的“节场”（卷五），更想起巴尔扎克在《幻灭》（我正在译）第二部中描写一百三十年前巴黎的文坛、报界、戏院的内幕。巴尔扎克不愧为现实派的大师，他的手笔完全有血有肉，个个人物历历如在目前，绝不像罗曼·罗兰那样只有意识形态而近于抽象的漫画。学艺术的人，不管绘画、雕塑、音乐，学不成都可以改行；画家可以画画插图、广告等等，雕塑家不妨改做室内装饰或手工业艺术品。钢琴家提琴家可以收门徒。专搞批评的人倘使低能，就没有别的行业可改，只能一辈子做个蹩脚批评家，或竟受人雇用，专做捧角的啦啦队或者打手。不但如此，各行各业的文化人和知识分子，一朝没有出路，自己一门毫无成就、

傅聪钢琴与乐队

无法立足时，都可以转业为批评家；于是批评界很容易成为垃圾堆。高明、严肃、有良心、有真知灼见的批评家所以比真正的艺术家少得多，恐怕就由于这些原因，你以为怎样？

Paul Paray［保罗·巴雷］一段写得很动人——不，其实是事情很动人。所谓天涯无处无知己，不独于肖邦为然，于你亦然，对每个人都一样！这种接触对一个青年艺术家就是一种教育。你岳父的传记中不少此类故事。惟其东零西碎还有如此可爱的艺术家，在举世拜金潮的时代还能保持一部分干净的园地，鼓舞某些纯洁的后辈前进。但愿你建议与 Max Rudolf［马克斯·鲁道夫］合作，灌片公司肯接受。

一月二十一日下午

父母亲用英文打字机给弥拉写信（一九六二年）

没想到澳洲演出反比美洲吃重，怪不得你在檀香山不早写信。重温巴托克，我听了很高兴，有机会弹现代的东西就不能放过，便是辛苦些也值得。对你的音乐感受也等于吹吹新鲜空气。

你能讨祖岳父母的喜欢，着实不容易。听弥拉口气，她的祖父母不大容易喜欢人，即使最亲近的家属也如此。我猜想两老的脾气大概和我差不多吧？

这次弥拉的信写得特别好，细腻、婉转，显出她很了解你，也对你的艺术关切到一百二十分。从头至尾感情丰富，而且文字也比以前进步。我得大大夸奖她一番才好。此次出门，到处受到华侨欢迎，对她也大有教育作用，让她看看我们的民族的气魄，同时也能培养她的热情豪侠。我早知道你对于夫妇生活的牢骚不足为凭。第一，我只要看看我自己，回想自己的过去，就知道你也是遇事挑剔，说话爱夸大，往往三分事实会说成六七分；其次青年人婚后，特别是有性格的人，多半要经过长时期的摸索方始能逐渐知情识性，相处融洽。恐怕此次旅行，要不是她始终在你身旁，你要受到许多影响呢。琐碎杂务最打扰人，尤其你需要在琴上花足时间，经不起零星打搅。我们一年多观察下来，弥拉确是本性善良、绝顶聪明的人，只要耐着性子，多过几年，一切小小的对立自会不知不觉地解决的。总而言之，我们不但为你此次的成功感到欣慰，也为你们两人一路和谐相处感到欣慰！

一月二十一日夜

一月二十一日［译自英文］

亲爱的女儿：你一定明白，妈妈和我从来不期望聪会因其艺术而致富。但是我们的确不希望他受经理人、唱片公司等的剥削，逼他为了生计非不断演出不可，这样他就完全没有空余的时间去继续学习，保持敏锐，扩充他的演奏曲目了。我不知道聪有没有告诉你，三年以来，我跟他说过多少次，只要经济许可，必须减少演出次数。不错，由于艺术家不善理财，要他在事业刚开始时做到这点并不容易，可是艺术家的妻子成为一个出色的经理人却并无坏处，这就是一年前你写信告诉我，你们一开始共同生活，你就准备储蓄，我感到十分高兴的原因。不过，仅仅撙节用度是不够的，更重要的是学习如何去抗御他人的种种剥削，这种剥削在音乐圈中实在是太普遍了。聪告诉我他在美国巡回演出的酬劳，听了实在叫人寒心。亲爱的弥拉，你一回到英国，也许该向乐坛老前辈请教窍门了。不错，这是一场斗争，一场艰苦而令人生厌的斗争，但是你若不学会如何奋斗，迟早就会给人吞掉。开始时聪每次签什么合同，你最好都能从旁提醒他，事先尽量好整以暇地收集多方面的资料。我相信你一定有些可靠的朋友提供意见，聪在这方面太随和，太羞于启齿了，这一点会毁了他的（我是指物质方面）。

三月八日（给傅敏）

亲爱的孩子：很高兴知道你有了一个女友，也高兴你现在就告诉我们，让我们有机会指导你。对恋爱的经验和文学艺术的研究，朋友中数十年悲欢离合的事迹和平时的观察思考，使我们在儿女的终身大事上能比别的父母更有参加意见的条件。你尽可信赖我们，随时把情形和你感情的进展、波动，讲给我们听，帮助你过这一个人生的大关。

首先态度和心情都要尽可能地冷静。否则观察不会准确。初期交往容易感情冲动，单凭印象，只看见对方的优点，看不出缺点，甚至夸大优点，美化缺点。便是与同性朋友相交也不免如此，对异性更是常有的事。许多青年男女婚前极好，而婚后逐渐相左，甚至反目，往往是这个原因。感情激动时期不仅会耳不聪、目不明，看不清对方；自己也会无意识地只表现好的方面，把缺点隐藏起来。保持冷静还有一个好处，就是不至于为了谈恋爱而荒废正业，或是影响功课或是浪费时间或是损害健康，或是遇到或大或小的波折时扰乱心情。

所谓冷静，不但是表面的行动，尤其内心和思想都要做到。当然这一点是很难。人总是人，感情上来，不容易控制，年轻人没有恋爱经验更难维持身心的平衡，同时与各人的气质有关。我生平总不能临事沉着，极容易激动，这是我的大缺点。幸而事后还能客观分析，周密思考，才不至于使当场的意气继续发展，闹得不可收拾。我告诉你这一点，让你知道如临时不能克制，过后必须由理智来控制大局：该纠正的就纠正，该向人道歉的就道歉，该收篷时就收篷，总而言之，以上两点归纳起来只是：感情必须由理智控制。要做到，必须下一番苦功在实际生活中长期锻炼。

我一生从来不曾有过“恋爱至上”的看法。“真理至上”“道德至上”“正义至上”，这种种都应当作为立身的原则。恋爱不论在如何狂热的高潮阶段也不能侵犯这些原则。朋友也好，妻子也好，爱人也好，一遇到重大关头，与真理、道德、正义等等有关的问题，绝不让步。

其次，人是最复杂的动物，观察绝不可简单化，而要耐心、细致、深入，经过相当的时间，各种不同的事故和场合，处处要把科学的客观精神和大慈大悲的同情心结合起来。对方的优点，要认清是不是真实可靠的，是不是你自己想象出来的，或者是夸大的。对方的缺点，要分出是否与本质有关。与本质有关的缺点，不能因为其他次要的优点而加以忽视。次要的缺点也得辨别是否能改，是否发展下去会影响品性或日常生活。人人都有缺点，谈恋爱的男女双方都是如此。问题不在于找一个全无缺点的对象，而是要找一个双方缺点都能各自认识，各自承认，愿意逐渐改，同时能彼此容忍的伴侣（此点很重要。有些缺点双方都能容忍；有些则不能容忍，日子一久即造成裂痕）。最好双方尽量自然，不要做作，各人都拿出真面目来，优缺点一起让对方看到。必须彼此看到了优点，也看到了缺点，觉得都可以相忍相让，不会影响大局的时候，才谈得上进一步的了解；否则只能做一个普通的朋友。可是要完全看出彼此的优缺点，需要相当时间，也需要各种大大小小的事故来考验；绝对急不来！更不能轻易下结论（不论是好的结论或坏的结论）！唯有极坦白，才能暴露自己；而暴露自己的缺点总是越早越好，越晚越糟！为了求恋爱成功而尽量隐藏自己的缺点的人其实是愚蠢的。当然，在恋爱中不知不觉表现出自己的光明面，不知不觉隐藏自己的缺点，不在此例。因为这是人的本能，而且也证明爱情能促使我们进步，往善与美的方向发展。这正是爱情的伟大之处，也是古往今来的诗人歌颂爱情的主要原因。小说家常常提到，我们在生活中也一再经历：恋爱中的男女往往比平时聪明，读起书来也理解得快，心地也往往格外善良，为了自己幸福而也想使别人幸福，或者减少别人的苦难；同情心扩大就是爱情可贵的具体表现。

来信语气冲动，也难怪；你虽行年二十有五，真正谈恋爱恐怕还是第一次，人生第一次经历爱情必然有这些表现。不过目前客观形势必须顾到：第一，功课繁重，尤其你到了最后一学期；第二，时间不够分配；第三，你身体不好，营养不足。因此劝你更要冷静，勿过兴奋，才可身心平稳，睡眠照常（你本来已感睡眠不佳），读书有充分的精神。便是空闲的时间与假日也该合理安排，切勿为了谈恋爱而疲于奔命，劳民伤财（看电影听音乐会等等也要合理安排），影响身心健康和平日功课。一切还要从目前饮食条件看问题，营养不足更需要节约精力体力，忌浪费！

事情主观上固盼望必成，客观方面仍须有万一不成的思想准备。为了避免失恋等等的痛苦，这一点“明智”我觉得一开头就应当充分掌握。最好勿把对方做过于肯定的想法，一切听凭自然演变。

她的家庭情形还得多知道些。上海家住何处？父亲名字及以前服务机构名称望能详告。

总之，一切不能急，越是事关重要，越要心平气和，态度安详，从长考虑，细细观察，力求客观！感情冲上高峰很容易，无奈任何事物的高峰（或高潮）都只能维持一个短时间，要久而弥笃的维持长久的友谊可很难了。我们以十二分的热情支持你，以二十四分的理智指导你，但愿你经过锻炼和考验之后，终于得到持久而可靠的幸福！

除了优缺点，俩人性格脾气是否相投也是重要因素。刚柔、软硬、缓急的差别要能相互适应调剂。还有许多表现在举动、态度、言笑、声音……之间说不出也数不清的小习惯，在男女之间也有很大作用，要弄清这些就得冷眼旁观慢慢咂摸。所谓经得起考验乃是指有形无形的许许多多批评与自我批评（对人家一举一动所引起的反应即是无形的批评）。诗人常说爱情是盲目的，但不盲目的爱毕竟更健全更可靠。

人生观、世界观问题你都知道，不用我谈了。人的雅俗和胸襟气量倒是要非常注意的。据我的经验：雅俗与胸襟往往带先天性的，后天改造很少能把低的往高的水平上提；故交往期间应该注意对方是否有胜于自己的地方，将来可帮助我进步，而不至于反过来使我往后退。你自幼看惯家里的作风，想必不会忍受量窄心浅的性格。

以上谈的全是笼笼统统的原则问题。不认识具体的对象，也只能谈这些。来信所说上半学期的苦闷，暇时不妨告诉我们，一则可以看看你对人生的观念对不对，二则可间接了解一部分对方。

长相身材虽不是主要考虑点，但在一个爱美的人也不能过于忽视。

交友期间，尽量少送礼物，少花钱：一方面表明你的恋爱观念与物质关系极少牵连，另一方面也是考验对方。

三月九日

昨天晚上陪妈妈去看了“青年京昆剧团赴港归来汇报演出”的《白蛇传》。自一九五七年五月至今，是我第一次看戏。剧本是田汉改编的，其中有昆腔也有京腔。以演技来说，青年戏曲学生有此成就也很不差了，但并不如港九报纸捧的那么了不起。可见港九群众艺术水平实在不高，平时接触的戏剧太蹩脚了。至于剧本，我的意见可多啦。老本子是乾隆时代的改本，倒颇有神话气息，而且便是荒诞妖异的故事也编得入情入理，有曲折有照应，逻辑很强；主题的思想，不管正确与否，从头至尾是一贯的、完整的。目前改编本仍称为“神话剧”，说明中却大有翻案意味，而戏剧内容并不彰明较著表现出来，令人只感到态度不明朗，思想混乱，好像主张恋爱自由，又好像不是；说是（据说明书）金山寺高僧法海嫉妒白蛇（所谓白娘娘）与许宣（俗称许仙）的爱情，但一个和尚为什么无事端端嫉妒青年男女的恋爱呢？青年恋爱的实事多得很，为什么嫉妒这一对呢？总之是违背情理，没有 logic［逻辑］，有些场面简单化到可笑的地步：例如许仙初遇白素贞后次日去登门拜访，老本说是二人有了情，白氏与许生订婚，并送许白金百两；今则改为拜访当场订亲成婚：岂不荒谬！古人编神怪剧仍顾到常理，二十世纪的人改编反而不顾一切，视同儿戏。改编理当去芜存菁，今则将武戏场面全部保留，满足观众看杂耍要求，未免太低级趣味。倘若节略一部分，反而精彩（就武功而论）。“断桥”一出在昆剧中最细腻，今仍用京剧演出，粗糙单调，诚不知改编的人所谓昆京合演，取舍根据什么原则。总而言之，无论思想、精神、结构、情节、唱词、演技，新编之本都缺点太多了。真弄不明白剧坛老前辈的艺术眼光与艺术手腕会如此不行；也不明白内部从上到下竟无人提意见：解放以来不是一切剧本都走群众路线吗？相信我以上的看法，老艺人中一定有许多是见到的，文化部领导中也有人感觉到的。结果演出的情形如此，着实费解。报上也从未见到批评，可知文艺家还是噤若寒蝉，没办法做到"百家争鸣"。

四月初你和 London Mozart Players［伦敦莫扎特乐团］同在瑞士演出七场，想必以 Mozart［莫扎特］为主。近来多弹了 Mozart［莫扎特］，不知对你心情的恬静可有帮助？我始终觉得艺术的进步应当同时促成自己心情方面的恬淡、安详，提高自己气质方面的修养。又，去年六月与 Kabos［卡波斯］讨教过后，到现在为止，你在 relax［演奏时放松］方面是否继续有改进？对 Schubert［舒伯特］与 Beethoven［贝多芬］的理解是否进了一步？你出外四个月间演奏成绩，想必心中有数；很想听听你自己的评价。

《音乐与音乐家》月刊十二月号上有篇文章叫作 *Liszt's Daughter Who Ran Wagners Bayreuth*［《瓦格纳拜罗伊特音乐节主持人李斯特之女》］，作者是现代巴赫专家 Dr. Albert Schweitze［阿尔贝·施韦策尔医生］，提到 Cosima Wagner［科西马·瓦格纳］的 Bayreuth Festival［拜罗伊特音乐节］有两句话：At the most moving moments there were lacking that spontaneity and that naturalness which come from the fact that the actor has let himself be carried away by his playing and so surpass himself frequently, it seemed to me, perfection was obtained only at the expense of life.［在最感人的时刻，缺乏了自然而然的真情流露，这种真

情的流露，是艺术家演出时兴往神来、不由自主而达到的高峰。我认为一般艺术家好像往往得牺牲了生机，才能达到完满。］其中两点值得注意：（一）艺术家演出时的“不由自主”原是犯忌的，然而兴往神来之际也会达到前所未有的高峰，所谓surpass himself［超越自己］。（二）完满原是最理想的，可不能牺牲了活泼泼的生命力去换取。大概这两句话，你听了一定大有感触。怎么能在“不由自主”（carried by himself）的时候超过自己而不是越出规矩，变成“野”“海”“狂”，是个大问题。怎么能保持生机而达到完满，又是个大问题。作者在此都着重在spontaneity and naturalness［真情流露与自然而然］方面，我觉得与个人一般的修养有关，与能否保持童心和清新的感受力有关。

过去听你的话，似乎有时对作品钻得过分，有点儿钻牛角尖：原作所没有的，在你主观强烈追求之下未免强加了进去，虽然仍有吸引力，仍然convincing［有说服力］（像你自己所说），但究竟违背了原作的精神，越出了interpreter［演绎者］的界限。近来你在这方面是不是有进步，能克制自己，不过于无中生有的追求细节呢？

三月十四日（给傅敏）

敏，亲爱的孩子：十二日信和照片都收到。她觉得我又严厉又慈祥，恐怕她心中感到我严厉多于慈祥吧？不认识我或没长期来往的人难免都有此印象，何况从未见过我的女孩子！有理想有热情而又理智很强的人往往令人望而生畏，大概你不多几年以前对我还有这种感觉。

父亲与傅敏在寓所小花园（一九六二年）

去年你哥哥信中说："爸爸文章的每一字每一句都充满了热情，很执着，almost fanatic［近乎狂热］。"最后一句尤其说得中肯。这是我的长处，也是我的短处。因为理想高，热情强，故处处流露出好为人师与拼命要说服人的意味。可是孩子，别害怕，我年过半百，世情已淡，而且天性中也有极洒脱的一面，就是中国民族性中的"老庄"精神：换句话说，我执着的时候非常执着，摆脱的时候生死皆置之度外。对儿女们也抱着说不说由我，听不听由你的态度。只是责任感强，是非心强，见到的总不能不说而已。你哥哥在另一信中还提到："在这个decadent［颓废的］世界，在国外这些年来，我遇见了不少人物，Whom I admire and love，from whom I learn［一些我仰慕喜爱、值得学习的人物]，可是从来没有遇到任何人能带我到那个 at the same time passionate and serene，profound and simple，affectionate and proud，subtle and straightforward［(同时) 又热烈又恬静，又深刻又朴素，又温柔又高傲，又微妙又率直］的世界。”可见他的确了解我的“两面性”，也了解到中国旧文化的两面性。又热烈又恬静，又深刻又朴素，又温柔又高傲，又微妙又率直：这是我们固有文化中的精华，值得我们自豪的！

当然上述的特点我并没有完全具备，更没有具备到恰如其分的程度，仅仅是那种特点的倾向很强，而且是我一生向往的境界罢了。比如说，我对人类抱有崇高的理想与希望，同时也用天文学地质学的观点看人类的演变，多少年前就惯于用“星际”思想看待一些大事情，并不把人类看作万物之灵，觉得人在世界上对一切生物表示“惟我独尊”是狂妄可笑的。对某个大原则可能完全赞同，抱有信心，我可照样对具体事例与执行情况有许多不同意见。对善恶美丑的爱憎心极强，为了一部坏作品，为了社会上某个不合理现象，会愤怒得大生其气，过后我却也会心平气和地分析、解释，从而对个别事例加以宽恕。我执着真理，却又时时抱怀疑态度，觉得死抱一些眼前的真理反而使我们停滞，得不到更高级更进步的真理。以上也是随便闲扯，让你多体会到你爸爸的复杂心理，从而知道一个人愈有知识愈不简单，愈不能单从一二点三四点上去判断。

很高兴你和她都同意我前信说的一些原则，但愿切实做去，为着共同的理想（包括个人的幸福和为集体贡献自己的力量两项）一步步一步步相勉相策。许多问题只有在实践中才能真正认识，光是理性上的认识是浮表的，靠不住的，经不住风狂雨骤的考验的。告诉她，妈妈和我看了她照片都很喜欢。但凭直觉她就是一个很天真朴实的孩子。她要愿意的话，不妨写信来随便谈谈，不管家常还是人生大事，学问艺术还是琐屑生活。别怕，我们没有女儿，对人家女孩子不至于像对你们兄弟俩那么严厉。同时我也很高兴和小朋友通信，使我感到我没精神衰老到年轻人不想来接近我。从小不大由父母严格管教的青年也有另外一些长处，就是独立自主的能力较强，像你所谓能自己管自己。可是有一部分也是先天比后天更强：你该记得，我们对你数十年的教育即使缺点很多，但在劳动家务、守纪律、有秩序等等方面从未对你放松过，而我和你妈妈给你的榜样总还是勤劳认真的，可惜始终没养成你那方面的好习惯。还可以告诉她：前信所云乃是泛说的一般男女交友，并非对她提出任何具体要求。我们过了半世，仍旧做人不够全面，缺点累累，如何能责人太苛呢？可是古人常说：取法乎上，得乎其中；取法乎中，得乎其下。而我对青年人，对我自己的要求，除了吃苦（肉体上、物质上的吃苦）以外，从不比党对党团员的要求低，这是你知道的。但愿我们大家都来不断提高自己，不仅是学识，而尤其是修养和品德！

信中能用中文表达的，勿夹英文，成了习惯不好。你与哥哥情形不同，他在国外，工作紧张，整天整月整季不说一句中文的事常有，写信又匆忙，临时想不出中文字来，只能将英文凑上。你可不能以他为口实！

三月二十五日—四月一日

聪，亲爱的孩子：每次接读来信，总是说不出的兴奋、激动、喜悦、感慨、惆怅！最近报告美澳演出的两信，我看了在屋内屋外尽兜圈子，多少的感触使我定不下心来。人吃人的残酷和丑恶的把戏多可怕！你辛苦了四五个月落得两手空空，我们想到就心痛。固然你不以求利为目的，做父母的也从不希望你发什么洋财——而且还一向鄙视这种思想；可是那些中间人凭什么来霸占艺术家的劳动所得呢！眼看孩子被人剥削到这个地步，像你小时候被强暴欺凌一样，使我们对你又疼又怜惜，对那些吸血鬼又气又恼，恨得牙痒痒的！相信早晚你能从魔掌之下挣脱出来，不再做鱼肉。巴尔扎克说得好：社会踩不死你，就跪在你面前。在西方世界，不经过天翻地覆的革命，这种丑剧还得演下去呢。当然四个月的巡回演出在艺术上你得益不少，你对许多作品又有了新的体会，深入了一步。可见唯有艺术和学问从来不辜负人：花多少劳力，用多少苦功，拿出多少忠诚和热情，就得到多少收获与进步。写到这儿，想起你对新出的莫扎特唱片的自我批评，真是高兴。一个人停滞不前才会永远对自己的成绩满意。变就是进步——当然也有好的变质，成为坏的——眼光一天天不同，才窥见学问艺术的新天地，能不断地创造。妈妈看了那一段叹道："聪真像你，老是不满意自己，老是在批评自己！"

很高兴看到你的中文并不退步，除了个别的词汇。读你的信，声音笑貌历历在目；议论口吻所流露的坦率、真诚、朴素、热情、爱憎分明，正和你在琴上表现出来的一致。孩子，你说过我们的信对你有如一面镜子，其实你的信对我们也是一面镜子。有些地方你我二人太相像了，有些话就像是我自己说的。平时盼望你的信即因为“薰莸同臭”，也因为对人生、艺术，周围可谈之人太少。不过我们很原谅你，你忙成这样，怎么忍心再要你多写呢？此次来信已觉出于望外，原以为你一回英国，演出那么多，不会再动笔了。可是这几年来，我们俩最大的安慰和快乐，的确莫过于定期接读来信。还得告诉你，你写的中等大的字（如此次评论封套上写的）非常好看；近来我的钢笔字已难看得不像话了。你难得写中国字，真难为你了！

三月二十五日

来信说到中国人弄西洋音乐比日本人更有前途，因为他们虽用苦功而不能化。化固不易，用苦功而得其法也不多见。以整个民族性来说，日华两族确有这点儿分别。可是我们能化的人也是凤毛麟角，原因是接触外界太少，吸收太少。近几年营养差，也影响脑力活动。我自己深深感到比从前笨得多。在翻译工作上也苦于化得太少，化得不够，化得不妙。艺术创造与再创造的要求，不论哪一门都性质相仿。音乐因为抽象，恐怕更难。理会的东西表达不出，或是不能恰到好处，跟自己理想的境界不能完全符合，不多不少。心、脑、手的神经联系，或许在音乐表演比别的艺术更微妙，不容易掌握到成为automatic［得心应手，收放自如］的程度。一般青年对任何学科很少能做独立思考，不仅缺乏自信，便是给了他们方向，也不会自己摸索。原因极多，不能怪他们。十余年来的教育方法大概有些缺陷。青年人不会触类旁通，研究哪一门学问都难有成就。思想统一固然有统一的好处，但到了后来，念头只会往一个方向转，只会走直线，眼睛只看到一条路，也会陷于单调、贫乏、停滞。往一个方向钻并非坏事，可惜没钻得深。

月初看了盖叫天口述、由别人笔录的《粉墨春秋》，倒是解放以来谈艺术最好的书。人生—教育—伦理—艺术，再没有结合得更完满的了。从头至尾都有实例，绝不是枯燥的理论。关于学习，他提出“慢就是快”，说明根基不打好，一切都筑在沙上，永久爬不上去。我觉得这一点特别值得我们深思。倘若一开始就猛冲，只求速成，临了非但一无结果，还造成不踏实的坏风气。德国人要不在整个十九世纪的前半期埋头苦干，在每一项学问中用死功夫，哪会在十九世纪末一直到今天，能在科学、考据、文学各方面放异彩？盖叫天对艺术更有深刻的体会。他说学戏必须经过一番“默”的功夫。学会了唱、念、做，不算数；还得坐下来叫自己“魂灵出窍”，就是自己分身出去，把一出戏默默的做一遍、唱一遍；同时自己细细观察，有什么缺点该怎样改，然后站起身来再做、再唱、再念。那时定会发觉刚才思想上修整很好的东西又跑了，做起来同想的完全走了样。那就得再练，再下苦功，再“默”，再做。如此反复做去，一出戏才算真正学会了，拿稳了。你看，这段话说得多透彻，把自我批评贯彻得多好！老艺人的自我批评绝不放在嘴边，而是在业务中不断实践。其次，经过一再“默”练，作品必然深深地打进我们心里，与我们的思想感情完全化为一片。此外，盖叫天现身说法，谈了不少艺术家的品德、操守、做人必须与艺术一致的话。我觉得这部书值得写一长篇书评：不仅学艺术的青年、中年、老年人，不论学的哪一门，应当列为必读书，便是从上到下一切的文艺领导干部也该细读几遍；做教育工作的人读了也有好处。不久我就把这书寄给你，你一定喜欢，看了也一定无限兴奋。

四月一日

四月三十日

最近买到一本法文旧书，专论写作艺术。其中谈到“自然”（natural），引用罗马文豪西塞罗的一句名言：It is an art to look like without art.［能看来浑然天成，不着痕迹，才是真正的艺术。］作者认为写得自然不是无意识的天赋，而要靠后天的学习，甚至可以说自然是努力的结果（The natural is result of efforts），要靠苦功磨练出来。此话固然不错，但我觉得首先要能体会到“自然”的境界，然后才能往这个境界迈进。要爱好自然，与个人的气质、教育、年龄都有关系；一方面是勉强不来，不能操之过急；一方面也不能不逐渐做有意识的培养。也许浸淫中国古典文学的人比较容易欣赏自然之美，因为自然就是朴素、淡雅、天真；而我们的古典文学就是具备这些特点的。

五月九日

昨天收到你上月二十七自都灵（Torino）发的短信，感慨得很。艺术最需要静观默想，凝神一志；现代生活偏偏把艺术弄得如此商业化，一方面经理人作为生财之道，把艺术家当作摇钱树式的机器，忙得不可开交，一方面把群众作为看杂耍或马戏班的单纯的好奇者。在这种混浊的洪流中打滚的，当然包括所有老辈小辈，有名无名的演奏家歌唱家。像你这样初出道的固然另有苦闷，便是久已打定天下的前辈也不免随波逐流，那就更可叹了。也许他们对艺术已经缺乏信心、热诚，仅仅作为维持已得名利的工具。年轻人想要保卫艺术的纯洁与清新，唯一的办法是减少演出；这却需要三个先决条件：（一）经理人剥削得不那么凶（这是要靠演奏家的年资积累，逐渐争取的），（二）个人的生活开支安排得极好，这要靠理财的本领与高度理性的控制，（三）减少出台不至于冷下去，使群众忘记你。我知道这都是极不容易做到的，一时也急不来。可是为了艺术的尊严，为了你艺术的前途，也就是为了你的长远利益和一生的理想，不能不把以上三个条件作为努力的目标。任何一门的艺术家，一生中都免不了有几次艺术难关（crisis），我们应当早做思想准备和实际安排。愈能保持身心平衡（那就绝不能太忙乱），艺术难关也愈容易闯过去。希望你平时多从这方面高瞻远瞩，切勿被终年忙忙碌碌的旋涡弄得昏昏沉沉，就是说要对艺术生涯多从高处远处着眼；即使有许多实际困难，一时不能实现你的计划，但经常在脑子里思考成熟以后，遇到机会就能紧紧抓住。这一类的话恐怕将来我不在之后，再没有第二个人和你说；因为我自信对艺术的热爱与执着，在整个中国也不是很多人有的。

意大利怎么老是只有丢林一个地方邀请你？前年不是去过那儿么？罗马、米兰、佛罗伦萨等等还不曾有过接触么？提到洛桑（Lausanne）和日内瓦，莱芒湖与白峰的形象又宛然如在目前。一九二九年我在莱芒湖的另外一端，法瑞交界处的小村子“圣·扬高尔夫”住过三个多月；环湖游览了两次。有一回是和刘抗伯伯、刘海粟伯伯等同去的。

听过列巴蒂弹的 *Barcarolle* [《船歌》]，很精彩；那味儿有些像 *Prelude* Op. 45 [《前奏曲》作品第四十五号]，想来你一定能胜任。

近来我正在经历一个艺术上的大难关，眼光比从前又高出许多(一九五七年前译的都已看不上眼)，脑子却笨了许多，目力体力也不行，睡眠近十多天又不好了。大概是精神苦闷的影响。生就惶惶不安的性格，有什么办法呢?

七月二十八日聪信

这是傅聪在南美巡回演出期间，于波哥大用七张明信片写就的信。

亲爱的爸爸妈妈：从维也纳回伦敦，两天后就来南美，匆忙得不得了，尤其是因为签证问题，南美国家办事官僚、糊涂，真是叫我走投无路。我十八日到卡拉卡斯是晚上八点半，我从伦敦—阿姆斯特丹—巴黎—马德里—里斯本—卡拉卡斯，共十四个小时。来接我的当地负责人告诉我，音乐会就是当天九点，可是南美给我的所有的日程都是十九日。二十三日来哥伦比亚先到麦德林开独奏会，然后是波哥大弹斯特拉文斯基的《随想曲》。路途又复杂又不准时，实在是劳累之至，但这两个国家真是美，完全是黄宾虹山水画的味道，人也可爱，女孩子美极了，但说英文的少极了，言语不通真是苦，我买了一本西班牙文—英文字典，苦苦挣扎，也许两个月巡回演出完了以后，也能扯几句洋泾浜西文了。所有的音乐会都是大成功，批评都是一致的赞扬，

一九六二年傅聪寄自南美波哥大的明信片信函

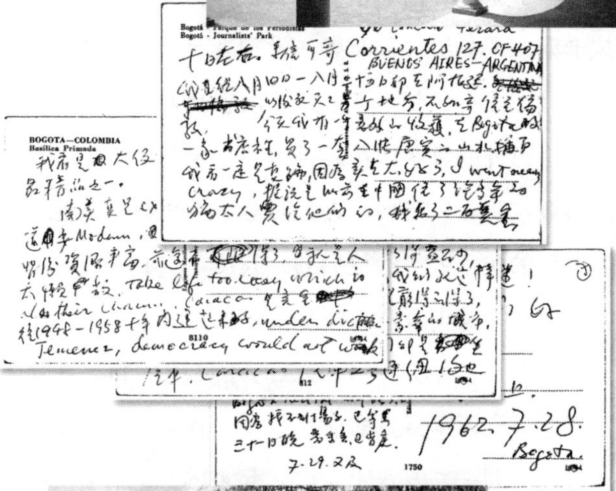

Bogotá - Journalists' Park

Corrientes 127. OF 407
BUENOS AIRES—ARGENTINA

BOGOTA—COLOMBIA
Basilica Primada

1962. 7. 28.
Bogota.

7.29. 又及

听众热情极了，卡拉卡斯要我九月里再去，波哥大要我下星期二再开一个独奏会。巴拿马也写信来，说无论如何，不惜任何代价要我去开音乐会。我在阿根廷第一场音乐会是八月八日，明天晚上去电视台弹莫扎特的《降B大调钢琴协奏曲》（作品五九五号）。从七月三十一日至八月四日之间，可能还要挤出时间去巴拿马，现在尚未肯定。去阿根廷大约有七个音乐会，细节不得而知。巴西有四五个，然后去特立尼达、卡拉卡斯、牙买加的金斯敦，大约九月十日左右回伦敦。我从八月四日到八月二十五日都在阿根廷，以后就天天一个地方。

今天我有一个意外的收获，在波哥大的一家书店里，买了一套八张唐寅的山水册页，我看一定是真迹，因为实在太好了。据说是以前在中国住了许多年的犹太人卖给他们的，我出了二百美金，我看是大便宜，它是我看到的古画中最精的精品之一。

南美真是令人激动，卡拉卡斯比纽约还要现代化，还要五光十色，可以看得出背后资源丰富，前途不得了，就是人太懒散。卡拉卡斯完全是从一九四八到一九五八十年内建起来的。世界真是大，看不完的新鲜事物，我们的国家假如能把门户开放一点，多吹吹外面的风，也许可以得益不少，智慧是每个民族都有的，为什么我们就这样自大呢？南美虽然大多数的人还是穷得不得了，可是怎么可能十年内建起如此豪华的城市，他们住的地方虽破烂，但出门都是坐汽车，卡拉卡斯汽车之多，连纽约也相形逊色，南美真是一个谜！

再谈了，祝你们好！

儿 聪　一九六二年七月二十八日

波哥大的独奏会不可能了，因为找不到场子。巴拿马三十一日晚的音乐会，已肯定。

七月二十九日 又及

八月十二日

聪，亲爱的孩子：很少这么久不给你写信的。从七月初起你忽而维也纳，忽而南美，行踪飘忽，恐去信落空。弥拉又说南美各处邮政很不可靠，故虽给了我许多通讯处，也不想寄往那儿。七月二十九日用七张风景片写成的信已于八月九日收到。委内瑞拉的城街，智利的河山，前年曾在外国杂志上见过彩色照相，来信所云，颇能想象一二。现代国家的发展太畸形了，尤其像南美那些落后的国家。一方面人民生活穷困，一方面物质的设备享用应有尽有。照我们的理想，当然先得消灭不平等，再来逐步提高。无奈现代史实告诉我们，革命比建设容易，消灭少数人所垄断的享受并不太难，提高多数人的生活却非三五年、八九年所能见效。尤其是精神文明，总是普及易，提高难；而在普及的阶段中往往降低原有的水准，连保持过去的高峰都难以办到。再加老年、中年、青年三代脱节，缺乏接班人，国内外沟通交流几乎停止，恐怕下一辈连什么叫标准，前人达到过怎样的高峰，眼前别人又到了怎样的高峰，都不大能知道；再要迎头赶上也就更谈不到了。这是前途的隐忧。过去十一二年中所造成的偏差与副作用，最近一年正想竭力扭转；可是十年种的果，已有积重难返之势；而中老年知识分子的意气消沉的情形，尚无改变迹象——当然不是从他们口头上，而是从实际行动上观察。人究竟是唯物的，没有相当的客观条件，单单指望知识界凭热情苦干，而且干出成绩来，也是不现实的。我所以能坚守阵地，耕种自己的小园子，也有我特殊优越的条件，不能责望于每个人。何况就以我来说，体力精力的衰退，已经给了我很大的限制，老是感到心有余而力不足！

前信你提到灌唱片问题，认为太机械。那是因为你习惯于流动性特大的艺术（音乐）之故，也是因为你的气质特别容易变化，情绪容易波动的缘故。文艺作品一朝完成，总是固定的东西：一幅画，一首诗，一部小说，哪有像音乐演奏那样能够每次予人以不同的感受？观众对绘画，读者对作品，固然每次可有不同的印象，那是在于作品的暗示与含蓄非一时一次所能体会，也在于观众与读者自身情绪的变化波动。唱片即使开十次二十次，听的人感觉也不会千篇一律，除非演奏太差太呆板；因为音乐的流动性那么强，所以听的人也不容易感到多听了会变成机械。何况唱片不仅有普及的效用，对演奏家自身的学习改进也有很大帮助。我认为主要是克服你在 microphone［麦克风］前面的紧张，使你在灌片室中跟在台上的心情没有太大差别。再经过几次实习，相信你是做得到的。至于完美与生动的冲突，有时几乎不可避免；记得有些批评家就说过，perfection［完美］往往要牺牲一部分 life［生动］。但这个弊病恐怕也在于演奏家属 cold［冷静］型。热烈的演奏往往难以 perfect［完美］，万一 perfect 的时候，那就是 incomparable［无与伦比］了！

说起唱片，你的莫扎特迄未寄到。真怪，你灌的片子总是不容易到我们手里。我译的书是千呼万唤印不出，你的唱片是千呼万唤寄不来。印不出，出乎个人能力之外；寄不出却在个人能力之内。以后你千万得想办法解决：出了新片务必航空寄来，同时写明是你寄的！

殷承宗在沪举行音乐会，看他在台上的举动很神经质，身子摇摆得很厉害。因而想起你也犯同样的毛病。固然，演奏家是要人听的，不是要人看的；但太多的摇摆容易分散听众的注意力；而且艺术是整体，弹琴的人的姿势也得讲究，给人一个和谐的印象。国外的批评曾屡次提到你的摇摆，希望能多多克制。如果自己不注意，只会越摇越厉害，浪费体力也无必要。最好在台上给人的印象限于思想情绪的活动，而不是靠肉体帮助你的音乐。手之舞之，足之蹈之，只适用于通俗音乐。古典音乐全靠内在的心灵的表现，竭力避免外在的过火的动作，应当属于艺术修养范围之内，望深长思之。

八月十二日

这么大热天在各处演出，不劳累过度吗？今年你压根儿没有假期，我们老是为你不得充分休息而挂心！人不是铁打的，青壮年的精力也有限度，凡事总须有劳有逸；只有身心真正得到松弛，你的艺术才会 relax［舒畅自如］。南美各处气候如何？我们常在互相问讯：现在他到了哪里啊？

九月二日

听过你的唱片，更觉得贝多芬是部读不完的大书，他心灵的深度、广度的确代表了日耳曼民族在智力、感情、感觉方面的特点，也显出人格与意志的顽强，缥缈不可名状的幽思，上天下地的幻想，对人生的追求，不知其中有多少深奥的谜。贝多芬实在不仅仅是一个音乐家，无怪罗曼·罗兰要把歌德与贝多芬作为不仅是日耳曼民族并且是全人类的两个近代的高峰。

我们听你唱片如见真人，此中意义与乐处，非你所能想象。望体念父母思子之心，把唱片源源寄来，以慰悬念于万一！妈妈好想念你！

中国古画赝者居绝大多数，有时连老辈鉴赏家也不易辨别，不妨去大英博物馆，看看中国作品，特别是明代的，可与你所得唐寅，对照一下。你在南美买的唐六如册页，真伪恐有问题，是纸本抑绢本，水墨抑设色，望一一告知，最好拍照片（适当放大）寄来。以后遇有此种大名家的作品，最要小心提防，价高者尤不能随便肯定，若价不过昂，则发现问题后，尚可转让与人，不致太吃亏，我平时不收大名家，宁取“冷名头”，因冷名头不值钱，作假者少，但此等作品亦极难遇，最近看到黄宾虹的画亦有假的。

想到你们俩的忙碌，不忍心要求多动笔，但除了在外演出，平时你们该反过来想一想：假定我们也住在伦敦，难道每两星期不得上你们家吃一顿饭，你们也得花费一两小时陪我们谈谈话吗？今既相隔万里，则每个月花两小时写封比较详细的信，不也应该而且比同在一地已经省掉你们很多时间吗？要是你们能常常做此想，就会多给我们一些消息了。

九月二十三日

南美人的性格真是不可思议，如此自由散漫的无政府状态，居然还能立国，社会不至于大乱，可谓奇迹。经历了这些怪事，今后无论何处遇到什么荒唐事儿都将见怪不怪，不以为奇了。也可见要人类合理的发展，社会一切上轨道，不知还得等几百年，甚至上千年呢。

还有，在那么美丽的自然环境中，人民也那么天真可爱，就是不能适应二十世纪的生活。究竟是这些人不宜于过现代生活呢，还是现代生活不适于他们？换句话说：人应当任情适性地过日子呢，还是要削足适履，迁就客观现实？有一点可以肯定：就是人在世界上活了几千年，还仍然没法按照自己的本性去设计一个社会。世界大同看来永远是个美丽的空想：既然不能在精神生活物质生活方面五大洲的人用同一步伐同一速度向前，那么先进与落后的冲突永远没法避免。试想二千三百年以前的希腊人如果生在今日，岂不一样搅得一团糟，哪儿还能创造出雅典那样的城市和雅典文明？反过来，假定今日的巴西人和其他的南美民族，生在文艺复兴前后，至少是生在闭关自守，没有被近代的工业革命侵入之前，安知他们不会创造出一种和他们的民族性同样天真可爱，与他们优美的自然界调和的文化？

巴尔扎克说过："现在的政府，缺点是过分要人去适应社会，而不想叫社会去适应人。"这句话值得一切抱救世度人的理想的人深思！

弥拉把下期的日程单寄来了，快慰之至。十月初至十月十六日你去的那些地方，大半在地图和辞典上找不到，是否都在瑞典呢？奇怪，芬兰倒从来没邀请过你。还有，明年二月至三月的北美巡回演出，二月十四日是 Winnipeg［温尼伯］；那么是不是包括加拿大别的城市呢？大概你与勃隆斯丹太太重逢是定局的了。纽约"卡内奇"音乐厅有没有 recital［独奏会］？以后知道了更详细的北美日程，希望弥拉补充一个单子来——这些材料对我们多么可贵，恐怕你未必想象得到。尤其是我三天两头拿出你的日程来查看——唯有这样，我好像精神上始终和你在一起。

前信已和你建议找个时期休息一下，无论在身心健康或艺术方面都有必要。你与我缺点相同：能张不能弛，能劳不能逸。可是你的艺术生活不比我的闲散，整月整年，天南地北地奔波，一方面体力精力消耗多，一方面所见所闻也需要静下来消化吸收——而这两者又都与你的艺术密切相关。何况你条件比我好，音乐会虽多，也有空隙可利用；随便哪个乡村待上三天五天也有莫大好处。听说你岳父岳母正在筹备于年底年初到巴伐里亚区阿尔卑斯山中休养，照样可以练琴。我觉得对你再好没有：去北美之前正该养精蓄锐。山中去住两三星期一涤尘秽，便是寻常人也会得益。狄阿娜来信常常表示关心你，看来也是出于真情。岳父母想约你一同去山中的好意千万勿辜负了。望勿多所顾虑，早日打定主意，让我们和弥拉一起高兴高兴。真的，我体会得很清楚：不管你怎么说，弥拉始终十二分关怀你的健康和艺术。而我为了休息问题也不知向你提过多少回了，如果是口头说的话，早已舌敝唇焦了。你该知道我这个爸爸不仅是爱孩子，而且热爱艺术；爱你也就是为爱艺术，爱艺术也是为爱你！你千万别学我的样，你我年龄不同，在你的年纪，我也不像你现在足不出户。便是今日，只要物质条件可能，每逢春秋佳日，还是极喜欢徜徉于山巅水涯呢！

过几日打算寄你《中国文学发展史》《宋词选》《世说新语》。第一种是友人刘大杰旧作，经过几次修改的。先出第一册，以后续出当续寄。此书对古文字古典籍有概括叙述，也可补你常识之不足。特别是关于殷代的甲骨，《书经》《易经》的性质等等。《宋词选》的序文写得不错，作者胡云翼也是一位老先生了。大体与我的见解相近，尤其对苏、辛二家的看法，我也素来反对传统观点。不过论词的确有两个不同的角度，一是文学的，一是音乐的；两者各有见地。时至今日，宋元时唱词唱曲的技术皆已无考，则再从音乐角度去评论当日的词，也就变成无的放矢了。

另一方面，现代为歌曲填词的人却是对音乐太门外，全不知道讲究阴阳平仄，以致往往拗口；至于哪些音节可拖长，哪些字音太短促，不宜用做句子的结尾，更是无人注意了。本来现在人写散文就不知道讲究音节与节奏；而作歌词的人对写作技巧更是生疏。电台上播送中译的西洋歌剧的 aria［咏叹调］，往往无法卒听。

《世说新语》久已想寄你一部，因找不到好版子，又想弄一部比较小型轻巧的，便于出门携带。今向友人索得一部是商务铅印，中国纸线装的，等妈妈换好封面，分册重订后即寄。我常常认为这部书可与希腊的《对话录》媲美，怪不得日本人历来作为枕中秘笈，作为床头常读的书。你小时念的国文，一小部分我即从此中取材。

爸爸 六二年九月二十三日

亲爱的聪，你为了艺术，为了生活到处奔波，精神身体难免受损。目前年轻力壮，满不在乎，可是中年以后，就要大打折扣，为长远利益计，为调剂一下生活，有空隙的阶段，必须出门旅行休息，同时和弥拉、岳父母同叙一起，无忧无虑，不管世事俗务的逃避短短的一二星期，岂不美！人生很短促，不及早享些清福，等到晚年后悔不及。我和爸爸苦口婆心的劝你，希望你能听话，那我们才高兴呢！希望你多写些笑话给我们听，我们的生活就丰富多彩，心里多快慰啊！

妈妈 附笔

十月二十日

亲爱的孩子：十四日信发出后第二天即接瑞典来信，看了又高兴又激动，本想即复，因日常工作不便打断，延到今天方始提笔。这一回你答复了许多问题，尤其对舒曼的表达解除了我们的疑团。我既没亲耳听你演奏，即使听了也够不上判别是非好坏，只有从评论上略窥一二；评论正确与否完全不知道，便是怀疑人家说的不可靠，也没有别的方法得到真实报道。可见我不是把评论太当真，而是无法可想。现在听你自己分析，当然一切都弄明白了。以后还是跟我们多谈谈这一类的问题，让我们经常对你的艺术有所了解。

文章千古事，得失寸心知，哪一门艺术不如此！真懂是非、识得美丑的，普天之下能有几个？你对艺术上的客观真理很执着，对自己的成绩也能冷静检查，批评精神很强，我早已放心你不会误入歧途；可是单知道这些原则并不能了解你对个别作品的表达，我要多多探听这方面的情形：一方面是关切你，一方面也是关切整个音乐艺术，渴欲知道外面的趋向与潮流。

你常常梦见回来，我和你妈妈也常常有这种梦。除了骨肉的感情，跟乡土的千丝万缕割不断的关系，纯粹出于人类的本能之外，还有一点是真正的知识分子所独有的，就是对祖国文化的热爱。不单是风俗习惯、文学艺术，使我们离不开祖国，便是对大大小小的事情的看法和反应，也随时使身处异乡的人有孤独寂寞之感。但愿早晚能看到你在我们身边！你心情的复杂矛盾，我敢说都体会到，可是一时也无法帮你解决。原则和具体的矛盾，理想和实际的矛盾，生活环境和艺术前途的矛盾，东方人和西方人根本气质的矛盾，还有我们自己内心的许许多多矛盾……如何统一起来呢？何况旧矛盾解决了，又有新矛盾，循环不已，短短一生就在这过程中消磨！幸而你我都有工作寄托，工作上的无数的小矛盾，往往把人生中的大矛盾暂时遮盖了，使我们还有喘息的机会。至于“认真”受人尊重或被人讪笑的问题，事实上并不像你说的那么简单，一切要靠资历与工作成绩的积累。即使在你认为更合理的社会中，认真而受到重视的实例也很少；反之在乌烟瘴气的场合，正义与真理得胜的事情也未始没有。你该记得一九五六至一九五七年间毛主席说过党员若欲坚持真理，必须准备经受折磨等等的话，可见他把事情看得多透彻多深刻。再回想一下罗曼·罗兰写的《名人传》和《约翰·克利斯朵夫》，执着真理一方面要看客观的环境，一方面更在于主观的斗争精神。客观环境较好，个人为斗争付出的代价就比较小，并非完全不要付代价。以我而论，侥幸的是青壮年时代还在五四运动的精神没有消亡，而另一股更进步的力量正在兴起的时期，并且我国解放前的文艺界和出版界还没有被资本主义腐蚀到不可救药的地步。反过来，一百三十年前的法国文坛、报界、出版界，早已腐败得出乎我们意想之外；但法国学术至今尚未完全死亡，至今还有一些认真严肃的学者在钻研：这岂不证明便是在恶劣的形势之下，有骨头，有勇气，能坚持的人，仍旧能撑持下来吗？

十一月二十五日

敏尚在京等待分配，回母校当助教已不可能，就是说一边工作一边跟专家进修的机会没有了。大概在北京当中学教员，单位尚未定。他心情波动，再加女友身体坏极，又多了一个包袱。我们当然去信劝慰。青年初出校门，未经锻炼，经不起挫折。过去的思想训练，未受实际生活陶冶，仍是空的。从小的家庭环境使他重是非，处处认真，倒是害苦了他。在这个年纪上还不懂现实与理想的距离，即使理性上认识到，也未能心甘情愿的接受。只好等社会教育慢慢的再磨练他。

十一月二十五日

本月初弥拉信中谈到理想主义者不会快乐，艺术家看事情与一般人大大不同等等，足见她对人生有了更深的了解。我们很高兴。可见结婚两年，她进步了不少，人总要到婚后才成熟。

十一月二十五日［译自英文］

亲爱的弥拉：你在上封信中提到有关艺术家的孤寂的一番话很有道理，人类有史以来，理想主义者永远属于少数，也永远不会真正快乐，艺术家固然可怜，但是没有他们的努力与痛苦，人类也许会变得更渺小更可悲。你一旦了解这种无可避免的命运，就会发觉生活，尤其是婚姻生活更易忍受，看来你们两人对生活有了进一步了解，这对处理物质生活大有帮助。

母亲与傅敏在南京明孝陵（一九六二年）

一九六三年 十一通 1963

三月三日［译自英文］

亲爱的弥拉：得知聪与你父亲一月底合作演出，非常成功，使我深感快慰，尤其高兴的是聪在预演及演奏中，得到很多启发，可以促进他自己的音乐见解。聪时时都对自己批评甚严，这一点使我们非常欣慰。

三月十七日

聪，亲爱的孩子：两个多月没给你提笔了，知道你行踪无定，东奔西走，我们的信未必收到，收到也无心细看。去纽约途中以及在新墨西哥发的信均先后接读；你那股理想主义的热情着实可惊，相形之下，我真是老朽了。一年来心如死水，只有对自己的工作还是一个劲儿死干；对文学艺术的热爱并未稍减，只是常有一种“废然而返”“怅然若失”的心情。也许是中国人气质太重，尤其是所谓“洒脱”与“超然物外”的消极精神影响了我，也许是童年的阴影与家庭历史的惨痛经验无形中在我心坎里扎了根，年纪越大越容易人格分化，好像不时会置身于另外一个星球来看尘世，也好像自己随时随地会失去知觉，化为物质的元素。天文与地质的宇宙观常常盘踞在我脑子里，像服尔德某些短篇所写的那种境界，使我对现实多多少少带着detached［超然］的态度。可是在工作上，日常生活上，斤斤较量的认真还是老样子，正好和上述的心情相反——可以说人格分化；说不定习惯成了天性，而自己的天性又本来和我理智冲突。intellectually

[理智上] 我是纯粹东方人，emotionally & instinctively [感情上及天性方面] 又是极像西方人。其实也仍然是我们固有的两种人生观：一种是四大皆空的看法，一种是知其不可为而为之的精神。或许人从青少年到壮年到老年，基本上就是从积极到消极的一个过程，只是有的人表现得明显一些，有的人不明显一些。自然界的生物也逃不出这个规律。你将近三十，正是年富力强的时候，好比暮春时节，自应蓬蓬勃勃往发荣滋长的路上趱奔。最近两信的乐观与积极气息，多少也给我一些刺激，接信当天着实兴奋了一下。你的中国人的自豪感使我为你自豪，你善于赏识别的民族与广大人民的优点使我感到宽慰。唯有民族自豪与赏识别人两者结合起来，才不致沦为狭窄的沙文主义，在个人也不致陷于自大狂自溺狂，而且这是爱国主义与国际主义真正的交融。我们的领导对国际形势是看得很清楚的，从未说过美国有爆发国内革命的可能性的话，你前信所云或许是外国记者的揣测和不正确的引申。我们的问题，我觉得主要在于如何建设社会主义，如何在生产关系改变之后发挥个人的积极性，如何从实践上、物质成就上显示我们制度的优越性，如何使口头上的“红”化为事业上的“红”，如何防止集体主义不被官僚主义拖后腿，如何提高上上下下干部的领导水平，如何做到实事求是，如何普及文化而不是降低，如何培养与爱护下一代……

述及与你岳父及 Goldberg [戈尔德贝格] 合作的经过，我们看了非常高兴。肯学会学的人到处都有学习的机会，否则“学到老”这句话如何兑现呢？……

你的信——尤其最近一次——除了议论（当然也十分欢迎），事实竟没有一言半语。究竟此次巡回是否比原定的多了几场音乐会呢？

傅聪与岳父梅纽因为二人的合作演出做准备（一九六四年）

一共又是几场呢？看来新墨西哥即不在原订日程之内。物质收获是否比上次略胜？至少旅费开支是省了一半。在 Winnipeg［温尼伯］与勃隆斯丹重逢，只有“太动人了”四个字，具体情形一点都不提。别忘了做父母的对这些都很关心啊！

六三年三月十七日

我的工作愈来愈吃力。初译稿每天译千字上下，第二次修改（初稿誊清后），一天也只能改三千余字，几等重译。而改来改去还是不满意（线条太硬，棱角凸出，色彩太单调等等）。改稿誊清后（即第三稿）还得改一次。等到书印出了，看看仍有不少毛病。这些情形大致和你对待灌唱片差不多。可是我已到了日暮途穷的阶段，能力只有衰退，不可能再进步；不比你尽管对自己不满，始终在提高。想到这点，我真艳羡你不置。近来我情绪不高，大概与我对工作不满有关。前五年译的书正在陆续出版。不久即寄《都尔的本堂神甫/比哀兰德》。还有《赛查·皮罗多盛衰记》，约四五月出版。[①] 此书于一九五八年春天完成，偏偏最后出世。

四月二十六日

亲爱的孩子：刚从扬州回来，见到弥拉的信。她的病似乎是肋炎症，要非常小心治疗，特别是彻底休息；万一肋膜内有了水就很麻

---

① 事实上，该书于一九七八年九月方始以傅雷遗译出版。

烦；痊愈后也要大伤元气。我们为之都很担心。你在外跑了近两月，疲劳过度，也该安排一下，到乡间去住个三五天。几年来为这件事我不知和你说过多少回，你总不肯接受我们的意见。人生是多方面的，艺术也得从多方面培养，劳逸调剂得恰当，对艺术只有好处。三天不弹琴，绝不损害你的技术；你应该有这点儿自信。况且所谓 relax［放松］也不能仅仅在 technique［技巧］上求，也不能单独地抽象地追求心情的 relax［放松，宽舒］。长年不离琴绝不可能有真正的 relax［松弛］；唯有经常与大自然亲近，放下一切，才能有 relax［舒畅］的心情，有了这心情，艺术上的 relax［舒畅自如］可不求而自得。我也犯了过于紧张的毛病，可是近两年来总还春秋两季抽空出门几天。回来后精神的确感到新鲜，工作效率反而可以提高。Kabos［卡波斯］太太批评你不能竭尽可能地 relax［放松］，我认为基本原因就在于生活太紧张。平时老是提足精神，能张不能弛！你又很固执，多少爱你的人连弥拉和我们在内，都没法说服你每年抽空出去一下，至少自己放三五天假。这是我们常常想起了要喟然长叹的，觉得你始终不体谅我们爱护你的热忱，尤其我们，你岳父、弥拉都是深切领会艺术的人，劝你休息的话绝不会妨碍你的艺术！

你太片面强调艺术，对艺术也是危险的：你要不听从我们的忠告，三五年七八年之后定会后悔。孩子，你就是不够 wise［明智］，还有，弥拉身体并不十分强壮，你也得为她着想，不能把人生百分之百地献给艺术。勃隆斯丹太太也没有为了艺术疏忽了家庭。你能一年往外散心一两次，哪怕每次三天，对弥拉也有好处，对艺术也没有害处，为什么你不肯试验一下看看结果呢？

六月二日晚

你最近在伦敦的两场音乐会，要不是弥拉来信说明，我们几乎不明白真相。《曼彻斯特导报》的评论似乎有些分析，我是外行，不知其中可有几分说得对的？既然批评界敌意持续至一年之久，还是多分析分析自己，再多问问客观、中立、有高度音乐水平的人的意见。我知道你自我批评很强，但外界的敌意仍应当使我们对自己提高警惕：也许有些不自觉的毛病，自己和相熟的朋友们不曾看出。多探讨一下没有害处。若真正是批评界存心作对，当然不必介意。历史上受莫名其妙的指摘的人不知有多少，连伽利略、服尔德、巴尔扎克辈都不免，何况区区我辈！主要还是以君子之心度人，作为借鉴之助，对自己只有好处。老话说得好：是非自有公论，日子久了自然会黑白分明！

七月二十二日

亲爱的孩子：五十多天不写信了。千言万语，无从下笔；老不写信又心神不安；真是矛盾百出。我和妈妈常常梦见你们，声音笑貌都逼真。梦后总想写信，也写过好几次没写成。我知道你的心情也波动得很。有理想就有苦闷，不随波逐流就到处龃龉。可是能想到易地则皆然，或许会平静一些。生年不满百，常怀千岁忧：此二语可为你我写照。两个多月没有你们消息，但愿身心健康，勿过紧张。你俩体格都不很强壮，平时总要善自保养。劳逸调剂得好，才是久长之计。

傅聪在钢琴演奏中（一九六三年）

我们别的不担心，只怕你工作过度，连带弥拉也吃不消。任何耽溺都有流弊，为了耽溺艺术而牺牲人生也不是明智的！

七月二十二日［译自法文］

亲爱的孩子：快三个月了，虽然我一直在想念你，却一个字都没有写给你，对我来说这是绝无仅有的事。也许你可以猜出我久无音讯的原因，这是一种难以言喻的困恼，可能跟聪不愿提笔的理由差不多。人在饱经现实打击，而仍能不受影响去幻想时，理想主义的确可以予人快乐；但是更多时候理想主义会令人忧郁失望，不满现实。我自忖也许庸人多福，我国的古人曾经辛酸地羡慕过无知庸人，但是实际上，我却不相信他们会比别人更无牵无挂，他们难道不会为自私自利的兴趣及家务琐事而饱受折磨吗？总的来说，我的身体还不错，但除了日常工作外，很少提笔，希望你不要见怪才好。

九月一日

亲爱的孩子：很高兴知道你终于彻底休息了一下。瑞士确是避暑最好的地方。三十四年前我在日内瓦的西端，一个小小的法国村子里住过三个月，天天看到白峰（Mont Blanc）上的皑皑积雪，使人在盛暑也感到一股凉意。可惜没有去过瑞士北部的几口湖，听说比日内瓦湖更美更幽。你从南非来的信上本说要去希腊，那儿天气太热，不该在夏季去。你们改变游程倒是聪明的。威尼斯去了没有？其实意大利北部几口湖也风景秀丽，值得小住几天。相信这次旅行定能使你感觉新鲜，精神上洗个痛快的澡。弥拉想来特别快乐。她到底身体怎样？在 Zurich［苏黎世］疗养院检查结果又怎么样？除了此次的明信片以外，她从五月十日起没有来过信，不知中间有没有遗失？我写到 Gstaad 的信，你们收到没有？下次写信来，最好提一笔我信上的编号，别笼笼统统只说“来信都收到”。最好也提一笔你们上一封信的日期，否则丢了信也不知道。七月下旬勃隆斯丹夫人有信来，报告你们二月中会面的情形，简直是排日描写，不仅详细，而且事隔五月，字里行间的感情还是那么强烈，看了真感动。世界上这样真诚，感情这样深的人是不多的！

巴尔扎克的长篇小说《幻灭》（*Lost Illusions*）三部曲，从一九六一年起动手，最近才译完初稿。第一、二部已改过，第三部还要改，便是第一二部也得再修饰一遍，预计改完誊清总在明年四、五月间。总共五十万字，前前后后要花到我三年半时间。文学研究所有意把《高老头》收入"文学名著丛书"，要重排一遍，所以这几天我又在从头至尾修改，也得花一二十天。翻译工作要做得好，必须一改再改三改四改。《高老头》还是在抗战期译的，一九五二年已重译一过，这次是第三次大修改了。此外也得写一篇序。

九月一日［译自法文］

亲爱的孩子：一九二九年夏，我在日内瓦湖的西端，Villeneuve［维勒纳夫］对面，半属法国半属瑞士的小村落 St. Gingolphe［圣·欣高尔夫］住过三个月。天天看到白峰（Mont Blanc）上的皑皑积雪。谁会想到三十四年之后，一个中国人至爱的子女竟会涉足同一地区，甚至遍游更远更壮丽的地方？这岂非巧合？聪在寄来的明信片中说，你准备自己驾车直达意大利，甚至远至威尼斯；但是以一个业余驾车者在山区，尤其是在阿尔卑斯山上驾驶，实在是有点"冒险"，这样你也不能在路上游览沿途景色了。不过，现在已经游览完毕，你们也已平安返抵伦敦了。假如可能的话，又假如你有点时间，我很愿意读到你对旅途的详尽描述，我没法子靠阿聪，他写起信来总是只有三言两语。

十月十四日

亲爱的孩子：你赫辛斯基来信和弥拉伦敦来信都收到。原来她瑞士写过一信，遗失了。她写起长信来可真有意思：报告意大利之行又详细又生动。从此想你对意大利绘画，尤其威尼斯派，领会得一定更深切。瑞士和意大利的湖泊都在高原上，真正是山高水深，非他处所及。再加人工修饰，古迹林立，令人缅怀以往，更加徘徊不忍去。我们的名胜最吃亏的是建筑：先是砖木结构，抵抗不了天灾人祸、风雨侵蚀；其次，建筑也是中国艺术中比较落后的一门。

接弥拉信后，我大查字典，大翻地图和旅行指南。一九三一年去罗马时曾买了一本《蓝色导游》（*Guide Bleu*）中的《意大利》，厚厚一小册，五百多面，好比一部字典。这是法国最完全最详细的指南，包括各国各大城市（每国都是一厚册），竟是一部旅行丛书。你们去过的几口湖，Maggiore，Lugarno，Como，Iseo，Garda［马焦雷湖，卢加诺湖，科莫湖，伊塞奥湖，加尔达湖］，你们歇宿的Stresa［斯特雷萨］和Bellagio［贝拉焦］都在图上找到了，并且每个湖各有详图。我们翻了一遍，好比跟着你们“神游”了一次。弥拉一路驾驶，到底是险峻的山路，又常常摸黑，真是多亏她了，不知驾的是不是你们自己的车，还是租的？

此刻江南也已转入暮秋，桂花已谢，菊花即将开放。想不到伦敦已是风啊雨啊雾啊，如此沉闷！我很想下月初去天目山（浙西）赏玩秋色，届时能否如愿，不得而知。一九四八年十一月曾和仑布伯伯同去东西天目，秋色斑斓，江山如锦绣，十余年来常在梦寐中。

第三次大修改《高老头》译文后父母合影（一九六三年）

《高老头》已改讫，译序也写好寄出。如今写序要有批判，极难下笔。我写了一星期，几乎弄得废寝忘食，紧张得不得了。至于译文，改来改去，总觉得能力已经到了顶，多数不满意的地方明知还可修改，却都无法胜任，受了我个人文笔的限制。这四五年来愈来愈清楚的感觉到自己的 limit［局限］，仿佛一道不可超越的鸿沟。

十月十四日［译自法文］

亲爱的弥拉：收到你在九月二十三日与月底之间所写、在十月一日自伦敦发出的长信，真是十分欣慰，得知你们的近况，是我们最大的快乐，而每次收到你们的信，总是家中一件大事。信是看了一遍又一遍，不停的谈论直到收到下一封信为止。这一次，我们亦步亦趋跟着你们神游意大利：我查阅二十世纪的《拉罗斯大字典》里的地图，也不断的翻阅《蓝色导游》（你们旅游时手上是否有这本《导游》），以便查看意大利北部，你们去过的几口湖，例如 Maggiore，Lugarno，Como，Iseo，Garda［马焦雷湖，卢加诺湖，科莫湖，伊塞奥湖，加尔达湖］等。你们歇宿的 Stresa［斯特雷萨］和 Bellagio［贝拉焦］，都在图上找到了。我们还念了 Bergamo［贝尔加莫］城的描绘（也在《蓝色导游》中找到）。这城里有一个高镇，一个低镇，还有中古的教堂，你现在该知道我们怎样为你们的快乐而欢欣了！人不是会在不知不觉中，生活在至爱的亲人身上吗？我们这儿没有假期，可是你使我们分享你们所有的乐趣而不必分担你们的疲劳，更令我们为之精神大振！

你俩真幸福，得以遍游优美的国度如瑞士、意大利。我当学生的时候，只于一九二九年在日内瓦湖畔，Villeneuve［维勒纳夫］对面一个小小的村子里度过三个月。此外，我只在一九三一年五月去过罗马、那不勒斯、西西里岛，没能去佛罗伦萨及威尼斯。当时我很年轻，而学生的口袋，你们不难理解，时常是很拮据的。相反的，我反而有机会结识罗马的杰出人士，意大利的作家与教授，尤其是当时的汉学家，还有当地的贵族，其中尤以巴索里尼伯爵夫人（一位七十开外的夫人），以及她那位风度绰约的媳妇 Borghese［博尔盖塞］公主，对我特别亲切。由于她们的引荐，我得以在六月份应邀于意大利皇家地理学会及罗马扶轮社演讲，谈论有关现代中国的问题。我那时候才二十三岁，居然在一群不仅杰出而且渊博的听众面前演讲，其中不乏部长将军辈，实在有些不知天高地厚。想起三十年之后，我的儿子，另一个年轻人，以优秀音乐家的身份，而不至于像乃父一般多少有点冒充内行，在意大利同样杰出的听众面前演奏，岂不像一场梦！

看到你描绘参观罗浮宫的片段，我为之激动不已，我曾经在这座伟大的博物馆中，为学习与欣赏而消磨过无数时光。得知往日熏黑蒙尘的蒙娜丽莎像，如今经过科学的清理，已经焕然一新，真是一大喜讯，我多么喜爱从香榭丽舍大道一端的协和广场直达凯旋门的这段全景！我也永远不能忘记桥上的夜色，尤其是电灯光与煤气灯光相互交织，在塞纳河上形成瑰丽的倒影，水中波光粼粼，白色与瑰色相间(电灯光与煤气灯光)，我每次坐公共汽车经过桥上，绝不会不尽情游览。告诉我，孩子，当地是否风光依旧？

十一月三日

亲爱的孩子：最近一信使我看了多么兴奋，不知你是否想象得到？真诚而努力的艺术家每隔几年必然会经过一次脱胎换骨，达到一个新的高峰。能够从纯粹的感觉（sensation）转化到观念（idea）当然是迈进一大步，这一步也不是每个艺术家所能办到的，因为同各人的性情气质有关。不过到了观念世界也该提防一个 pitfall［陷阱］：在精神上能跟踪你的人越来越少的时候，难免钻牛角尖，走上太抽象的路，和群众脱离。哗众取宠（就是一味用新奇唬人）和取媚庸俗固然都要不得，太沉醉于自己理想也有它的危险。我这话不大说得清楚，只是具体的例子也可以作为我们的警诫。李赫特某些演奏、某些理解很能说明问题。归根结蒂，仍然是“出”和“入”的老话。高远绝俗而不失人间性人情味，才不会叫人感到 cold［冷漠］。像你说的“一切都远了，同时一切也都近了”，正是莫扎特晚年和舒伯特的作品达到的境界。古往今来的最优秀的中国人多半是这个气息，尽管 sublime［崇高］，可不是 mystic［神秘］（西方式的）；尽管超脱，仍是 warm，intimate，human［温馨，亲切，有人情味］到极点！你不但深切了解这些，你的性格也有这种倾向，那就是你的艺术的 safeguard［保障］。基本上我对你的信心始终如一，以上有些话不过是随便提到，作为“闻者足诫”的提示罢了。

我和妈妈特别高兴的是你身体居然不摇摆了：这不仅是给听众的印象问题，也是一个对待艺术的态度，掌握自己的感情，控制表现，能入能出的问题，也具体证明你能化为一个 idea［意念］，而超过了被音乐带着跑，变得不由自主的阶段。只有感情净化，人格升华，从 dramatic［起伏激越］进到 contemplative［凝神沉思］的时候，才能做到。可见这样一个细节也不是单靠注意所能解决的，修养到家了，自会迎刃而解。（胸中的感受不能完全在手上表达出来，自然会身体摇摆，好像无意识地要“手舞足蹈”地帮助表达。我这个分析你说对不对？）

相形之下，我却是愈来愈不行了。也说不出是退步呢，还是本来能力有限，以前对自己的缺点不像现在这样感觉清楚。越是对原作体会深刻，越是欣赏原文的美妙，越觉得心长力绌，越觉得译文远远的传达不出原作的神韵。返工的次数愈来愈多，时间也花得愈来愈多，结果却总是不满意。时时刻刻看到自己的 limit［局限］，运用脑子的

limit，措辞造句的limit，先天的limit——例如句子的转弯抹角太生硬，色彩单调，说理强而描绘弱，处处都和我性格的缺陷与偏差有关。自然，我并不因此灰心，照样“知其不可为而为之”，不过要心情愉快也很难了。工作有成绩才是最大的快乐：这一点你我都一样。

另外有一点是肯定的，就是西方人的思想方式同我们距离太大了。不做翻译工作的人恐怕不会体会到这么深切。他们刻画心理和描写感情的时候，有些曲折和细腻的地方，复杂烦琐，简直与我们格格不入。我们对人生琐事往往有许多是认为不值一提而省略的，有许多只是罗列事实而不加分析的，如果要写情就用诗人的态度来写；西方作家却多半用科学家的态度，历史学家的态度（特别巴尔扎克），像解剖昆虫一般。译的人固然懂得了，也感觉到它的特色、妙处，可是要叫思想方式完全不一样的读者领会就难了。思想方式反映整个的人生观、宇宙观和几千年文化的发展，怎能一下子就能和另一民族的思想沟通呢？你很幸运，音乐不像语言的局限性那么大，你还是用音符表达前人的音符，不是用另一种语言文字，另一种逻辑。

真了解西方的东方人，真了解东方人的西方人，不是没有，只是稀如星凤。对自己的文化遗产彻底消化的人，文化遗产绝不会变成包袱，反而养成一种无所不包的胸襟，既明白本民族的长处短处，也明白别的民族的长处短处，进一步会截长补短，吸收新鲜的养料。任何孤独都不怕，只怕文化的孤独，精神思想的孤独。你前信所谓孤独，大概也是指这一点吧？

尽管我们隔得这么远，彼此的心始终在一起，我从来不觉得和你有什么精神上的隔阂。父子两代之间能如此也不容易：我为此很快慰。

十一月三日［译自英文］

亲爱的孩子：聪上次的巡回演奏使他在音乐事业中向前迈了一大步，你一定跟我们一样高兴。并非每一个音乐家，甚至杰出的音乐家，都能进入这样一个理想的精神境界，这样浑然忘我，感到与现实世界既遥远又接近。这不仅要靠高尚的品格，对艺术的热爱，对人类的无限同情，也有赖于艺术家的个性与气质，这种“心灵的境界”绝不神秘，再没有什么比西方的神秘主义与中国的心理状态更格格不入了（我说中国是指中国的优秀分子）。这无非是一种启蒙人文思想的升华，我很高兴聪在道德演变的过程中从未停止进步。人在某一段时间内滞留不进，就表示活力已经耗尽，而假如人自溺于此，那么他的艺术生命也就日暮途穷了。

另一个好消息是现在聪演奏起来身体不摇摆了！这不仅是一个演奏家应有的良好风度，也表示一个人对艺术的态度截然不同了，十年前我就想纠正他身体的摆动，此后又在信中再三提醒他，但是要他在音乐方面更加成熟、更加稳定以求身体的平稳，是需要时间的。你看，我忍不住要跟你讨论这些事，因为你深知其重要，而且这种快乐也应该是阖家分享的。

凝神沉思的傅聪（一九六三年）

七通

一九六四年

1964

一月十二日

莫扎特的 *Fantasy in b min.*［《b 小调幻想曲》］记得一九五三年前就跟你提过。罗曼·罗兰极推崇此作，认为他的痛苦的经历都在这作品中流露了，流露的深度便是韦伯与贝多芬也未必超过。罗曼·罗兰的两本名著：（1）*Muscians of the Past*［《古代音乐家》］，（2）*Muscians of Today*［《今代音乐家》］英文中均有译本，不妨买来细读。其中论莫扎特、柏辽兹、德彪西各篇非常精彩。名家的音乐论著，可以帮助我们更准确地了解以往的大师，也可以纠正我们太主观的看法。我觉得艺术家不但需要在本门艺术中勤修苦练，也得博览群书，也得常常做 meditation［冥思默想］，防止自己的偏向和钻牛角尖。感情强烈的人不怕别的，就怕不够客观；防止之道在于多多借鉴，从别人的镜子里检验自己的看法和感受。其次磁带录音机为你学习的必需品——也是另一面自己的镜子。我过去常常提醒你理财之道，就是要你能有购买此种必需品的财力，Kabos［卡波斯］太太那儿是否还去？十二月轮空，有没有利用机会去请教她？学问上艺术上的师友必须经常接触，交流，只顾关着门练琴也有流弊。

今天看了十二月份《音乐与音乐家》上登的 Dorat：*An Anatony of Conducting*［多拉：《指挥的剖析》］有两句话妙极——"Increasing economy of means, employed to better effect, is a sign of increasing maturity in every form of art."［"不论哪一种形式的艺术，艺术家为了得到更佳效果，采取的手法越精简，越表示他炉火纯青，渐趋成熟。"］——这个道理应用到弹琴，从身体的平稳不摇摆，一直到 interpretation［演绎］的朴素、含蓄，都说得通。他提到艺术时又说：... calls for great pride and extreme humility at the same time［……既需越高的自尊，又需极大的屈辱］。全篇文字都值得一读。

三月一日

亲爱的孩子：弥拉的信比你从加拿大发的早到四天。我们听到喜讯，都说不出的快乐，妈妈更是坐也不是，立也不是，兴奋几日。她母性强，抱孙心切，已经盼望很久了，常说：怎么聪还没有孩子呢？每次长时期不接弥拉来信，总疑心她有了喜不舒服。我却是担心加重你的负担，也怕你们俩不得自由：总之，同样的爱儿女，不过看问题的角度不同而已。有责任感的人遇到这等大事都不免一则以喜，一则以忧。可是结婚的时候早知道有这么一天，也不必临时慌张。回想三十年前你初出世的一刹那，在医院的产妇科外听见你妈妈呻吟，有一种说不出的“肃然”的感觉，仿佛从那时起才真正体会到做母亲的艰苦与伟大，同时感到自己在人生中又迈了一大步。一个人的成长往往是不自觉的，但你母亲生你的时节，我对自己的长成却是清清楚楚意识到的，至今忘不了。相信你和弥拉到时也都会有类似的经验。

有了孩子，父母双方为了爱孩子，难免不生出许多零星琐碎的争执，应当事先彼此谈谈，让你们俩都有个思想准备：既不要在小地方固执，也不必为了难免的小争执而闹脾气。还有母性特强的妻子，往往会引起丈夫的妒忌，似乎一有孩子，自己在妻子心中的地位缩小了很多——这一点不能不先提醒你。因为大多数的西方女子，母性比东方女子表现得更强——我说“表现”，因为东方人的母爱，正如别的感情一样，不像西方女子那么显著的形诸于外。但过分的形诸于外，就容易惹动丈夫的妒意。

在经济方面，与其为了孩子将临而忧虑，不如切实想办法，好好安排一下。衣、食、住、行的固定开支，每月要多少，零用要多少，以量入为出的原则全面做一个计划，然后严格执行。大多数人的经验，总是零用不易掌握，最需要克制功夫。遇到每一笔非生活必需开支，都得冷静的想一想，是否确实必不可少。我平时看到书画、文物、小玩意儿（连价钱稍昂的图书在内），从不敢当场就买，总是左思右想，横考虑竖考虑，还要和妈妈商量再决定；很多就此打消了。凡是小玩意儿一类，过了十天八天，欲望自然会淡下来的。即使与你研究学问有关的东西，也得考虑一下是否必需，例如唱片，少买几张也未必妨碍你艺术上的进步。只有每一次掏出钱去的时候，都经过一番客观的思索，才能贯彻预算，做到收支平衡而还能有些小小的储蓄。我们在最困难的时候，曾经把每月的每一笔开支，分别装在信封内，写明“伙食”“水电”“图书”等等；一个信封内的钱用完了，绝不挪用别的信封内的钱，更不提前用下个月的钱。现在查看账目，便是那几年花费最少。我们此刻还经常检查账目，看上个月哪几样用途是可用可不用的，使我们在本月和以后的几个月内注意节约。我不是要你如法炮制，而是举实例给你看，我们是用什么方法控制开销的。

“理财”，若作为“生财”解，固是一件难事，作为“不亏空而略有储蓄”解，却也容易做到。只要有意志，有决心，不跟自己妥协，有狠心压制自己的fancy［一时的爱好］！老话说得好：开源不如节流。我们的欲望无穷，所谓“欲壑难填”，若一手来一手去，有多少用多少，即使日进斗金也不会觉得宽裕的。既然要保持清白，保持人格独立，又要养家活口，防旦夕祸福，更只有自己紧缩，将“出口”的关口牢牢把住。“入口”操在人家手中，你不能也不愿奴颜婢膝的乞求；“出口”却完全操诸我手，由我做主。你该记得中国古代的所谓清流，有傲骨的人，都是自甘淡泊的清贫之士。“清贫”二字为何连在一起，值得我们深思。我的理解是，清则贫，亦惟贫而后能清！我不是要你“贫”，仅仅是约制自己的欲望，做到量入为出，不能说要求太高吧！这些道理你全明白，无须我啰唆，问题是在于实践。你在艺术上想得到，做得到，所以成功；倘在人生大小事务上也能说能行，只要及到你艺术方面的一半，你的生活烦虑也就十分中去了八分。古往今来，艺术家多半不会生活，这不是他们的光荣，而是他们的失败。失败的原因并非真的对现实生活太笨拙，而是不去注意，不下决心。因为我所谓“会生活”不是指发财、剥削人或是啬刻，做守财奴，而是指生活有条理，收支相抵而略有剩余。要做到这两点，只消把对付艺术的注意力和决心拿出一小部分来应用一下就绰乎有余了！

我们朋友中颇有收入很少而生活并不太坏的，对外也不显得鄙吝或寒酸：你周围想必也有这种人，你观察观察学学他们，岂不是好？而且他们除了处处多讲理性，善于克制以外，也并无别的诀窍。

记得六〇年你们初婚时，我就和你们俩提过这些，如今你为了孩子而担心到经济，我不能不旧话重提，希望你别以为我老悖而烦琐！—— 就算烦琐，也为了爱你，是不是？

至于弥拉，记得你结婚以前有过培养她的意思，即使结果与你的理想仍有距离（哪个人的理想能与现实一致呢?），也不能说三年来没有成绩。首先，你近两年来信中不止一次的提到，你和她的感情融洽多了；证明你们互相的了解是在增进，不是停滞。这便是夫妇之爱的最重要的基础。其次，她对我们的感情，即使在海外娶的中国媳妇，也未必及得上她。很多朋友的儿子在外结婚多年，媳妇（还是中国人）仍像外人一般，也难得写信，哪像弥拉和我们这么亲切！最后，她对孩子的教育（最近已和我们谈了），明明是接受了你的理想。她本人也想学中文，不论将来效果如何，总是“其志可嘉”。对中国文化的仰慕爱好，间接表示她对你的赏识。固然她很多孩子气，许多地方还不成熟，但孩子气的优点是天真无邪。她对你的艺术的理解与感受，恐怕在西方女子中也不一定很多。她至少不是冒充风雅的时髦女子，她对艺术的态度是真诚的。五九年八月以前的弥拉和六四年一月的弥拉，有多少差别，只有你衡量得出。我相信你对她做的工作并没有白费。就算是她走得慢一些，至少在跟着你前进。

再说，做一个艺术家的妻子，本来很难，做你的妻子，尤其不容易。一般的艺术家都少不了仆仆风尘。可不见得像你我这样喜欢闭户不出，过修院生活。这是西方女子很难适应的。而经常奔波，视家庭如传舍（即驿站、逆旅）的方式，也需要 Penelope［珀涅罗珀］对待 Ulysses［尤利西斯］那样坚贞的耐性才行——要是在这些方面，弥拉多少已经习惯，便是很大的成功，值得你高兴的了。我们还得有自知之明：你脾气和我一样不好，即使略好，也不过五十步与百步。想到这个，夫妇之间的小小争执，也许责任是一半一半，也许我这方面还要多担一些责任——我国虽然有过五四运动，新女性运动（一九二〇年前后），夫权还是比西方重，西方妇女可不容易接受这一点。我特别提出，希望你注意。至于持家之道，你也不能以身作则地训练人家；你自己行事就很难做到有规律有条理，经常旅行也使你有很大困难：只能两人同时学习，多多商量。我相信你们俩在相忍相让上面已有不少成就。只是艺术家的心情容易波动，常有些莫名其妙的骚扰、烦闷、苦恼，影响家庭生活。平时不妨多冷静的想到这些，免得为了小龃龉而动摇根本。你信中的话，我们并不太当真。两个年轻人相处，本来要摸索多年。我以上的话，你思想中大半都有，我不过像在舞台上做一番"提示"工作。特别想提醒你的是信念，对两人的前途的信念。若存了"将来究竟如何，不得而知"的心，对方早晚体会得到，那就动了根本，一切不好办了。往往会无事变小事，小事变大事；反之，信念坚定，就会大事化小，小事化无。再过一二十年，你们回顾三十岁前后的生活，想起两人之间的无数小争执，定会哑然失笑。你不是说你已经会把事情推远去看么？这便是一个实例。预先体会十年二十年以后的感想，往往能够使人把眼前的艰苦看淡。

总之，你的生活艺术固然不及你的音乐艺术，可也不是没有进步，没有收获。安德烈·莫洛阿说过：夫妇之间往往是智力较差、意志较弱的一个把较高较强的一个往下拉，很少较高较强的一个能把较差较弱的对方往上提。三年来你至少是把她往上提，这也足以使你感到安慰了。

弥拉要学中文，最好先进"东方语言学校"之类开蒙。我即将寄一本《汉英合璧》给她，其中注音字母，你可以先教她。这是外国传教士编的，很不错。China Inland Missiom 中文名叫“内地会”，解放后当然没有了。当年在牯岭，有许多房子便是那个团体的。他们做学问确实下了一番苦功。教弥拉要非常耐性，西方人学东方语言，比东方人学西方语言难得多。先是西方语言是分析的，东方语言是综合的、暗示的、含蓄的。并且我们从小有学西方语言的环境。你对弥拉要多鼓励，少批评，否则很容易使她知难而退。一切慢慢来，不要急。记住盖叫天的话：慢就是快！你也得告诉她这个道理。开头根基打得扎实，以后就好办。

孩子的教育，眼前不必多想。将来看形势再商量。我们没有不愿意帮你们解决的。名字待我慢慢想，也需要 inspiration ［灵感］。弥拉怀孕期间，更要让她神经安静，心情愉快。定期检查等等，你们有的是医生，不必我们多说。她说胃口不好，胖得 like a cow ［像头母牛］，这倒要小心，劝她克制一些。母体太胖，婴儿也跟着太胖，分娩的时候，大人和小孩都要吃苦的！故有孕时不宜过分劳动，却也不宜太不劳动。

像我们这种人，从来不以恋爱为至上，不以家庭为至上，而是把艺术、学问放在第一位，作为人生目标的人，对物质方面的烦恼还是容易摆脱的，可是为了免得后顾之忧，更好的从事艺术与学问，也不能不好好的安排物质生活；光是瞧不起金钱，一切取消极态度，早晚要影响你的人生最高目标——艺术的！希望克日下决心，在这方面采取行动！一切保重！

四月十二日

近几月老是研究巴尔扎克，他的一部分哲学味特别浓的小说，在西方公认为极重要，我却花了很大的劲才勉强读完，也花了很大的耐性读了几部研究这些作品的论著。总觉得神秘气息玄学气息不容易接受，至多是了解而已，谈不上欣赏和共鸣。中国人不是不讲形而上学，但不像西方人抽象，而往往用诗化的意境把形而上学的理论说得很空灵，真正的意义固然不易捉摸，却不至于像西方形而上学那么枯燥，也没那种刻舟求剑的宗教味儿叫人厌烦。西方人对万有的本原，无论如何要归结到一个神，所谓 God［神，上帝］，似乎除了 God，不能解释宇宙，不能说明人生，所以非肯定一个造物主不可。好在谁也提不出证明 God 是没有的，只好由他们去说；可是他们的正面论证也牵强得很，没有说服力。他们首先肯定人生必有意义，灵魂必然不死，从此推论下去，就归纳出一个有计划有意志的神！可是为什么人生必有意义呢？灵魂必然不死呢？他们认为这是不辩自明之理，我认为欧洲人比我们更骄傲，更狂妄，更 ambitious［野心勃勃］，把人这个生物看作天下第一，所以千方百计要造出一套哲学和形而上学来，证明这个“人为万物之灵”的看法，仿佛我们真是负有神的使命，执行神的意志一般。在我个人看来，这都是 vanity［虚荣心］作祟。东方的哲学家玄学家要比他们谦虚得多。除了程朱一派理学家 dogmatic［武断］很厉害之外，别人就是讲什么阴阳太极，也不像西方人讲 God 那么绝对，凿凿有据，咄咄逼人，也许骨子里我们多少是怀疑派，接受不了太强的 insist［坚持］，太过分的 certainty［肯定］。

前天偶尔想起，你们要是生女孩子的话，外文名字不妨叫 Gracia ［葛拉齐亚］①，此字来历想你一定记得。意大利字读音好听，grace ［雅致］一字的意义也可爱。弥拉不喜欢名字太普通，大概可以合乎她的条件。阴历今年是甲辰，辰年出生的人肖龙，龙从云，风从虎，我们提议女孩子叫“凌云”（Lin Yun），男孩子叫“凌霄”（Lin Sio）。你看如何？男孩的外文名没有 inspiration ［灵感］，或者你们决定，或者我想到了以后再告。这些我都另外去信讲给弥拉听了。（凌云 = to tower over the clouds，凌霄 = to tower over the sky，我和 Mira ［弥拉］就是这样解释的。）

四月十二日 *

亲爱的聪：自接喜讯以来，我快乐的心情无法抑制，老在计算生产的日期，弥拉说医生估计在八月里的上两星期，那时正是天气很热的阶段，想来伦敦医院设备好，不用担心，必有冷气，那产妇就不怎么辛苦了。最近一个月来，陆陆续续打了几件毛线衣，另外买了一件小斗篷、小被头，作为做祖母的一番心意，不日就要去寄了，怕你们都不在，还是由你岳父转的。我也不知对你们合适否？衣服尺寸都是望空做的，好在穿绒线衣时要九、十月才用得着，将来需要，不妨来信告知，我可以经常代你们打。孩子的名字，我们俩常在商量，因为

---

① 《约翰·克利斯朵夫》中人物。

今年是龙年，就根据龙的特性来想，前两星期去新城隍庙看看花草，有一种叫凌霄的花，据周朝桢先生说，此花开在初夏，色带火黄，非常艳丽，我们就买了一棵回来，后来我灵机一动，“凌霄”作为男孩子的名字不是很好么？声音也好听，意义有高翔的意思；传说龙在云中，那么女孩子叫“凌云”再贴切没有了，我们就这么决定了。再有我们姓傅的，三代都是单名（你祖父叫傅鹏，父雷，你聪），来一个双名也挺有意思。你觉得怎样？

阿敏去冬年假没回来，工作非常紧张，他对教学相当认真，相当钻研，校方很重视他。他最近来信说：“我教了一年多书，深深体会到传授知识比教人容易，如果只教书而不教人的话，书绝对教不好，而要教好人，把学生教育好，必须注意身教和言教，更重要的是身教，处处要严格要求自己，以身作则。越是纪律不好的班，聪明的孩子越多，她们就更敏感，这就要求自己以身作则，否则很难把书教好。”他对教学的具体情况，有他的看法，也有他的一套，爸爸非常赞同。你看我多高兴，阿敏居然成长得走正路，这正是我俩教育孩子的目的，我们没有名利思想，只要做好本门工作就很好了，你做哥哥的知道弟弟有些成绩，一定也庆幸。

四月二十三日

亲爱的孩子：有人四月十四日听到你在 BBC［英国广播公司］远东华语节目中讲话，因是辗转传达，内容语焉不详，但知你提到家庭教育、祖国，以及中国音乐问题。我们的音乐不发达的原因，我想过数十年，不得结论。从表面看，似乎很简单：科学不发达是主要因素，没有记谱的方法也是一个大障碍。可是进一步问问为什么我们科学不发达呢？就不容易解答了。早在战国时期，我们就有墨子、公输般等的科学家和工程师，汉代的张衡不仅是个大文豪，也是了不起的天文历算的学者。为何后继无人，一千六百年间，就停滞不前了呢？为何西方从文艺复兴以后反而突飞猛进呢？希腊的早期科学，七世纪前后的阿拉伯科学，不是也经过长期中断的么？怎么他们的中世纪不曾把科学的根苗完全斩断呢？西方的记谱也只是十世纪以后才开始，而近代的记谱方法更不过是几百年中发展的，为什么我们始终不曾在这方面发展？要说中国人头脑不够抽象，明代的朱载堉（《乐律全书》的作者）偏偏把音乐当作算术一般讨论，不是抽象得很吗？为何没有人以这些抽象的理论付诸实践呢？西洋的复调音乐也近乎数学，为何佛兰德斯乐派，意大利乐派，以至巴赫—韩德尔，都会用创作来做实验呢？是不是一个民族的艺术天赋并不在各个艺术部门中平均发展的？希腊人的建筑、雕塑、诗歌、戏剧，在公元前四世纪时登峰造极，可是以后两千多年间就默默无闻，毫无建树了。文艺复兴时期的意大利艺术也只是昙花一现。有些民族尽管在文学上到过最高峰，在造型艺术和音乐艺术中便相形见绌，例如英国。有的民族在文学、音乐上有杰出的成就，但是绘画便赶不上，例如德国。可见无论在同一民族内，一种艺术的盛衰，还是各种不同的艺术在各个不同的民族中的发展，都不容易解释。我们的书法只有两晋、六朝、隋唐是如日中天，以后从来没有第二个高潮。我们的绘画艺术也始终没有超过宋元。便是音乐，也只有开元天宝唐玄宗的时代盛极一时，可是也只限于“一时”。现在有人企图用社会制度、阶级成分来说明文艺的兴亡。可是奴隶制度在世界上许多民族都曾经历，为什么独独在埃及和古希腊会有那么灿烂的艺术成就？而同样的奴隶制度，为何埃及和希腊的艺术精神、风格，如此之不同？如果说统治阶级的提倡大有关系，那么英国十八、十九世纪王室的提倡音乐，并不比十五世纪意大利的教皇和诸侯（如梅迪契家族）差劲，为何英国自己就产生不了第一流的音乐家呢？再从另一些更具体更小的角度来说，我们的音乐不发达，是否同音乐被戏剧侵占有关呢？我们所有的音乐材料，几乎全部在各种不同的戏剧中。所谓纯粹的音乐，只有一些没有谱的琴曲（琴曲谱只记手法，不记音符，故不能称为真正的乐谱）。其他如笛、箫、二胡、琵琶等等，不是简单之至，便是外来的东西。被戏剧侵占而不得独立的艺术，还有舞蹈。因为我们不像西方人迷信，也不像他们有那么强的宗教情绪，便是敬神的节目也变了职业性的居多，群众自动参加的较少。如果说中国民族根本不大喜欢音乐，那又不合乎事实。我小时在乡下，听见舟子，赶水车的，常常哼小调，所谓“山歌”。（古诗中［汉魏］有许多“歌行”“歌谣”；从白乐天到苏、辛都是高吟低唱的，不仅仅是写在纸上的作品。）

总而言之，不发达的原因归纳起来只是一大堆问题，谁也不曾彻底研究过，当然没有人能解答了。近来我们竭力提倡民族音乐，当然是大好事。不过纯粹用土法恐怕不会有多大发展的前途。科学是国际性的、世界性的，进步硬是进步，落后硬是落后。一定要把土乐器提高，和钢琴、提琴竞争，岂不劳而无功？抗战前（一九三七年前）丁西林就在研究改良中国笛子，那时我就认为浪费。工具与内容，乐器与民族特性，固然关系极大，但是进步的工具，科学性极高的现代乐器，绝不怕表达不出我们的民族特性和我们特殊的审美感。倒是原始工具和简陋的乐器，赛过牙齿七零八落、声带构造大有缺陷的人，尽管有多丰富的思想感情，也无从表达。乐曲的形式亦然如此。光是把民间曲调记录下来，略加整理，用一些变奏曲的办法扩充一下，绝对创造不出新的民族音乐。我们连“音乐文法”还没有，想要在音乐上雄辩滔滔，怎么可能呢？西方最新乐派（当然不是指电子音乐一类的 ultra modern［极度现代］的东西）的理论，其实是尺寸最宽、最便于创造民族音乐的人利用的；无奈大家害了形式主义的恐怖病，提也不敢提，更不用说研究了。俄罗斯五大家——从德彪西到巴托克，事实俱在，只有从新的理论和技巧中才能摸出一条民族乐派的新路来。问题是不能闭关自守，闭门造车，而是要掌握西方最高最新的技巧，化为我有，为我所用。然后才谈得上把我们新社会的思想感情用我们的音乐来表现。这一类的问题，想谈的太多了，一时也谈不完。

四月二十四日

亲爱的孩子：昨天才寄出一封长信，今日即收到四月十四日信，却未提及我四月十二日由你岳家转的信，不知曾否收到，挂念得很！

孤独的感觉，彼此差不多，只是程度不同，次数多少有异而已。我们并未离乡背井，生活也稳定，比绝大多数人都过得好；无奈人总是思想太多，不免常受空虚感的侵袭。唯一的安慰是骨肉之间推心置腹，所以不论你来信多么稀少，我总尽量多给你写信，但愿能消解一些你的苦闷与寂寞。只是心愿是一件事，写信的心情是另一件事：往往极想提笔而精神不平静，提不起笔来；或是勉强写了，写得十分枯燥，好像说话的声音口吻僵得很，自己听了也不痛快。

一方面狂热、执着，一方面洒脱、旷达、怀疑，甚至于消极：这个性格大概是我遗传给你的。妈妈没有这种矛盾，她从来不这么极端。弥拉常说你跟我真像，可见你在她面前提到我的次数不可胜计，所以她虽未见过我一面，也像多年相识一样。

你们夫妇关系，我们从来不真正担心过。你的精神波动，我们知之有素，千句并一句，只要基本信心不动摇，任何小争执大争执都会跟着时间淡忘的。我三月二日（No. 59）信中的结论就是这话。人生的每个阶段都是一边学一边过的，从来没有一个人具备了所有的（理论上的）条件才结婚，才生儿育女的。你为了孩子而惶惶然，表示你对人生态度严肃，却也不必想得太多。一点不想是不负责任，当然不好，想得过分也徒然自苦；问题是彻底考虑一番，下决心把每个阶段的事情做好，想好办法实行就是了。

人不知而不愠是人生最高修养，自非一时所能达到。对批评家的话我过去并非不加保留，只是增加了我的警惕。即是人言藉藉，自当格外反躬自省，多征求真正内行而善意的师友的意见。你的自我批评精神，我完全信得过；可是艺术家有时会钻牛角尖而自以为走的是独创而正确的路。要避免这一点，需要经常保持冷静和客观的态度。所谓艺术上的 illusion［幻觉］，有时会蒙蔽一个人到几年之久的。至于批评界的黑幕，我近三年译巴尔扎克的《幻灭》，得到不少知识。一世纪前尚且如此，何况今日！二月号《音乐与音乐家》杂志上有一篇

Karajan［卡拉扬］的访问记，说他对于批评只认为是某先生的意见，如此而已。他对所钦佩的学者，则自会倾听，或者竟自动去请教。这个态度大致与你相仿。

认真的人很少会满意自己的成绩，我的主要苦闷即在于此。所不同的，你是天天在变，能变出新体会、新境界、新表演，我则是眼光不断提高而能力始终停滞在老地方。每次听你的唱片总心上想：不知他现在弹这个曲子又是怎么一个样子了。

你老是怕对父母不尽心，我老是怕成为你的包袱，尤其从六一年以后，愈了解艺术劳动艰苦，愈不忍多花你的钱。说来说去，是大家顾着大家。

旧金山评论中说你的肖邦太 extrovert［外在，外向］，李先生说奇怪，你的演奏正是 introvert［内在，内向］一路，怎么批评家会如此说。我说大概他们听惯老一派的 Chopin［肖邦］，软绵绵的，听到不 sentimental［伤感］的 Chopin 就以为不够内在了，你觉得我猜得对不对？

十月三十一日

亲爱的孩子：几次三番动笔写你的信都没有写成，而几个月的保持沉默也使我魂不守舍，坐立不安。① 我们从八月到今的心境简直无

---

① 五月间傅聪为了在世界各地演出的生计，无奈入了英国籍，傅雷知道后，整天闷闷不乐，民族自尊心受了伤害，难以平复沉重的心情。

法形容。你的处境，你的为难（我猜想你采取行动之前，并没和国际公法或私法的专家商量过。其实那是必要的），你的迫不得已的苦衷，我们都深深的体会到，怎么能责怪你呢？可是再彻底的谅解也减除不了我们沉重的心情。民族自尊心受了伤害，非短时期内所能平复；因为这不是一个“小我”的、个人的荣辱得失问题。便是万事随和处处乐观的你的妈妈，也耿耿于怀，伤感不能自已。不经过这次考验，我也不知道自己在这方面的感觉有这样强。一九五九年你最初两信中说的话，以及你对记者发表的话，自然而然的，不断地回到我们脑子里来，你想，这是多大的刺激！我们知道一切官方的文件只是一种形式，任何法律手续约束不了一个人的心——在这一点上我们始终相信你；我们也知道，文件可以单方面地取消，只是这样的一天遥远得望不见罢了。何况理性是理性，感情是感情，理性悟透的事情，不一定能叫感情接受。不知你是否理解我们几个月沉默的原因，能否想象我们这一回痛苦的深度？不论工作的时候或是休息的时候，精神上老罩着一道阴影，心坎里老压着一块石头，左一个譬解，右一个譬解，总是丢不下，放不开。我们比什么时候都更想念你，可是我和妈妈都不敢谈到你：大家都怕碰到双方的伤口，从而加剧自己的伤口。我还暗暗地提心吊胆，深怕国外的报纸、评论，以及今后的唱片说明提到你这件事。……孩子出生的电报来了，我们的心情更复杂了。这样一件喜事发生在这么一个时期，我们的感觉竟说不出是什么滋味，百感交集，乱糟糟的一团，叫我们说什么好呢？怎么表示呢？所有这一切，你岳父都不能理解。他有他的民族性，他有他民族的悲剧式的命运（这个命运，他们两千年来已经习为故常，不以为悲剧了），看法当然和我们不一样。然而我绝不承认我们的看法是民族自大，是顽固，他的一套是开明、是正确。他把国籍看作一个侨民对东道国应有的感激的表示，这是我绝对不同意的！至于说弥拉万一来到中国，也必须入中国籍，所以你的行动可以说是有往有来等等，那完全是他毫不了解中国国情所做的猜测。我们的国家从来没有一条法律，要外国人入了中国籍才能久居！接到你岳父那样的信以后，我并不作复，为的是不愿和他争辩；可是我和他的意见分歧点应当让你知道。

孩子不足两个月，长得如此老成，足见弥拉成绩不错。大概她全部精力花在孩子身上了吧？家里是否有女工帮忙，减少一部分弥拉的劳累？做父母是人生第二大关，你们俩的性情脾气，连人生观等等恐怕都会受到影响。但愿责任加重以后，你们支配经济会更合理，更想到将来（谁敢担保你们会有几个儿女呢?），更能克制一些随心所欲的冲动，减少一些不必要的开支。孩子初生（一星期）的模样的确像襁褓中的你。后来几次的相片，尤其七星期的一张，眼睛与鼻梁距离较大，明明有了外家的影子——弥拉也更像她父亲了。不过婴儿的变化将来还多着呢。

国内阶级斗争形势尖锐，我们要防止以后几代走修正主义的路。干部、学生、知识分子，分批下乡下厂，为期一年至两年，用劳动锻炼来巩固永久革命的意志。许多考不上大学的青年还在农村落户。电影、戏剧、史学、哲学方面有些错误的有毒的作品和理论，陆续受到严正的批判。目前文艺界、音乐家都以本国的、现代的为主；过去不重视为工农兵服务的方向必须纠正过来。介绍外国文学当然更要着重批判，不能单单因为是古典名著，就无原则地照搬，对青年发生坏影响。因此我的工作也得重新考虑。巴尔扎克和别的古典作家一样，他的作品跟我们眼前的情况和要求相距太远了，考虑了好几个月，挑不出合适的东西可译。至于批判，既要对原作有相当深刻的认识和研究，又要相当的马列主义修养，两相结合，才能写出一篇不犯大错的译序：真是谈何容易！工作不定局，一颗心老挂在空中，不知怎么办。当然，研究巴尔扎克的工作大有可为，一辈子也做不完，无奈光是研究，等于坐吃，岂是长久之计。—— 形势如此，这方面的烦恼看来一时难望解决。

爸爸 六四年十月三十一日

凌霄出生的那天，中国旧历正是七月初七，叫作七巧，是神话中牛郎织女一年一度相会的一天，因为天上有两颗星，一叫牛郎，一叫织女（constellation of the Herd - boy and the star Vega），一年只有七月七日才同时在天空出现。你不妨跟弥拉谈谈，能知道牛郎织女的故事更有意思！我给凌霄打的毛线是否可穿？恐怕太小了，看孩子的样子很老练。我不时要看看孩子的照片，你们真不知我心里多快乐！孩子的照片，不论好坏，一有马上寄来，让我们在寂寞的生活中多添一些温暖！

妈妈 附笔

父母在书房（一九六四年）

一九六五年

十二通

1965

一月二十八日

亲爱的孩子：将近六个月没有你的消息，我甚至要怀疑十月三十一日发的信你是否收到。上月二十日左右，几乎想打电报：如今跟以往更是不同，除了你们两人以外，又多了一个娃娃增加我们的忧虑。大人怎么样呢？孩子怎么样呢？是不是有谁闹病了？……毕竟你妈妈会体贴，说你长期的沉默恐怕不仅为了忙，主要还是心绪。对啦，她一定猜准了。你生活方面思想方面的烦恼，虽然我们不知道具体内容，总还想象得出一个大概。总而言之，以你的气质，任何环境都不会使你快乐的。你自己也知道。既然如此，还不如对人生多放弃一些理想；理想只能在你的艺术领域中去追求，那当然也永远追求不到，至少能逐渐接近，并且学术方面的苦闷也不致损害我们的心理健康。即使在排遣不开的时候，也希望你的心绪不要太影响家庭生活。归根到底，你现在不是单身汉，而是负着三口之家的责任。用老话来说，你和弥拉要相依为命。外面的不如意事固然无法避免，家庭的小风波总还可以由自己掌握。客观的困难已经够多了，何必再加上主观的困难呢？当然这需要双方共同的努力，但自己总该竭尽所能地做去。处处克制些，冷静些，多些宽恕，少些苛求，多想自己的缺点，多想别人的长处。生活——尤其夫妇生活——之难，在于同弹琴一样，要时时刻刻警惕，才能不出乱子，或少出乱子。总要存着风雨同舟的思想，求一个和睦相处相忍相让的局面，挨过人生这个艰难困苦的关。这是我们做父母的愿望。能同艺术家做伴而日子过得和平顺适的女子，古往今来都寥寥无几。千句并一句，尽量缩小一个我字，也许是解除烦闷、减少纠纷的唯一的秘诀。久久得不到你们俩的信，我们总要担心你们俩的感情，当然也担心你们俩的健康，但对你们的感情更关切，因为你们找不到一个医生来治这种病，而且这是骨肉之间出于本能的忧虑。就算你把恶劣的心情瞒着也没用。我们不但同样焦急，还因为不知底细而胡乱猜测，急这个，急那个，弄得寝食不安。假如以上劝告你认为毫无根据，那更证明长期的沉默，会引起我们焦急到什么程度。你也不能忘记，你爸爸所以在这些事情上经常和你唠叨，因为他是过来人，不愿意上一代犯的错误在下一代身上重演。我和你说这一类的话永远抱着自责的沉痛的心情的！

从你南美回来以后，九个多月中的演出，我们一无所知；弥拉提到一言半语又叫我们摸不着头脑。那个时期到目前为止的演出表，可不可以补一份来？（以前已经提过好几回了！）在你只要花半小时翻翻记事本，抄一抄。这种惠而不费的，一举手之劳的事能给我们多少喜悦，恐怕你还不能完全体会。还有你在艺术上的摸索、进展、困难、心得、自己的感受、经验、外界的反应，我们都想知道而近来知道得太少了。——肖邦的《练习曲》是否仍排作日课？巴赫练得怎样了？一九六四年练出了哪些新作品？你过的日子变化多，事情多，即或心情不快，单是提供一些艺术方面的流水账，也不愁没有写信的材料；不比我的工作和生活，三百六十五天如一日，同十年以前谈不上有何分别。

说到我断断续续的小毛病，不必絮烦，只要不躺在床上打断工作，就很高兴了。睡眠老是很坏，脑子停不下来，说不上是神经衰弱还是什么。幸而妈妈身体健旺，样样都能照顾。我脑子一年不如一年，不用说每天七八百字的译文苦不堪言，要换二三道稿子，便是给你写信也非常吃力。只怕身体再坏下去，变为真正的老弱残兵。眼前还是能整天整年——除了闹病——地干，除了翻书，同时也做些研究工作，多亏巴黎不断有材料寄来。最苦的是我不会休息，睡时脑子停不下来，醒时更停不住了。失眠的主要的原因大概就在于此。

你公寓的室内的照片盼望了四年，终于弥拉寄来了几张，高兴得很。孩子的照片，妈妈不知翻来覆去，拿出拿进，看过多少遍了。她母性之强，你是知道的。伦敦必有中文录音带出售，不妨买来让孩子在摇篮里就开始听起来。

二月二十日

亲爱的孩子：半年来你唯一的一封信不知给我们多少快慰。看了日程表，照例跟着你天南地北地神游了一趟，做了半天白日梦。人就有这点儿奇妙，足不出户，身不离斗室，照样能把万里外的世界、各地的风光、听众的反应、游子的情怀，一样一样地体验过来。你说在南美仿佛回到了波兰和苏联，单凭这句话，我就咂摸到你当时的喜悦和激动；拉丁民族和斯拉夫民族的热情奔放的表现也历历如在目前。

照片则是给我们另一种兴奋，虎着脸的神气最像你。大概照相机离得太近了，孩子看见那怪东西对准着他，不免有些惊恐，有些提防。另外一张不知坐的是椅子是车子？地下一张装中国画（谁的?）的玻璃框，我们猜来猜去猜不出是怎么回事，望说明！

你父性特别强是像你妈，不过还是得节制些，第一勿妨碍你的日常工作，第二勿宠坏了凌霄——小孩儿经常有人跟他玩，成了习惯，就非时时刻刻抓住你不可，不但苦了弥拉，而且对孩子也不好。耐得住寂寞是人生一大武器，而耐寂寞也要自幼训练的！疼孩子固然要紧，养成纪律同样要紧；几个月大的时候不注意，到两三岁时再收紧，大人小儿都要痛苦的。

你的心绪我完全能体会。你说得不错，知子莫若父，因为父母子女的性情脾气总很相像，我不是常说你是我的一面镜子吗？且不说你我的感觉一样敏锐，便是变化无常的情绪，忽而高潮忽而低潮，忽而兴奋若狂，忽而消沉丧气等等的艺术家气质，你我也相差无几。不幸这些遗传（或者说后天的感染）对你的实际生活弊多利少。凡是有利于艺术的，往往不利于生活；因为艺术家两脚踏在地下，头脑却在天上，这种姿态当然不适应现实的世界。我们常常觉得弥拉总算不容易了，你切勿用你妈的性情脾气去衡量弥拉。你得随时提醒自己，你的苦闷没有理由发泄在第三者身上。况且她的童年也并不幸福，你们俩正该同病相怜才对。我一辈子没有做到克己的功夫，你要能比我成绩强，收效早，那我和妈妈不知要多么快活呢！

要说 exile［放逐］，从古到今多少大人物都受过这苦难，但丁便是其中的一个；我辈区区小子又何足道哉！据说《神曲》是受了 exile 的感应和刺激而写的，我们倒是应当以此为榜样，把 exile 的痛苦升华到艺术中去。以上的话，我知道不可能消除你的悲伤愁苦，但至少能供给你一些解脱的理由，使你在愤懑郁闷中有以自拔。做一个艺术家，要不带点儿宗教家的心肠，会变成追求纯技术或纯粹抽象观念的 virtuoso［演奏能手］，或者像所谓抽象主义者一类的狂人；要不带点儿哲学家的看法，又会自苦苦人（苦了你身边的伴侣），永远不能超脱。最后还有一个实际的论点：以你对音乐的热爱和理解，也许不能不在你厌恶的社会中挣扎下去。你自己说到处都是 outcast ［逐客］，不就是这个意思吗？艺术也是一个 tyrant ［暴君］，因为做他奴隶的都心甘情愿，所以这个 tyrant 尤其可怕。你既然认了艺术做主子，一切的辛酸苦楚便是你向他的纳贡，你信了他的宗教，怎么能不把少牢太牢去做牺牲呢？每一行有每一行的 humiliation ［屈辱］ 和 misery ［辛酸］，能够 resign ［心平气和，隐忍］ 就是少痛苦的不二法门。你可曾想过，肖邦为什么后半世自愿流亡异国呢？他的 Op. 25 ［作品第二十五号］ 以后的作品付的是什么代价呢？

一九六五年六月二十日

任何艺术品都有一部分含蓄的东西，在文学上叫作言有尽而意无穷，西方人所谓 between lines ［弦外之音］。作者不可能把心中的感受写尽，他给人的启示往往有些还出乎他自己的意想之外。绘画、雕塑、戏剧等等，都有此潜在的境界。不过音乐所表现的最是飘忽，最是空灵，最难捉摸，最难肯定，弦外之音似乎比别的艺术更丰富，更神秘，因此一般人也就懒于探索，甚至根本感觉不到有什么弦外之音。其实真正的演奏家应当努力去体会这个潜在的境界（即淮南子所谓“听无音之音者聪”，无音之音不是指这个潜藏的意境又是指什么呢？）而把它表现出来，虽然他的体会不一定都正确。能否体会与民族性无关。从哪一角度去体会，能体会作品中哪一些隐藏的东西，则多半取决于各个民族的性格及其文化传统。甲民族所体会的和乙民族所体会的，既有正确不正确的分别，也有种类的不同，程度深浅的不同。我猜想你和岳父的默契在于彼此都是东方人，感受事物的方式不无共同之处，看待事物的角度也往往相似。你和董氏兄弟初次合作就觉得心心相印，也是这个缘故。大家都是中国人，感情方面的共同点自然更多了。

五月十六日夜—二十一日深夜

香港的长途电话给我们的兴奋，简直没法形容。五月四日整整一天我和你妈妈魂不守舍，吃饭做事都有些飘飘然，好像在做梦；我也根本定不下心来工作。尤其四日清晨妈妈告诉我说她梦见你还是小娃娃的模样，喂了你奶，你睡着了，她把你放在床上。她这话说过以后半小时，就来了电话！怪不得好些人要迷信梦！萧伯母①的信又使我们兴奋了大半日，她把你过港二十三小时的情形详详细细写下来了，连你点的上海菜都一样一样报了出来，多有意思。信、照片，我们翻来覆去看了又看，电话中听到你的声音，今天看到你打电话前夜的人，这才合起来，成为一个完整的你！（我不是说你声音有些变了吗？过后想明白了，你和我一生通电话的次数最少，经过电话机变质以后的你的声音，我一向不熟悉；一九五六年你在北京打来长途电话，当时也觉得你声音异样。）看你五月三日晚刚下飞机的神态，知道你尽管风尘仆仆，身心照样健康，我们快慰之至。你能练出不怕紧张的神

① 即傅雷夫妇挚友成家和，香港著名导演和影星萧芳芳的母亲。

经，吃得起劳苦的身体，能应付二十世纪演奏家的生活，归根到底也是得天独厚。我和你妈妈年纪大了，越来越神经脆弱，一点儿小事就会使我们紧张得没有办法。一方面是性格生就，另一方面是多少年安静的生活越发叫我们没法适应天旋地转的现代 tempo［节奏］。

五月十六日夜

世上巧事真多：五月四日刚刚你来过电话，下楼就收到另外两张唱片：*Schubert Sonatas*［《舒伯特奏鸣曲集》］，*Scarlatti Sonatas*［《斯卡拉蒂奏鸣曲集》］。至此为止，你新出的唱片都收齐了，只缺少全部的副本，弥拉信中说起由船上寄，大概即指 double copies［副本］；我不担心别的，只担心她不用木匣子，仍用硬纸包装，那又要像两年前贝多芬唱片一样变成坏烧饼了，因为船上要走两个半月，而且堆在其他邮包中，往往会压得不成其为唱片。

至于唱片的成绩，从 Bach，Handel，Scarlatti［巴赫，韩德尔，斯卡拉蒂］听来，你弹古典作品的技巧比一九五六年又大大地提高了，李先生很欣赏你的 touch［触键］，说是像 bubble［水泡，水珠］（我们说是像珍珠，白居易《琵琶行》中所谓“大珠小珠落玉盘”）。*Chromatic Fantasy*［《半音阶幻想曲》］和以前的印象大不相同，根本认不得了。你说 Scarlatti［斯卡拉蒂］的创新有意想不到的地方，的确如此。Schubert［舒伯特］过去只熟悉他的 Lieder［歌曲］，不知道他后期的 Sonata［奏鸣曲］有这种境界。我翻出你一九六一年九月二十一日挪威来信上说的一大段话，才对作品有一个初步的领会。关于他的 Sonata，恐怕至今西方的学者还意见不一，有的始终认为不能列为正宗的作品，有的（包括 Tovey［托维］，则认为了不起。前几年杰老师来信，说他在布鲁塞尔与你相见，曾竭力劝你不要把这些 Sonata［奏鸣曲］放入节目，想来他也以为群众不大能接受。你说 timeless and boundless［超越时空，不受时空限制］，确实有此境界。总的说来，你的唱片总是带给我们极大的喜悦，你的 phrasing［句法］正如你的 breathing［呼吸］，无论在 Mazurka［玛祖卡］中还是其他的作品中，特别是慢的乐章，我们太熟悉了，等于听到你说话一样。

五月二十一日深夜

五月十八日聪信

此信根据不久前发现的傅聪原信，并参考了父亲寄给萧芳芳母亲的抄件。抄件第一页右上角有父亲批注："新西兰五月二十日邮戳，上海五月二十七日到。"

亲爱的爸爸妈妈：真想不到能在香港和你们通电话，你们的声音口气，和以前一点没有分别，我好像见到你们一样。当时我心里的激动、辛酸，是欢喜又是悲伤，真是非言语所能表达。另一方面，人生真是不可捉摸，悲欢离合都是不可预料的。谁知道不久也许我们也会有见面的机会呢？你们也应该看看孙子了，我做了父亲是从来没有过的自傲。

这一次出来感想不少，到东南亚来虽然不是回国，但东方的风俗人情多多少少给我一种家乡感。我的东方人的根真是深，好像越是对西方文化钻得深，越发现蕴藏在我内心里的东方气质。西方的物质文明尽管惊人，上流社会尽管空谈文化，谈得天花乱坠，我宁可在东方的街头听嘈杂的人声，看人们的笑容，感受到一股亲切的人情味，心里就化了，因为东方自有一种和谐，人和人的和谐，人和大自然的和谐。

我在艺术上能够不断进步，不仅在于我自觉的追求，更重要的是我无形中时时刻刻都在化，那是我们东方人特有的才能。尽管我常在艺术的理想天地中神游，尽管我对实际事务常常不大经意，我却从来没有脱离生活，可以说没有一分钟我是虚度了的，没有一分温暖——无论是阳光带来的，还是街上天真无邪的儿童的笑容带来的，不在我心里引起回响。因为这样，我才能每次上台都像有说不尽的话，新鲜的话，从心里奔放出来。

我一天比一天体会到小时候爸爸说的“第一做人，第二做艺术家……”，我在艺术上的成绩、缺点，和我做人的成绩、缺点是分不开的；也有的是做人的缺点，在艺术上倒是好处，譬如“不失赤子之心”。其实我自己认为尽管用到做人上面难些，常常上当，我也宁可如此。

我在东南亚有我特有的听众，许多都是从来没有听过西方音乐的，可是我可以清清楚楚地感觉到，他们尽管是门外汉，可是他们的感受力和直觉强得很，我敢说我的音乐透入他们的内心比西方一般最世故的听众更加深。我这次最强烈的印象就是这一点。我觉得我有特殊的任务，有几个西方艺术家有这种心心相印（与听众的精神沟通）的体会呢？这并不是我的天才，而是要归功于我的东方的根。西方人的整个人生观是对抗性的，人和自然对抗，人和人对抗，艺术家和听众也对抗。最成功的也只有用一种个性去强迫群众接受他所给的东西。我们的观点完全相反，我们是要化的，因为化了所以能忘我，忘我所以能合一，和音乐合一，和听众合一，音乐、音乐家、听众都合一。换句话说一切都是水平式的，音乐是水平式的，不知从何处流出来，也不知流向何处去，“黄河之水天上来，奔流到海不复回”，在艺术家和听众之间也是水平式的关系①。听众好比孙悟空变出来的几千几万个自己的化身。我对莫扎特、舒伯特、柏辽兹、肖邦、德彪西等的特别接近，也是因为这些作曲家都属于水平式型。西方人对深度的看法和他们的基本上垂直的（自上而下的）观点有关，难怪他们总是觉得巴赫、贝多芬、勃拉姆斯是就深度而言已登峰造极。

而我们的诗词、绘画，甚至建筑，或者章回小说，哪一样不是水平式呢，总而言之，不是要形似，不是要把眼前的弄得好像显微镜里照着那么清楚，而是要看到远处，看到那无穷无尽的远景②，不是死的、局部的、完全的；而是活的、发展的，永远不完全，所以才是真完全。

这些杂乱的感想不知能否表达我心里想说的。有一天能和你们见面，促膝长谈，才能倾诉一个痛快，我心里感悟的东西，岂是我一支笔所能写出来的。

现在给你们报告一点风俗人情：我先在意大利，在佩鲁贾和米兰附近一个小城市布斯托·阿西齐奥开两场音乐会。我在意大利很成功，以后会常去那里开音乐会了。在雅典只有匆匆两天，没有机会去

---

① 按聪所谓“水平式的”，大概是“横的、纵的”意思，就是说中国文化都出以不知不觉的渗透。就是从水平面流出来，而不是自上而下的。——傅雷注

② 原意是地平线。——傅雷注

看看名胜古迹，音乐会很成功，听众热烈得不得了，希腊人真可爱，已经是东方的味道了。阿富汗没有去成，在飞机上，上上下下了三天，中间停到苏联塔什干一天，在那里发了一封信，不知为何你们会没有收到。然后在曼谷住了一星期，住在以前在英国的好朋友王安士家里。泰国的政治腐败，简直不可设想，我入境他们又想要敲我竹杠，我不让，他们就刁难，结果弄到一个本地的英国大公司的总经理来签保单才了事。要他以价值一千万英镑以上的全部资本作保，我从来没有想到自己的身价会这样高！听说泰国政府对中国人处处刁难，最坏的是中国人改了名字的变了的泰国人。泰国因为国家富，人口少，所以尽管政府腐败，人民似乎还很安乐，他们是温文尔雅的人，很随和，老堆着笑脸，真是大自然的孩子。那里天气却真热，我在的时候是一年中最热的季节，热得真是什么事也没做已经累死了，音乐会的钢琴却是出人意外的好，我所弹过的最好的钢琴之一，音乐会是一个欧洲的音乐团体主持的，还带一种他们特权的俱乐部的气味。我很生气——起初他们不大相信会有中国人真能弹琴的，后来音乐会大成功，他们要我再开一场，我拒绝了。以后在东南亚开音乐会，要由华侨来办，不然就是这些中间人渔利，而且听众范围也比较狭隘。后来，在马尼拉的经验更证实了这一点。马尼拉的华侨热情得不得了，什么事都是他们做的，钱都是他们出的（虽然他们并没亏本，因为三场都客满），可是中间的经理人骗他们说要给我每场一千美金，实际上只给我每场三百，你们想气不气死人！可是我的伦敦经理人不了解当地的情况，我更无从知道，签了合同，当然只好拿三百了。这些都是经验，以后不上当就好了，以后去马尼拉可和当地华侨直接联系。

顺便一提，我遇见林伯母的弟弟，他也是音乐会主办人之一，和林伯母很像的。华侨的热情你们真是不可想象得到。马尼拉的音乐水平不错，菲律宾人很有音乐感。

在新加坡四天，头两天给当地的音乐比赛做评判（钢琴和唱），除了一个十一岁的男孩子，其余都平平，尤其是唱的，简直不堪入耳。后两天是音乐会，所以忙得没有多少时间看朋友，刘抗伯伯和他的表兄弟陈……（记不清了）见了两次，请了两次饭，又来机场送行，和以前一样热心得不得了。

在香港半天就见了萧伯母，她和以前一样，我是看不出多少分别，十七年了，恍如昨日。芳芳长得很高大，很像萧伯伯。萧伯母和她一个朋友乔治沈送我上飞机，因为飞机机器出毛病，陪着我在机场等了一个下午。

我六月四日将在香港一天开两场音乐会，你们大概已经听说了。我在新西兰最后一场是六月二日，所以三日才能走，这样反而好，到了就弹，弹完第二天就走，就不给新闻记者来纠缠了。

新西兰可是大大的出乎意料，我一直想象这样偏僻的地方一定没有什么文化可谈。我发觉不论好、坏两方面，都很像英国，食物跟英国最差的一般坏。可是很多有文化修养的人。在惠灵顿我遇到一位音乐院教授佩奇教授，他和他的夫人（画家）都到中国去过，是个真正的学者，而且阅历很广，他对中国人、中国文化的了解很深刻。新西兰和澳洲完全不一样，澳洲是个美国和维多利亚式英国的混合种，一股暴发户气味，又因为是个大陆，自然就自高自大，同时又洋洋自得，新西兰像英国，是个岛国，面积不够大，够不上自高自大、自鸣得意，但是与外界隔绝，远离一切，那儿有更多的空闲，更多的空间，人似乎思索得更多。思索才能真正给人文化。

我五日离香港去英前，还可以和你们通话，你们看怎么样？可以让萧伯母转告你们的意思，或者给一封信在她那里。

我一路收的评论，等弄齐了，给你们寄去。再谈了，祝你们安好！

儿 聪上　一九六五年五月十八日

五月二十七日

你谈到中国民族能“化”的特点，以及其他关于艺术方面的感想，我都彻底明白，那也是我的想法。多少年来常对妈妈说：越研究西方文化，越感到中国文化之美，而且更适合我的个性。我最早爱上中国画，也是在二十一二岁在巴黎罗浮宫钻研西洋画的时候开始的。这些问题以后再和你长谈。妙的是你每次这一类的议论都和我的不谋而合，信中有些话就像是我写的。不知是你从小受的影响太深了呢，还是你我二人中国人的根一样深？大概这个根是主要原因。

一个艺术家只有永远保持心胸的开朗和感觉的新鲜，才永远有新鲜的内容表白，才永远不会对自己的艺术厌倦，甚至像有些人那样觉得是做苦工。你能做到这一步——老是有无穷无尽的话从心坎里涌出来，我真是说不出的高兴，也替你欣幸不置！

傅聪在意大利米兰（一九六五年）

六月十四日

亲爱的孩子：这一回一天两场的演出，我很替你担心，好姆妈说你事后喊手筋痛，不知是否马上就过去？

你这一回最大的收获恐怕还是在感情方面，和我们三次通话，美中不足的是五月四日、六月五日早上两次电话中你没有叫我，大概你太紧张，当然不是争规矩，而是少听见一声“爸爸”好像大有损失。妈妈听你每次叫她，才高兴呢！好姆妈和好好爹爹①那份慈母般的爱护与深情，多少消解了你思乡怀国的饥渴。昨天同时收到她们俩的长信，妈妈一面念信一面止不住流泪。这样的热情、激动，真是人生最宝贵的东西。我们有这样的朋友（李先生六月四日从下午六时起到晚上九时，心里就想着你的演出。上月二十三日就得到朋友报告，知道你大概的节目），你有这样的亲长（十多年来天舅舅一直关心你，好姆妈五月底以前的几封信，他都看了，看得眼睛也湿了，你知道天舅舅从不大流露感情的），把你当作自己的孩子一般，也够幸福了。她们把你四十多小时的生活行动描写得详详细细，自从你一九五三年离家以后，你的实际生活我们从来没有知道得这么多的。她们的信，二十四小时内，我们已看了四遍，每看一遍都好像和你团聚一回。可是孩子，你回英后可曾去信向她们道谢？当然她们会原谅你忙乱，也不计较礼数，只是你不能不表示你的心意。信短一些不要紧，却绝对不

---

① “好姆妈”即成家和，“好好爹爹”即父亲挚友成家榴，我和哥哥这样称呼她们俩。

能杳无消息。人家给了你那么多，怎么能不回报一星半点呢？何况你只消抽出半小时的时间写几行字，人家就够快慰了！刘抗和陈人浩伯伯处唱片一定要送，张数不拘，也是心意为重。此事本月底以前一定要办，否则一出门，一拖就是几个月。

你新西兰信中提到 horizontal［横（水平式）的］与 vertical［纵（垂直式）的］两个字，不知是不是近来西方知识界流行的用语？还是你自己创造的？据我的理解，你说的水平的（或平面的，水平式的），是指从平等地位出发，不像垂直的是自上而下的；换言之，“水平的”是取的渗透的方式，不知不觉流入人的心坎里；垂直的是带强制性质的灌输方式，硬要人家接受。以客观的效果来说，前者是潜移默化，后者是被动的（或是被迫的）接受。不知我这个解释对不对。一个民族的文化假如取的渗透方式，它的力量就大而持久。个人对待新事物或外来的文化艺术采取“化”的态度，才可以达到融会贯通、彼为我用的境界，而不至于生搬硬套，削足适履。受也罢，与也罢，从“化”字出发（我消化人家的，让人家消化我的），方始有真正的新文化。“化”不是没有斗争，不过并非表面化的短时期的猛烈的斗争，而是潜在的长期的比较缓和的斗争。谁能说“化”不包括“批判的接受”呢？

一九六三年十二月二十一日来信说在“重练莫扎特的 *Rondo in a min.*［《a 小调回旋曲》］，K. 511［作品五一一号］和 *Adagio in b min.*［《b 小调柔板》］”，认为是莫扎特钢琴独奏曲中最好的作品。记得一九五三年以前你在家时，我曾告诉你，罗曼·罗兰最推重这两个曲子。现在你一定练出来了吧？有没有拿去上过台？还有舒伯特的

Landler [《兰德莱尔》] 是否只宜于做 encore piece [加奏乐曲]？我简直毫无观念。莫扎特以上两支曲子，几时要能灌成唱片才好！否则我恐怕一辈子听不到的了。

假如有别人弹得好的（指这两个作品），希望能给我一张唱片。

以后灌唱片，倘与乐队合作，指挥的人事先应慎重考虑，不要无条件接受唱片公司的人选：对唱片商来说，指挥与独奏的人合作不好也影响出品，影响营业——拿这个理由去说给他们听，他们大概也会仔细考虑的。只要在 Elmans [埃尔门斯] 有空，真盼望和我谈谈这封信上所提的问题。话永远说不完，暂且带住，一切保重！

六月十四日 [译自法文]

亲爱的孩子：根据中国的习惯，孩子的命名常常都有一套方式，我们一经选择两个字作为孩子的名字后，例如“凌霄”（“聪”是单名），就得保留其中一个字，时常是一个动词或形容词，作为下一个孩子的名字的一部分。譬如说，我们给凌霄命名时已经决定他的弟弟叫凌云，假如是个妹妹，则叫“凌波”，凌波的意思是“凌于水上”，在中国的神话之中，也有一个出于水中的仙子，正如希腊神话中的“爱神”或罗马神话中的“维纳斯”一般，你一定知道 Botticelli [波提切利] 的名画《维纳斯的诞生》，是吗？可是并没有严格规定，两个字中的哪一个要保留下来作为家中其他孩子的名字，我们可以用第一字，也可以用第二个字，然而，我们既已为我们的孙儿、孙女选定“凌”字命名（敏将来的孩子也会用“凌”字排，凌什么，凌什么，你明白吗），那么“凌霄”的小名用“霄”字就比用“凌”字更合乎逻辑。假如你将来生个女孩子，就用“波”作为小名，“凌”是兄弟姐妹共用的名字。就这样，我们很容易分辨两个用同一个字作为名字的人，是否是出自同一个家庭。你会说这一切都太复杂了。这倒是真的，但是怎么说呢？每个民族都有自己的习俗，对别的民族来说，或多或少都是很玄妙的，你也许会问我取单名的孩子如聪、敏，我们又怎么办？哎！这两个字是同义词，但两者之间，有很明显的区别。“聪”的意思是“听觉灵敏”“高度智慧”，敏的意思是“分辨力强”“灵活”，两个字放在一起“聪敏”，就是常见的词，用以说智慧、灵敏，即“clever”的意思，我希望，好孩子，念了这一段，你不会把我当作个老冬烘才好！

聪一定跟你提起过，他在一个月之内跟我们通过三次电话，是多么高兴的事，每次我们都谈二十分钟！你可以想象得到妈妈听到聪的声音时，是怎样强忍住眼泪的。你现在自己当妈妈了，一定更可以体会到做母亲的对流浪在外已经八年的孩子的爱，是多么深切！聪一定也告诉你，他在香港演奏时，我们的几位老朋友对他照拂得如何无微不至，她们几乎是看着他出世的，聪叫她们两位“好好姆妈”，她们把他当作亲生儿子一般，她们从五月五日起给我们写了这些感情洋溢的信，我们看了不由得热泪盈眶，没有什么比母爱更美更伟大的了，可惜我没有时间把她们的信翻译几段给你看，信中详细描绘了她们做了什么菜给聪吃，又怎么样在演奏会前后悉心的照顾聪。这次演奏会可真叫人气闷。（同一个晚上演奏两场，岂不是疯了？幸亏这种傻事他永远不会再干。没有什么比想起这件事更令我们不快了！）

六月十四日 *

亲爱的聪、弥拉：五月四日到现在，我的心情始终激动得无法平静。这期间好姆妈与我们之间不知来往了多少信，她为了要我们快乐，知道我们热切期待着你的消息，情愿牺牲了睡眠的时间，把你两次逗留香港的行动，不厌其烦地把生活细节都告诉我们（譬如说：六月四日下午我们通话，原来你满身肥皂，在浴缸里跟我们讲话，怪不得你说："明天再谈了，我要穿衣服。"我们满以为你要穿礼服过海，准备上台！我们为之大笑。还有你两口三口的吃掉一只粽子，很有滋味的样子），满足了做父母的贪得无厌的欲望，使我们真的感觉到和你生活在一起。这是多么伟大的深厚的友情！我们衷心感激，永远不会忘记的。我们一生中所能交往的朋友，没有一个不是忠诚老实，处处帮助我们的，总算下来，我们受之于人的大大超过了我们给人的，虽然难免内疚，毕竟也引以自傲。你在各地奔波，只要一碰到我们的知己好友，非但热诚的招待你，还百般的爱护你，好姆妈就是最显著的一个，她来信说，她"对你的热爱是无法形容的"，她爱你的造诣，更爱你的品德。这次在港演出，都是她的关系，给你介绍沈：一个品质高尚难能可贵的知友。为你样样安排得谨密周详，无微不至，代替了我们应做的事，而且比我们做得更好。你真要当她母亲一般看待，这种至情至意，在世态炎凉的社会中，哪里找得到呢！好好爹爹也有信来，她与往年一样充满了热情，因为你说还常记得她，使她更喜欢得如醉若狂，都在字里行间奔放出来，怎不令人兴奋！我一面流泪一面看她们的信，是欢乐、是辛酸，我无法抑制我的感情。

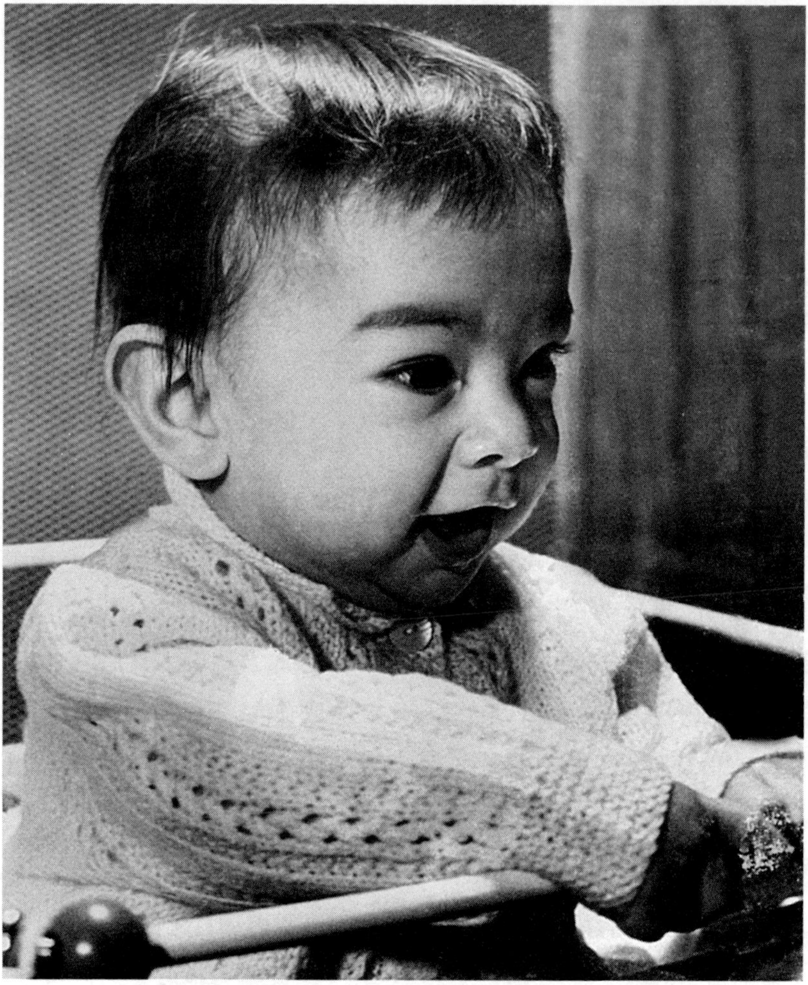

凌霄一岁半，穿着奶奶编织的毛衣。——“对于能否有一天亲眼看见他，拥抱他，把他搂在怀里，我可一点都不抱希望……妈妈相信有这种可能，我可不信。”

弥拉最近又寄来了好几张凌霄的照片，孩子一天一天都在变，他的表情也越来越丰富，他的面相有时很像你，有时不十分像，似乎舅家的气息多起来了，眼睛像弥拉的成分多，你看对不对？

给凌霄过周岁的衣包，大概一星期内可寄出，收到后千万告诉我尺寸合适否？也许大了些，那么慢慢或明年穿，或者需要哪一类式样的，叫弥拉老老实实告诉我，不必客气，要说的话爸爸都已详细谈了，我也不啰唆了，望你们保重身体！

九月十二日夜

聪：好容易等了三个月等到你的信，妈妈看完了叹一口气，说："现在又不知要等多久才能收到下一封信了！"今后你外出演奏，想念凌霄的心情，准会使你更体会到我们怀念你的心情。八月中能抽空再游意大利，真替你高兴。Perugia［佩鲁贾］是拉斐尔的老师 Perugino［佩鲁吉诺］的出生地，他留下的作品一定不少，特别在教堂里。Assisi［阿西西］是十三世纪的圣者 St. Francis［圣弗朗西斯］的故乡，他是"圣芳济会"（旧教中的一派）的创办人，以慈悲出名，据说真是一个鱼鸟可亲的修士，也是朴素近于托钵僧的修士。没想到意大利那些小城市也会约你去开音乐会。记得 Turin，Milan，Perugia［都灵，米兰，佩鲁贾］你都去过不止一次，倒是罗马和那不勒斯、佛罗伦萨从未演出。有些事情的确不容易理解，例如巴黎只邀过你一次；Etiemble［埃蒂昂勃勒］信中也说"巴黎还不能欣赏 votre fils［你的儿子］"，难道法国音乐界真的对你有什么成见吗？且待明年春天揭晓！

你好久没提到杰老师了，我也三年未通信；不知他还健在吗？照样教学生吗？勃隆斯丹太太也近两年没信息，不知她忙得怎样，生活怎样。刘抗伯伯处寄了唱片没有？勿再拖延为妙！

说弗兰克不入时了，nobody asks for［乏人问津］，那么他的《小提琴奏鸣曲》怎么又例外呢？群众的好恶真是莫名其妙。我倒觉得 *Variations Symphoniques*［《变奏交响曲》］并没一点“宿古董气”，我还对它比圣桑的 *Concertos*［《协奏曲》］更感兴趣呢！你曾否和岳父试过 Chausson［萧颂］？记得二十年前听过他的《小提琴奏鸣曲》，凄凉得不得了，可是我很喜欢。这几年可有机会听过 Duparc［杜巴克］的歌？印象如何？我认为比 Faure［佛瑞］更有特色。你预备灌 *Landlers*［《兰德莱尔》］，我听了真兴奋，但愿能早日出版。从未听见过的东西，经过你一再颂扬，当然特别好奇了。你觉得比他的 *Impromptus*［《即兴曲》］更好是不是？老实说，舒伯特的 *Moments Musicaux*［《瞬间音乐》］对我没有多大吸引力。

弄 chamber music［室内乐］的确不容易。Personality［个性］要能匹配，谁也不受谁的 outshine［掩盖而黯然无光］，是可遇而不可求的。事先大家意见一致，并不等于感受一致，光是 intellectual understanding［理性的了解］是不够的；就算感受一致了，感受的深度也未必一致。在这种情形之下，当然不会有什么 last degree conviction［坚强的信念］了。就算有了这种坚强的信念，各人口吻的强弱还可能有差别：到了台上难免一个迁就另一个，或者一个压倒另一个，或者一个满头大汗地勉强跟着另一个。当然，谈到这些已是上乘，有些

duet sonata［二重奏奏鸣曲］的演奏者，这些 trouble［困难］根本就没感觉到。记得 Kentner［坎特讷］和你岳父灌的 Franck，Beethoven［弗兰克，贝多芬］，简直受不了。听说 Kentner 的音乐记忆力好得不可思议，可是记忆究竟跟艺术不相干：否则电子计算机可以成为第一流的音乐演奏家了。

最近正在看卓别林的自传（一九六四年版），有意思极了，也凄凉极了。我一边读一边感慨万端。主要他是非常孤独的人，我也非常孤独：这个共同点使我对他感到特别亲切。我越来越觉得自己 detached from everything［对一切都疏离脱节］，拼命工作其实只是由于机械式的习惯，生理心理的需要（不工作一颗心无处安放），而不是真有什么 conviction［信念］。至于嗜好，无论是碑帖、字画、小古董、种月季，尽管不时花费一些精神时间，却也常常暗笑自己，笑自己愚妄、虚空、自欺欺人地混日子！

卓别林的不少有关艺术的见解非常深刻、中肯；不随波逐流，永远保持独立精神和独立思考，原是一切第一流艺术家的标记。他写的五十五年前（我只二三岁）的纽约和他第一次到那儿的感想，叫我回想起你第一次去纽约的感想——颇有大同小异的地方。他写的第一次大战前后的美国，对我是个新发现：我怎会想到一九一二年已经有了摩天大厦和 Coca - Cola［可口可乐］呢？资本主义社会已经发展到哪个阶段呢？这个情形同我一九三〇年前后认识的欧洲就有很大差别。

一九六五年九月十二日夜 中秋后二日

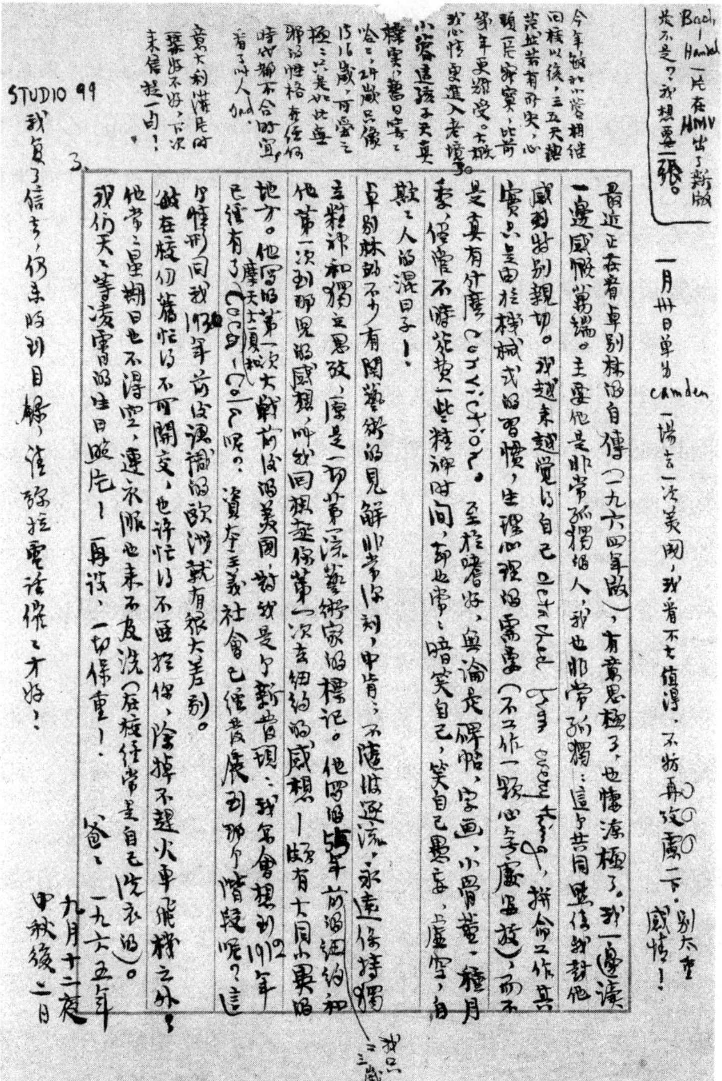

Bach-Handel 一片在HMV出了新版，是不是？我想要一张。

一月卅日单为camden一场去一次美国，我看不大值得，不妨再考虑一下。别太重感情！

最近正在看卓别林的自传（一九六四年版），有意思极了，也凄凉极了。我一边读一边感慨万端。主要他是非常孤独的人，我也非常孤独：这个共同点使我对他感到特别亲切。我越来越觉得自己 detached from every thing，拼命工作其实只是由于机械式的习惯，生理心理的需要（不工作一颗心无处安放），而不是真有什么 conviction。至于嗜好，无论是碑帖，字画，小骨董，种月季，尽管不断花费一些精神时间，却也常常暗笑自己，笑自己愚妄，虚空，自欺欺人的混日子！

卓别林的不少有关艺术的见解非常深刻，中肯，不随波逐流，永远保持独立精神和独立思考，确是一切第一流艺术家的标记。他写的56年前的纽约（我只二三岁）和他第一次到那儿的感想，叫我回想起你第一次去纽约的感想——也有大同小异的地方。他写的第一次大战前的美国，对我是个新发现：我哪会想到1912年已经有了摩天大厦和coca-cola呢？资本主义社会已经发展到那个阶段呢？这个情形同我1930年前后认识的欧洲就有很大差别。

敏在校仍旧忙得不可开交，也许忙得不亚于你，除掉不赶火车飞机之外！他常常星期日也不得空，连衣服也来不及洗（在校经常是自己洗衣的）。我们天天等凌霄的生日照片！再谈，一切保重！

爸爸

一九六五年九月十二夜

中秋后二日

今年敏和小咪相继回校以后，三五天起总觉若有所失，心头空荡荡的，比前几年更难受。大概我心情更进入老境了。小咪这孩子天真朴实，酷似你当年，11岁只像15、16岁，可爱之极，只是如此无邪的性格在任何时代都不合时宜，看了叫人担心。

意大利演出的乐评不好，下次来信提一句！

STUDIO 99 我复了信去，你来时到目录，请弥拉电话催催才好！

一九六五年九月十二日夜父亲信墨迹，参见本书523页今年敏和小蓉相继回校以后，三五天茫茫然若有所失，心头一片寂寞，比前几年更难受。大概我心情更进入老境了。小蓉这孩子天真朴实，整日嘻嘻哈哈，二十四岁只像十五十六岁，可爱之极。只是如此无邪的性格，在任何时代都不合时宜，看了叫人 sad［悲哀］！

九月十二日［译自英文］

亲爱的弥拉：我在阅读查理·卓别林一本卷帙浩繁的自传，这本书很精彩，不论以美学观点来说或从人生目标来说都内容翔实，发人深省。我跟这位伟大的艺术家，在许多方面都气质相投，他甚至在飞黄腾达、声誉隆盛之后，还感到孤独，我的生活比他平凡得多，也恬静得多（而且也没有得到真正的成功），我也非常孤独，不慕世俗虚荣，包括虚名在内。我的童年很不愉快，生成悲观的性格，虽然从未忍饥挨饿——人真是无可救药，因为人的痛苦从不局限于物质上的匮缺。也许聪在遗传上深受影响，正如受到家庭背景的影响一般。卓别林的书，在我的内心勾起无尽忧思，一个人到了相当年纪，阅读好书之余，对人事自然会兴起万端感慨，你看过这本书吗？假如还没有，我郑重地推荐给你，这本书虽然很叫人伤感，但你看了一定会喜欢的。

十月四日

聪：九月二十九日起眼睛忽然大花，专科医生查不出原因，只说目力疲劳过度，且休息一个时期再看。其实近来工作不多，不能说用眼过度，这几日停下来，连书都不能看，枯坐无聊，沉闷之极。但还想在你离英以前给你一信，也就勉强提起笔来。

两周前看完《卓别林自传》，对一九一〇至一九五四年间的美国有了一个初步认识。那种物质文明给人的影响，确非我们意料所及。一般大富翁的穷奢极欲，我实在体会不出有什么乐趣而言。那种哄闹取乐的玩意儿，宛如五花八门、光怪陆离的万花筒，在书本上看看已经头晕目迷，更不用说亲身经历了。像我这样，简直一天都受不了；不仅心理上憎厌，生理上神经上也吃不消。东方人的气质和他们相差太大了。听说近来英国学术界也有一场论战，有人认为要消灭贫困必须工业高度发展，有的人说不是这么回事。记得一九三〇年我在巴黎时，也有许多文章讨论过类似的题目。改善生活固大不容易；有了物质享受而不受物质奴役，弄得身不由主，无穷无尽地追求奢侈，恐怕更不容易。过惯淡泊生活的东方旧知识分子，也难以想象二十世纪西方人对物质要求的胃口。其实人类是最会生活的动物，也是最不会生活的动物；我看关键是在于自我克制。以往总觉得奇怪，为什么结婚离婚在美国会那么随便。《卓别林自传》中提到他最后一个（也是至今和好的一个）妻子乌娜时，有两句话：As I got to know Oona I was constantly surprised by her sense of humor and tolerance; she could always see the other person's point of view...［我认识乌娜后，发觉她既幽默，又有耐性，常令我惊喜不已；她总是能设身处地，善解人意……］从反面一想，就知道一般美国女子的性格，就可部分的说明美国婚姻生活不稳固的原因。总的印象：美国的民族太年轻，年轻人的好处坏处全有；再加工业高度发展，个人受着整个社会机器的疯狂般的 tempo［节奏］推动，越发盲目，越发身不由主，越来越身心不平衡。这等人所要求的精神调剂，也只能是粗暴、猛烈、简单、原始的娱乐；长此以往，恐怕谈不上真正的文化了。

二次大战前后卓别林在美的遭遇，以及那次大审案，都非我们所能想象。过去只听说法西斯蒂在美国抬头，到此才看到具体的事例。可见在那个国家，所谓言论自由、司法独立等等的好听话，全是骗骗人的。你在那边演出，说话还得谨慎小心，犯不上以一个青年艺术家而招来不必要的麻烦。于事无补、于己有害的一言一语，一举一动，都得避免。当然你早领会这些，不过你有时仍旧太天真，太轻信人（便是小城镇的记者或居民也难免没有 spy［密探］注意你），所以不能不再提醒你！

十一月二十六日*

亲爱的聪：前几天爸爸才有过信给你，本来不需要我马上动笔，可是有些心事已经考虑了几个月，但等你回伦敦商量。今年六月底爸爸工作时头脑发热，空洞好似一张白纸，觉得再硬撑下去有危险了，自动停止。八月初恢复工作，到九月底忽然眼睛发花，每分钟都有云雾在眼前飘动，不得不又放下工作。你知道爸爸是闲不住的人，要他不做事并且不能看书，真是难上又难，此次自动停止，我深深体会到问题严重。经过眼科医生检查，眼睛本身除了水晶体浑浊，无其他毛病，还是脑力视力用得太多，疲劳过度所致，但无什么特效药可治，只有彻底休息，不用目力，长期休养。现在一面休息，一面服中药，着重肝肾两补，把整个身体的健康恢复起来，据说慢慢可能复原的。爸爸近年来体弱多病，像机器一样，各部分生锈不灵活，需要大大整修。可是爸爸为了将来生计，前途茫茫，不免焦急。专业作家不像大学教授，有固定薪金，体弱或年迈时可享受退职退休待遇，他只能活一天做一天，为此不容易安心养病。回想今年五月初与你通话时，你再三问我要不要多汇些钱，我再三说不用，你已经为我们花费了不少，同时满以为爸爸这副老骨头还能工作，生活不成问题。谁料事隔数月，忽然大有变化，真叫人生什么事都不能单凭主观愿望。除了健康衰退，生产又少又慢之外，稿酬办法又有改变，版税只在初版时拿一次，再版稿酬全部取消，总的说来，不及过去的三分之一。爸爸以前每年可译二十万字，最近一年来只有十万字光景，要依靠稿费过活，的确很难。即使眼睛不出毛病，即使稿费维持老标准，因为体力脑力衰退而减产，收入也大受影响。何况现在各方面都有了问题。我们一九五八年以来的生活，都是靠当时在平明出版的书归入人民文学出版社时多得了一笔稿费，陆续贴补的。目前积存无几，更使我忧虑。故上月底爸爸排开重重顾虑，向中央做了汇报。本月下旬接“人文”来信，说经各方领导商榷后，今后决定由“人文”按月津贴固定生活费一百二十元。领导对爸爸如此关怀照顾，不用说我们都十分感激。不过事实上我们的房租五十五元，加上水电、电话、煤气以及工资已经要花到九十余元，吃用还不在内，如今又加上一笔长期的医药费。当然我们不愿意把这副重担加在你身上，你终年在外奔波，成家立业全靠千辛万苦的劳动得来，有了孩子，开支更大。怎么忍心再要你为父母多开几次音乐会呢？再说，暂时我们还不到山穷水尽的地步，手头的积存尚可逐月贴补。但若你能分去一部分，我们自己贴补的钱就好多拖一个时期。但我们对你的经济情况不了解，绝不能，也不愿意，给你定什么具体的数目。希望你冷静的思考一下，不要单从感情出发，按照你的实际能力，每月酌汇多少（我看至多也不要超过“人文”的数字）。若有困难，再少些也行。只要我们少量的积存可以支持得更久一些，而且也可以作为应付万一的准备金，我们也就放心了！人老了，总不能不想到意外之事。孩子，你深知你父母的为人，不到万不得已绝不肯在这方面开口的。这种矛盾的心理，想必你很理解。同时我们自己也想法节省用途，不过省了这样又多了那样（例如最近药费忽然增加），实在解决不了多少问题。

几个月来我们对培养月季有了兴趣，护理栽培，既能消磨时间，又解除了爸爸不工作的苦闷，人家又送了好多品种，于是浇水、施肥、杀虫、整枝，忙个不了，虽然他腰酸背痛，不能多做，到底有了寄托，闲得发慌的痛苦也好消除一部分。我也学会了扦插接芽等等的技术，今秋开的花最大的有六英寸。劳动有了成果，心情也愉快了一些。

孩子有了新的照片，望源源不断寄来，能在其中挑一两张寄双份最好，马伯伯马伯母讨了不止一回了。凌霄快十六个月了，你回家时，孩子一定又学乖了许多，恐怕也会说些简单的话了，可惜你常常要出门，不能教他中国话。此次英国遭遇严寒袭击，凌霄可曾受冻？虽然不能目睹他长大，但能看到从小到大的照片，对我们来说也一样亲近，一样快乐。

父母坐在寓所前栽满月季花的小花园（一九六五年）

傅聪一家

一九六六年

五通

1966

一月四日

聪，亲爱的孩子：为了急于要你知道收到你们俩来信的快乐，也为了要你去瑞典以前看到此信，故赶紧写此短札。昨天中午一连接到你、弥拉和你岳母的信，还有一包照片，好像你们特意约齐有心给我们大大快慰一下似的，更难得的是同一邮班送上门！你的信使我们非常感动，我们有你这样的儿子也不算白活一世，更不算过去的播种白费气力。我们的话，原来你并没当作耳边风，而是在适当的时间都能一一记起，跟你眼前的经验和感想做参证。凌霄一天天长大，你从他身上得到的教育只会一天天加多；人便是这样：活到老，学到老，学到老，学不了！可是你我都不会接下去想：学不了，不学了！相反，我们都是天生的求知欲强于一切。即如种月季，我也绝不甘心以玩好为限，而是当作一门科学来研究；养病期间就做这方面的考据。

提到莫扎特，不禁想起你在李阿姨（蕙芳）处学到最后阶段时弹的 *Romance*［《浪漫曲》］和 *Fantasy*［《幻想曲》］，谱子是我抄的，用中国式装裱；后来弹给百器听（第一次去见他），他说这是 artist［音乐家］弹的，不是小学生弹的。这些事，这些话，在我还恍如昨日，大概你也记得很清楚，是不是？

关于柏辽兹和李斯特，很有感想，只是今天眼睛脑子都已不大行，不写了。我每次听柏辽兹，总感到他比德彪西更男性、更雄强、更健康，应当是创作我们中国音乐的好范本。据罗曼·罗兰的看法，法国史上真正的天才（罗曼·罗兰在此对天才另有一个定义，大约是指天生的像潮水般涌出来的才能，而非后天刻苦用功来的）作曲家只有比才和他两个人。

你每月寄二十五镑，以目前而论还嫌多了些；不过既然常有税款支出，也好借此挹注。但愿此数真的不至于使你为难！我们尽管收了你的钱，心里总是摆脱不开许许多多矛盾。弥拉这回的信，感情特别重，话也说得真体贴，有此好媳妇，我们也是几生修得！希望你也知足，以此自豪，能有这样的配偶也是你的大幸，千万别得福不知。家里有了年轻的保姆，处处更得小心谨慎，别闹误会。

你们俩描写凌霄的行动笑貌，好玩极了。你小时也很少哭，一哭即停，嘴唇抖动未已，已经抑制下来：大概凌霄就像你。你说得对：天真纯洁的儿童反映父母的成分总是优点居多；教育主要在于留神他以后的发展，只要他有我们的缺点露出苗头来，就该想法防止。他躺在你琴底下的情景，真像小克利斯朵夫，你以前曾以克利斯朵夫自居，如今又出了一个小克利斯朵夫了，可是他比你幸运，因为有着一个更开明更慈爱的父亲！（你信上说他 completely transferred，dreaming［完全转移了，像做梦似的入神］，应该说 transported［欣喜若狂］；“transferred［转移］”一词只用于物，不用于人。我提醒你，免得平日说话时犯错误。）三月中你将在琴上指挥，我们听了和你一样 excited［兴奋］。望事前多做思想准备，万勿紧张！

四月十三日

亲爱的孩子：一百多天不接来信，在你不出远门长期巡回演出的期间，这是很少有的情况。不知今年各处音乐会的成绩如何？李斯特的奏鸣曲练出了没有？三月十八日自己指挥的效果满意不满意？一月底曾否特意去美和董氏合作？即使忙得定不下心来，单是报道一下具体事总不至于太费力吧？我们这多少年来和你争的主要是书信问题，我们并不苛求，能经常每隔两个月听到你的消息已经满足了。我总感觉为日无多，别说聚首，便是和你通讯的乐趣，尤其读你来信的快慰，也不知我还能享受多久。

两目白内障依然如故，据说一般进展很慢，也有到了某个阶段就停滞的，也有进展慢得觉察不到的：但愿我能有此幸运。不然的话，几年以后等白内障硬化时动手术，但开刀后的视力万万不能与以前相比，无论看远看近，都要限制在一个严格而极小的范围之内。此外，从一月起又并发慢性结膜炎，医生说经常昏花即由结膜炎分泌物沾染水晶体之故。此病又是牵丝得厉害，有拖到几年之久的。大家劝我养身养心，无奈思想总不能空白，不空白，神经就不能安静，身体也好不起来！一闲下来更是上下古今地乱想，甚至置身于地球以外：不是陀思妥耶夫斯基式的胡思乱想，而是在无垠的时间与空间中凭一些历史知识发生许多幻想，许多感慨。总而言之是知识分子好高骛远的通病，用现代语说就是犯了客观主义，没有阶级观点……其实这类幻想中间，也掺杂不少人类的原始苦闷，对生老病死以及生命的目的等等的感触与怀疑。我们从五四运动中成长起来的一辈，多少是怀疑主义者，正如文艺复兴时代和十八世纪法国大革命前的人一样，可是怀疑主义又是现社会的思想敌人，怪不得我无论怎样也改造不了多少。假定说中国的读书人自古以来就偏向于生死的慨叹，那又中了士大夫地主阶级的毒素（因为不劳而获才会有此空想的余暇）。说来说去自己的毛病全知道，而永远改不掉，难道真的是所谓“彻底检讨，坚决不改”吗？我想不是的。主要是我们的时间观念，或者说 time sense［时间观念］和 space sense［空间观念］比别人强，人生一世不过如白驹过隙的话，在我们的确是极真切的感觉，所以把生命看得格外渺小，把有知觉的几十年看作电光一闪似的快而不足道，一切非现实的幻想都是从此来的，你说是不是？明知浮生如寄的念头是违反时代的，无奈越老越是不期然而然地有此想法。当然这类言论我从来不在人前流露，便在阿敏、小蓉之前也绝口不提，一则年轻人自有一番志气和热情，我不该加以打击或者泄他们的气；二则任何不合时代的思想绝对不能影响下一代。因为你在国外，而且气质上与我有不少相似之处，故随便谈及。你要没有这一类的思想根源，恐怕对 Schubert［舒伯特］某些晚期的作品也不会有那么深的感受。

六六年四月十三日

近一个多月妈妈常梦见你，有时在指挥，有时在弹 concerto［协奏曲］。也梦见弥拉和凌霄在我们家里。她每次醒来又喜欢又伤感。昨晚她说现在觉得睡眠是桩乐事，可以让自己化为两个人，过两种生活：每夜入睡前都有一个希望——不仅能与骨肉团聚，也能和一二十年隔绝的亲友会面。我也常梦见你，你琴上的音乐在梦中非常清楚。

六月三日

国内“文化大革命”闹得轰轰烈烈，反党集团事谅你在英亦有所闻。我们在家也为之惊心动魄，万万想不到建国十七年，还有残余资

产阶级混进党内的分子敢如此猖狂向党进攻。大概我们这般从旧社会来的人对阶级斗争太麻痹了。愈写眼愈花，下回再谈。一切保重！问弥拉好！妈妈正在为凌霄打毛线衣呢！

六六年六月三日

五月底来信及孩子照片都收到。你的心情我全体会到。工作不顺手是常事，顺手是例外，彼此都一样。我身心交疲，工作的苦闷（过去）比你更厉害得多。

八月十二日［译自英文］

原信无日期，但根据信之内容判断，此信写于一九六六年八月十二日，离凌霄两周岁生日仅二天；离他们走上不归路，也不过三周左右的时间。这是父母亲给儿子儿媳的最后一封信。

……有关凌霄的点点滴滴都叫我们兴奋不已。尤其是妈妈，她自从七月初就不停数日子。“一个月后凌霄就过生日了，三星期后凌霄就过生日了。”昨晚她说：“现在只剩下三天了。”那语气，简直像小宝宝就跟她在身边似的。

你们眼看着自己的孩子一天天成长，真是赏心乐事！想象我们的孙儿在你们的客厅及厨房里望着我们的照片，从而认识了远方的爷爷奶奶，这情景，又是多么叫人感动！

尽管如此，对于能否有一天亲眼看见他，拥抱他，把他搂在怀里，我可一点都不抱希望……妈妈相信有这种可能，我可不信。

收到毛线衣可别道谢，妈妈这么爱你们及宝宝，但只能借此聊表心意，她常常因此而耿耿于怀……

我们在等凌霄两周岁的照片，假如能寄一张他的正面照片，我们一定会很高兴。

……

生活中困难重重，我们必须不断自我“改造”，向一切传统的、资本主义的、非马克思主义的思想、感情与习俗做斗争，我们必须抛弃所有旧的人生观和旧的社会准则。

对于一个在旧社会中生活逾四十年、满脑子“西方资本主义民主反动思潮”的人来说，他（毛）的“自我改造”自然是一项十分艰巨的任务。我们正在竭尽所能、出尽全力去满足当前“无产阶级文化大革命”加诸身上的种种要求……

我每次只能看五分钟书，报上的长文都是妈妈念给我听的。这封信是由我口述由她打出来的……

挚爱你们的 爸爸、妈妈

九月二日夜

此系父母留下之遗书，写于一九六六年九月二日深夜，九月三日凌晨父母从从容容、坦坦荡荡的含恨弃世。那时家兄远在英国，我虽在北京，但犹如泥菩萨过河，故遗书是写给我舅舅朱人秀的。

人秀：

尽管所谓反党罪证（一面小镜子和一张褪色的旧画报）是在我们

家里搜出的，[1]百口莫辩的，可是我们至死也不承认是我们自己的东西（实系寄存箱内理出之物）。我们纵有千万罪行，却从来不曾有过变天思想。我们也知道搜出的罪证虽然有口难辩，在英明的共产党领导和伟大的毛主席领导之下的中华人民共和国，绝不至因之而判重刑。只是含冤不白，无法洗刷的日子比坐牢还要难过。何况光是教育出一个叛徒傅聪来，在人民面前已经死有余辜了！更何况像我们这种来自旧社会的渣滓早应该自动退出历史舞台了！

因为你是梅馥的胞兄，因为我们别无至亲骨肉，善后事只能委托你了。如你以立场关系不便接受，则请向上级或法院请示后再行处理。

委托数事如下：

一、代付九月份房租55.29元（附现款）。

二、武康大楼（淮海路底）606室沈仲章托代修奥米茄自动男手表一只，请交还。

三、故老母余剩遗款，由人秀处理。

四、旧挂表（钢）一只，旧小女表一只，赠保姆周菊娣。

五、六百元存单一纸给周菊娣，作过渡时期生活费。她是劳动人民，一生孤苦，我们不愿她无故受累。

六、姑母傅仪寄存我们家存单一纸六百元，请交还。

七、姑母傅仪寄存之联义山庄墓地收据一纸，此次经过红卫兵搜

---

① 小镜子后有蒋介石的头像，画报上登有宋美龄的照片。这是我姨妈在解放前寄存于我家箱子里的东西。他人寄存的东西，我们家是从来不动的。

查后遍觅不得，很抱歉。

八、姑母傅仪寄存我们家之饰物，与我们自有的同时被红卫兵取去没收，只能以存单三纸（共370元）又小额储蓄三张，作为赔偿。

九、三姐朱纯寄存我们家之饰物，亦被一并充公，请代道歉。她寄存衣箱二只（三楼）暂时被封，瓷器木箱一只，将来待公家启封后由你代领。尚有家具数件，问周菊娣便知。

十、旧自用奥米茄自动男手表一只，又旧男手表一只，本拟给敏儿与魏惜蓉，但恐妨碍他们的政治立场，故请人秀自由处理。

十一、现钞53.30元，作为我们火葬费。

十二、楼上宋家借用之家具，由陈叔陶按单收回。

十三、自有家具，由你处理。图书字画听候公家决定。

使你为我们受累，实在不安，但也别无他人可托，谅之谅之！

傅　雷

梅　馥

一九六六年九月二日夜

你们这些生在今日的人，你们这些青年，现在要轮到你们了！踏在我们的身体上面向前吧。但愿你们比我们更伟大、更幸福。

我自己也和我过去的灵魂告别了；我把它当作空壳似的扔掉了。生命是连续不断的死亡与复活。克利斯朵夫，咱们一齐死去，预备再生吧！

罗曼·罗兰语

傅雷译

八十傅聪

傅聪跟我说："我不能跟我父亲相比，尤其在督促儿子学习中国文化和做人方面，他尽全力要把我培养成一个德艺具备、人格卓越的艺术家，他的爱太伟大了。"停顿了一下，忽然又想起什么："哎……说给你听良心话，其实做这样一个人的儿子太累、太痛苦、压力太大了，我没有什么童年……""这也是我心中一直想问的问题，看了《傅雷家书》我很感动，对你父亲也佩服得五体投地，可是，你作为儿子应该是会'吃不消'吧？"我问，傅聪随着吐烟又吐了一口气："哎……"

旅美华裔舞蹈家江青《送傅聪——挥手自兹去》

编后记

爸爸一生工作严谨，就是来往书信也整理得有条不紊。每次给哥哥的信都编号，记下发信日期，同时由妈妈抄录留底；哥哥的来信，也都编号，按内容分门别类，由妈妈整理成册。可惜在十年浩劫期间，爸爸书信所剩无几。今天，如果能把父亲和哥哥两人的通信一起编录，对照阅读，必定更有教益。

爸爸妈妈给我们写信，略有分工，妈妈侧重于生活琐事，爸爸侧重于启发教育。一九五四年到一九六六年爸爸给哥哥的中文信件共一百九十封，妈妈的信也有百余封。哥哥在外二十余年，几经搬迁，信件有所失散。这本家书集选自哥哥保存的一百二十五封中文信和我仅有的两封信。家书集虽然只收录了一封妈妈的信，但她永远值得怀念；妈妈是个默默无闻，却给爸爸做了大量工作的好助手。爸爸一生的业绩是同妈妈的辛劳分不开的。

今年九月三日是爸爸妈妈饮恨去世十五周年，为了纪念一生刚直不阿的爸爸和一生善良贤淑的妈妈，编录了这本家书集，寄托我们的哀思，并献给一切“又热烈又恬静，又深刻又朴素，又温柔又高傲，又微妙又率直”的人们。

傅　敏

一九八一年四月二十六日

《傅雷家书》初版刊行四十载，期间时有新发现，根据目前整理的父母生前信账，以邮寄日期计算，给傅聪的信函应有 346 通（中文信 255 通，英法文信 91 通），目前尚存 307 通（中文信 230 通，英法文信 77 通）；加上仅存的父母给傅敏信 3 通，及父母最后的遗书，尚存父母家信 311 通。英法文信主要写给儿媳弥拉看的，大部分内容与中文信相重，故金圣华仅摘译 24 通。《傅雷家书全编》共辑录家书 255 通，是目前最为完整的父母家书集。

在全编本的基础上，我又精选父母给傅聪弥拉的家信 159 通（含外文信 24 通），给傅敏家信 2 通；同时收入与之呼应的傅聪家信 53 通，傅敏家信 1 通，共计 215 通，编成傅雷家人往来书信，更便于读者阅读。

二〇一七年，傅雷著作权进入公版，多家出版社各式各样的傅雷著《傅雷家书》面世，读者都以为《傅雷家书》是傅雷一人的作品，殊不知《傅雷家书》缘起傅聪。其中的傅雷傅聪父子往来书信能够维系十三年之久，固然有父亲“得英才而育之”的痴心，更得力于傅聪“青春的”吸引力。正是傅聪青春灵动、充满活力的文字，与傅雷娴熟优美、充满父爱的文字相碰撞，才形成真正反映傅家风貌的《傅雷家书》。应该说，傅聪家信是引导我们深入阅读《傅雷家书》的阶梯。

今年是《傅雷家书》出版四十周年，特地选编纪念版傅雷家人往来书信，着重展示当年傅氏父子精神接触与思想交流的片段，以便读者体会其默契、领悟其精髓。

二〇二一年四月又记